유아교사를 위한

학교폭력 예방과 학생의 이해 개정판

유아교사를 위한

학교폭력

개정판

예방과 학생의 이해

조남두 · 강경자 공저

동문사

머리말

요즘 TV만 틀면 학교폭력 및 아동학대 관련 뉴스가 자주 등장하고 있으며, 유아교육기관에서도 유아 간 폭력이 빈번하게 발생하고 있어 학교폭력은 우리 사회의 커다란 문제로 대두되고 있다.

"학교폭력이란 학교 내외에서 학생을 대상으로 발생한 상해, 폭행, 감금, 협박, 약취·유인, 명예훼손·모욕, 공갈, 강요·강제적인 심부름 및 성폭력, 따돌림, 사이버 따돌림, 정보통신망을 이용한 음란·폭력 정보 등에 의하여 신체·정신 또는 재산상의 피해를 수반하는 행위를 말한다."

아동학대란 보호자를 포함한 성인이 아동의 건강 또는 복지를 해치거나 정상적 발달을 저해할 수 있는 신체적·정신적·성적 폭력이나 가혹행위를 하는 것과 아동의 보호자가 아동을 유기하거나 방임하는 것을 말한다.

교사의 유아발달에 대한 이해는 유아교육기관에서의 폭력 예방에 필수조건이다. 교사가 유아의 정서와 사회성, 도덕성의 발달 수준을 잘 이해하고 있을 때, 유아의 문제행동도 발달적 측면에서 바르게 이해하고 접근할 수 있기 때문이다. 사회적 규준이나 기대되는 역할과 행동을 못 하거나 하지 않는 경우에는 사회적 문제행동이 나타난다. 이러한 행동을 문제행동이라고 규정짓기도 하지만, 문제행동이 결국은 학령기에서 학교폭력의 유형으로 나타나기도 한다.

인성교육이란 자신의 내면을 바르고 건전하게 가꾸고 타인·공동체·자연과 더불어 살아가는 데 필요한 인간다운 성품과 역량을 기르는 것을 목적으로 하는 교육을 말한다.

그러므로 학교폭력의 원인을 명확히 파악하고 이에 대한 대응방안을 마련하여 학생들이 즐거운 마음으로 등교하여 폭력 없는 학교에서 즐겁게 생활을 하도록 해야 할 것이다. 따라서 이 책에서는 학교폭력, 학생의 이해, 아동학대, 인성교육 부분으로 나누어 집필하였다. 먼저 제1부 학교폭력 예방에서는 위기청소년과 학교폭력, 학교폭력의 발생원인, 학교폭력의 현황과 실태, 학교폭력의 예방 및 대책, 학교폭력 관련 법령 및 정책 등을 살펴보고, 제2부 학교폭력 예방을 위한 학생(유아)의 이해에서는 폭력 예방을 위한 유아발달의 이해, 유아폭력의 예방, 유아를 위한 폭력 예방교육의 실제를 깊이 있게 다루었다. 제3부 아동학대의 예방에서는 아동학대의 개념, 유형 및 원인, 아동학대의 신고 및 예방을 다루었다. 제4부 인성교육에서는 교원의 인성자질, 학교폭력 예방을 위한 인성교육 등을 구체적으로 설명하였다. 이를 자세히 살펴보면 다음과 같다.

제1부 제1장 위기청소년과 학교폭력 부분에서는 먼저 위기청소년을 이해하기 위해 위기청소년의 개념, 유형, 특성 그리고 위기청소년 발견의 중요성을 살펴보고, 폭력의 개념, 학교폭력의 개념, 유형, 특성 및 최근 학교폭력의 특징을 살펴보았다. 제2장 학교폭력의 발생원인 부분에서는 학교폭력 발생원인으로 개인적·심리적 요인, 가정환경적 요인, 학교환경적 요인, 사회환경적 요인을 살펴보았다. 또한 학교폭력 관련자의 이해에서는 가해자, 피해자, 가해자이며 피해자, 방관자 등을 살펴보았다.

제3장 학교폭력의 현황과 실태 부분에서는 정부의 학교폭력 실태조사 결과를 자세히 살펴본 후 학교폭력 사례 부분에서는 초등학교 사례, 중학교 사례, 고등학교 사례 등을 살펴보았다. 제4장 학교폭력의 예방 및 대책 부분에서는 학교폭력의 예방 개념을 살펴보고, 학교폭력 예방기관으로 학교 및 교육행정기관, 청소년상담지원센터, 청소년비행예방센터, 여성·학교폭력 피해자 ONE-STOP지원센터, 청소년폭력예방재단, 117학교폭력 신고센터, 청소년 상담복지센터의 CYS-Net, 배움터지킴이제도, 학교폭력 예방 애플리케이션-굿바이 학교폭력 등을 살펴본 후, 학교폭력 예방을 위한 프로그램으로 어울림 프로그램, 또래상담 프로그램, 학생자치법정을 살펴보았으며, 학교폭력 예방대책으로 가정, 학교, 지역사회, 경찰의 대책을 살펴보았다. 제5장 학교폭력 관련 법령 및 정책 부분에서는 먼저 학교폭력 관련 법령으로 학교폭력 예방 및 대책에 관한 법률, 소년법, 청소년보호법, 학교안전사고 예방 및 보상에 관한 법률, 자살예방 및 생명존중문화 조성을 위한 법률을 살펴보고, 학교폭력 예방 및 대책에 관한 정책으로서 1차 학교폭력 예방 및 대책 5개년 기본계획, 학교폭력 근절 종합대책, 현장중심 학교폭력 대책, 제4차 학교폭력예방 및 대책 기본계획을 살펴보았다.

제2부 학교폭력 예방을 위한 학생(유아)의 이해 부분에서 제6장 폭력 예방을 위

한 유아발달의 이해에서는 유아의 발달적 특성, 유아의 폭력실태를 살펴보고, 제7장 유아폭력의 예방에서는 유아폭력의 예방, 유아폭력 예방을 위한 교사의 역할, 부모의 역할을 알아보았으며, 제8장 유아를 위한 폭력 예방교육의 실제에서는 유아를 위한 학교폭력 예방교육 지도안으로 신체폭력, 언어폭력, 성폭력, 따돌림 예방 지도안을 살펴보고, 학교폭력 예방을 위한 가정연계자료(가정통신문)를 설명하였다.

제3부 아동학대의 예방에서는 제9장 아동학대의 개념, 유형 및 원인 부분에서는 먼저 아동의 개념 및 권리를 살펴보고, 아동학대의 개념을 정의한 후 아동학대의 유형으로 신체학대, 정서학대, 성학대, 방임(유기)과 아동학대의 원인을 살펴보았으며, 제10장 아동학대의 신고 및 예방 부분에서는 아동학대의 신고제도, 현황과 예방교육을 자세히 살펴보았다.

제4부 인성교육은 제11장 교원의 인성자질 부분에서는 인성의 개념과 구성요소, 교원에게 요구되는 인성자질을 살펴보았으며, 제12장 학교폭력 예방을 위한 인성교육 부분에서는 인성교육의 개념, 핵심덕목, 강화추진방향을 살펴보고, 인성교육의 실패원인으로 학교요인, 가정요인, 사회요인을 살펴본 후 교육전반에 걸친 인성교육 실천방안 및 교원양성단계에서의 인성교육 방안을 살펴보았다.

이 책은 요즘 대두되고 있는 학교폭력 및 아동학대의 예방, 유아의 이해 및 인성교육에 관심을 가진 예비교사 및 교사들에게 도움을 주기 위해 집필하였다. 그러나 필자가 이 분야에 대한 지식이 일천하여 여러모로 부족함이 많을 것 같아 진솔한 질타와 격려가 있기를 소망한다.

그리고 이 책이 출간되기까지 수고를 아끼지 않으신 동문사 이중수 사장님을 비롯한 임직원들의 노고에 감사를 드린다.

2021년 12월
연구실에서
조남두, 강경자

차 례

Part 04 인성교육

PART **01**

학교폭력 예방

Chapter 01

위기청소년과 학교폭력

학습내용 이 장에서는 위기청소년의 개념과 특성, 실태, 위기청소년 발견의 중요성, 폭력 및 학교폭력의 개념, 유형 그리고 특성에 대해서 살펴보기로 한다.

01 위기청소년의 이해

1 위기청소년의 개념과 특성

1) 위기청소년의 개념

최근 위기(가능)청소년이란 말이 사회안전망에서 이탈할 가능성이 있거나 이탈한 청소년을 지칭하는 보편적인 용어로 활용되고 있다. 이 용어는 미국의 교육수월성 추구를 위한 국가위원회 보고서(1983)가 중도에 학업을 그만둘 가능성이 높은 청소년들이 증가하고 있음을 주목하고 이에 대한 대책을 촉구하면서 널리 사용되게 되었다. OECD(1995)는 이와 동일한 맥락에서 위기청소년을 '학교에서 실패하고 성공적으로 직업이나 독립적인 성인의 삶으로 이행하지 못할 것 같은 사람, 그 결과 사회에 긍정적으로 기여하지 못할 것 같은 청소년'으로 정의를 내리고 있다. 현재 이 정의는 OECD 회원 국가들 가운데 광범위하게 받아들여지고 있으며, 현재는 학교뿐만 아니라 직업교육 기관에서의 이탈 그리고 실직 상태에 있거나 그럴 위험성이 있는 청소년까지를 포함하는 것으로 그 외연이 확대되고 있다. 예컨대, 스위스는 위기청소년을 학업중단 및 직업교육 중단과 실업 청소년으로 정의하고 있으며, 노르웨이 역시 스위스와 마찬가지로 교육 및 훈련을 중단하고 직업적 활동에 참여하지 못하고 있는 청소년을 위기청소년으로 정의하고 있다(윤철경, 2005; 구본용, 2005 재인용). 또한 영국의 위기청소년에 대한 국가적 개입 프로그램인 Connexions Services에서도 서비스의 주 대상을 교육이나 훈련을 받지 않은 채로 실직상태에 있거나 그러한 상태에 처할 위험이 있는 청소년(NEET : Not in Education, Employ or Training)으로 하고 있다.

이와는 달리 청소년을 둘러싸고 있는 생태학적 환경의 특성을 중심으로 위기청소년을 정의해 보고자 하는 시도도 있다. 이러한 시도는 이스라엘의 위기청소년에 대한 정의에서 찾아볼 수 있다. 이스라엘에서는 복지차원에서 위기청소년을 가정생활과 환경, 행동 또는 적응장애가 그들의 복리와 건강한 발달에 위험을 주는 0~18세 사이의 청소년으로 정의하고 있다(Lahav, 2005). 이러한 정의에 따라 이스라엘에서는 위기청소년을 크게 두 가지 범주로 분류하고 있다. 첫째는 가족환경이나 보호자의 행동이 청소년의 기본적 필요를 충족시켜 주지 못하거나 오히려 해를 끼치는 상황에 노출되어 있는 청소년들이며, 둘째는 부정적인 가족상황과 학대로 인해 사회적 또는 학업적으로 기능하는 데 장애가 되는 신체적 또는 정서적 어려움을 경험하고 있는 청소년들이다. 첫째 범주에는 방치, 학대, 폭력 또는 범죄 가정환경, 부모의 기능장애, 학업중단, 가출 등의 문제를 가지고 있는 청소년들이 해당된다. 둘째 범주에는 방치 또는 학대로 인해 발생한 신체적 상해, 의학적 장애 또는 성장 합병증·불안·우울 같은 심리사회적 장애, 비행(폭력, 약물남용, 성매매) 등의 문제를 보이는 청소년들이 이에 해당된다.

우리나라의 「청소년복지지원법」 제2조 4호에서 '위기청소년'이란 가정문제가 있거나 학업수행 또는 사회적응에 어려움을 겪는 등 조화롭고 건강한 성장과 생활에 필요한 여건을 갖추지 못한 청소년을 말한다고 되어 있다. 이와 같은 접근에 따라 위기청소년을 세 가지로 범주화하고 있다. 첫째는 보호자가 없거나 보호자의 실질적인 보호를 받지 못하는 청소년들이고, 둘째는 학업중단 청소년들이며, 셋째는 교육선도대상 청소년 중 비행예방의 필요성이 있는 청소년들이다(이배근, 2005). 여기서 보호자가 없거나 보호자의 실질적인 보호를 받지 못하는 청소년들이란 가출청소년, 소년소녀가장, 빈곤계층 가정의 청소년, 요보호 청소년 등을 말한다. 학업중단 청소년이란 고등학교 이하의 학교에서 학업을 중단한 청소년을 말하며, 교육적 선도대상 청소년 중 비행예방의 필요성이 있는 청소년이란 학교폭력 피해 및 가해 청소년, 집단따돌림 피해 및 가해 청소년, 비행 청소년, 범죄 가해 및 피해 청소년, 우울 및 자살위험이 있는 청소년 등을 지칭한다(구본용 외, 2005: 9-10).

한편 교육부는 '학교, 가정생활에 어려움이 있어 장래 사회에 온전히 기여하기 힘들 것으로 예상되어 사회적 돌봄이 필요한 청소년'으로 개념을 정의했다(박철원

a, 2012: 26). 그리고 구본용 외(2005: 9-10)는 위기청소년을 일련의 개인·환경적 위험에 노출되어 행동·심리적으로 문제를 경험할 가능성이 높으며, 적절한 개입 없이는 정상적인 발달을 이루기 어려운 상황에 있는 청소년으로 지칭했으며, 개인·환경적 위험이란 흔히 위험요인이라 하며, 청소년의 행동·심리적 문제는 위험요인들 간의 상호작용의 결과로 발생한다고 보고, 상기의 정의를 종합하여 ① 가출, ② 학업중단 및 실업, ③ 폭력, 성매매, 약물 오남용 등의 비행 및 범죄, ④ 불안, 우울 등의 심리적 장애, ⑤ 자살의 위험성이 높은 청소년들을 위기청소년으로 정의했다.

2) 위기청소년의 특성

위기청소년의 특성을 정서적 특성과 행동적 특성으로 나누어 살펴보면 다음과 같다(박철원a, 2012: 27-28).

(1) 정서적 특성

① **불안** : 자기 가치에 대한 위협, 실패에 대한 두려움, 불의의 사고 또는 신경증적인 이유로 불안을 나타낸다. 불안을 경험하는 청소년들은 감정을 조절하기 힘들고 다양한 위기상황에서 문제를 해결하는 데 어려움을 겪는다.

② **우울** : 청소년기에 두드러지게 나타나는 대표적인 문제로 비활동적이며, 대인관계에 문제가 발생하고, 자신만의 세계에 빠져 방어벽을 치게 된다. 이로 인해 주도성 감소, 부정적 인식, 무기력의 지속, 불면증, 식욕 감퇴 등의 증상을 보이기도 하며, 이러한 우울 성향은 자살과 같은 극단적 행동을 하는 데 직접적인 영향을 미친다.

③ **분노** : 낮은 자존감, 불만족스러운 가정 및 학교환경, 친구관계 문제, 상실감, 좌절감 등 다양한 위기상황과 연관된다. 분노의 감정은 청소년들의 감정조절을 어렵게 할 뿐만 아니라 감정에만 치우친 결정을 하게 한다.

④ **열등감** : 자신이 부족하다고 느끼는 주관적인 심리상태이다. 청소년기에는 더욱 민감하게 다른 사람과의 비교를 통해 좌절감과 자기비하로 열등감을 느낀다. 이러한 열등감은 결과적으로 사회부적응, 학업부진, 비행 등으로 발전할 가능성이 높다.

⑤ **무기력** : 무기력한 상태에 있는 청소년들은 동기나 목표도 없이 진로를 선

택하고, 위기상황에서 의사결정을 내리거나 창의적인 생각으로 문제를 해결하는 데 어려움을 겪는다.

(2) 행동적 특성

① **폭력** : 주위 환경이나 자극에 의해 스트레스나 충동조절이 어려울 때 쉽게 일어난다. 특히 충동적인 감정을 조절할 수 있는 능력이 부족한 청소년들은 그들의 불안과 욕구불만을 폭력으로 표출하고자 하는 경향이 높다.

② **자살** : 자살을 하는 청소년들은 대부분 우울감, 열등감과 상실감 등을 느낀다. 또한 가정불화, 가정폭력(학대), 학교부적응(따돌림, 학업부진 등)으로 인해 자살을 선택하는 경우가 많아 최근 청소년 자살 사례가 높아지는 경향을 보이고 있다.

③ **성폭력** : 무분별한 음란물 경험 및 성교육 부재로 인해 불건전한 이성교제(원조교제) 등 심각한 성폭력 문제가 최근 높은 경향성을 나타내고 있다.

④ **인터넷 중독** : 컴퓨터 사용 및 인터넷 이용에 과도한 집착이나 충동적인 행동을 보임으로써 사회적 기능장애를 일으킨다. 경우에 따라서는 우울증, 사회적 고립, 충동조절장애를 동반한다.

⑤ **약물 오·남용** : 단순한 호기심뿐만 아니라 우울, 불안, 분노 등 자신의 삶에서 도피하기 위한 목적으로 시작한다. 약물을 경험한 청소년들은 공격적으로 변하고, 자신을 조절하기 힘들며, 위기상황에 적절히 대처하는 데 어려움이 있다.

3) 위기청소년의 유형

(1) 위기상황적 유형

① **개인적 위기상황** : 청소년 개인의 불안, 우울 등의 정신건강 및 낮은 자존감과 같은 심리적인 요인에 영향을 받는 청소년으로 범죄, 가출, 성경험, 폭력가해, 흡연 등을 경험한다.

② **가족적 위기상황** : 보호자가 없거나 보호자의 실질적인 보호를 받지 못한 청소년, 가족환경이나 보호자의 행동이 청소년의 기본적인 필요를 충족시켜주지 못하거나 오히려 해를 끼치는 상황에 노출되어 있는 청소년이 이에

해당한다.

③ **교육적 위기상황** : 의무교육을 받지 못하는 청소년으로 중학교 중퇴자, 고등학교 미진학자 등 고등학교 이하 학업중단 청소년 또는 고등학교 교육을 마쳤으나 직업학교중퇴 등으로 실업자인 청소년을 말한다.

④ **사회적 위기상황** : 물리적으로 낙후된 환경, 범죄 관련 환경, 외국인 이주노동자 자녀, 북한 이탈 청소년 등 본인의 의사와 상관없는 위기적 상황에 놓인 청소년이다.

2 위기수준

위기는 상황의 변화에 따라 그 정도가 더해 가거나 약화되는 연속선상의 단계들로 이해되어야 한다. McWhirter 외(2004)는 위기를 아주 최소한의 위험(minimal risk) – 약간의 위험(remote risk) – 높은 위험(high risk) – 즉각적인 위험(imminent risk) 위험유형(at risk category activity)과 같은 연속선상의 어느 한 지점에 존재하고 있음을 지적하였다. 이러한 점을 보다 분명히 보여주기 위하여 Burt 외(1992)는 위기를 일련의 과정으로 파악하고자 4수준으로 구성된 개념 틀을 제시하였다. 이 개념 틀에서는 위기결과와 관련한 요인들이 위기전조(risk antecedents), 위기표식(risk markers), 문제행동(risk behaviors), 위기결과(risk outcomes)의 네 수준으로 분류된다. 위기전조란 청소년들에게 부정적 영향을 주어서 미래의 문제에 대한 취약성을 증가시키는 환경적 제세력들을 뜻하는 것으로 빈곤, 가족의 사회경제적 지위, 이웃 환경 등이 이에 포함된다. 위기표식이란 청소년이 처해 있는 상황적 및 맥락적 요인의 상호작용 과정에서 발생하는 것으로 가정불화가 심한 가정환경, 가정폭력 및 학대, 부모의 이혼, 자연적 재해, 정체성 위기, 고용주의 착취 및 임금체불, 친구들과의 불화 등이 여기에 해당된다. 문제행동은 위기전조 및 위기표식을 보이는 청소년들이 나타내 보이기 쉬운 부정적 행동으로 자신이나 타인의 심리적 및 신체적 안녕을 위협할 가능성이 있는 것들이다. 이에는 성매매, 흡연 및 음주, 자살충동 및 시도, 비행친구들과의 어울림, 빈번한 무단결석, 폭력 및 권위적 인물과의 갈등 등이 해당된다. 마지막으로 세 수준의 위기결과는 청소년이 가정, 학교, 지역사회로 대표되는 사회 안전망에서 이탈하여 성장에 명백히 부정적 결과를 낳을 조건으로 가출, 범죄, 학업중단, 정신적 장애 및 자살 등이 이에 해당

된다. 그림 1-1은 이러한 과정을 요약하여 나타낸 것이다(구본용 외, 2005: 15-16).

3 위기청소년 발견의 중요성

1) 위기청소년과 학교부적응

(1) 학교부적응의 특징

학교에서의 대인관계, 학업성취, 사회적 통제 등 환경으로부터의 과다한 기대와 부족한 능력 사이에서 발생한 스트레스와 심리적 위축감으로 인해 폭력, 비행, 가출 등과 같은 미숙한 문제해결의 결과로 학교생활에 부정적 결과를 초래한다.

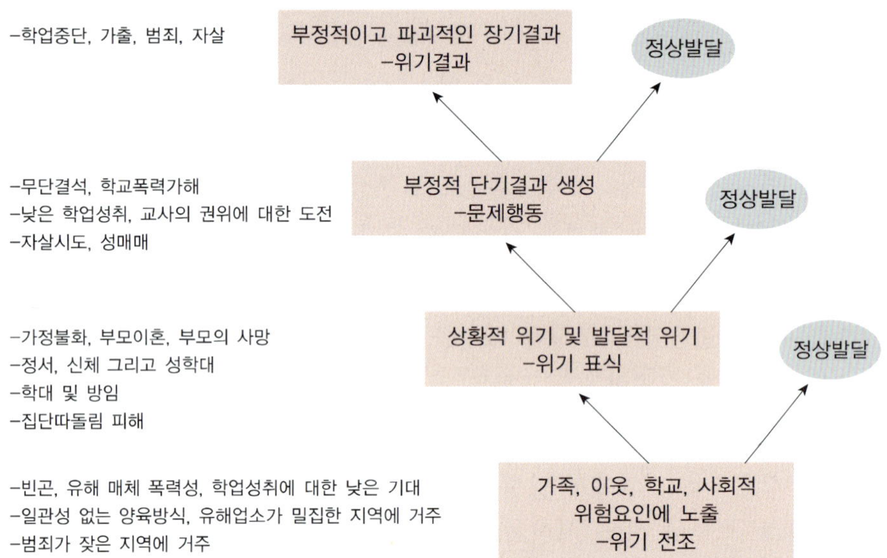

자료 : 구본용 외(2005). 위기(가능)청소년 지원모델 개발연구. 국가청소년위원회. p.16.

그림 1-1 위기의 진행과정

(2) 위기청소년의 비행행위

① 학교부적응 : 교사 및 친구를 대하는 태도, 학습관련 태도 및 행동, 학급 활동 참여에 대한 비협조적, 비자발적인 행동 초래

② **학교 중도탈락** : 심각한 경우 학업중단 및 중도탈락과 같은 학교를 떠나는 현상 초래

③ **가출**

가. 쾌락추구형 : 성, 놀이, 약물에 대한 즐거움을 추구하기 위한 가출
나. 탈출형 : 가정문제, 학대, 방임과 같이 자신의 힘으로 해결할 수 없는 상황에서 생존을 위한 가출
다. 최근 탈출형 가출이 급속도로 높게 나타나면서 사회적 문제 초래

④ **소년범죄**

가. 강력범 : 크게 살인, 강도, 강간 등
나. 폭력범 : 폭행, 상해, 성폭행, 공갈 등
다. 재산범, 교통사범 : 절도, 사기, 무면허 운전 등
라. 소년범죄가 사회적 문제가 되는 이유는 강간과 같은 성폭력 범죄율이 높게 나타나고 있으며, 최근 3년간 소년범의 나이가 낮아지는 저연령화 현상이 초래되었기 때문

(3) 지역사회 자원 활용

표 1-1은 위기유형에 따라 지원 사업을 담당하는 기관들을 정리한 것이다. 일차적으로 가정과 학교에서 위기요소들을 파악하여 제거하는 것이 필요하다. 하지만 교육적 위기와 가정적 위기의 비율이 가장 높은 것을 볼 때, 전문기관의 지원이 매우 절실하다. 위기청소년들을 위한 가장 대표적인 사업은 청소년 통합지원체계인 CYS-Net(Community Youth Safety-Net)이다.

표 1-1 위기유형에 따른 지원 사업 담당기관

위기유형	지원 사업 담당 기관
빈곤 소년소녀가장 이혼 자녀 및 요보호	복지부(지역아동센터, 공동생활가정지원), 자치단체 아동복지지원, 청소년상담지원센터, 교육복지투자 우선지역지원사업, 지역 사회복지관
학대피해 성범죄피해 폭력피해 범죄피해	중앙아동보호전문기관, 해바라기지원센터, 지역아동센터, 학교폭력 SOS 지원단, 방과 후 아카데미, 원스톱서비스지원센터, 범죄피해자 지원센터, Wee Center, 노동부(고용안전센터, 직업전문학교)
학업부진 실업 자살시도 폭력가해 성매매	성매매피해여자청소년지원시설, 청소년상담지원센터, CYS-net, 학교폭력 SOS 지원단, 정신보건센터, 자살예방협회
학교중도탈퇴 가출 범죄 자살	교육부대안학교지원, 청소년쉼터, 법무부(소년원, 보호관찰, 대안교육센터), 복지부(청소년상담지원센터), CYS-net(청소년동반자), 소아청소년광역정신보건센터, 한국자살예방협회

CYS-net(1388/www.1338kyci.or.kr)은 위기청소년의 문제행동을 예방의 관점에서 보고 이에 대한 사회 안전망을 구축하여 보다 효과적인 서비스를 통해 위기청소년을 지원하는 통합 시스템이다. 이러한 통합 시스템은 동반자사업(YC), 학교폭력 피해학생 회복안내인 등 위기청소년을 직접 지원하는 서비스부터 의료지원, 법률지원, 시설지원 등에까지 이른다.

뿐만 아니라 학교폭력SOS지원단(1588-9128/www.jikim.net), Wee Project(해당지역 교육청), 중앙아동보호전문기관(1577-1391/www.korea1391.go.kr), 원스톱지원센터(117/www.smonestop.or.kr) 등 위기청소년을 지원하는 곳은 매우 다양하다. 위기청소년 발견 시 이러한 기관들을 잘 알아두었다가 적극 활용하여 즉각적이고 신속하게 개입하는 것이 매우 중요하다(박철원a, 2012: 31-34).

(4) 위기청소년 발견의 중요성

① ‘위기청소년’, ‘문제가 있는 청소년’이라는 낙인으로 인해 굴레를 벗어나지 못한다. 따라서 위기의 굴레를 벗어나기 위해서는 지속적인 관찰을 통한 발견이 필요하다.

② ‘위기청소년’은 일반청소년에 비해 정서적 안정성, 성취성이 떨어지고, 공격성과 반사회성이 높게 나타난다. 따라서 방치할 경우 사회구성원으로 성장하는 데 장해가 될 수 있다.

③ ‘위기청소년’을 이해하기 위해서는 청소년 당사자들이 처한 구체적인 정서적 어려움의 맥락 전체를 인식하여 청소년의 위기와 학교부적응을 예방할 수 있어야 할 것이다.

2) 위기청소년 지원방법

(1) 교내 생활지도

① 효과적인 상담을 위한 개입방법

가. 자발적인 참여 유도 : 상담에 대한 부정적 인식을 개선하고, 일반학생들도 상담에 대한 기대감이 높아질 수 있는 분위기를 형성해 참여를 유도한다.

나. 가능성 인정해 주기 : 청소년의 문제 상황과 가능성에 대해 인정해 주고, 과거보다는 미래에 초점을 맞춘다.

다. 신뢰를 통한 협력관계 만들기 : 상담 과정 자체에 대한 신뢰도를 높임으로써 위기청소년들이 삶의 목표를 이룰 수 있도록 아낌없는 지원이 필요하다.

② 생활지도 시 유의사항

가. 협력관계 형성 : 교사는 학급임원과 또래상담자를 양성하고 협력관계를 맺음으로써 학생들의 생활변화를 관찰하여 조기에 위기요인을 파악한다.

나. 일관성 있는 태도 : 위기청소년들이 낙인을 받지 않도록 일관성 있는 태도를 취하고, 근거 없는 소문이 나지 않도록 지도한다.

다. 선의의 경쟁 유발 : 치열한 입시경쟁과 빈곤의 양극화는 학생들로 하여금 서열화를 이루고 친구를 시기와 질투의 대상으로 인식하게 한다. 교사는 학생들이 선의의 경쟁을 할 수 있도록 격려함으로써 학교부적응의 위험요소를 줄일 수 있도록 한다(박철원a, 2012: 31-34).

02 학교폭력의 개념

1 폭력의 개념

학교폭력에서 '폭력'은 무엇을 의미하는가가 문제된다. 먼저 사전적 의미에서의 폭력이란 신체적인 공격행위 등 불법한 방법으로 행사되는 물리적 강제력을 말한다. 또한 인간 사이에 나타나는 공격성으로 "다른 개체에 대해 파괴적인 행동을 하거나 고통스러운 자극을 줄 목적으로 행해지는 전반적인 행동"이라고 정의한다. 이때는 신체적인 것과 함께 정신적인 것도 포함하고 있다.

형법에서의 폭력은 "저항을 억압하기 위하여 행사되는 유형력"을 의미하거나, 폭행죄의 폭행의 의미, 즉 "사람의 신체에 대한 유형력의 행사"로 정의되고 있다. 그러나 학교폭력을 논함에 있어서는 그 범위를 형법상의 범죄의 대상이 되는 경우로 한정할 필요는 없다. 실제로 학교폭력이 매우 다양한 방법으로 행사되고 있고, 그로 인한 심리적·정신적 영향도 매우 심각하게 나타나고 있으므로 형법상의 개념보다 넓게 해석할 필요가 있게 된다.

사회학적인 의미의 폭력은 사람의 신체나 생명에 위해를 가하는 모든 행동뿐 아니라 재산상의 피해를 끼치는 일부 행동도 폭력의 개념으로 말한다. 이에 반하여, 심리학적 측면에서 Berkowits(베르코위츠)는 폭력이 갖는 내면의 심리적 특성에 주목하여 폭력과 공격행동을 구분하여 정의하였는데, 우선 '공격'이란 "타인에게 의도적으로 상처를 입히는 것으로" 여기에는 신체적·물리적 상해나 언어적 상해를 모두 포함한다.

이처럼 폭력은 일반적으로 법률이나 사회규범에 위반하여 의도적으로 다른 사람들에게 어떤 행동을 강요하거나 상처를 내는 것으로서, 신체적·물질적 폭력뿐 아니라 언어적 폭력과 정신적인 것도 포함하고 있다고 볼 수 있다(김대영, 2007: 5-6).

조병철(1995)은 폭력을 그 유형에 따라 구분하고 있다. 첫째, 다른 목적을 달성하기 위해 폭력을 도구로 사용하는 도구적 폭력, 둘째, 분노나 공포, 좌절 등이 행동으로 표출되는 표현적 폭력, 셋째, 타인을 괴롭힘으로써 즐거움이나 뭔가를 얻고자 하는 공격적 폭력, 넷째, 공격적 폭력에 맞서기 위한 방어적 폭력 등으로 제시하였다(황혜경 외, 2012).

2 학교폭력 개념의 등장 배경

한 개인에게 집단적으로 폭력을 가하거나 괴롭히는 행위는 집단생활을 유지시키고 결속시키는 하나의 방편으로 오랜 기간 인간과 동물 세계에 존재해 왔다. 구성원들은 집단에서 이질적 요소를 동질화하는 방식으로 또는 증오를 제삼자에게 발산시켜 집단의 평온을 유지하는 방법으로 폭력을 사용해 왔다. 청소년들의 학교폭력 현상도 이와 마찬가지로 오랜 역사를 갖는다.

그러나 청소년들 간의 집단괴롭힘이나 학교폭력이 국내에서 분명한 연구주제로 등장하기 시작한 것은 비교적 최근의 일이다. 특히 또래관계에서 무시아나 거부아의 특성과 관련된 연구가 시작된 것은 1980년대 후반부터로 볼 수 있다. 이 시기 이후 일본의 '이지메' 현상이 국내에 소개되면서 이를 우리말로 옮긴 '집단괴롭힘', 혹은 '집단따돌림'의 용어가 사용되었다. 그러나 이같은 현상에 대해 본격적인 사회적 관심이 모아지고, 이것이 남의 나라 현상만이 아님을 인식하기 시작한 것은 1990년대 중반 이후이다(김혜원, 2013: 32). 1990년대 후반 정옥분 외(1998) 연구에서 '학생들의 왕따(집단따돌림 및 괴롭힘)현상에 관한 연구'를 함으로써 '왕따'라는 말이 학술논문의 주제로 처음 등장했다. 또한 집단따돌림, 집단괴롭힘, 혹은 학교폭력이라는 관련 현상이 빈번한 연구주제로 다루어졌고, '왕따'(왕따돌림, 혹은 왕따돌림을 받는 아이의 준말), '은따'(은근히 따돌림), '전따'(전교 따돌림) 등 하위 현상을 일컫는 다양한 용어들도 통용되기 시작했다.

이후 피해 사례에 대한 보도가 급증하는 등 사회적 관심이 모아지면서 2000년대 이후 집단따돌림이나 집단괴롭힘에 대한 연구 수는 상당히 증가했다(김혜원, 2012: 32-33).

국내에서와 마찬가지로 국외에서도 청소년들 사이의 학교폭력 현상은 매우 긴 역사를 갖지만, 이러한 개념이 여러 나라에서 사회적 관심을 받고 연구되기 시작한 것은 1970년대 초반부터이다. 이 시기부터 학교폭력은 bullying, mobbning, social exclusion, social harrassment, peer abuse, 이지메 등의 다양한 용어로 지칭되어 왔다. Heineman(하이네만, 1973)은 학교폭력과 관련된 용어를 최초로 사용한 사람 중 한 명이다(Berger, 2007 재인용). 그는 처음으로 스웨덴어인 'mobbning'이라는 용어를 사용했다. 이 용어는 일탈적인 한 개인에 대해 집단이 행하는 폭력을 말하고, 갑자기 행해지고 갑자기 사라진다는 의미를 갖는다. 'Mobbing'(떼지어 공격하기)과 유사한 개념이라 할 수 있다. 여기서 'mob'은 괴롭힘에 연관된 다수의 익명 집단 자체와, 이들 집단이 자신들의 활동을 방해하는 한 개인을 공격하는 행위를 동시에 의미한다.

학교폭력에 대해 심층적으로 폭넓은 연구를 본격적으로 시작한 가장 대표적인 학자는 노르웨이 베르겐 대학의 심리학자 Olweus(올베우스)다. Olweus는 1973년 학교폭력에 관한 연구를 모국어로 발표하였고(Berger, 2007 재인용), 이후 『학교에서의 공격성 : 집단괴롭힘 가해자와 피해자들(Aggression in the Schools: Bullies and Whipping Boys)』(1978)이라는 책을 영어로 처음 출판하였다. 이에 따라 'bullying'이라는 용어와 의미가 전 세계에 알려졌다(Berger, 2007; 김혜원, 2013: 33-34 재인용).

3 학교폭력의 개념

학교폭력의 개념은 일반적으로 학교에서 일어나는 폭력을 의미하지만, 학자에 따라 다소 차이가 있으며 학교폭력이 발생하는 장소, 가해와 피해의 대상, 학교폭력의 범위와 정도에 있어서도 시각차를 보이고 있다(황혜경 외, 2014: 13; 임영식, 1998). 학교폭력에 대한 학자들의 정의를 살펴보면 다음과 같다.

「학교폭력 예방 및 대책에 관한 법률」(2021.3.23 일부개정) 제2조 제1호에서는 학교폭력이란 "학교 내외에서 학생을 대상으로 발생한 상해, 폭행, 감금, 협박, 약취·유인, 명예훼손·모욕, 공갈, 강요·강제적인 심부름 및 성폭력, 따돌림, 사이버 따돌림, 정보통신망을 이용한 음란·폭력 정보 등에 의하여 신체·정신 또는 재산상의 피해를 수반하는 행위를 말한다"고 보았다.

문용린 외(2006)는 학교폭력이란 "학교 교내, 주변, 등하굣길, 집 주변, 학원 주변 등 물리적인 장소는 물론이고 교육과 관련된 장소 및 현장에서 부모와 교사를 제외한 모든 사람이 학생에게 행사한 정도가 상당히 심각한 유형·무형의 모든 폭력을 말한다"고 정의했다.

한국청소년상담원(2009)은 학교폭력이란 "타인에게 해를 입히기 위하여 힘·무력·언어적 공격, 혹은 집단 따돌림 등 다양한 수단을 통하여 심리적 혹은 육체적 피해를 입히는 행위로, 학교를 중심으로 맺어지는 관계들이 인간적이고 온정적이며 정상적인 성격을 띠지 못하고, 비인간적이며 난폭하고 잔인하며 비정상적인 성격을 띨 때 학교폭력이라고 한다"고 보았다.

김종운(2013: 16)은 학교폭력이란 "일반적으로 학교나 학교 주변에서 학생 상호 간에 발생하는 의도성을 가진 신체적·정서적 가해행동을 말한다. 또한 타인의 입장에서 볼 때 하찮은 놀림이나 대수롭지 않은 행동일지라도 그것을 당하는 사람이 그로 인해 심리적 또는 행동적 불편함을 느끼면 그 역시 엄연한 학교폭력 행위가 된다. 대개 이러한 학교폭력 행위는 반복적으로 발생하며 학생 개개인이 해결하기는 어렵다"고 보았다.

앞에서 언급한 바와 같이 학교폭력의 개념이 다양하게 정의되고 있는 이유는 점차 학교폭력의 형태나 폭력의 정도가 심해지고 그로 인한 물리적·심리적 피해 범위도 확대되고 있기 때문이다. 학교폭력이 발생하던 초기에는 주로 학생과 학생 간, 학생을 대상으로 일어나는 신체적 및 언어적 폭력을 의미하였다. 학생 간의 폭력 중에서도 학생 개인 대 개인 싸움, 학교 대 학교 또는 학교 내 집단 패싸움 등 신체적인 가해 행위를 학교폭력으로 간주하였다. 그러나 최근에는 심리적 위협과 집단으로부터의 따돌림을 포함한 다양한 형태의 폭력을 모두 포함한다. 즉, 힘의 우위에 있는 개인 또는 패거리들이 주위의 학생들에 대해 언어적 위협, 놀림, 소지품 은닉, 따돌림, 집단에 의한 무시, 신체적 폭력, 성추행, 금품갈취는 물론 기물손괴 등의 행동을 하고, 공포 분위기를 조성함으로써 주위 학생들이 심리적인 소외감과 극도의 불안감을 겪고, 신체적인 상처와 물리적인 손해를 감수하고 있는 상태라면 학교폭력이 발생된 것으로 판단하고 있다(송재홍 외, 2012; 양태규, 2012). 비록 타인의 입장에서 볼 때 하찮은 놀림이나 대수롭지 않은 행동일지라도 그것을 당하는 사람이 그로 인해 심리적 또는 행동적 불편함을 느끼면 그것 역시 엄연한 폭력행위가 된다는 의미이다(황혜경 외, 2014: 14-15). 여기서는 「학교폭력 예방 및 대책에 관한 법률」 제2조 제1호의 개념정의를 중심으로 살펴보기로 한다.

03 학교폭력의 유형

「학교폭력 예방 및 대책에 관한 법률」에서 "학교폭력이란 학교 내외에서 학생을 대상으로 발생한 상해, 폭행, 감금, 협박, 약취·유인, 명예훼손·모욕, 공갈, 강요·강제적인 심부름 및 성폭력, 따돌림, 사이버 따돌림, 정보통신망을 이용한 음란·폭력 정보 등에 의하여 신체·정신 또는 재산상의 피해를 수반하는 행위를 말한다"(제2조 제1호)고 학교폭력에 대한 정의를 내리고 있다.

위에 제시된 폭력에 대해 자세히 설명하면 다음과 같다.

① **상해** : 신체의 생리적 기능에 장해를 일으키는 것이다. 다시 말하면 건강상태를 불량하게 하는 것으로서, 상해의 수단 및 방법에는 제한이 없다. 폭행에 의하든, 기타의 방법에 의하든, 직접 행위자 자신의 신체적 동작에 의하든, 간접적으로 자연력, 기계(기구)의 이용, 동물의 사주, 피해자 자신의 무지 또는 착오된 행위를 이용하든 불문한다. 다만, 가해자에게 상해의 의사, 다시 말하여 건강을 해치려는 의사가 있어야 한다.

② **폭행** : 사람의 신체에 대하여 유형력을 행사하는 것을 말한다.

③ **감금** : 일정한 구역 밖으로 나가는 것을 불가능 또는 현저히 곤란케 하여 신체적 행동의 자유를 제한하는 것이다. 그 수단과 방법은 불문하며, 어느 정도 시간적으로 계속하여 행하여져야 한다. 목욕 중인 부녀의 의류를 탈취하여 욕실에서 나오지 못하게 하는 행위도 감금이다.

④ **협박** : 상대방에게 공포심을 일으키게 할 목적으로 해악을 가할 것을 통지하는 것이다. 본인 또는 친족의 생명, 신체, 자유, 명예, 재산뿐만 아니라 정조, 업무, 신용, 비밀 등도 해악의 내용(가해의 대상)이 될 수 있다.

⑤ **약취·유인** : 약취는 주로 폭행이나 협박에 의해서 사람을 자기 또는 제3자의 지배하에 옮기는 것을 말한다. 그리고 폭행, 협박은 미성년자에 가해지는 것만이 아니고 그 보호자나 감독자에 대하여 가해지는 경우도 포함한다. 유인은 약취와 달리 기망과 유혹에 의해 행해지는 것을 말한다. 즉, 허위의 사실로 상대방을 착오에 빠뜨리게 하거나(기망), 감언이설로 상대방을 현혹시켜 판단을 그릇하게 만든 후(유혹) 자기 또는 제3자의 실력적 지배 내로 옮기는 경우는 물론, 현재 실력적 지배를 하고 있는 자가 불법으로 실력적

지배를 계속하는 경우까지 포함한다.

⑥ **명예훼손·모욕** : 명예훼손은 공연히 사실을 적시하여 사람의 명예를 훼손하는 것이다. '명예'는 사람의 사회적 지위에 대한 사회적 평가를 의미하며, 적시된 사실의 진실 여부는 불문한다. 즉, 진실된 사실로 타인의 명예를 훼손하는 경우에도 명예훼손이 성립한다. 다만, 구체적인 것이어야 한다.

모욕은 상대방에 대하여 욕을 하거나 조롱을 하거나 또는 악평을 가하는 등 구체적인 사실을 적시하지 아니하고서 범인 자신의 추상적 판단을 발표하여 사람의 사회적 지위를 경멸하는 것이다. 모욕의 방법은 문서, 혹은 구두로 하거나, 동작으로(예 : 뺨을 치는 경우) 하거나를 불문한다.

⑦ **공갈** : 재물을 교부받을 목적으로 타인에게 폭행 또는 협박을 수단으로 일정한 해악을 가할 것을 통고하여 상대방으로 하여금 공포심을 일으키게 하는 것이다. 공갈의 수단에는 제한이 없으며, 상대방의 반항을 억압할 정도에는 이르지 않아야 한다. 상대방의 반항을 불능 또는 억압할 정도로 폭행 또는 협박을 하는 경우에는 강도죄가 성립한다.

⑧ **강요** : 폭행 또는 협박으로 사람이 행사할 수 있는 권리를 행사하지 못하게 하거나, 의무 없는 일을 행하게 하는 행위이다.

⑨ **성폭력** : 영리의 목적으로 미성년 또는 부녀를 매개하여 간음하게 하거나, 음화를 제조 또는 반포하거나, 음란한 공연을 하거나, 강간, 강제추행 등을 하는 행위이다.

⑩ **따돌림** : 학교 내외에서 2명 이상의 학생들이 특정인이나 특정집단의 학생들을 대상으로 지속적이거나 반복적으로 신체적 또는 심리적 공격을 가하여 상대방이 고통을 느끼도록 하는 모든 행위를 말한다(제2조 제1의 2호).

⑪ **사이버 따돌림** : 인터넷, 휴대전화 등 정보통신기기를 이용하여 학생들이 특정 학생들을 대상으로 지속적, 반복적으로 심리적 공격을 가하거나, 특정 학생과 관련된 개인정보 또는 허위사실을 유포하여 상대방이 고통을 느끼도록 하는 일체의 행위를 말한다(제2조 제1의 3호).

상기의 열한 가지 폭력행위를 유형별로 분류하면 학교폭력의 유형은 표 1-2와 같이 신체폭력, 언어폭력, 금품갈취, 강요, 따돌림, 성폭력, 사이버폭력 등으로 분류될 수 있다(교육부, 2012; 김규태 외, 2013: 18).

표 1-2 학교폭력의 유형

유형	학교폭력 예방법 관련	예시
신체폭력	■ 상해 ■ 폭행 ■ 감금 ■ 약취·유인	• 일정한 장소에서 쉽게 나오지 못하도록 하는 행위(감금) • 신체를 손, 발로 때리는 등 고통을 가하는 행위(상해, 폭행) • 강제(폭행, 협박)로 일정한 장소로 데리고 가는 행위(약취) • 상대방을 속이거나 유혹해서 일정한 장소로 데리고 가는 행위(유인) ※ 장난을 빙자해서 꼬집기, 때리기, 힘껏 밀치는 행동 등도 상대학생이 폭력행위로 인식한다면 이는 학교폭력에 해당
언어폭력	■ 명예훼손 ■ 모욕 ■ 협박	• 여러 사람 앞에서 상대방의 명예를 훼손하는 구체적인 말(성격, 능력, 배경 등)을 하거나 그런 내용의 글을 인터넷, SNS 등으로 퍼뜨리는 행위(명예훼손) ※ 내용이 진실이라고 하더라도 범죄이고, 허위인 경우에는 형법상 가중 처벌됨 • 여러 사람 앞에서 모욕적인 용어(생김새에 대한 놀림, 병신, 바보 등 상대방을 비하하는 내용)를 지속적으로 말하거나 그런 내용의 글을 인터넷, SNS 등으로 퍼뜨리는 행위(모욕) • 신체 등에 해를 끼칠 듯한 언행(죽을래 등)과 문자메시지 등으로 겁을 주는 행위(협박)
금품갈취	■ 공갈	• 돌려줄 생각이 없으면서 돈을 요구하기 • 옷, 문구류 등을 빌린다며 되돌려주지 않기 • 일부러 물품을 망가뜨리기 • 돈을 걷어오라고 하기 등
강요	■ 강제적 심부름 ■ 강요	• 속칭 빵 셔틀, 와이파이 셔틀 등 • 의사에 반하는 행동을 강요하는 행위(과제 대행, 게임 대행, 심부름 강요)
		• 폭행 또는 협박으로 상대방의 권리행사를 방해하거나 의무 없는 일을 하게 하는 행위(강요) ※ 속칭 바바리맨을 하도록 강요하는 경우, 스스로 자해하거나 신체에 고통을 주게 하는 경우 등이 강요죄에 해당됨
따돌림	■ 따돌림	• 집단적으로 상대방을 의도적이고, 반복적으로 피하는 행위 • 싫어하는 말로 바보취급 등 놀리기, 빈정거림, 면박주기, 겁주는 행동, 골탕 먹이기, 비웃기 • 다른 학생들과 어울리지 못하도록 막기 등
성폭력	■ 성폭력	• 폭행·협박을 하여 성 행위를 강제하거나, 유사 성 행위, 성기에 이물질을 삽입하는 행위 • 상대방에게 폭행과 협박을 하면서 성적 모멸감을 느끼도

유형	학교폭력 예방법 관련	예시
		록 신체적 접촉을 하는 행위 • 성적인 말과 행동을 함으로써 상대방이 성적 굴욕감, 수치감을 느끼도록 하는 행위 등
사이버 폭력	▪ 사이버따돌림 ▪ 정보통신망을 이용한 음란·폭력정보 등에 의해 신체·정신 또는 재산상 피해를 수반하는 행위	• 특정인에 대해 모욕적 언사나 욕설 등을 인터넷 게시판, 채팅방, 카페 등에 올리는 행위 • 특정인에 대한 허위 글이나 개인의 사생활에 관한 사실을 인터넷, SNS, 카카오톡 등을 통해 불특정 다수에 공개하는 행위 • 성적 수치심을 주거나, 위협하는 내용, 조롱하는 글, 그림, 동영상 등을 정보통신망을 통해 유포하는 행위 • 공포심이나 불안감을 유발하는 문자, 음향, 영상 등을 휴대폰 등 정보통신망을 통해 반복적으로 보내는 행위

자료 : 교육과학기술부 외(2012.12). 학교폭력 사안처리 가이드북. p.17.

04 학교폭력의 특성

1 일반적인 특성

요즈음 학교폭력은 우리 사회의 커다란 문제로 대두되고 있다. 어느 나라든 범죄문제와 청소년문제가 중요한 사회문제지만, 우리나라에서도 학교폭력 또는 청소년 범죄와 비행이 많아지고 있어 사회적으로 이 문제에 대한 대책을 세우지 않으면 안 될 상황이다. 과거와는 달리 현대에는 학교폭력의 유형이 다양화되고 있으며, 그 방법도 조직적으로 다원화되고 있다. 즉, 현대의 학교폭력은 별다른 죄의식 없이 재미로 행해지며, 절제 없이 감정이 치닫는 대로 장기간에 걸쳐 이루어진다는 것이 두드러진 특징이다. 그리고 자신의 욕구충족을 위해서는 상대방이 누구든 개의치 않기 때문에 일부 문제 있는 학생들에게만 해당되는 문제가 아니라 평범하고 모범적인 학생들에게까지도 일반화되어 있다. 따라서 그 가해자와 피해자도 뚜렷하게 구분되지 않으며, 학교나 가정에서 채워지지 않는 욕구를 해소하기 위해 폭력을 행하는 경향도 있다(박동호, 2011: 7-8).

이렇게 심각한 사회문제로 대두되고 있는 최근 학교폭력의 특성을 간략히 살펴보면 다음과 같다(육홍렬, 2005).

첫째, 다양한 종류의 학교폭력이 학교나 학교 주변에서 빈번하게 일어나고 있다.

둘째, 학교폭력에는 안전지대가 없다.

셋째, 학교폭력은 가해자나 피해자가 모든 청소년들이다.

넷째, 가해학생이 3~4명의 집단인 경우가 많다.

다섯째, 학교폭력 가해자의 죄의식, 죄책감이 없어지고 있다.

여섯째, 학교폭력은 거의 같은 동일인을 대상으로 장기적으로 행해지고 있다.

일곱째, 폭력에 대한 두려움으로 학교 가기를 싫어하거나, 사람들을 만나기를 꺼리고 있다.

여덟째, 학교폭력이 점차 조직화되어 가고 있다.

아홉째, 학교폭력이 기존에 남학생들의 전유물로 여겨졌으나, 이제는 여학생들에까지 파급되어 그 폐해가 심각한 실정이며, 남학생들을 능가할 만큼 잔인해지고 있다.

과거의 학교폭력은 폭력서클이 조직적·집단적으로 저지르는 폭력이 주류를 이루고 폭행, 금품갈취 등 물리적 폭력이 많으며 1회성 단기적 성격을 띤 경우가 많고 연령이 상대적으로 많은 학생들에 의해 행하여지며 주로 다른 학교 학생들에 대해 폭력을 행사하는 데 비해, 현재의 학교폭력은 일부 학생에게만 국한된 것이 아니라 상당수, 혹은 소그룹이 따돌림 등 집단으로 행하는 형태로 변화되고 있으며, 강제적인 심부름, 즉 빵 셔틀·와이파이 셔틀 등, 협박, 집단 따돌림, 놀림 등 정신적 폭력의 형태로 다양하게 전개되고 있다. 특히 인터넷과 스마트폰, SNS 등을 활용하여 교묘한 방식으로 괴롭히고 집단적으로 즐기는 사례가 증가하고 있다. 특정 상대방을 대상으로 계속적·집중적으로 행사하는 경우가 많고, 주로 중학생들 사이에서 가장 많이 발생하나 초등학생에 의한 학교폭력이 증가하는 등 저연령화 현상을 보이고 있으며, 학교현장 내에서 많이 발생하고 있다(김종양 외, 2012: 152).

학교폭력은 일반폭력에 비해 다음과 같은 차이가 있다. 먼저 일반폭력은 모르는 사람 사이에서 주로 발생하며 특정한 장소가 정해져 있지 않으나 학교폭력은 같은 학교, 학급이라는 동일한 공간 내에 있는 학생들 사이에서 발생하므로 사건 발생 이후에도 일정 기간 가해자와 피해자가 마주치게 된다. 두 번째로는 일반폭력은 폭력의 당사자 외에는 제3자가 알기 어려우나 학교폭력은 당사자 외에도 같은 학교·학급에 있는 다른 친구들에게 쉽게 알려지게 되므로 추가적인 정신적 고통을 받는 경우가 많다. 세 번째로는 일반폭력은 연속성이 없으나 학교폭력은 학교 내에서 끊임없이 특정 학생에 대해 행해지고 문제의식 없이 학생들 사이에 학교 내 하나의 잘못된 문화처럼 형성될 수 있다.

또한 학교폭력은 어느 정도 제한된 공간에서 일어나는 폭력으로서 다음과 같은 특징이 있다. 첫째, 가해자와 피해자가 같은 공간에 있는 시간이 많아서 피해자는 항상 불안감을 느낄 수밖에 없다. 둘째, 일반적인 폭력은 피해자의 주의로 피할 수 있으나 학교폭력은 미연에 예방할 수 있는 방법이 많지 않다. 셋째, 피해자의 행동에 관계없이 가해자의 의도, 혹은 기분에 따라 폭력이 행사되는 경향이 많다(백광술, 2013: 9).

2 가해학생의 특성

학교폭력의 가해학생의 가장 두드러지는 특성은 공격성과 충동성이다. 또한 권력과 지배에 대한 욕구가 강하여 남을 지배하고 굴복시키는 것을 즐겨한다. 본인의 행위에 대한 책임을 회피하고 피해학생의 원인제공이라는 측면을 주장하기도 하며, 주변 환경에 대해 다소 적대감을 품고 있는 경우가 대다수를 차지한다. Lock Wood(락우드)는 청소년기에 발생하는 폭력행위의 경우 가해학생들이 폭력행동을 하는 데는 크게 네 가지 목적이 있다고 한다. 첫째, 적대적 관계에 있는 학생들에 대한 징벌이다. 둘째, 상대학생으로부터 굴복을 얻어내기 위함이다. 셋째, 자신 또는 다른 학생을 위한 방어이다. 넷째, 자신의 체면, 자존감의 수호, 명성을 유지하기 위해서다. 이들은 대부분 다른 비행문제를 동시에 가지고 있으며, 비행하위집단에 소속되어 동료들과 함께 폭력행위에 가담하는 경우가 많다(도기봉, 2007: 10).

그러나 최근에는 이러한 전통적 개념의 특성과는 별개로, 근거 없는 공격성과 무분별한 폭력행위를 발현하는 경우가 늘어나고 있는 추세인데, 이러한 점은 인터넷 공간의 확장과 익숙함 등의 주변 환경의 변화에 따른 행태의 다각화로 분석할 수 있다(이재욱, 2012: 10-11).

경찰청에서는 학교폭력 가해자들의 특성을 표 1-3과 같이 제시하고 있다.

표 1-3 학교폭력 가해자의 특성

구분	내용
일반적 특성	• 남을 괴롭히고 괴롭히는 수단에 대해 별로 개의치 않는다. • 죄책감이나 수치심 그리고 피해학생에 대한 동정심이 없는 편이다. • 인기 있는 편이지만, 나이가 들면서 줄어든다. • 성인이 되어서도 반사회적이고 범죄적인 행동을 할 가능성이 높다. • 여학생의 경우 과장된 자랑, 고함지르기, 교직원에 대한 무례함, 또래와 교직원에 대한 거만함을 보이는 경향이 있다.
성격 특성	• 집에서 거의 시간을 보내지 않고 가족들과의 긍정적인 상호작용이 적다. • 자신감 있고 훌륭한 의사소통 기술을 가지고 있다. • 지배적이고 '사나이다운 것'이라고 여겨지는 것을 따른다. • 불안해하지 않고 자신감이 있으며, 외향적·활동적이다. • 문제 대처 기술이 있고, 독립적이며 효율적으로 주장한다. • 피해학생을 벌 받을 만하다고 믿는다. • 사회적으로 대담한 사람으로 규정된다.
학교생활의 특성	• 학교에 대한 부정적인 태도를 지닌다. • 인기가 피해학생보다는 높은 편이고 리더 역할을 맡기도 한다. • 피해학생보다 더 많은 또래의 지지를 받는 편이다. • 평균정도의 지적능력, 학업성취도는 낮은 편이다. • 폭력 사용에 긍정적인 태도, 터프 가이의 이미지에 대한 동경을 갖는다. • 타인에 대한 배려와 이해가 부족하고, 공격적 충동에 대한 통제력이 부족하며 죄책감이 적거나 없다.
가정의 특성	• 부모의 관리감독이 부족하다. • 부모의 사랑, 관심, 공감능력 부족으로 부모 및 가정에 대한 반감이 높다. • 통제와 훈육의 일관성이 없고, 지나치게 방임적이거나 처벌적이다. • 폭력적인 행동이 묵인되고, 거칠고 공격적인 행동이 조장된다. • 부모 스스로가 남을 괴롭히는 사람의 모델 역할을 한다. • 부모의 불화로 가정이 불안정하다.
신체적 특성	• 체력이 크고 체력적으로 강하고 공격행동에 자신감이 있다. • 운동을 잘하고 활동적이고 활력이 넘치는 편이다. • 피해학생보다 나이가 많거나 힘이 세다. • 보통의 외모와 매력을 지니고 있다.

출처 : 경찰청(2005). 경찰백서. p.158.

3 피해학생의 특성

Olweus(올베우스)는 피해자를 크게 두 가지 유형으로 구분하고 있다. 소극적 피해자와 도발적 피해자가 바로 그것인데, 소극적 피해자는 일반적으로 불안한 심리상태를 갖고 있으며, 아무런 이유 없이 폭행을 당하기도 한다. 공격을 도발하는 어떠한 행동도 하지 않으며, 누구든지 그 피해 대상이 될 수 있다는 공포심과 학교라는 환경 자체를 신뢰하지 못하기도 한다. 특히 교내학생들에게 폭력을 당한 이후에 분노와 적개심을 보이며, 부모와 밀접한 관계를 유지하기 때문에 교사들로부터 과잉보호를 받는 경우가 많다. 이와 반대로 도발적 피해자는 불안한 심리상태를 갖는다는 점에서는 소극적 피해자와 유사하지만, 가해자와 비슷한 수준의 공격성을 가지고 있으며, 공격받았을 때 반격하려는 성향이 있다. 또한 대인관계를 기피하거나 가해 집단에 가담하는 모습을 보이기도 한다(김창균 외, 2010: 178).

이러한 측면에서 최근 학교폭력 문제의 가장 심각한 부분을 엿볼 수 있는데, 전자인 소극적 피해학생은 극단적인 자살로 문제를 해결하려는 경향이 두드러지며, 후자인 도발적 피해학생은 가해 집단에 가담하는 경향을 보이고 있어, 가·피해 집단의 명확한 구분이 어려울 뿐더러, 보상심리를 기반으로 가해의 발현모습이 더욱 심각해지고 있음이 더 큰문제로 지적되고 있다(이재욱, 2012: 11-12).

피해학생의 특성을 살펴보면 다음과 같다. Olweus는 남학생 피해자인 경우, 대체로 매우 인기가 없으며, 또래로부터 거부되고 잘 받아들여지지 않으며, 불안해하고 연약하며, 자기주장이 확실하지 않고, 매우 예민하고 민감하며 자기존중심이 낮은 편이라고 하였다. 이들도 가해학생과 마찬가지로 학업성취도가 약간 낮은 편이고 부모들의 과잉보호경향, 일부 피해학생의 경우 피해 유발적인 경향도 있다고 밝히고 있다(Olweus, 1978: 123). 이와 같은 주장들은 대부분 다수의 연구자들에 의하여 재검증되기도 하였다.

요약하자면, 학교폭력의 가해자들을 특징지을 수 있는 것은 그들의 신체적 강점과 공격적 반응양태의 결합이며, 학교폭력의 피해자들은 신체적 약점과 불안한 반응양태의 결합으로 볼 수 있을 것이다(Olweus, 1993: 36-37; 이윤호, 2007: 239).

한국에서도 학교폭력의 피해유형을 크게 두 부류로 나누어서 설명하고 있다. 유약하고 수동적인 태도를 보이는 학생과 잘난 척하고 타인을 무시하는 학생

(곽금주, 2006), 자신의 상황에 대한 부정적 인식과 낮은 자존감으로 인해 무기력하고 복종적인 반응을 보이는 학생들은 강한 아이들의 공격 표적이 되고, 이에 적절히 대처하지 못함으로써 폭력의 사이클에서 지속적으로 피해자로 살아가게 된다. 반면 잘난 척하고 타인을 무시하는 태도를 보이는 피해자들은 타인에 대한 배려심이 부족하고 이기적이며, 자신의 일방적인 태도로 인해 주위와 어울리지 못하고 충돌함으로써 다수에게 외면당하고 있다는 사실을 인식하지 못하는 경우가 많다. 그들이 보이는 경쟁적이고 공격적인 대인관계 패턴이 주변을 자극하여 대결 국면을 형성하게 되며, 피해 상황에서 불안반응과 공격반응을 함께 보이게 된다. 실제 이 피해자들은 피해를 당하면서도 피해 상황에서 빠져나오기 위해서 다른 학생들에게 가해를 하는 가해자이면서 피해자인 집단이 되는 경우가 많다 (김규태 외, 2013: 87).

4 최근 학교폭력의 양상

최근 학교폭력의 양상을 살펴보면 다음과 같다(교육부, 제4차 학교폭력예방 및 대책 기본계획, 2020: 2-3).

1) 학교폭력 양상

학교폭력 피해경험 연령이 점차 낮아지고, 언어폭력·사이버폭력 등 정서적 폭력이 부각되는 추세에 대한 대책이 필요하다.

(1) '학교폭력 실태조사'에서 초등학생의 학교폭력 피해응답률이 중·고등학생 피해 응답률에 비해 상대적으로 높아지는 것으로 나타났다.

- 초등학교: ('17) 2.1% → ('18) 2.8% → ('19) 3.6%
  중 학 교: ('17) 0.5% → ('18) 0.7% → ('19) 0.8%
  고등학교: ('17) 0.3% → ('18) 0.4% → ('19) 0.4%

(2) 사이버 폭력 비중이 신체폭행 비중보다 높아지고, 정서적 폭력(언어폭력, 집단 따돌림)의 비중이 증가하는 것으로 나타났는데, 국제적으로도 사이버폭력이 중요 문제로 대두되는 추세이다.

피해유형별 비중

- (2017) 언어폭력(34.1%) > 집단따돌림(16.6%) > 스토킹(12.3%) > 신체폭행(11.7%)
- (2018) 언어폭력(34.7%) > 집단따돌림(17.2%) > 스토킹(11.8%) > 사이버 괴롭힘(10.8%)
- (2019) 언어폭력(35.6%) > 집단따돌림(23.2%) > 사이버 괴롭힘(8.9%) > 스토킹(8.7%)

(3) 해외 사례로 일본 정부가 실시한 학교폭력 실태조사에서 사이버폭력 발생 건수는 2013년 8,788건에서 2017년 12,632건으로 증가추세이며, 미국 사이버폭력 연구센터에서 2002년부터 미국 전역 중·고등학생 대상으로 조사한 사이버폭력 피해경험률은 2007년 18.8%에서 2019년 36.5%로 증가하였다.

2) 법·제도

'학교폭력예방법' 개정(2019.8.20 공포)으로, 그간의 처벌 중심정책에서 나아가 '중대한 학교폭력은 엄정대처'하면서 '학생 간 관계회복을 위한 학교의 교육적 기능을 강화'하기 위한 정책이 필요하다.

(1) 학교폭력 사안처리의 엄정성과 전문성을 제고할 수 있도록 2020년 3월 1일부터 교육지원청에 학교폭력대책심의위원회가 설치되어 기존 단위학교 학교폭력대책자치위원회의 기능이 이관되었다.

(2) 학생 간 관계회복을 위한 학교의 교육적 기능을 강화하기 위해 2019년 9월 1일부터 '학교장 자체해결제'가 도입되어 법률상 일정 요건을 충족하는 학교폭력은 학교의장이 교육적으로 해결이 가능하다.

(3) 학교폭력 정책 패러다임이 처벌 중심에서 화해와 관계회복 중심으로 변화하는 모습은 프랑스 및 일본 사례에서도 나타나고 있다.

3) 사회구조

학령인구 감소와 다문화학생 증가 등 사회변화에 따라 모든 학생을 보호하고 포용하기 위한 전 사회적 노력이 필요하다.

(1) 초·중등 학령인구가 감소할 것으로 예상됨에 따라 학생 한 명 한 명을 학교폭력 피해로부터 보호할 수 있는 대책마련이 중요하다.

(2) 다문화학생이 증가하는 상황에서 학생들이 서로를 포용하고 함께할 수 있는 사회·정서적 역량 강화가 필요하다.

- ('11) 3.8만 명(전체 학생의 0.6%) → ('19) 13.7만 명(전체 학생의 2.5%)

2015 개정 교육과정이 추구하는 인간상으로는 공동체 의식을 가지고 세계와 소통하는 민주시민으로서 배려와 나눔을 실천하는 '더불어 사는 사람'이 제시되고 있음

학교폭력에 대한 인식 및 대응수준은 표 1-4와 같다.

표 1-4 학교폭력에 대한 인식 및 대응 수준

구분	내용
학생	• 피해자 : 신고를 해도 문제해결이 되지 않고, 보복을 우려 ※ 피해학생의 57.5%가 도움을 요청하지 않는 이유 : 일이 커질 것 같아서(1위), 이야기해도 소용없을 것 같아서(2위), 보복당할 것 같아서(3위) • 가해자 : 학교폭력을 단순한 '장난'으로 인식하거나 위장 ※ 가해 행동 이유 : 장난(1위), 상대 학생이 잘못해서(2위), 오해와 갈등(3위) ※ 가해 후 상황 : 아무 일도 일어나지 않음(1위), 피해학생과 화해(2위) • 목격자 : 학교폭력을 목격해도 보복이 두려워 방관하는 경우가 다수 ※ 목격자의 62.0%가 방관하는 이유 : 같이 피해를 당할까봐(1위), 관심이 없어서(2위), 어떻게 해야 할지 몰라서(3위)
학부모	• 학교폭력에 관대 : 아이들은 싸우면서 자라는 것이 당연하다는 인식 • 학교폭력 정당화 : 학교폭력의 원인을 피해학생으로 돌리려는 경향
교원	• 온정주의적 시각 : 처벌보다는 교육적 차원의 계도에 치우쳐 조치 • 학교폭력 은폐 경향 : 학교의 부정적 이미지 유발, 신상의 불이익 등을 우려

Chapter 02

학교폭력의 발생원인

학습내용

이 장에서는 학교폭력의 발생원인에 대해 살펴보기로 한다. 먼저 학교폭력의 발생원인으로 개인적·심리적 요인, 가정환경적 요인, 학교환경적 요인, 사회환경적 요인을 살펴본 후 학교폭력 관련자인 가해자, 피해자, 가해자이면서 피해자, 방관자 등에 대해 자세히 살펴보기로 한다.

01 학교폭력의 발생원인

학교폭력의 발생 원인을 설명할 때 개인, 가정, 학교, 사회 등 네 가지 수준에서 접근하는 것이 일반적이다. 개인수준으로 성별, 연령(학교급별), 심리적 특성, 신체적 특성, 폭력에 대한 태도, 학업스트레스 등이 있으며, 가정수준으로는 가정의 경제적 수준, 가족과의 유대관계, 가정폭력 경험 등이 있다. 학교수준으로는 교우관계, 교사와의 관계, 학교의 물리적 환경, 교사와 학생의 관계, 학교폭력에 대한 교사의 관심과 개입, 학교풍토 및 문화 등이 있으며, 사회적 수준으로는 대중매체, 유해환경, 지역사회의 폭력허용정도 등을 들 수 있다(한유경 외, 2014: 48-69; 정시영, 2018: 10).

학교폭력의 발생요인은 매우 다양하며 다차원적으로 여러 요인이 복합적으로 작용하여 발생하는 경우가 많다. 따라서 학교폭력을 이해하기 위해서는 접근하는 시각에 따라 다양하게 이해될 수 있으며, 어떠한 한 가지 요인만으로 학교폭력 현상을 설명하기 어렵다. 게다가 학교폭력의 정도나 양상이 갈수록 다양해지고 예측할 수 없는 상황에서 돌발적으로 발생하는 경우가 늘어감에 따라 정확한 원인을 밝혀내기 또한 어렵다. 그리고 어느 한 가지 원인에 의해서 발생하는 경우가 극히 드물고 여러 원인이 복합적으로 상호작용하여 발생하는 경우가 많다. 일반적으로 학교폭력의 원인이 개인적 요인, 가정적 요인, 학교적 요인, 사회적 요인으로 나누어진다(김광수, 2009: 21).

1 개인적·심리적 요인

폭력행위를 하는 학생에게 가장 많이 나타나는 개인적·심리적 특성은 공격적 성격장애이다. 이러한 공격적 성격장애를 가진 학생은 결국에는 공격행동과 폭력행동으로 이어진다. 공격(aggression)이란 '타인에게 의도적으로 상처를 입히는 것'으로, 여기에는 신체적·물리적 상해나 언어적 피해 등 모두가 포함된다. 그런데 폭력(violence)이란 그 상처를 입히는 정도가 대단히 극심한 경우를 말하며, 특히 '의도적으로 타인에게 극심한 신체적·물리적 위해를 가하려는 시도'라고 규정할 수 있다.

사람은 누구나 폭력의 경향성을 가지고 있다. 그러나 정상적인 사람들은 양심과 도덕의 기준이 자기 통제력을 강하게 지켜 폭력행위를 하지 않는 반면, 폭력적인 성향과 반사회적 행동특성을 가진 사람들은 반사회적 행동을 하고도 반성하거나 고민하지 않는다. 이들은 자기조절능력이 부족하다. 이들은 윤리의식이나 도덕의식이 제대로 형성되어 있지 않다. 그러므로 죄책감이나 수치심을 느끼지 못하고 행동한다. 자기의 욕망이나 감정이 작동하면 사회질서나 규범을 고려하지 않고 감정대로 행동하는 이들의 공통점은 한결같이 정서 불안적 요인을 가지고 있다는 것이다. 정서불안은 욕구가 충족되지 않으면 모든 생활에 대한 불만과 좌절이 거듭되어 가정, 학교생활에 대한 의욕상실이 생기는 것으로 국내·외 많은 학자들이 정서불안이 학교폭력의 원인이라는 점에 동의한다. 소외감, 열등감이 증폭되어 성격이 비뚤어지며, 이러한 내적·심리적 갈등은 반항, 파괴, 폭력 등의 반사회적 행동으로 나타난다고 본다. 감수성이 예민하고 열등감, 적개심을 강하게 하는 정서불안의 심리적 발달은 폭력행위를 가중시킨다. 또한 이 학생들은 타인을 의식하지 않고 자기중심적이고 이기적인 행동을 하며, 지적 판단력이나 표현력의 부족으로 폭력을 휘두른다. 학생들의 경우에도 이러한 학생들은 부정적인 자아개념이 형성되어 자기 자신이 필요 없는 존재, 무능한 존재, 약한 존재라고 규정하며, 그러한 방향으로 자신의 삶을 이끌어 간다. 이들은 아주 작은 문제도 해결하고자 하는 노력은 시도하지 않고, 이러한 의식은 결국에는 공격행동과 폭력행동을 낳게 한다.

청소년범죄자들은 인지능력과 문제해결능력이 부족한 아이로 규정되기도 한다. 즉, 청소년범죄자들은 행동에 앞서 합리적으로 생각하는 능력이 부족해 자신의 행동으로 인해 생길 차후의 결과를 생각지 못해 부적절한 행동을 선택하게 되고, 대인관계의 문제해결능력에서 보면 상대의 의도나 관점을 잘못 이해하고 공격적으로 해석하며, 대인갈등상황을 적절히 해결하지 못하여 갈등을 증폭시키는 경향이 있으며, 쉽게 흥분하여 범죄에 가담할 가능성이 높다고 주장된다. 우리 사회는 청소년들에게 폭력을 부추기고 심지어 미화하는 갖가지 형태를 의식적이든 무의식적이든 자행하고 있는 경우가 많다. 즉, 수단과 방법을 가리지 않고 남보다 앞서야 하고, 빨리 도달해야 하며, 강력한 힘과 권력을 발휘해야 한다는 잘못된 생각이 사회전반에 팽배하고 있어 성장기에 학생들도 죄책감과 죄의식을 전혀 갖지 않고 무의식적으로 흥미 위주의 폭력에 빠져 들어가고 있다는 지적이 있다(김범수, 2009: 40-42).

2 가정환경적 요인

학교폭력의 원인은 보는 사람의 관점에 따라 다르게 그 원인을 분석할 수 있겠으나, 가정적인 원인이 가장 큰 영향으로 작용한다고 생각한다. 그 이유는 학생들이 자라서 사회생활을 하기 전 성격형성에 영향을 미치는 것이 가정이기 때문이다. 따라서 어떠한 부모 밑에서 자랐으며 어떠한 가정에서 사회화과정을 밟았느냐에 따라 청소년의 폭력요인이 크게 좌우된다고 한다. 가정은 기초집단으로 인간의 지능, 성격, 신체, 정서형성의 근간이 된다. 따라서 가정이 본래의 기능을 잃게 될 때, 자녀들의 가치혼란과 주체성 상실은 크다. 건강한 가정이 있을 때 자녀들의 주체성이 잘 형성되고, 나아가 건전한 청소년을 기대할 수 있다. 따라서 오늘날 세계 각국은 병든 가정을 치료하여 가정의 전통적인 기능회복을 위해 노력을 아끼지 않고 있다.

가정요인으로는 가정의 빈곤, 부모의 이혼 등으로 인하여 생겨나는 구조적인 가정환경, 부모 간의 불화, 부모와 자식 간의 갈등과 유대약화, 부모의 자식에 대한 감독 부족, 잘못된 훈육방법과 같은 가정 기능적 요인이 주요 요인으로 언급되어 왔다. 그중에서도 가정의 기능적 요인은 청소년범죄를 설명함에 있어 보다 중요한 요인이 된다는 것이 그동안의 연구에서 밝혀지고 있다.

과거에는 대가족생활을 통해 자녀들의 교육, 생산, 여가, 양육, 이성, 인간관계 등의 모든 기능 수행이 가족구성원 사이에서 이루어졌으나, 현대 산업사회로 오면서 가정기능의 축소와 함께 그 영역이 줄어들게 되었고, 가정교육 기능에도 이상이 있어 정서적으로 불안한 가정이 늘어나고 있다. 주부취업의 증가, 이혼의 증가, 주말부부의 증가, 자녀 수 감소, 주거생활변화 등 산업화 이후 핵가족에 따른 문제가정이 많이 생겨나고, 그 속에서 가출 및 비행청소년 등 각종 문제를 가진 청소년을 배출할 가능성이 높아지게 되었다. 이러한 가족구조의 변화로 인하여 현대가정에서 여러 가지 형태의 문제가정이 생겨나게 되었다. 청소년비행 및 문제가정의 형태를 구체적으로 분류해 보면 다음과 같다.

첫째, **부도덕가정**(immoral family) : 부도덕가정은 정상적인 가정에 비해 범죄율이 높다. 부도덕가정은 부도덕 알코올 중독자 등이 가정의 구성원으로 되어 있어 가족구성원의 정서적 결합관계가 응집성이나 구심점을 상실하여 이완적인 성질을 띠게 되는 가정을 말한다. 부도덕가정의 문제점은 자연히 가족구성원 간의 관계가 친밀하지 못하고 자연적 결합이 불가능하여 범죄를 유발시킨다는 점이다.

둘째, **한 부모가정**(one-parent home) : 최근에는 비행이나 청소년 범죄의 원인이 되고 있는 것 중에 하나가 한 부모가정을 들고 있다. 한 부모가정이란 양친 또는 어느 한편이 사망·이혼·별거·유기·실종 등으로 자녀를 직접 보호하지 못하는 가정을 말한다. 이러한 가정의 원인으로는 부모의 불화·갈등·방임·가정의 부도덕 등을 들고 있다. 이혼율의 증가 등은 한 부모가정의 증가를 가져왔고 가족관계의 해체를 가져와 범죄를 조장한다고 볼 수 있다.

셋째, **애정결여가정**(Need-affection family) : 부모의 애정은 자녀의 인격형성에 있어 매우 중요하다. 부모와 자녀관계는 출생에서부터 성장에 이르기까지 계속되는 관계로서 적절한 애정과 통제가 조화를 이루도록 해야 한다. 부모와 자녀 사이 그리고 형제, 자매들 사이에 같은 애정관계가 형성되고 있느냐는 어린이들의 인격형성에 중대한 영향을 미치고, 그것이 잘못됐을 때 자녀들에게 있어 사회적으로 용납되기 어려운 성격이 형성되고 범죄성의 요인이 될 수 있다.

넷째, **갈등가정**(conflict family) : 가정적 갈등은 가족구성원 간의 애정·이해관계·가치관의 차이로 가족구성원들 간에 불화·반목 등을 일으켜 그에 따라 가족구성원간의 인간관계의 결여, 가정 분위기 등의 긴장 사태로 가정의 내부가 심리적으로 위축되어 가족구성원의 마음을 불안하게 하고 정서발달에 지장을 가져오는 가정으로 자녀에게 끊이지 않는 긴장을 일으켜 범죄로 빠져들게 하고 있다.

다섯째, **훈육결여가정**(defective home) : 자녀에 대한 감독이 철저하지 못한 가정.

여섯째, **빈곤가정**(Poverty family) : 가정적으로 가계에 타격을 받는 가정.

일곱째, **시설가정**(institutional home) : 고아원 등의 아동양육시설이 가정의 역할을 하는 경우이다.

이와 같은 여러 형태의 문제가정들이 청소년비행과 문제행동에 크게 영향을 미칠 수 있는 중요 요인이라고 볼 수 있다(김범수, 2009: 44-46).

3 학교환경적 요인

오늘날 학교교육은 많은 문제점과 역기능을 야기하고 있다. 특히 현재의 학교환경은 시험성적에 의한 단선적인 인간평가, 학급당 과밀학습, 창의성과 탐구적인 교육풍토보다는 획일적 교육 그리고 입시위주의 교육과 연계시킴으로써 진학하기 위한 통과 의례로서 제도화된 학교 내 수용된 청소년들에게 많은 부정적인 교육효과를 가져오고 있다. 학교환경이 청소년에게 주는 영향력이 증대되었다고 볼 수 있지만 오늘날의 학교교육이 갖고 있는 여러 가지 역기능적 요소들 또한 학생들에게 학교폭력을 행하게 하는 중요한 요인이라 할 수 있다.

학교교육의 본질적 기능은 새로운 지식을 발견하고 가르치는 교육기능과 기존의 문화유산을 전달하고 습득시킴으로써 새로운 생활방식을 익히게 하는 사회화 기능 및 각 개인의 능력과 적성에 맞는 직업과 지위를 선택하고 분류하는 선발기능 등을 수행해 왔다. 그러나 현대에 들어오면서 학교교육이 보편화되고 대중화됨에 따라 학교의 규모가 커지고 조직화되며 또한 사회가 요구하는 수단적 기능을 담당하기 위하여 학교조직은 점차 관료화되고 형식화되었다고 할 수 있다. 이것은 학교의 본질적 기능은 약화되고 문제점과 역기능을 야기했으며, 특히 현재 학교환경은 주입식 지식위주 교육, 시험성적에 의한 단선적 평가, 인간적 고려가 어려운 대형학급, 창의성과 탐구적인 교육풍토보다는 획일화된 풍토 그리고 입시위주의 교육으로 말미암아 청소년들에게 부정적인 영향을 미치게 되었다.

입시 위주의 교육병리현상이 청소년의 문제행동과 관련하여 살펴보면 시험체계의 병리로 인한 스트레스 증가로 정신병, 자살까지 유발하며, 소수 성적 우수자 위주의 교육과정 비정상적 운영으로 성적 불량자의 소외감이 증대하며, 이의 보상을 위해 학교폭력으로 발전한다. 또한 교사와 학생 간, 학생과 학생 간의 비인간적 인간관계 형성은 친구관계가 협력과 도움의 관계가 아닌 경쟁적 인간관계로 전락하여 이러한 스트레스가 폭력을 유도하는 구조적 원인이 되고 있다.

오늘날 학교에서 교사 학생 간에는 사회적 거리감이 있어서 마음의 교류나 인격적 교류가 거의 없거나, 심지어는 교사폭력 또한 그 위험수위를 넘어서서 학교폭력의 발생요인이 되고 있다. 학생 간에도 우정보다는 경쟁관계가 팽배한 실정이다. 심리적으로 반항기이며, 소속에의 이탈 등 정서적 불안정기인 청소년들이 불안과 고민을 서로 동감하면서 기탄없는 대화를 통해 서로의 고민을 상의할 수 있어야 하는데, 그러지 못하기 때문에 폭력을 유발시키는 요인이 되고 있다(진영학, 2004: 21; 오영종, 2008: 21-22).

4 사회환경적 요인

범죄는 사회의 어두운 그늘을 보여주는 지표이다. 범죄 때문에 사회가 혼란해지는 것이 아니라 사회가 혼란스러울 때 범죄가 발생하는 것이다. 따라서 범죄가 흉포화되고 있다면 사회가 흉포화되었다는 것을 내포하고 있다.

학교폭력을 부추기는 사회적 환경을 생각해 보자. 청소년의 일탈행동은 사회화 과정의 잘못에 기인한 것으로 이는 지역사회의 상업주의가 청소년의 감성과 덕성을 황폐화시킨다(청소년폭력 예방재단, 1996: 8).

학교폭력을 부추기는 유해한 사회적 환경 중 우선 들 수 있는 것은 다음과 같다.

첫째, 학교를 둘러싼 폭력범죄이다. 이는 학교 주변의 폭력문화와 깊은 연관이 있으며, 학교의 폭력문화는 사회 폭력문화의 소산이다.

둘째, 불건전한 광고 및 대중매체의 범람이다. 오늘날 대중매체가 청소년의 생활 속에 깊이 잠식해 있다는 사실을 감안할 때에 대중매체를 떠난 청소년폭력의 예방을 생각할 수 없는 것이다. 오늘날 대중매체는 특히 가치교육에 관한 한 가정이나 학교보다도 더욱 큰 영향을 미치고 있다는 것을 부인하기 어렵다.

매스컴의 역기능으로써 TV, 비디오, 잡지 등에 지나친 상업적·선정적·폭력적·향락적인 내용을 경쟁적으로 취재, 방영, 보도하고 있는데, 청소년들이 무비판적으로 받아들일 때에는 문제가 크다.

셋째, 학교 주변 유해환경의 문제이다. 학교 보건법상 정화구역(200m) 내의 유해환경업소의 유혹이 결국 불량학생으로 전락시키는 요인이 되고 있다.

넷째, 산업화로 인한 지역사회의 해체를 들 수 있다. 산업의 급격한 발달은 지금까지 통용되었던 가치체계를 크게 변화시켰고, 가치관의 갈등은 학생들에게 적응하기 곤란한 문제를 가져왔다. 또한 가정·학교·사회에서의 공동체적 유대감도 과거에 비해 많이 해체되어 청소년들의 폭력 사용을 한층 더 부추기고 있다.

다섯째, 도덕윤리의 붕괴이다. 도시화, 산업화되면서 전통사회의 사회규범이나 도덕윤리가 붕괴 내지 약화된 것도 청소년 범죄를 가져오는 요인이 되었다. 다시 말해 외국문화가 급격히 소개되면서 이는 전통문화와 도덕을 더욱 약화시켰다. 따라서 청소년 세대들은 도덕적 규범이 무엇인지 가정과 학교, 사회의 어느 곳에서도 확고하게 학습할 기회를 갖지 못했다(조화정, 2002: 59-61).

02 학교폭력 관련자의 이해

1 가해자(가해학생)

1) 가해자의 정의

가해행동은 공격성이 강화되고 극단화된 행동의 형태라 할 수 있으며, 이러한 공격성이 학교 내외라는 특정한 장소에서 학생들 사이에 발생하는 문제로 한정된다. 집단따돌림, 또래괴롭힘, 학교폭력, 이지메 등이 동일한 개념으로 간주되며, 이러한 행동을 주도적으로 행하거나, 암묵적으로 동조하며, 적극적으로 협조한 학생들을 가해자로 정의하게 된다(김규태 외, 2013: 78-79).

2) 가해학생의 특성

1970년대 말까지 이루어진 연구에 따르면, 가해행동을 하는 대부분의 이유는 물리적 이득을 얻기 위한 것이었으나, 최근에는 또래 간의 우월성을 드러내 보이고 또래 지지를 통해 또래에 대한 지배력을 강화·유지하기 위한 수단으로 가해

행동을 하는 경향이 관찰되고 있다(곽금주, 2006). 아래에서는 전형적으로 드러나는 가해학생의 징후와 잠재적인 가해학생의 징후를 구분하여 살펴보았다.

(1) 전형적인 학교폭력 가해학생의 징후

① 신체적으로 다른 학생보다 우월하다.
② 폭력을 통해 자신의 위상을 높이려는 과시욕을 가지고 있으며, 다른 학생들에게 자신의 영향력을 발휘하고 억압하려 하며, 힘과 협박을 통해 자신을 증명하고 원하는 것을 얻으려 한다.
③ 쉽게 잘 흥분하고 규칙을 지키려 하지 않으며, 저항과 분노를 품고 있다.
④ 자신이 처한 어려운 상황과 관련하여 또래뿐만 아니라 성인에게도 자신의 분노를 표현하고 의심이 많으며 공격적이다.
⑤ 고집이 세고 집요하며 전혀 동정심을 보이지 않는다. 자신의 공격적·폭력적 행동으로 피해를 입은 학생에 대해 죄의식을 갖지 않으며, 감정이입이 잘 일어나지 않는다.
⑥ 자아상이 지나치게 긍정적이다.
⑦ 사회적으로 도둑질, 물건 파손 등의 위반된 행동을 할 수 있다. 심각한 경우 약물복용이나 흡연, 유흥업소 출입, 마약, 폭력과 같은 비행행동에 연루되는 경우가 많다.
⑧ 매사에 민감하고 학교에 대한 불평불만이 많다.

(2) 잠재적인 학교폭력 가해학생의 징후

① 어떤 특정한 집단에 소속되어 있을 수 있다.
② 폭력적으로 자신의 문제를 해결하고자 하는 경향을 띠고 있다.
③ 눈에 띄게 잘 흥분하고 지나치게 활발하다.
④ 음주나 흡연, 약물과 같은 기타 문제행동과 관련되어 있을 가능성이 높다.
⑤ 주위 사람들이 자신을 부당하게 취급하고 있다고 생각한다.
⑥ 자신의 행동반경이나 규칙들이 자신을 억압하고 있다고 느낀다.
⑦ 비판에 관해 매우 민감하다.
⑧ 반사회적·비사회적·정신병리적 문제가 있는 경우가 있다(김규태, 2013: 82-83).

2 피해자(피해학생)

1) 학교폭력 피해학생의 정의

가장 먼저 학교폭력과 또래괴롭힘에 대해 정의했던 Olweus(올베우스, 1978)에 따르면, 한 학생이 반복적이고 지속적으로 한 명 또는 그 이상의 다른 학생들로부터 부정적인 행동을 당하는 것을 학교폭력 피해자로 정의하고 있다. 이 개념은 이후 점점 확장되어 피해자와 가해자 간의 힘의 불균형 상태(Olweus, 1994)를 포함하게 되었으며, 언어적·물리적·관계적 측면에서 괴롭힘의 주요한 타깃이 되는 학생을 의미한다.

2) 수동적 피해자

수동적 피해자는 가해자를 직접적으로 자극하지는 않는다. 피해자의 거의 대부분이 이 집단에 속하는데, 그들은 사회적으로 떨어져 지내며, 종종 불안해 보이거나, 우울해 보이거나, 두려워하는 모습을 보이고, 매우 낮은 자존감을 지닌다. 다른 학생들과 비교해 볼 때, 수동적 피해자들은 친구가 적고, 외롭고, 슬픔에 잠겨 있으며, 새로운 상황이 오면 매우 신경이 예민해지고 낯설어한다. 가해자들은 이런 취약성을 탐지하는 데에 능력이 있기 때문에 발견한 즉시 이러한 특징의 학생을 표적으로 삼는 것이다. 저학년 수동적 피해자들의 초기 반응은 울거나, 무리로부터 벗어나 있거나, 소용없는 분노를 표현하는 것이지만 고학년이 되면 학교에 결석을 하거나 가출하는 등의 행동으로 피해 상황을 피하고 모면하려고 하는 경향이 있다.

이러한 수동적 피해자의 특징들이 학교폭력의 피해를 불러온다고도 볼 수 있지만, 결과적으로 피해를 당해서 이러한 특징들이 나타나게 되는 것 또한 분명하다.

Swearer & Colleagues(2001)에 의하면 "피해자의 행동과 정서적인 상태는 피해를 당할 수 있는 취약점이 된다. 가해행동은 피해학생이 더욱 낮은 자존감, 우울증, 불안, 고독감에 빠져들게 만들고, 그래서 피해학생들은 더욱 피해당하기 쉬운 상태가 되는 것이다(김종기, 2012: 44-45)."

3) 도발적 피해자

도발적 피해자는 성내고 싸우는 등 주로 부정적인 반응들을 이끌어 내는 행동을 하는 집단이다. 비교적 적은 수들이 이러한 피해자 군에 속한다. 그들은 동급생들의 사회적 거절이나 분노, 적대감 등을 끌어내거나, 임무를 수행하지 않고, 쉴 새 없이 행동하여 수업을 방해한다. 비록 '도발적 피해자'들은 순수 '가해학생'들과 '수동적 피해자'들과 확실히 구분되는 집단이기는 하지만, 가해자들과 수동적 피해자들의 특징을 보이기도 한다.

가해자의 특징처럼 타인을 지배하려고 하고, 공격적이고 반항적 행동을 하거나 참을성이 낮은 모습을 보이거나, 수동적 피해자의 특징처럼 사회적으로 불안하거나, 다른 사람들이 자신을 싫어하는 것을 느끼거나, 낮은 자존감을 보이거나 하는 등의 여러 가지 모습을 보이기도 한다.

이 집단에 속하는 학생들은 어떤 부분(학습장애, 주의력결핍장애)에서 장애가 있을 가능성에 대해 염두에 둘 필요가 있다. 그러한 장애의 속성은 도발적인 행동을 하는 데에 영향을 미치기 때문이다(김종기, 2012: 46).

3 가해자이면서 피해자

가해자이면서 피해자인 학생들의 경우, 자신의 열등감이나 피해의식에서 오는 좌절감을 약한 상대방에게 폭력을 행사함으로써 이를 상쇄하려는 심리상태를 가지고 있는 경우가 많다. 약한 자신이 폭력을 당한 것이 당연한 것처럼, 다른 약한 친구를 괴롭히는 자신의 행동을 당연하게 여기게 되는 것이다.

곽금주(2006)에 따르면, 이들은 단순 피해자 집단이나 가해자 집단에 비해 심리적 위험성이 가장 높다. 주관적인 심리적 불편감이 크고, 스스로에 대한 문제의식도 강한 편으로, 학교 장면뿐만 아니라 가족 내에서도 적응상의 어려움을 겪는 것으로 알려져 있다. 부모나 교사 모두 이들에 대해 비행, 공격성, 외현화 문제가 다른 집단에 비해 높다고 보고하였으며, 학교 장면뿐만 아니라 가정환경 내에서도 적응상의 어려움을 경험하고 있는 것으로 여겨진다.

가해자이면서 피해자인 집단은 피해만을 경험하는 집단에 비해 자기효능감이 부족하고(이귀숙 · 정현희, 2005), 자기개념 역시 부정적이다(이은주, 2004). 특히 이들이 어려움을 호소하는 영역은 대인관계 상황이다. 다른 사람들을 잘 믿지 못하고 의

심하며 타인을 조종하려는 경향이 나타나게 되며(강은희 외, 2002), 솔직하게 자신의 속내를 털어놓고 친구를 사귀거나 관계를 유지하는 데 어려움을 보인다(이귀숙·정현희, 2005). 정신건강적 측면에서도 위축감의 수준이 더 높으며, 신체화 증상, 우울·불안 등과 같은 심리적 부적응 증상(이귀숙·정현희, 2005), 행동에 대한 통제력 부족이 보고되고 있다(강은희 외, 2002; 김규태 외, 2013: 90-91).

4 방관자

1) 방관적 태도의 정의

방관자 집단은 단순히 방관행동만 보이는 단일 집단이 아니라 다양한 행동과 태도를 보이며 괴롭힘을 유지한다는 측면에서 중요한 의미를 지니는 집단이다. 이는 학교폭력이 발생하는 갈등 상황에서 방관자들이 가만히 서서 상황을 지켜보는 수동적 존재가 아니라는 것을 의미한다. Felson(펠손, 1982)에 따르면 상호 간의 분쟁이 발생했을 때 제3자가 존재한다는 사실 자체로 단순한 언어적 분쟁으로 끝날 일이 실질적인 싸움으로 발전될 수 있다고 하였다. 이처럼 갈등 상황에서 제3자는 개입을 통해 갈등을 해소할 수도 있지만 갈등을 더 야기시키는 선동자가 될 수 있으며, 폭력을 인정하고 정당화해 주는 선동적인 청중이 될 수도 있다.

2) 방관자의 분류

왕따에 참여하는 집단 구성원들은 집단 내부에서 형성된 사회적 기대에 따라 다양한 역할을 하게 된다. Salmivalli(살미발리) 등(1996)의 연구에 따르면, 왕따 참여자들은 가해 조력자, 가해 강화자, 순수한 방관자, 피해 방어자로 나뉠 수 있다. 가해 조력자란 누군가 왕따를 시작하면 그 상황에 열심히 참여하고 가해자를 도와주는 역할을 하는 사람이다. 가해 강화자는 적극적으로 피해자를 공격하지는 않지만 주위에 서서 지켜본다거나 웃어 주는 등의 행위를 통해 가해자에게 긍정적인 피드백을 제공한다. 이 두 집단은 가해자들의 행동을 지지하고 동조하는 집단이라 할 수 있다. 그리고 대다수의 학생들은 상황에서 떨어져 거리를 유지하고 어느 편에도 가담하지 않으려 하는데, 이들 집단을 외부인이라 할 수 있다. 그들의 의도와는 상관없이 이러한 침묵은 암묵적으로 왕따를 승인함으로써 왕따가 계속 유지되는 데 기여한다. 이들은 순수한 방관자 집단으로 분류된다. 마지막으로 피해 방어자는 피해자 편에 서서 그들을 위로해 주고 또래들이 가해하지 못하도록 제지하는 집단이다. 이렇듯 가해자나 피해자의 중간에 위치한 다른 구성원들은 왕따 상황에서 어떠한 태도와 반응을 보이느냐에 따라 피해자와 가해자의 상황이 달라질 수 있다.

한국 학생을 대상으로 곽 외(Kwak et al., 2006)의 연구가 진행되었는데, 이 연구에서는 방관자 집단을 가해 지지자, 방관자, 방어자의 세 가지 유형으로 분류하였다. 이 연구결과에 따르면, 한국 상황에서는 왕따가 발생할 경우 모른 척하거나 피해자를 지지해 주는 학생이 가장 많은 것으로 확인되었다(김규태 외, 2013: 92-93).

Chapter 03

학교폭력의 현황과 실태

학습내용 이 장에서는 학교폭력의 현황과 실태로서 학교폭력 관련 정책수단의 시대별 변천과 정부의 학교폭력 실태조사 결과를 자세히 살펴본 후 학교폭력 사례로서 초등학교 사례, 중학교 사례, 고등학교 사례를 순서대로 자세히 살펴보기로 한다.

여기서는 먼저 학교폭력 관련 문제정의 및 정책수단의 시대별 변천과 함께 정책수단 간 관련성을 밝히기 위해 학교폭력 관련 시기를 4기로 구분하였다. 각 시대별 정의는 형식적인 시기 구분보다는 주요한 학교폭력문제의 발생, 법률의 제·개정, 정권의 변동과 같은 정치적 사건을 종합적으로 고려하여 구분하였다(정시영, 2018:63-64).

첫째, 제1기인 태동기(1995~2005)는 1995년 5·31 교육개혁을 시발점으로 설정하여, 2004년 학교폭력예방법이 제정되고 이에 따라 제1차 학교폭력 예방 및 대책 5개년 기본 계획이 수립된 시기로 정하였다. 1995년은 5·31 교육개혁안에 학교폭력이 정부의 안건으로 등장한 시기이고, 어느 고등학생의 집단 따돌림으로 인한 자살사건이 발생하여 사회적 이목이 집중되던 시기이다. 이에 따라 관계부처(교육부, 검찰청, 경찰청)가 학교폭력 근절대책을 수립·시행한 시기이다. 이후 1997년 국무총리실 주관으로 관계부처 합동 학교폭력 예방 근절 대책이 수립·시행되었고, 1999년에서 2000년 사이에 학교폭력 관련 연구가 큰 폭으로 증가하다가, 2004년 1월 29일 학교폭력 예방 및 대책에 관한 법률이 의원입법으로 제정되었다. 동법 시행령이 7월 30일 자로 제정·시행되었고, 2005년 2월에는 제1차 학교폭력예방 및 대책 기본계획이 수립·시행되었다(박효정 외, 2006).

둘째, 제2기(2006~2010)는 2006년 이후부터 시작하여 2009년 12월에 제2차 학교폭력예방 및 대책 기본계획이 수립·시행된 기간을 포함하여 정하였다. 동 기간에는 학교폭력 관련 주목을 끄는 사건이나 특별한 지표상의 변동이 없었지만, 학교폭력에 대한 관심이 지속적으로 증가하는 시기이다.

셋째, 제3기는 고조기(2011~2012)로 이명박 대통령의 임기 말 시기에 해당된다. 이 기간 중 특히 2011년 말부터 2012년 초에는 연이어 심각한 학교폭력 사건들이 발생하면서 정부의 문제 정의와 정책결정에 큰 변화가 일어났다. 이러한 사건들을 계기로 국민의 학교폭력에 대한 불안감이 고조되었으며, 정부는 관계부처 합동으로 2·6 학교폭력근절 종합대책을 발표하기에 이른다. 이를 계기로 2012년부터 전국단위 학교폭력 전수 실태조사가 시작되었다. 아울러 2012년 학교폭력 예방 및 대책에 관한 법률이 전면 개정되었고, 동 법률에 학교폭력에 대한 문제정의가 다시 이루어졌다.

넷째, 제4기는 감소기로 2013년 박근혜 정권이 출범하고 지표상으로 학교폭력이 지속적으로 감소하면서 안정화되는 시기이다. 이 시기에는 학교폭력 피해경험률의 지속적인 감소와 더불어 단위학교의 자율적인 예방활동을 장려하는 정책이 수립되었고, 폭력 유형별 다양한 맞춤형 대책과 제3차 학교폭력 예방 및 대책 5개년 기본계획(2015~2019년)이 수립·시행된 시기이다.

01 정부의 학교폭력 실태조사 결과

1 2017년 1차 학교폭력 실태조사 결과

교육부는 17개 시·도교육감이 공동으로 전국 초·중·고등학교(초4~고3) 학생을 대상으로 학교폭력 관련 경험·인식 등을 조사한 「2017년 1차 학교폭력 실태조사」 결과를 7월 11일 발표했다. 이번 실태조사는 대상 학생의 94.9%인 419만 명이 참여하였고, 조사 결과 학교폭력 피해응답률이 0.9%(3만7천 명)로, 전년 동차 대비 동일(2천 명↓)한 것으로 나타나 '12년 이후 학교폭력 피해응답률이 하향 안정화 추세를 보이는 것으로 나타났다.

2017 1차 학교폭력 실태조사 개요

- (추진근거) 「학교폭력 예방 및 대책에 관한 법률」 제11조 및 동법시행령 제9조
- (기간 및 방법) 2017.3.20~4.28(6주간) 온라인조사(2012년 1차는 우편조사 실시)
- (참여학생) 초4~고3 재학생(441만 명) 중 419만 명(94.9%) 참여
- (조사내용) 2016년 10월부터 조사 참여시까지 학교폭력 관련 경험 및 인식
- (위탁기관) 한국교육개발원(조사개발 및 분석)/한국교육학술정보원(온라인조사 시스템운영)
- (공표) 17개 시·도교육청 및 학교알리미(www.schoolinfogo.kr)

2017년 1차 학교폭력 실태조사 주요결과는 다음과 같다.

1) 피해응답 현황

- 피해응답률 0.9%(3만7천 명)로, 전년 동차 대비 동일
- 피해유형별 비중은 전년 동차 조사와 유사 : 언어폭력, 집단따돌림, 스토킹 순

① 피해응답

학교폭력 피해를 경험한 학생의 응답률은 0.9%(3만7천 명)로, 전년 동차 대비 동일(2천 명↓)했다.

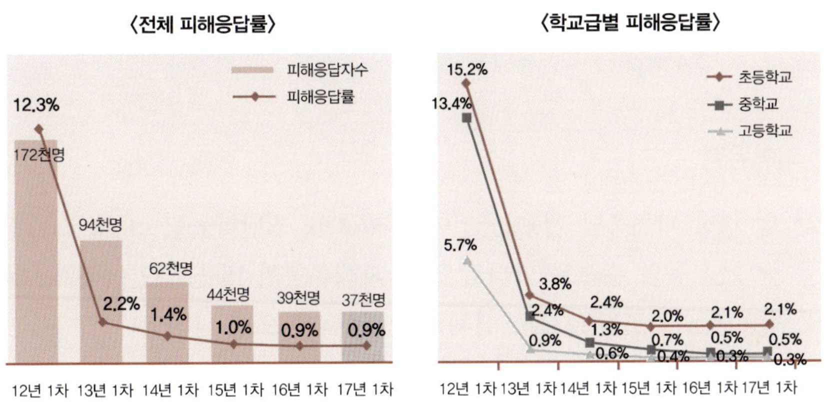

구분	12년 1차	13년 1차	14년 1차	15년 1차	16년 1차	17년 1차	증감(%)
응답률(%)	12.3	2.2	1.4	1.0	0.9	0.9	0.0
명수(천명)	172	94	62	44	39	37	-2

구분	12년 1차	13년 1차	14년 1차	15년 1차	16년 1차	17년 1차	증감(%)
초(%)	15.2	3.8	2.4	2.0	2.1	2.1	0.0
중(%)	13.4	2.4	1.3	0.7	0.5	0.5	0.0
고(%)	5.7	0.9	0.6	0.4	0.3	0.3	0.0

그림 3-1 학교폭력 피해응답률

학교급별 피해응답률은 초등학교 2.1%(2만6천4백 명), 중학교 0.5%(6천3백 명), 고등학교 0.3%(4천5백 명)로 전년 동차와 동일했다.

② 초등 피해응답

처음으로 실태조사에 참여하는 초 4학년의 경우 1차 조사 응답 시 피해응답률이 3.7%로 다소 높은 편이나, 2차 조사에서 감소하는 경향을 보이고 있어 2차 실태조사 결과를 확인할 필요가 있다.

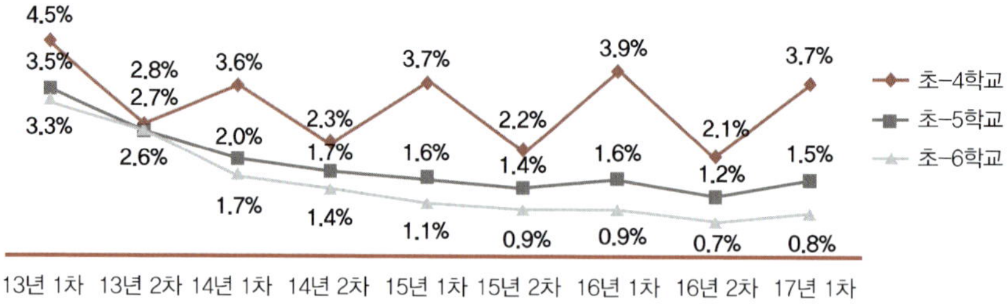

그림 3-2 초4~6학년 피해응답률

③ 피해유형

학생 천 명당 피해응답 건수는 언어폭력(6.3건), 집단따돌림(3.1건), 스토킹(2.3건), 신체폭행(2.2건) 등의 순으로 나타났으며, 피해유형별 비율도 언어폭력(34.1%), 집단따돌림(16.6%), 스토킹(12.3%), 신체폭행(11.7%) 등으로 나타났다.

※ 피해유형 응답건수(1차) : '15년 98천 건 → '16년 83천 건 → '17년 82천 건

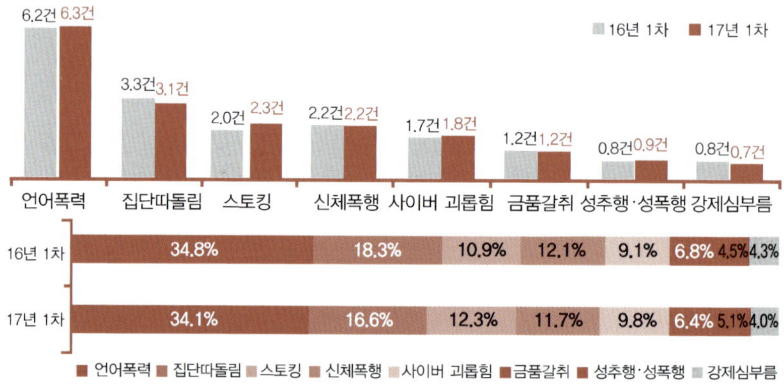

그림 3-3 학생 천 명당 피해응답 건수 및 피해유형별 비율

④ 피해장소

학교폭력 피해는 '교실 안'(28.9%), '복도'(14.1%), '운동장'(9.6%) 등 학생들이 주로 생활하는 '학교 안'(67.1%)에서 발생했다.

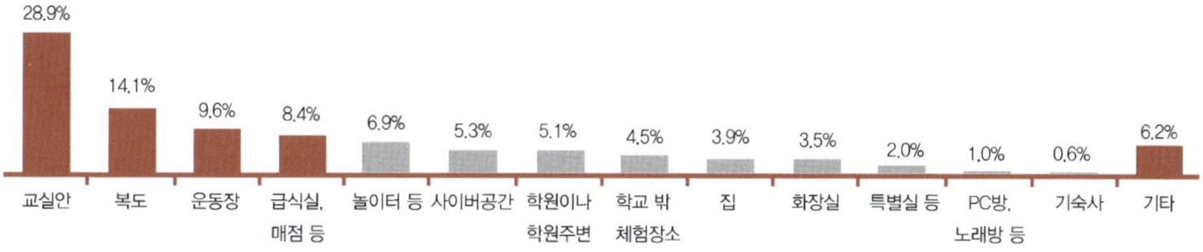

그림 3-4 학교폭력 피해장소

⑤ 피해시간

학교폭력 피해시간은 '쉬는 시간'(32.8%), '점심 시간'(17.2%), '하교 이후'(15.7%), '수업 시간'(8.0%) 등의 순으로 나타났다.

⑥ 가해자유형

피해학생이 응답한 가해자유형은 '동학교 같은 반'(44.2%), '동학교 동학년'(31.8%)이 다수이며 '동학교 다른 학년'의 학생의 비율은 9.4%, '타학교 학생'의 비율은 4.1%로 나타났다.

2) 가해 및 목격응답 현황

가해응답률 0.3%로 0.1%p 감소, 목격응답률 2.6%로 0.1%p 증가

① 가해응답

학교폭력 가해학생의 응답률은 0.3%(1만3천 명)로, 전년 동차 대비 0.1%p 감소(3천 명↓) 했다. 학교급별 가해응답률은 초등학교 0.7%, 중학교 0.2%, 고등학교 0.1%이며, 전년 동차 대비 초등학교의 응답률이 0.3%p 하락했다.

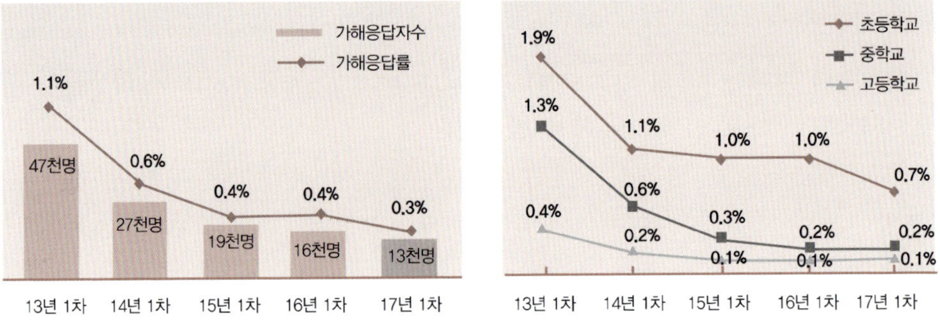

그림 3-5 학교폭력 가해응답률

② 목격응답

학교폭력 목격학생의 응답률은 2.6%(10만7천 명)로, 전년 동차 대비 0.1%p 증가(2천 명↓)했다. 학교급별 목격응답률은 초등학교 5.3%, 중학교 1.7%, 고등학교 1.1%이며, 초등학교의 응답률은 전년 동차 대비 하락(0.2%p↓), 중학교는 증가(0.2%p↑), 고등학교는 동일(-)했다.

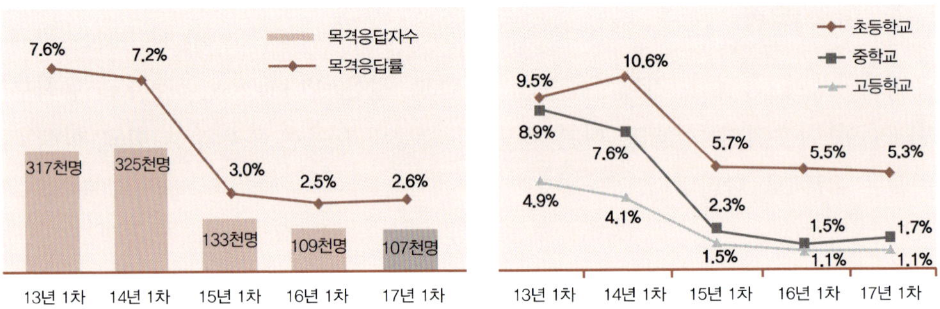

그림 3-6 학교폭력 목격응답률

3) 학교폭력 신고 및 도움 응답 현황

피해 후 신고(78.8%) 및 목격 후 행동(78.9%)에 적극적

① 피해 후 신고

피해 사실을 주위에 알리거나 신고한 응답은 78.8%이며, 대상은 '가족'(45.4%), '학교'(16.4%), '친구나 선배'(11.0%) 등의 순으로 나타났다.

※ 피해 미신고 이유 : 별일이 아니라고 생각해서(28.0%) 〉 더 괴롭힘을 당할까봐(18.3%)

② 목격 후 행동

학교폭력 목격 후 '알리거나 도와줬다'는 응답은 78.9%이며, 반면 '모르는 척했다'는 방관 응답은 20.3%로 나타났다.

4) 결과 공표 및 활용

▶ 17개 시·도교육청별 공표 및 학교알리미 11월 정보공시

이번 실태조사는 관련 법령(「학교폭력 예방 및 대책에 관한 법률」 제11조 및 동법시행령 제9조)에 의거 17개 시·도교육감이 공동으로 조사함에 따라 시·도교육청별로 조사결과를 공표하고, 「교육관련기관의 정보공개에 관한 특례법」에 의거 학교알리미(schoolinfo.go.kr)에 2차 결과와 함께 11월 말에 공시될 예정이다.

또한 2017년 1차 실태조사 결과는 9월에 실시될 2차 결과와 함께 「학교폭력 예방 및 대책 2018년 시행계획」 수립을 위한 기초 자료로 활용할 계획이며, 시·도교육청은 자체 여건과 특성에 맞는 학교폭력 예방 정책을 수립·추진할 계획이다.

2 주요 대책 및 향후 계획

1) 주요 성과 및 대책

▶ 범부처 협업을 통한 「학교폭력 예방 및 대책」 지속 추진

교육부는 학교폭력 피해응답률이 안정적인 추세를 보이는 것에 대하여 우리 사회 전반적으로 학교폭력에 대한 경각심과 인식 수준이 높아진 것으로, 이는 학교폭력 근절을 위해 그동안 관계부처 합동으로 종합적인 대책을 지속 추진해 온 결과로 분석했다.

정부는 그동안 국가 사회적 문제인 학교폭력에 전 사회적으로 대응하기 위하여 범부처 협업을 통해 「제3차 학교폭력 예방 및 대책 기본계획(2015~2019)」을 수립·시행(2014.12월)하고 있으며, 보다 실효적인 학교폭력 근절을 위하여 '초등학생 맞춤형 대책'('15.8월), '학생 성폭력 예방 대책'('16.12월), '게임 과의존 및 사이버

폭력 예방 대책'('16.12월) 등 학교폭력 유형별 맞춤형 대책을 적극적으로 추진해 왔다.

2017년 학교폭력 예방 및 대책의 주요 과제는 다음과 같다.

우선, 학교폭력 인식 및 대처·공감능력 함양을 위해 초등학교 저학년부터 중·고등까지 학년별 특성을 고려한 맞춤형 학교폭력 예방 프로그램(어울림)과 어깨동무학교 운영 등을 강화할 계획이다.

※ 어울림 프로그램 : (2016) 1,011교 → (2017) 1,505교, 어깨동무학교 : (2016) 3,531교 → (2017) 4,127교

※ 중학교 자유학기제용 학교폭력 예방 프로그램(어울림) 패키지도 개발 추진 중

또한 강원·전라 등 농어촌 지역 특성을 고려해 찾아가는 학교폭력 예방교육 컨설팅을 강화하고, 도서지역 학생들의 인터넷, 스마트폰 과의존 예방을 위한 가족치유캠프*도 개최할 예정이다.

이와 더불어 학교 내 폭력 취약지역 정비를 위해 학교 셉테드(CPTED)* 지원을 확대하며, 고화소(100만 화소 이상) CCTV 설치와 학생보호인력 배치를 지속 확대하여 안전한 학교환경을 만들어갈 예정이다.

* 학교CPTED(Crime Prevention Through Environmental Design, 범죄예방환경설계)

※ 셉테드(CPTED) 시범학교 지원 : (2016) 교당 1천만 원 → (2017) 교당 2천만 원

※ 고화소 CCTV : (2014) 164,282대(25.2%) → (2019) 255,638대(92.7%), 학생보호인력 : (2014) 13,379명 → (2019) 24,968명

또한 학교상담실[위(Wee)클래스] 전문상담교사(2017년 2,297명) 확대 배치, 위(Wee) 센터(전국 196개)의 정신과 전문의 위촉 사업 시범 운영*, 아동학대, 부모 이혼 등 돌봄이 필요한 위기학생을 위한 가정형 위(Wee) 센터 추가 설치 등 피해학생 상담치유를 지원할 계획이며, 민관의 역량을 결집하여 학교폭력 피해회복 지원** 및 다양한 체험형 예방·치유활동 등 학교 부적응학생 지원***을 강화할 계획이다.

* 2017년 수도권 지역(서울, 경기, 인천 44개) 중심 시범 운영

** 문화예술치유 프로그램(교육부-GS칼텍스, 교육부-문체부) 운영

*** 숲으로 가는 행복열차(교육부-산림청-코레일), 교실에서 찾은 희망(월드비전), 푸른

가족 캠페인(청소년폭력 예방재단) 등

또한 대국민 인식 제고를 위해 학생·학부모·교원 및 일반 시민 대상으로 확대한 맞춤형·참여형 홍보를 추진하고, 청소년 대상으로는 학교폭력 예방 UCC공모전을 실시(2017. 하반기)할 예정이다.

2) 학교폭력대책자치위원회 지원

▸ 객관적이고 공정한 사안 처리 및 화해·분쟁조정 지원 확대

학교폭력 실태조사에서 전반적인 피해응답률이 감소하는 반면 개별학교의 학교폭력대책자치위원회 심의건수는 증가*하는 것으로 나타났는데, 이는 경미한 학교폭력 사안에 대해서도 학교에서 적극적으로 자치위원회를 개최하여 처리하도록 한 방침과, 학생·학부모도 이에 적극적으로 대처하는 최근의 경향이 반영된 결과로 분석된다.

* 심의건수(학년도) : (2014) 19,521건 → (2015) 19,968건 → (2016) 23,673건

이에 학부모위원을 포함한 자치위원회 위원의 전문성 향상을 지원하고, 사안처리 가이드북을 개정(2017.11월)하여 보급하고 시·도교육청별 전문가로 구성된 현장점검 지원단 운영을 통해 학교에서 사안을 객관적이고 공정하게 처리할 수 있도록 지원함과 동시에, 피·가해학생의 관계회복 및 분쟁 조정, 학교 및 학부모 간의 갈등 예방을 위한 전국단위 화해·분쟁조정지원 사업도 적극 운영할 계획이다.

* 자치위 전문가 참여 : 법조인(2014) 1,371명 → (2019) 1,944명, 경찰(2014) 10,944명 → (2019) 12,155명

* 전국 시·도교육청 사안처리 현장점검 지원단수 : (2014) 766명 → (2019) 2,019명

※ 2020년 3월 1일부터 교육청에 학교폭력 관련 전문가 비중이 늘어난 학교폭력대책심의위원회(학교에 설치되었던 학교폭력 대책 자치위원회 기능이 교육청으로 이관됨)가 설치되어 사안처리의 엄정성·공정성이 강화되었다.

3) 학교폭력 실태조사 개편

● 연 2회 전수조사 방식을 개편하여 표본조사 방식 도입 검토

- 학생의 발달단계를 고려한 초등 문항개발 등 문항 전반 개선

교육부는 2012년부터 연 2회 전수조사로 실시해 온 학교폭력 실태조사가 학교폭력 정책의 기초 자료로 활용되고 학교폭력 예방에 기여해 왔다고 긍정적으로 평가하는 한편 학교폭력의 심층 분석을 통한 체계적인 대책 수립 지원과 교원의 업무부담 및 학생 피로도 증가 등 현장의견을 적극 반영하여 표본조사 방식을 적극 검토할 계획이다.

또한 초4~고3까지 모두 동일 설문문항을 적용하던 것을 초등학생의 발달단계 및 인식수준을 고려하여 쉽고 명확한 용어 사용 등 초등학생용 문항을 새롭게 개발할 예정이며, 초등문항 및 표본조사와 함께 새로운 제도 및 환경변화에 맞추어 문항 구성, 배열 및 내용 등 문항 전반에 대해서도 개선할 계획이다.

교육부는 실태조사 개편을 위한 정책연구*를 진행 중에 있어, 이를 토대로 하반기에 학교폭력 실태조사 개편방안을 마련할 계획이며, 학교폭력 실태조사 결과가 학술적 연구 가치가 있는 자료이므로 다양한 정책적 활용 및 연구 방안을 모색하여 통계에 기반한 과학적 학교폭력 정책의 수립 및 집행을 지원할 계획이다.

* 2017년 학교폭력 실태조사 표본조사 기초연구(2017. 4.~12, KEDI)

자료: http://if-blog.tistory.com/7232 [아이디어 팩토리]

4) 학교폭력 검거 및 조치 현황

'학교폭력예방 및 대책에 관한 법률'상 학교폭력은 학교 안팎에서 학생을 대상으로 신체·정신 또는 재산상의 피해를 주는 행위를 뜻한다. 최근 5년 동안의 학교폭력 검거인원의 변화를 보면, 2017년까지 증가하다가 2018년에 다소 감소했으나, 2019년에는 소폭 증가한 것으로 나타났다(경찰청, 2020 경찰백서: 129-130).

최근 3년간의 학교폭력 현황을 살펴보면 폭행·상해와 같은 물리적 폭행은 감소 추세임에 반해 강제추행·카메라 등 이용촬영죄와 같은 성범죄는 증가하고 있다.

표 3-1 학교폭력 검거 및 조치 현황

구분	계	유형별				조치별			
		폭행상해	금품갈취	성폭력	기타	구속	불구속	소년 부송치	기타
2013	17,385	11,048	2,603	1,607	2,667	294	11,016	1,824	4,251
2014	13,268	8,974	1,582	1,295	1,417	167	8,586	1,191	3,324
2015	12,495	9,188	1,153	1,253	901	93	9,157	1,059	2,186
2016	12,805	9,396	1,161	1,364	884	62	9,852	1,097	1,794
2017	14,000	10,038	1,191	1,695	1,076	61	10,556	1,296	2,087
2018	13,367	7,935	1,377	2,529	1,526	86	9,546	1,319	2,416
2019	13,584	7,485	1,328	3,060	1,711	84	9,233	1,587	2,680

자료 : 경찰청(2020). 2019 경찰통계연보.

02 학교폭력 사례

1 초등학교 사례

1) 초등학교 폭력 실태

과거에는 청소년비행이니 학교폭력이라고 하면 으레 중·고등학생을 떠올렸으나, 요즘은 초등학생들 사이에도 매우 심각한 정도의 폭력이 일어나고 있으며, 이들 초등학생들은 중·고등학생들과의 연계나 모방으로 많은 문제가 발생하고 있다(박신영, 2012: 1).

2010년 전국 학교폭력 실태조사에서 학교폭력에 대한 심각성 인식을 살펴보면 2008년 28.6%, 2009년 32.8%, 2010년 38.1%, 2011년 41.7%로 나타나, 학생들이 학교폭력을 매년 더욱 심각하게 인식하고 있음을 나타낸다. 이는 학교폭력으로 인한 피해 후유증, 청소년 자살, 범죄 등으로 이어지고 있으며 피해자의 심리적 고통, 가해학생의 무감각, 목격 학생의 방관 등 폭력의 일상화 등의 문제로 단순히 학교 내의 학생만의 문제가 아닌 모두의 관심을 기울여야 할 사회적 책임이 요구되고 있다. 또한 학교폭력의 피해학생 중 절반 이상인 53.6%는 초등학교 때 학교폭력을 처음 경험했다. 36.0%는 4~6학년, 17.6%는 그보다도 어린 1~3학년 때였다. 가해학생 역시 58.0%가 초등학교 때 최초로 학교폭력을 행사했다. 14.9%는 1~3학년, 43.1%는 4~6학년 시절이었다(청소년폭력 예방재단, 2011).

2) 초등학교 폭력 사례

(1) 신체폭력

사례

초등학교 5학년 K군은 2005년부터 3년간 학교폭력에 시달렸다. 처음에는 같은 반 학생 4~5명이 특별한 이유도 없이 소심하고 조용했던 K군을 끌고 다니며 때렸다. 교사와 상담했지만 징계를 받은 뒤 가해학생들이 저녁마다 집 앞에 진을 쳤다. "또 학교에 알리면 죽이겠다"며 때려 2주간 병원에 입원했다(김규태 외, 2013: 20).

(2) 언어폭력

사례

초등학교 5학년에 재학 중인 이 모 군은 학교에서 반 친구의 잘못을 교사에게 고자질하였다는 이유로 야단을 맞은 아이로부터 지속적으로 괴롭힘을 당하였다. 가해자는 저녁 늦게 휴대폰 문자메시지로 '죽고 싶어서 환장했냐?, 야 이 XX야. 너 내일 학교에서 보자' 등 방과 후에도 위협적인 내용의 문자메시지를 전송하였다. 이에 이 모 군은 잠을 이루지 못하고 결석하는 일도 잦아졌다(김다현 외, 2013: 37).

(3) 따돌림

사례

가나초등학교 2학년인 동민이는 친구들의 부탁을 거절하지 못하는 학생이다. 친구들의 눈치를 많이 보고 자기 스스로 본인은 인기 없는 아이라고 생각하고 있다고 말한 적이 있다. 친구들이 동민이 보고 "똥민아, 똥민아"라고 부를 때면 잘 울기도 한다. 친구들이 자신을 놀리는 것이 너무 힘들었던 동민이가 엄마에게 얘기했다. 고민하던 엄마는 방과 후 집에 가는 아이들에게 모두 아이스크림을 하나씩 사 주었다. 한동안 잘 지내는 것 같던 어느 날 사생대회가 있었다. 엄마와 멀리 떨어져 있던 동민이에게 친구들이 다가가서 "야, 우리 햄버거 먹고 싶은데 엄마한테 얘기해서 사달라고 하면 안 돼?"라고 하는 말을 엄마가 들었다. 놀란 엄마가 옆에 있던 아이들에게 친구 사이에 잘 지내야지 왜 그러냐고 물어봤다. 그랬더니 같은 반 아이가 "우리 반에서 얘 왕따예요. 국어시간에 책 읽으면 애들이 '야, 목소리 듣기 싫어'라고 해요"라고 말하는 것이었다. 옆에 있던 낯이 익은 친구에게 요즘 동민이와 잘 안 노는 것 같다고 말을 붙여보았다. 친구가 "저번에 같이 집에 오는데 어떤 애들이 '너 걔랑 놀면 우리랑 못 논다. 왕따당하고 싶냐?'라고 해서 안 놀아요"라고 말하는 것이었다.

동민이는 최근 친구관계 때문에 밥도 잘 못먹고 어지럼증을 호소하고 있다. 심리적으로 불안정해 보이고, 머리가 많이 아프다고 호소하여 MRI까지 찍어 보았지만 신체적으로는 이상이 없다고 나왔다(청예단, 2012: 268).

(4) 성폭력

사례

초등학교 6학년에 재학 중인 강 모 군은 같은 학교 친구인 피해자 곽 모 양에게 "한 번만 성관계를 하자. 내 말 듣지 않으면 내가 아는 선배들에게 소문 다 내버리고 애들한테 왕따 되게 시킬 거다"라고 협박하여 피해자를 집근처 인적 없는 곳으로 끌고 가 간음하였다(김다현 외, 2013: 40).

(5) 사이버 폭력

사례

경기도 A초등학교 B양은 친구로부터 자신의 안티카페가 개설되었다는 이야기를 듣고 인터넷에 접속했다가 충격을 받았다. "○○는 정말 더러워 옆에 오면 정말 짜증 나", "미친 X, 까불지 못하게 해야 돼" 등이 게시판에 올려진 글의 제목이었다. 같은 반은 물론이고 옆 반 학생들까지 30여 명이 가입한 안티카페에는 자신에 대한 비방글 투성이었다. 한 학생이 B양을 놀리는 글을 올리자 "○○는 바보다", "재수 없다"며 맞장구치는 댓글이 이어졌고, 사진 자료실에는 B양의 모습을 포토샵으로 혐오스럽게 변형시킨 사진들이 올려졌다. B양이 비슷하게 '왕따'를 당하고 있는 남학생과 사귀고 있다는 글과 심지어 성적으로 비하하는 댓글까지 달렸다. B양의 어머니는 "카페를 만든 학생들을 찾아내 잘못을 지적하자 '연예인들도 안티카페가 있는데 뭐가 문제냐?'고 되물어 말문이 막혔다"고 말했다(정한호, 2012: 85).

2 중학교 사례

1) 신체폭력

사례 부산 여중생 폭행사건

2017년 9월 1일날 부산 사상구의 공장 앞 골목에서 두 명의 여중생(14세)이 한 명의 여중학생(14세)을 구타하고 폭행하는 끔찍한 폭행사건이 발생해서 충격을 주고 있다. 또한 얼굴이 퉁퉁 붓고 피를 흘리고 있는 피해자 여중생의 사진이 인터넷 커뮤니티에 올라와 퍼져나가면서, 이를 본 네티즌들은 더욱 큰 충격을 받고 있다. 지난 9월 1일 저녁 8시 30분경, 부산 사상구의 공장부근 골목길에서, 같은 학교에 다니는 여중생 3년생인 A(14)양과 B(14)양은 다른 중학교의 2년생 C(14)양을 1시간 동안이나 집단으로 폭행을 가했다고 한다. 두 여학생은 한 시간 동안 폭행을 가하는 과정에서, C양을 주먹과 발로 무자비하게 폭행했으며, 심지어는 의자와 둔기까지 휘둘렀으며, 담뱃불로 등을 지지기까지 했다. 또한 근처에 있던 건축용 철골 자재들을 이용해서 C양을 폭행했다고 하니, 너무도 끔찍하다. 여중생 C양이 두 여학생에게 1시간가량 얻어맞고 쓰러져 있을 때에, 마침 그곳을 지나가던 행인이 목격하면서 경찰에 신고했고, C양은 인근병원으로 이송되어 치료를 받았다고 한다. 지나가는 행인이 목격했을 때 피해자 C양은 피투성이가 된 채로 쓰러져서 의식을 잃고 있었다고 한다. 거의 한 시간 동안 폭행을 당했던 피해자 C양은 생명에는 지장이 없는 것으로 알려졌지만, 입안이 찢어지고 뒷머리도 찢어졌으며, 온몸이 피투성이가 될 정도로 큰 상해를 입었다고 한다. 병원으로 이송된 C양은 머리의 세 군데와 입안의 세 군데를 봉합하는 수술을 받았을 정도로 상당한 상해를 입었다고 한다. C양에게 집단폭행을 가했던 여중생 A양과 B양은 폭행후 달아났다가 2시간이 지난 후에 112에 전화해서 자수를 했다고 한다. 가해자인 A양과 B양은 피해자 C양이 평소에 너무 버릇이 없다는 이유로 폭행을 했다고 진술했다. 그런데 더욱 놀라운 것은 가해자는 피해자 C양이 피를 흘리는 장면이 담긴 인증샷 사진을 찍어서 선배에게 온라인으로 보내주기까지 했다고 하며, C양이 피투성이가 된 사진이 SNS상에 급속도로 퍼졌다고 한다. 그 당시 가해자들은 피해자 C양을 길거리에 내팽개쳐 두고 도망갔다. 만약 지나가는 행인이 C양을 발견하지 못했더라면, 심한 상해를 입고 쓰러진 C양은 과다출혈로 잘못될 수도 있는 상황이었다. 다행히 지나가던 행인이 쓰러져있는 피해자 C양을 발견하고 병원으로 옮길 수 있어서 생명을 건질 수 있었다.

그런데 피해자 측의 말에 따르면, 이런 집단폭행이 처음이 아니었다고 한다. 2개월 전에도 가해자들 5명이 집단으로 폭행했다고 한다. 그 당시에는 피해자 C양이 자신의 남자친구의 전화를 받았다는 것을 이유로 가해자 여학생 등 다섯 명이 집단으로 폭행을 가했다고 한다. 그 당시에는 피해자 C양이 전치 2주의 상해를 입었고 경찰에 신고를 했는데, 경찰은 가해자들에게 경찰에 출석할 것을 통지했으나, 출석하지 않아 사건수사가 유야무야되어 버렸다고 한다. 그런데 이번에 가해학생들이 피해자 C양을 또다시 집단폭행한 것은 2개월 전에 자신들을 경찰에 신고한 것에 대한 보복일 가능성이 높다고 한다. 현재 경찰은 가해여학생 2명을 특수상해 혐의로 불구속 입건해 조사하고 있다.

2) 금품갈취

사례

2012년 7월 같은 동네 후배에게 강제로 아르바이트를 시켜 돈을 빼앗으려 한 중학생이 경찰에 붙잡혔다. 인천 서부경찰서에 따르면 인천시 서구의 한 중학교에 다니는 A(14)군 등 2명은 인근 초등학교 6학년 B(12)군에게 치킨배달점 등 음식점에서 전단지 배포 아르바이트를 하라고 강요했다. PC방비가 떨어지자 B군이 아르바이트를 해서 벌어온 돈을 빼앗으려던 속셈이었다. 이들은 같은 초등학교 선후배 관계로 A군 등은 이미 초등학생이던 지난 2010년부터 최근까지 수차례에 걸쳐 5만 원가량을 빼앗은 상태였다. 또 중학교에 진학한 이후로도 평소 동네에서 만날 때마다 갈취와 협박, 괴롭힘을 일삼았다. 괴롭힘을 참으며 돈을 건네던 B군은 아르바이트라도 해서 돈을 구해 오라는 A군의 협박을 참다못해 결국 112에 전화했고, 경찰은 A군 등을 공갈 및 강요미수 혐의로 불구속 입건했다(황혜경 외, 2014: 53-54).

3) 성폭력

사례

2010년 2월경 서울시 구로구에서 정○○(14세, 남) 등 4명은 ○○중학교 재학 중인 임○○(14세, 여, ○○중학교)를 구로구 ○○동 ○○모텔 203호실로 유인, 미리 준비한 소주와 맥주를 마시게 하여 술에 취한 피해자의 반항을 억압한 후 강간한 다음 모텔 내 옆방인 208호실에 미리 들어와 있던 같은 학교 동급생에게 전달하여 순서대로 윤간한 것을 경찰에 신고하여 검거되었다(김규태 외, 2013: 24).

4) 강요죄

사례

학교폭력 근절을 위한 대책이 잇따르고 있지만 절도교사까지 철없는 10대들의 도 넘은 폭력이 끊이지 않고 있다. 2012년 4월 제주 서부경찰서는 지난달 30일 친구에게 금품을 훔치도록 시킨 C(17)군을 구속하고 D(16)군 등 5명을 불구속 입건했다. C군 등 3명은 지난달 11일 밤 10시께 제주시 연동 모 편의점에 들어가 편의점에서 아르바이트를 하는 친구 D군의 손목을 묶고 프라이팬과 냄비 등으로 폭행한 후 D군에게 금품을 훔쳐 오도록 교사한 혐의를 받고 있다. 폭행을 당한 D군 등 2명은 지난달 26일 밤 11시께 제주시 노형동 편의점에 침입해 현금 30만 원과 담배 3갑을 훔친 혐의로 붙잡혔다. 경찰 조사결과 D군은 지난 3월 13일부터 4월 17일까지 3일 간격으로 총 15회에 걸쳐 훔친 돈 200만 원을 C군에게 상납한 것으로 확인됐다(황혜경 외, 2014: 50).

5) 따돌림

사례

중학교 2학년생인 피해학생 류○○ 양은 학교 미술시간에 책상을 앞으로 당기라며 시비를 거는 여자 동급생 B로부터 "○○년", "재수 없다"는 등 욕설을 들었고, 그 다음날부터 같은 반 친구들의 수군거림과 욕설을 받기 시작했다. B가 주도하는 집단따돌림이 시작되면서 체육시간에는 항상 혼자였고 피구라도 하는 날이면 제일 먼저 공격당하고 점심시간에는 항상 혼자서 밥을 먹었다. 교실에서 자리를 뜨면 아이들은 뒤에서 욕을 하였다. "○○년, 어디 가냐?", "밥맛 없어! 쟤 보면 올라올 것 같아", "찌질이 같지 않냐?" 등등 화장실조차 맘대로 갈 수 없는 상태로 학교에서는 선생님의 수업이 귀에 들어오지 않았고 성적도 뚝뚝 떨어졌다. 5월, 6월 … 달이 지나갈수록 심해지는 친구들의 따돌림에 할퀴고 멍든 상처 속에서 고통스럽게 지내야만 했다(김규태 외, 2013: 25).

6) 사이버폭력

사례

서울의 중학생 B군은 2010년 같은 학교 친구들과 함께 '던전앤파이터' 게임을 하다가 게임머니인 '골드'를 빼앗겼다. 게임과 동시에 채팅을 하던 중 몇몇 아이가 게임머니를 달라고 했다. B군이 거절하자 채팅창에는 갑자기 험악한 말들이 뜨기 시작했다. '나중에 만나면 X나 팰 거다.' '당장 나와라. 죽여 버리겠다.' 결국 현금 6만 원 상당의 아이템을 빼앗긴 A군은 "몇 달 동안 모은 돈으로 산 아이템인데 너무 억울했다"며 "하지만 안 주겠다고 버티다가 오프라인(실제 현실)에서 맞거나 왕따당하는 아이들도 많다."고 말했다(김종운, 2013: 55-56).

7) 일진회 관련 폭력

사례

2012년 5월 4일 조선일보 기사에 따르면 학교폭력의 주범인 일진회 피해학생들을 갈취하는 수법이 다양하고 잔혹해지고 있다. 고리대금업자 빰치는 '사채놀이'까지 등장했다. 예컨대 1,000원을 억지로 손에 쥐어 주고 내일까지 2,000원을 갚으라고 하고, 다음 날 또 안 갚으면 4,000원으로 빚을 올리는 식이다. 또 피해학생이 돈을 갚으려고 찾아가면 일부러 피한 뒤 "돈을 제때 안 갚았으니 10만 원을 내라"고 협박하기도 한다. 학생들 간의 사채놀이에서 오고 가는 금액이 아직은 크지 않지만, 피해학생에게는 자살 충동을 느낄 정도의 고통을 준다.

일진 문제해결을 위해 노력해 온 서울 상봉중 ○○○ 교사는 "일진들은 돈이 필요할 때 절대 그냥 뺏지 않는다"며 "사채놀이도 형식적으로는 돈을 빌려주고 받는 것이기 때문에 문제가 안 된다는 생각으로 일진들이 흔히 사용하는 수법"이라 말했다. 일진들이 사채형식을 빌려 원하는 것을 얻는 데 사용하는 매개체는 돈뿐만이 아니다. 문화상품권도 자주 사용된다. 5,000원짜리 문화상품권을 주면서 "내일까지 1만 원을 내놔라. 안 가져오면 10만 원으로 불어난다"고 협박하는 식이다. 또 후줄근한 중고 가방을 안겨 주고 "이 가방은 네가 갖고, 30만 원짜리 ○○브랜드 가방 내일까지 만들어 와라"고 하는 경우도 있다(황혜경 외, 2014: 52).

3 고등학교 사례

1) 신체폭력

사례 여고 기숙사에서 선배가 후배 줄폭행

2017년 9월 5일 0시 10분쯤 인천 서부경찰서 산하 청라지구대 소속 경찰관 6명이 인근 모 여고 기숙사로 긴급 출동했다. "(3학년) 선배들이 (2학년 후배들을) 감금하고 못 나가게 한다"는 여고생의 신고가 접수됐기 때문이다. 현장 도착 당시 피해 학생들의 감금 등은 풀린 상태였다. 하지만 피해 학생들은 감금과 별도로 가혹행위가 있었다고 진술했다. 당시 출동한 한 경찰관은 6일 중앙일보 기자와의 통화에서 "감금 등의 상황은 모두 종료된 상태였지만 이번 사건과 관련된 3학년 선배 4명과 2학년 후배 7명 모두에게 진술을 받았더니 군대식으로 일렬로 세워놓고 한 명씩 폭행했다는 후배들의 진술이 있었다"고 전했다.

3학년 학생들은 2학년 후배들이 말을 잘 듣지 않는다며 밤중에 방으로 찾아갔다. 하지만 2학년 학생들이 방문을 잠근 채 열어주지 않자 3학년들은 마스터키를 가져와 문을 강제로 열고 들어갔다. 3학년 선배 4명은 방에 있던 2학년 후배 7명을 일렬로 세운 뒤 한 대씩 때렸다. 이어 3학년 학생들은 선풍기를 바닥에 던지고, 옷걸이도 부쉈다. 이 과정에서 한 후배 여학생이 대들면서 선배와 몸싸움이 벌어졌다. 다툼이 있은 후 3학년 학생들이 후배 여학생들에게 2시간가량 제자리에 서 있으라고 했다. 방 밖으로 나가려고 하면 못 나가게 밀치기도 했다. 이후 어느 정도 시간이 지나 3학년들이 돌아가자 2학년이 경찰에 신고했다. 경찰과 인천시교육청의 조사 결과 3학년 학생들이 이 같은 행동을 한 이유는 '기숙사가 아닌 학교 밖에서 저녁식사를 하면서 자신들에게 보고도 하지 않았다'는 것이다. 또 후배들이 이 와중에 선배들의 전화를 받지 않은 것이 이번 사건의 화근이 됐다고 한다. 2학년 학생들은 학교 조사에서 "2학년 C양의 부모님이 '평소 우리 딸을 잘 보살펴줘 고맙다'며 친구들에게 저녁을 사준다고 해 밖에 나가서 먹었다"며 "당시 코치에게 보고하고 나갔다"고 해명했다.

2) 언어폭력

사례

2012년 4월 26일 서울의 한 외고 학부모들과 학교 관계자의 말을 종합하면, 이 학교는 4월 12일 학교폭력대책자치위원회를 열고 지난 1년 동안 같은 반 학생들에게 언어폭력 등을 행사한 것으로 드러난 유학반 학생 12명 가운데 4명에게 '출석정지'와 '3주 내 강제전학' 조치를 결정했다. 피해학생과 목격자들의 진술서를 보면, 한 피해학생은 "수업시간에 ○○○으로부터 '애미가 창녀인 새끼가…'라는 욕설을 교실에서 들었다. 또 전 시간에는 ◇◇◇으로부터 '얘는 완전 정신병자잖아', '너 정신병자 맞잖아?'라는 소리를 들었다."고 진술했다. 이 학생은 "그들은 저를 가지고 또 다시 '찌질이'라 놀리며 등 뒤에서 들어 올려서 공중에서 흔들었다."며 "그것이 싫다고 분명히 거부했으나 낄낄대며 계속했고 머리와 다리, 어깨를 치고 찌르며 웃어, 너무 창피하고 모욕감이 들었고 아팠으며 참담했다"고 적었다. 이 학생은 급식실 등에서도 공개 망신을 당하자 점심을 굶기 시작했고, 스트레스로 통학버스에 타면 배가 아파오는 과민성 대장염에 시달리기도 했다. 올해 초에는 가해학생들이 한 여학생에게 학교 버스에서 "여기에 너 좋아하는 애 아무도 없으니까 내려, 나가"라고 공개적으로 조롱했다는 증언도 나왔다. 이를 목격한 한 학생은 진술서에서 "같은반 성실한 학우들에게는 언어적·정신적 피해를 주는 것이 그 무리들의 일상"이라고 밝혔다. 페이스북 등을 이용한 사이버폭력도 있었다.

한 피해 여학생의 친구는 진술서에서 "페이스북에 '죽여버리겠다. 몸을 찢어버리겠다. 모든 유학반 남자아이들이 너 싫어한다'는 글을 올려 피해자가 피해망상, 우울증을 겪고 있다"고 말했다. 또 이 학생은 "△△△는 심한 성적인 욕설 등이 난무하는 글을 모두가 볼 수 있는 자신의 페이스북에 게시했다"며 "(또 다른 피해 여학생 한 명은) 남자아이들의 욕설과 비난으로 괴로움을 겪다 결국 자퇴했다"고 덧붙였다(김규태 외, 2013: 21).

3) 협박

사례

고교생 A군(18세)이 학교 주변 폭력배와 동급생들에게 돈을 빼앗기기 시작한 것은 중학교 1학년이던 1998년부터였다. 고위직 공무원을 아버지로 둔 A군은 소심하고 나약한 성격 탓에 학교주변 폭력배에게 적게는 몇천 원에서부터 많게는 10여만 원까지 갖다 바쳐야 했다. A군이 용돈과 학원비는 물론 아르바이트를 통해 번 돈 등 지난 5년간 폭력배에게 상납한 돈은 890여만 원이나 된다. 폭력배는 이에 만족하지 않고 지난해 11월 "500만 원을 가져오면 더 이상 괴롭히지 않겠다"며 "신장을 팔아서라도 마련해 오라"고 협박했고, 이에 A군은 장기매매에 나섰다가 감금, 폭행까지 당하는 신세가 됐다(국민일보, 2003. 2.10).

4) 성폭력

사례

2013년 4월 수원지법 형사11부는 학교 친구를 성폭행한 혐의(특수강간)로 기소된 A(19)군에게 징역 2년 6월을 선고하고 성폭력 치료 프로그램 120시간 이수를 명령했다고 27일 밝혔다. 같은 혐의로 함께 기소된 B(18)군에게는 「소년법」을 적용해 징역 장기 2년 6월, 단기 2년을 선고하고 성폭력 치료 프로그램 120시간 이수를 명령했다. 재판부는 판결문에서 "피고인들 범행으로 임신해 낙태까지 한 피해자의 육체적·정신적 피해는 복구되기 어렵고 피해자가 처벌을 원하고 있다."고 밝혔다. 이어 "다만, 범행 당시 피고인들이 청소년이었던 점, 범행을 자백하고 반성하는 점 등을 고려했다."고 선고이유를 설명했다. 검찰의 위치추적 전자장치(전자발찌) 부착 청구는 피고인들에게 재범 위험이 있다고 단정하기 어렵다며 기각했다. A군 등은 2011년 11월 경기도의 한 학교 친구 C(18)양 집에서 C양을 차례로 성폭행한 뒤 이를 친구들에게 알리겠다고 협박해 지난해 2월까지 3차례 더 성폭행한 혐의로 기소됐다(황혜경 외, 2014: 58).

5) 집단괴롭힘

사례

2007년 12월 자신을 괴롭혀 온 동급생을 독극물로 살해하려 한 고교생이 경찰에 붙잡혀 충격을 주고 있다. 전주 북부경찰서는 4일 같은 반 학생에게 살충제를 탄 음료수를 먹여 살해하려 한 전주시 소재 고교 3학년 S모(18) 군을 살인미수 혐의로 붙잡아 조사 중이다. 경찰에 따르면 S군은 지난 3일 오후 3시 40분께 교실에서 살충제를 넣은 음료수를 같은 반 친구인 H군(18) 등 2명에게 권해 이 가운데 음료수를 마신 H군의 목에 상처를 입힌 혐의이다. H군은 음료수를 마신 직후 맛이 이상한 것을 느끼고 곧바로 뱉어냈으나 구토 등의 증세를 보여 인근 병원으로 이송됐으며 위 세척 등 응급치료를 받아 생명에는 지장이 없는 상태이다. 조사결과 내성적인 S군은 평소 H군 등이 자신의 언행을 흉내 내며 놀리는 등 괴롭히는 것에 앙심을 품어 온 것으로 드러났다. S군은 학교 앞 마트에서 구입한 캔 콜라 2개의 5분의 1가량을 비워 낸 뒤 자신의 집안 창고에 보관하고 있던 살충제를 혼합해 교실 내 사물함에 비치해 두었다가 쉬는 시간을 이용해 H군 등에게 권했으며 음료수를 마시게 한 후 자신도 음독, 자살하려 한 것으로 알려졌다(황혜경 외, 2014: 56).

Chapter 04

학교폭력의 예방 및 대책

학습내용

이 장에서는 먼저 학교폭력 예방의 개념, 예방기관, 예방을 위한 프로그램을 살펴본 후 학교폭력 예방대책의 일환으로 가정, 학교, 지역사회에서의 일반대책 및 지역사회, 학교, 경찰의 예방대책을 살펴보기로 한다.

01 학교폭력의 예방

1 학교폭력의 예방

학교폭력 예방은 학교폭력을 유발하는 위험요인을 없애고 학교폭력을 억제하는 보호요인을 강화함으로써 학교폭력을 줄이거나 없애는 것이다. 보호요인은 위험요인의 효과를 완충하거나 적응 유연성의 가능성을 증가시키는 개인이나 환경자원으로 문제행동을 직접적으로 감소시킬 수 있다. 학교폭력의 개인적 보호요인은 자존감, 공감, 관점채택, 자기통제, 학교적응이다. 그리고 학교폭력의 환경적 보호요인으로는 긍정적인 또래관계, 교사 애착, 공정한 학교규칙(처벌 포함), 또래 중재자 등이다. 반면에 학교폭력 발생을 유발하는 개인적 위험요인으로는 분노, 적대적 귀인, 학대 및 부당한 대우, 스트레스, 무기력, 좌절감, 공격성, 반사회성 등이고, 환경적 위험요인으로는 과도한 경쟁, 소외나 외톨이, 학교규칙의 부재나 비일관성, 교사의 폭력적인 언어나 행동, 교사의 무관심과 방임 등이다(박효정·정미경·박종효, 2007).

2008년 「학교폭력 예방 및 대책에 관한 법률」이 개정된 이후에 각급 학교에서는 학교폭력 예방교육이 매우 중요한 과제로 떠올랐다. 특히 이를 담당할 전담기구까지 설치함으로 그 중요성이 부각되고 있다. 예방교육의 목적은 학교폭력에 대한 청소년들의 그릇된 인식과 태도를 변화시키는 것이다. 그리고 이러한 변화를 통해 가해학생 또는 가해 징후가 있는 학생들에게 학교폭력은 범죄라는 인식을 심어 주고 바람직한 태도를 유도하거나, 일반학생들에게는 언제 당할지 모를 학교폭력에 대해 효과적으로 대처할 수 있도록 교육함으로써 학교폭력의 잠재적 가능성을 최소화하는 데 있다(교육부, 2009; 송재홍 외, 2013: 164).

2 학교폭력 예방기관

여기서는 학교폭력의 예방기관으로 학교 및 교육 행정기관, 청소년 상담지원센터, 청소년비행예방센터, 여성·학교폭력 피해자 ONE-STOP지원센터, 청소년폭력 예방재단(푸른나무재단), 청소년 상담복지센터의 CYS-NET, 117학교폭력신고센터 등을 살펴보고, 제도로서 배움터지킴이, 학교폭력 애플리케이션을 살펴보기로 한다.

1) 학교 및 교육행정기관

(1) Wee 프로젝트

Wee 프로젝트는 교육부가 가족적 위기, 교육적 위기, 개인적 위기 등의 다양한 위기상황에 놓여 있는 학생들을 지원하기 위하여 학교, 지역교육청, 지역사회와의 긴밀한 협력을 통해 종합적인 안전망을 구축, 운영하는 상담지원 시스템, 즉 다중의 통합지원 안전망인 학교안전통합시스템이다.

Wee = We + education + emotion : Wee 클래스(1차 기관 : 학교), Wee 센터(2차 기관 : 교육지원청), Wee 스쿨(3차 기관 : 시·도 교육청) 차원의 3단계로 구성된 안전망 체계이다(한국교육개발원 Wee 프로젝트 특임센터). Wee 클래스는 단위 학교에서 학생들의 고민, 고충을 풀어내는 학생공감상담실로서 다양한 학교부적응 학생 및 징계대상자 학생을 위해 다양한 맞춤형 프로그램을 제공함으로써 학교 부적응 학생 조기 발견·예방 및 학교 적응력 향상을 돕는다.

Wee 센터는 학생들이 즐거운 학교생활을 할 수 있도록 도움을 주기 위해 교육부가 설립하고 교육청이 운영하는 학생상담센터이다.

학교생활에 어려움이나 위기를 겪고 있는 학생들에게 '진단-상담-치료'가 가능한 ONE-STOP 지원서비스를 제공하며 전문상담교사, 임상심리사, 전문상담사, 사회복지사가 한 팀을 이루어 심리평가진단, 상담, 지역사회자원 연계망을 이용하여 도움이 필요한 학생에게 통합적으로 지원한다.

교사연수를 하여 위기학생들을 상담연계하고, 효과적으로 도울 수 있도록 하고, 학부모에게 상담연수를 제공하여 부모, 자녀관계를 개선하고 효과적인 자녀 지도를 하도록 돕고 있다(성남 교육지원청 홈페이지).

Wee 스쿨은 심각한 위기상황으로 장기적인 치유나 교육이 필요한 고위기군 학생을 학교나 Wee 센터에서 기숙형 장기위탁교육 서비스를 제공하는 것이다.

따라서 Wee 프로젝트는 단위학교와 교육청이 학생공감 프로그램과 서비스를 통해 학습부진 치유와 위기학생 선도, 나아가 진로계발 잠재력 발현으로 전인적 성장을 도모하고자 한 통합시스템이다(김규태 외, 2013: 195-196).

Wee 프로젝트 체계도를 보면 표 4-1과 같다.

표 4-1 Wee 프로젝트 체계도

대상		Safe-net
• 학습부진, 따돌림, 대인관계 미숙, 학교폭력, 미디어 중독, 비행 등으로 인한 학교부적응 학생 및 징계대상자	→	1차 Safe-net Wee 클래스 • 단위학교에 설치 • 학교 부적응 학생 조기발견·예방 및 학교 적응력 향상 지원
• 단위학교에서 선도 및 치유가 어려워 학교에서 의뢰한 위기 학생 및 상담 희망 학생	→	2차 Safe-net Wee 센터 • 교육지원청 차원에서 설치 • 전문가의 지속적인 관리가 필요한 학생을 위한 진단-상담-치유 ONE-STOP 서비스
• 심각한 위기상황으로 장기적인 치유·교육이 필요한 학생 • 학교나 Wee 센터에서 의뢰한 학생 또는 학업중단자	→	3차 Safe-net Wee 스쿨 • 시·도 교육청 차원에서 설치 • 장기적으로 치유가 필요한 고위기군 학생을 위한 기숙형 장기위탁 교육 서비스
		↓
		단위학교·교육청의 학생공감 프로그램과 서비스를 통해 학습부진 치유·위기학생 선도·진로계발 잠재력 발현으로 전인적 성장 도모

자료 : 교육과학기술부·한국교육개발원·대전광역시교육청(2011).

Wee 프로젝트가 운영되어 온 과정을 보면 2007년 12월 'Wee 프로젝트'에 대한 정책안이 도출되어 학교상담망 구축을 위한 정책연구학교 및 학교 내 대안교실과 '친한친구교실'이 운영되면서 시작되었다. 2008년 3월 대통령 공약사업 실행방안으로 학교안전관리통합시스템이 시범 운영되었고, Wee 프로젝트(통합시스템) 모형 개발을 위한 정책연구가 실시되었다. 그해 9월에는 '학교안전통합시스템 구축'이라는 사업 명칭 변경 및 생활공감 정책으로 사업내용이 확정됨으로써 전국 31개 시범교육청을 선정 운영 및 전국 530개 Wee 클래스를 개소하면서 본격화되었다. 2010년 9월 Wee 프로젝트연구특임센터가 조직 구성되고 개소되면서 활성화되었다(김규태 외, 2013: 197).

2019년 현재 시·도별 전국 Wee 클래스 7,233교(2,576,150건 상담), Wee 센터 218개소(700,031건 상담), Wee 스쿨 6개(경남, 전남, 강원, 충남, 광주, 충북)이다. 이러한 기관들은 학생들이 Wee 클래스와 Wee 센터에서 자신의 고민과 문제를 해결하기 위해 도움을 청할 수 있도록 365일 24시간 연중무휴 운영되고 있다. 전화상담(1588-7179)이나 사이버 상담(www.wee.go.kr)을 통해 Wee 클래스 및 Wee 센터 위치 안내, 각종 심리검사 및 정보 제공을 받을 수도 있다.

2) 청소년상담지원센터

전국에는 2021년 현재 3개(부산, 청주, 거제)의 청소년종합지원센터와 17개 광역시·도에 청소년상담지원센터가 설치되어 있다. 위기청소년들에게 보호 및 서비스를 지원해 주는 기관으로 학교폭력과 관련하여 피해학생을 보호하고 신체적·정신적 치료에 도움을 주며, 가해학생들을 상담하여 재발을 방지할 수 있도록 하고 있다.

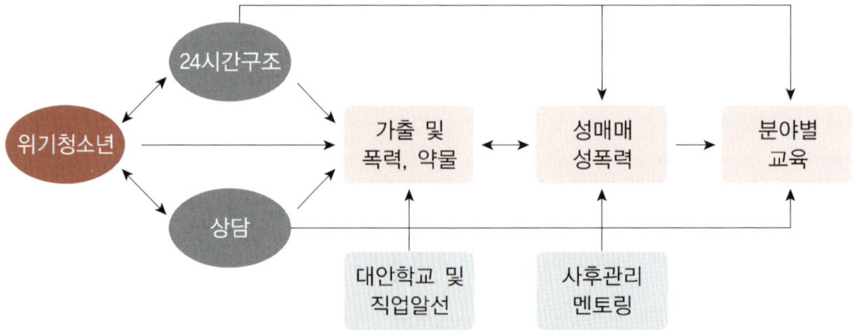

자료 : 김규태 외(2013). 학교폭력 예방과 대책. 양서원. p.209.

그림 4-1 위기청소년 ONE-STOP 서비스 모형

그림 4-1에서 보는 바와 같이 청소년상담지원센터에서는 위기청소년을 조기에 포착하여 상담서비스를 제공하고 가출과 폭력 및 성매매 등으로 인한 문제를 방지하도록 유도하여 나아가 대안학교 위탁 및 취업 알선을 하는 등의 ONE-STOP 서비스를 제공하고 있다.

그러나 위기청소년을 조기에 포착하는 데 있어서 학교의 협조가 부족하여 서비스 제공이 제대로 이루어지지 못하고 있다는 점이 위기청소년 문제해결에 가장 큰 문제가 되고 있다.

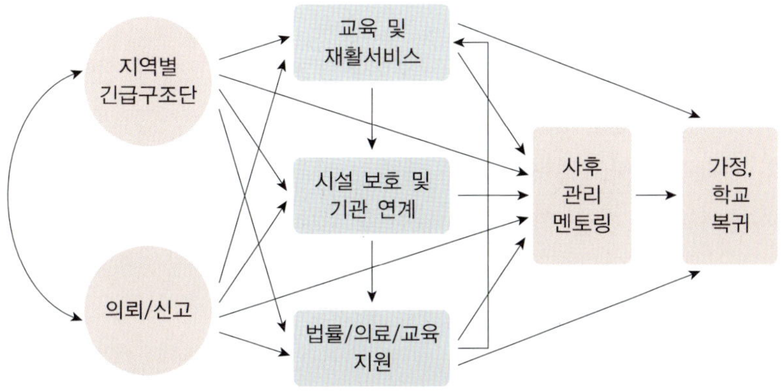

자료 : 김규태 외(2013). 학교폭력 예방과 대책. 양서원. p.209.

그림 4-2 청소년상담지원센터 처리절차

그림 4-2는 청소년상담지원센터의 처리절차를 나타낸 그림이다. 각 지역별로 구성되어 있는 긴급구조단은 긴급구조 지원업소(약국, PC방, 편의점, 노래방 등)의 제보로 24시간 긴급 구호 접수가 가능하며, 지원을 요청하는 학생들을 대상으로 상담 서비스를 제공하고 교육이나 재활지원 서비스, 시설보호 및 기관연계, 법률 및 의료 서비스를 제공한다. 청소년상담지원센터에서 지원하는 다양한 서비스는 학생들의 탈선을 방지하고 가정과 학교로 복귀하여 정상적인 학업을 하도록 조력하는 데 일조하고 있다.

학교폭력이란 학교나 학교 주변에서 학생 상호 간에 발생하는 의도성을 가진 신체적·정신적·성적 가해행동을 가리킨다. 고의적 괴롭힘이나 따돌림, 금품갈취, 언어적 놀림이나 협박과 욕설, 신체적 폭행이나 집단적 폭행 등이 그 범주에 속한다. 뿐만 아니라 학교폭력을 당한 학생이 그로 인해 심리적, 혹은 행동적 고통과 불편함, 인격 침해를 느꼈다면 그 또한 엄연한 폭력행위가 된다.

청소년상담지원센터에서는 학교폭력과 관련한 가·피해학생에 대한 상담활동을 주로 하면서 학교폭력 대처요령을 상황 및 사례별로 구체적으로 제시하고 홍보 교육하고 있다(여성가족부, 2012; 김규태 외, 2013: 210 재인용).

첫째, 가해학생이 따로 남거나 보자고 할 때는 절대 가지 않고 즉시 신고한다.

둘째, 금품을 빌려달라고 강요할 때에는 '없지만 부모님께 말씀드리고 빌려주겠다'고 하고, 그 자리를 일단 모면한 후 신고한다.

셋째, 신체폭행 및 언어폭행을 당했을 때는 '누가, 언제, 왜, 어떻게' 폭행했는지를 상세하게 기록해 놓는다.

넷째, 학교폭력자치위원회, 경찰 등을 이용할 때는 신고하기 전에 먼저 마음을 가다듬고 피해 사실(본인 진술, 증언 등)을 기록한다.

다섯째, 지속적인 학교폭력이 있을 때에는 학교 측에 피해 사실을 정확히 알리고 피해자가 원하는 것을 학교에 전달한다.

3) 청소년비행예방센터

청소년비행예방센터는 「법무부와 그 소속기관 직제」[시행 2012.6.19.][대통령령 제23857호, 2012.6.19., 일부개정]에 따라 '소년원 및 소년분류심사원' 조직하에 청소년비행예방센터(제39조의2)로서의 성격을 갖는 기구이다.

청소년비행예방센터의 주요 업무내용은 대안교육, 비행원인 진단, 청소년심리상담, 법교육, 보호자 교육·가족솔루션캠프를 주요 내용으로 표 4-2와 같이 운영되고 있다. 대안교육은 부적응학생 등 위기청소년과 기소유예대상자 등 비행초기단계에 있는 청소년에 대한 비행예방교육이다. 비행원인 진단은 검사 및 판사가 의뢰한 비행청소년에 대한 비행진단으로 검사결정 전 인성·환경조사, 상담조사를 담당한다. 청소년심리상담은 지역사회 청소년들에 대한 상담 및 진로지도 등이며, 법교육은 일반학교 학생, 위기 및 비행청소년 등에 대한 법의식 함양을 진행한다. 보호자 교육은 보호처분 대상 청소년의 보호자 등에 대한 자녀의 건강한 성장 지원, 가족기능 강화를 위한 보호자 교육으로 가족솔루션캠프를 운영하고 있다.

표 4-2 청소년비행예방센터의 주요 기능 및 업무내용

주요 기능	업무내용
대안교육	• 대상 : 일반학교 부적응학생, 검찰 기소유예 대상자, 법원 대안교육 명령 대상자 • 주요 내용 : 3일·1주·2주 등 등·하교 방식에 의한 단기 집중형 비행예방교육
비행원인 진단	• 대상 : 법원 상담조사 명령 대상자, 검사결정 전 조사 대상자 • 주요 내용 : 비행 관련 조사, 비행예방교육(상담조사 대상자만 해당)
청소년심리상담	• 대상 : 지역사회 일반 청소년 • 주요내용 : 심리검사, 개별·집단상담, 부모상담, 진로지도 등
법교육	• 대상 : 초·중·고교학생, 소외계층 청소년(지역아동센터 등), 교사 등 • 주요 내용 : 실생활에 필요한 법교육, 학교폭력 예방교육, 성비행예방, 집단따돌림 예방교육 등
보호자 교육·가족솔루션캠프	• 대상 : 법원 보호자특별교육 명령 대상자, 부모-자녀관계 회복을 원하는 일반 가정 보호자 및 가족 • 주요 내용 : 자녀의 건강한 성장 지원, 가족기능 강화를 위한 부모교육 및 1박 2일/2박3일 가족캠프 운영

자료 : 법무부(2011). 청소년비행예방센터의 현황 및 최근 5년간 성과 또는 이용 실적.

청소년비행예방센터는 2007년 경기안산, 부산, 광주, 대전, 창원, 청주 등 6개 지역에 설치했으며, 2012년에는 서울남부, 서울북부, 대구, 인천 등에 설치하고 2014년까지 전주, 순천, 춘천, 부산동부, 울산, 수원 등 6개 지역에도 설치했으며, 2021년 현재 전국에 18개 청소년비행예방센터를 설치·운영하고 있다.

청소년비행예방센터는 법원에서 대안교육명령 처분을 받은 청소년, 검찰에서 교육조건부 기소유예처분을 받은 청소년 및 학교에서 학교폭력 등으로 특별교육 이수 처분을 받은 학생에 대한 사회적응과 재비행 방지를 위한 대안교육을 담당하고 있다. 더불어 학교폭력 가해자 부모교육, 가족솔루션캠프, 일반청소년 법교육 등을 실시하고 있어 지역사회 내 청소년비행예방기관으로서 큰 역할을 하고 있는 것으로 보인다.

청소년비행예방센터의 대안교육은 폭력 예방교육, 절도비행 예방, 교통안전, 중독(흡연, 음주) 예방, 성비행 예방, 자아 회복, 진로지도 등의 전문교육과 다양한 체험교육(장애체험, 봉사활동, 도미노, 모둠북, 생활예절, 생활도예, 원예치료, 미술치료, 극기훈련, 등산 등)으로 운영되고 있다. 그중 청소년들의 폭력 예방교육은 건강한 인성발달을 도모하기 위한 프로그램이다. 청소년비행예방센터의 폭력 예방교육의 목표는 다음과 같이 다양하다.

- 폭력의 실상을 알고 폭력에 대한 잘못된 태도를 인식한다.
- 폭력이 가져오는 부정적인 결과에 대해 인식한다.
- 폭력에 대한 법률적 이해를 통해 규범의식을 가진다.
- 자신의 폭력행동에 대해 책임감을 가진다.
- 피해자의 입장에서 폭력을 바라볼 수 있는 시각을 가진다.
- 폭력적인 행동에 대한 대안을 찾고 적용한다.

이러한 폭력 예방교육의 목표를 달성하기 위한 교육내용은 자신과 타인의 심리적 특성 이해, 폭력의 심각성 알기, 폭력에 대한 자신의 태도 인식, 학교폭력 관련 특성 이해, 학교폭력 관련 가해자·피해자·방관자 입장에서 생각하기, 피해자에게 편지쓰기, 바람직한 대안 찾기로 운영되고 있다(김규태 외, 2013: 211-214).

4) 여성·학교폭력피해자 ONE-STOP 지원센터

여성·학교폭력피해자 ONE-STOP 지원센터는 2001년 10월부터 소규모로 시범 운영해 오던 경찰병원 내 성폭력 의료지원센터를 개편하여 성폭력뿐만 아니라 학교, 가정폭력피해자, 성매매 피해여성 등에게 무료로 24시간 의료, 상담, 수사에 필요한 진술 녹화 및 증거 채취, 법률지원, NGO 연계 등 피해자를 위한 통합지원시스템 제도이다.

ONE-STOP 지원센터는 그동안 피해자 보호시스템 부재로 상담소, 병원과 경찰서 등을 전전하며 신분 노출, 반복 진술, 장시간 대기 등으로 2중, 3중의 고통을 받아온 여성, 학교폭력 피해자들을 위한 통합지원시스템의 필요성에서 비롯되었다.

2014년 2월 현재 전국적으로 18개 여성·학교폭력피해자 ONE-STOP 지원센터가 운영되고 있다. 여성·학교폭력피해자 ONE-STOP 지원센터의 주요 업무는 진술녹화 상담전문 여성 경찰관이 24시간 근무하면서 의료진료 차 내방하는 피해자의 진술녹화 후 피해자 조사와 동시에 112, 117 및 각 지방경찰청 여경 기동수사대와 연계하여 신속하게 처리한다.

주요 업무 시설로는 병원진료 후 진술녹화를 위해 별도로 경찰서에 가는 번거

로움을 없애기 위해 센터 내에 설치되어 있는 '진술녹화실', 효과적인 증거 수집을 위한 '컴퓨터 자동 녹취시스템', 성폭행 피해아동이나 장애여성이 피해 진술 시 도움을 주기 위한 '해부학적 인형' 비치, 원격지 경찰서에 있는 가해자의 얼굴을 센터 방문 피해자가 화상을 통해 대질·확인함으로써 피해자와 가해자의 직접 대질로 인한 2차 피해를 예방하기 위한 '원격지 화상 대질조사 시스템'을 갖추고 있다.

법률지원 활동은 여성·학교폭력 전문변호사 등 무료법률지원단(50명)이 요일별로 센터에서 순환 근무하면서 고소 및 손해배상청구 등 민·형사 소송지원과 범죄피해자 구조금 상담 등 무료법률상담을 실시하고 있다.

의료지원 업무는 센터 전담 산부인과 전문의 응급의학과에서 24시간 진료하며, 첨단 산부인과 의료장비 구비로 학교·가정폭력 피해자의 신체 상처 및 성폭행 자궁 상처 등을 정밀 촬영하여 증거 자료로 제공한다. 의료지원 시설로써 영상진료실은 피해자를 위한 증거 채취가 용이하도록 정밀 촬영 즉시 판독이 가능한 최첨단 디지털 써비코 장비와 자동화시스템을 갖춘 최신식 산부인과 진료대를 비치하여 피해자 치료 및 증거 수집을 용이하도록 하고 있다.

상담지원 업무는 사회복지사가 상주하는 가운데 피해자 안정실에서 피해자의 조기 안정을 도모하고, 117센터 홈페이지와 실시간 연계하여 사이버상담, NGO나 쉼터 등과 연계하여 적극적으로 상담지원을 한다. 피해자 상담실에서는 변호사 및 여경조사관이 안정된 상태에서 피해자와 상담할 수 있도록 상담실을 마련하고 상담을 한다. 특히 피해자 안정실에서는 상담이나 치료과정에서 불안, 초조, 외상후 스트레스증상 등으로 조사가 불가능하거나 극심한 정신적 충격으로 안정이 필요한 경우 사용할 수 있도록 침대와 소파 등을 갖추었으며 음악 감상도 가능하도록 하고 있다. 그 밖에 해바라기 아동센터는 2013년 현재 10곳(연세의료원, 분당차병원, 경북대병원, 전남대병원, 전북대병원, 건국대충주병원, 가천의대길병원, 강원대병원, 경상대병원, 동아대병원), 해바라기 여성·아동센터 5곳(부산, 강원영동, 전남, 서울, 경북)이 있다.

만 13세 미만의 성폭력 피해아동의 경우에는 해바라기 아동센터(www.child1375.or.kr)의 도움을 받을 수 있다. 해바라기 아동센터는 과거의 성폭력 피해경험이 완전히 치료되지 않은 아동이나 성폭력 피해를 당한 정신지체 장애인, 성폭력 피해아동의 가족에 대한 지원도 병행하고 있다.

해바라기 아동센터는 응급구조, 건강회복 지원, 성폭력 예방의 기능과 역할을 한다. 응급구조 활동은 24시간 아동성폭력 신고 및 접수를 받으며, 응급진료는 산부인과 및 소아정신과 진료뿐만 아니라 피해아동의 상태에 따른 각과 진료(외과, 비뇨기과, 항문외과 등)와 법적 지원(고소사건 진행에 대한 지원, 변호사 자문 및 연계, 증거물 채취, 진술 녹화, 진단서 발급)을 한다. 건강회복 지원은 아동의 후유증 치료(심리검사 및 평가, 약물치료, 놀이치료, 미술치료, 집단치료·아동의 보호환경 지원, 가족상담, 가족치료, 부모교육, 부모 자조모임·치료 후 지속적인 서비스 제공), 아동성폭력 인식 개선에 대한 접근(캠페인, 교육 프로그램, 세미나 및 워크숍), 가해자에 대한 접근(재발 방지 프로그램, 집단치료), 조사·연구(치료 프로그램 개발, 정책방안 제안)를 한다(경찰청 홈페이지).

5) 청소년폭력 예방재단(청예단)

청소년폭력 예방재단은 1995년 6월 학교폭력의 피해로 16살의 꽃다운 나이에 죽음을 선택한 외아들을 기리며, 그 아버지(청예단 전 이사장 김종기)가 다시는 이 땅에 자신과 같이 불행한 아버지가 없기를 소망하는 마음에서 모든 것을 희생하고 우리나라 최초로 학교폭력의 심각성을 정부와 시민에게 알리고 학교폭력 예방과 치료를 위한 다양한 활동을 시작한 비영리공익법인(NGO)이다.

설립목적은 청소년폭력 예방활동 및 비행청소년 선도, 청소년 유해환경 정화, 청소년복지증진, 청소년 인권 신장활동, 청소년 수련활동 등을 전개함으로써 올바른 청소년문화를 조성하여 청소년 건전 육성에 기여함을 목적으로 한다(박철원, 2012: 11).

1996년에는 국내 최초로 학교폭력 예방지침서를 발간하여 무료 배포하고, 1997년에는 '청소년지킴이 활동'을 전국적으로 확대하였으며, 서울특별시립 노원청소년수련관을 위탁 운영하여 학교폭력 예방의 기틀을 마련하였다. 2001년에는 학교폭력 관련 법률 제정을 위한 가두집회 및 서명 운동, 학교폭력 피해 청소년 결연 후원 정기 사업화, 학교폭력 대처 관련 법률 제정을 위한 시민 토론회 개최 등 학교폭력 예방을 위한 다양한 활동을 하고 있으며, 2014년 2월 현재 전국에 3개의 지부를 운영하고 있다(이민희 외, 2006; 박철원, 2012: 221).

청소년폭력 예방재단은 자체적으로 상담센터를 운영하고 있는데, 여기서는 상담에 관한 캠페인, 경호지원서비스, 법률·의료기관 연계 등의 일과 예방교육으로 학교폭력 예방교육, 가해학생 선도교육, 징계청소년 프로그램, 피해학생 치료 프로그램 등이 운영되고 있다. 또한 어머니 순찰단, 청소년 지킴이사업, 성인과 교사대상 직무연수를 하고 있다.

특히 교원과 청소년 관련 실무자의 학교폭력 예방 및 대처 관련 전문성 향상을 위하여 2005년 「교원 등의 연수에 관한 규정」 제2조에 따라 교육부로부터 인가를 받아 원격연수원을 운영하고 있다(김규태 외, 2013: 221).

청예단 조직 현황은 그림 4-3과 같다.

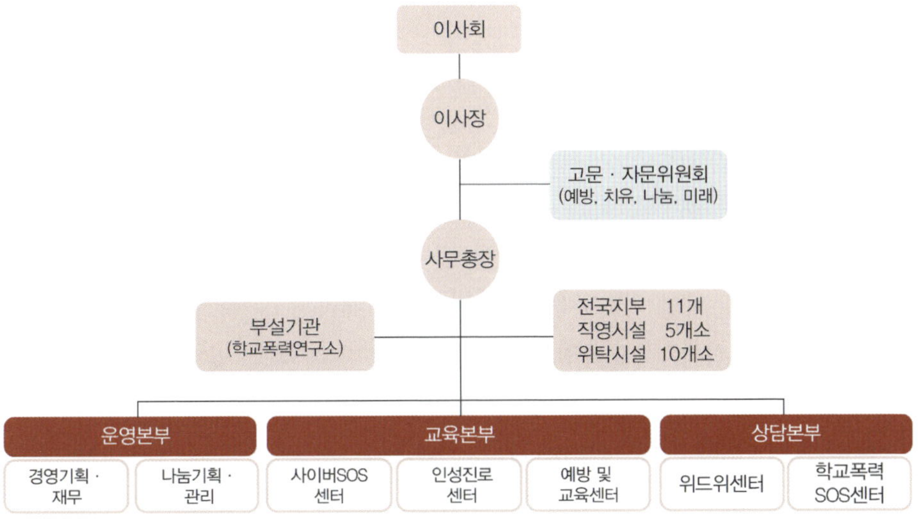

그림 4-3 청예단 조직도

10대 위원회는 교육사업위원회, 국제협력위원회, 법률자문단, 학교협력위원회, 상담위원회, 후원위원회, 정책위원회, 홍보위원회, 여성위원회, 조직인력위원회 등으로 구성되어있다.

현재 지부는 서울 북부, 서울, 경기지부, 충북지부, 광주지부, 전남지부, 진주사천지부, 대구지부, 경북지부, 부산지부, 경남지부, 강원지부 등으로 구성되어 있으며, 인천지부 및 전북지부는 개소 준비 중이다. 직영 및 위탁시설은 15개의 시설이 있다.

특히 학교폭력SOS지원단을 소개하면 교육부는 청예단을 학교폭력SOS지원단 운영기관으로 선정하여 2007년 6월 1일부터 학교폭력상담지원센터와 학교폭력위기지원센터를 운영하며 다각적 서비스를 진행하고 있다.

▶학교폭력SOS지원단이란?

학교폭력SOS지원단은 학교폭력 추방 및 예방을 위해 교육부에서 청소년폭력예방재단을 운영기관으로 선정하여 2008년 7월부터 실시하는 서비스

- 학교폭력 위기상담센터 : 학교폭력 피해·가해학생 및 부모를 대상으로 학교폭력 전문 위기상담서비스 제공
- 학교폭력 위기지원센터 : 학교차원에서 해결하기 어려운 다양한 사안을 해결하기 위해 학교폭력문제해결 서비스 제공

- 학교폭력SOS지원단 서비스
  - 목적 : 학교폭력 사건 확대와 재발을 방지하고 학생들을 안전하게 학교로 복귀시키는 것
  - 대상 : 학교폭력 피해·가해학생 및 부모, 교사, 관계장 등
  - 내용 : 전문적인 학교폭력 상담서비스를 제공하고, 학교폭력사건 발생 시 현장 출동상담, 학교폭력대책자치위원회 자문 제공 및 해결이 어려운 사건에 개입하여 분쟁조정 및 중재개입을 지원
  - 문의: 02-598-1640 / 1588-9128(상담전화)

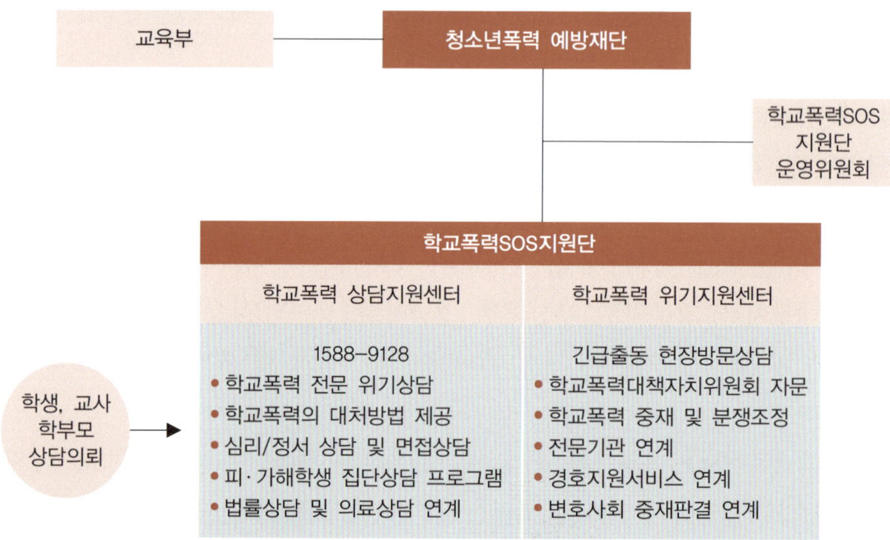

그림 4-4 학교폭력SOS지원단

푸른나무재단이 2021년 4월 20일 기자회견에서 학교폭력·사이버폭력 실태조사 및 대책을 발표하였다(푸른나무재단 홈페이지). 최근 스포츠·연예계 학교폭력 폭로가 이어지면서 사회적 경각심이 높아졌다. 조사의 주요결과는 ① 코로나시대에 사이버 폭력이 3배 이상 증가하였다. ② 학교폭력의 백신은 친사회적 역량이다. ③ 학교폭력 재현현상의 교훈 : 재학 중 학교주도 해결이다. ④ 여전한 학교폭력 방관자 : 적극적 방어가 아쉽다. ⑤ 학교폭력을 호소할 수 있는 사회적 대응시스템 강화가 필요하다.

2021년 6월 현재 전국위기지원센터는 서울, 인천, 경기북부, 경기남부, 충남, 세종, 충북, 대전, 전북, 광주, 전남목포, 전남여수, 강원, 경북, 대구, 울산, 부산, 경남창원, 진주, 제주 지원센터 등 20개 수행기관을 두어 즉각적인 대응이 가능하도록 하고 있다(청예단 홈페이지).

6) 117 학교폭력 신고센터

학생위기상담 종합지원 서비스 Wee 센터는 1588-7179, 여성가족부의 청소년 통합지원체계 CYS-Net은 1388, 경찰청 ONE-STOP 지원센터는 117 등 그동안 각 기관별로 학교폭력 신고 전화번호가 달랐다. 이처럼 신고 전화가 여러 곳이어서 혼선을 초래했다. 이에 학교폭력의 심각성을 고려하여 학교폭력 관련 신고전화를 경찰청이 운영하는 '117'로 통합하여 운영중이다.

117 학교폭력 신고센터는 모든 학교폭력 신고를 접수해 경미한 사안의 경우에는 '여성·학교폭력피해자 ONE-STOP 지원센터'로 이송하고, 중대한 경우에는 경찰이 즉시 개입하여 조치할 수 있도록 하였다.

2012년 6월 중순부터 지방경찰청별로 운영하는 117 학교폭력 신고센터에서는 각 지방 경찰관과 교육부, 여성가족부에서 파견한 전문상담사가 합동으로 근무하여 학교폭력 신고접수, 상담 및 수사·지원까지 ONE-STOP 서비스를 제공한다.

학교폭력 신고는 2013년 이후 지속적으로 감소하는 추세에 있으며, 2019년 신고·상담건수는 61,302건으로 전년대비 0.9% 감소하였다(경찰청, 2020 경찰백서: 130-131).

그동안 신학기방학 기간을 활용하여 117 홍보활동을 강화하고 신고 활성화를 유도하는 등 학교폭력 예방활동을 전개하면서 청소년범죄에 적극적으로 대응한 결과, 학교폭력 신고건수가 감소한 것으로 판단된다. 월별로는 개학 이후 증가하다가 방학기간에는 감소하는 형태로 나타나고 있다.

최근 117 운영 현황은 표 4-3과 같으며, 2019년에 91,769명이 신고되었다. 조치현황을 보면 13,321명에게 수사지시, 상담 78,139명, NGO 연계 및 원스톱 연계 309명이며, 983명이 검거되었다.

표 4-3 117 운영 현황

구분	신고내용										
	계	납치 감금	성매매 강요	선불금	업소 단속	성매매	법률 상담	학교 폭력	가정 폭력	성폭력	성매수 유인
2013	123,966	5	36	45	383	-	17,580	101,254	2,764	1,519	110
2014	105,430	6	22	24	368	-	21,331	80,151	2,441	985	102
2015	96,542	4	11	16	267	-	22,635	70,629	2,158	664	158
2016	93,071	4	7	9	283	-	23,688	66,959	1,541	445	135
2017	102,176	-	4	-	269	-	28,157	71,985	1,237	419	105
2018	93,014	2	8	7	445	-	28,659	61,887	1,300	615	91
2019	91,769	-	4	5	337	-	28,166	61,302	1,179	666	110

구분	조 치					결과
	계	수사 지시	상담	NGO연계	원스톱연계	검거 (명)
2013	123,966	17,514	104,624	1,824	364	1,930
2014	105,430	27,077	77,245	952	156	1,549
2015	96,542	18,983	76,861	635	63	889
2016	93,071	16,107	76,477	439	48	805
2017	102,176	16,268	84,600	280	27	1,001
2018	93,014	12,956	79,801	231	26	1,087
2019	91,769	13,321	78,139	309		983

자료 : 경찰청(2020). 2019 경찰통계연보.

7) 청소년상담복지센터의 CYS-Net

한국청소년상담복지개발원은 청소년 상담의 인프라를 구축하기 위해 각 시·도 및 시·군·구 청소년상담복지센터를 설치·운영할 수 있도록 지원해 왔다. 1993년 시·군·구 24개소가 설치되기 시작해서 2021년 현재 238개소에 이른다(한국청소년 상담복지개발원 홈페이지).

CYS-Net(Community Youth Safety-Net)는 100만 위기청소년들의 심리적, 경제적,

학업적, 대인 관계적 어려움들을 해결할 수 있도록 지원하는 지역사회 네트워크로, 위기청소년에게 적합한 맞춤형 서비스를 원스톱으로 지원하고 있으며 CYS-Net 운영방향은 ① 위기청소년 사회안전망을 구축한다. ② 지역사회 청소년 지원기관 및 단체의 협력체계를 구축한다. ③ 청소년관련기관 및 단체의 위기청소년의 문제해결능력을 증진한다.

청소년 상담 활성화 지원 내용은 다음과 같다.

(1) 시·도 및 시·군·구 청소년상담복지센터 설치 적극 지원

한국청소년상담복지개발원은 청소년 상담의 인프라를 구축하기 위해 각 시·도 및 시·군·구 청소년상담복지센터를 설치·운영할 수 있도록 지원해 왔다. 청소년상담복지센터는 1990년에 대구와 광주센터를 시작으로 2021년 현재 238개 센터가 설치되어 있다.

(2) 청소년상담복지센터의 기능과 역할 강화를 위해 지원

첫째, 한국청소년상담복지개발원은 시·도 및 시·군·구 청소년상담복지센터와 청소년 상담·복지사업을 함께 추진함으로써 지역 청소년상담복지센터의 기능과 역할이 강화될 수 있도록 지원한다. '우리 이웃의 청소년 문제 해결은 우리가 나서서 돕는다'는 1388 청소년지원단운영사업이 그 대표적인 예라고 볼 수 있다. 둘째, 시·도 청소년상담복지센터 관계자회의, 청소년상담자 전국대회 개최 및 시·군·구 청소년 상담자의 전문성을 키우고 활성화하기 위한 대책을 마련할 수 있도록 지원한다.

(3) 전국 청소년상담복지센터 데이터베이스 구축 및 생성

한국청소년상담복지개발원은 전국 청소년상담복지센터의 홈페이지, 주소, 전화번호, 센터 현황 등의 데이터베이스를 구축하여 센터의 정보를 업데이트 및 관리하고 있다.

(4) 지역사회청소년통합지원체계(CYS-Net) 활성화 지원

한국청소년상담복지개발원은 지역사회청소년통합지원체계(CYS-Net)가 활성화되도록 지원하고, 전국 시·도 및 시·군·구 청소년상담복지센터를 대상으로 컨설팅을 실시하는 동시에 시·도 센터 또한 각 시·군·구 청소년상담복지센터를 지원하는 체계적인 서비스가 확립될 수 있도록 지원하고 있다(한국청소년상담복지개발원 홈페이지).

CYS-Net 서비스체계는 그림 4-5와 같다.

자료 : 한국청소년상담복지개발원 홈페이지.

그림 4-5 CYS-Net 서비스체계

CYS-Net 서비스의 구체적 내용은 다음과 같다.

표 4-4 CYS-Net 서비스 지원 내용

종류	내용
상담 및 정서적 지원	• 위기상황을 효과적으로 극복하도록 도우며, 청소년 내면의 잠재력을 개발할 수 있도록 상담, 심리적 안정과 정서적 지지를 제공
정서적지지 제공	• 청소년상담복지센터, 청소년동반자, 한국청소년상담개발원이 서비스제공
사회적 보호지원	• 가출하여 귀가하지 않고 있거나 위험상황에 노출되어 있는 청소년에게 보호, 휴식을 제공 • 연계 기관 : 청소년쉼터, 보건복지부 산하의 그룹홈 등
교육 및 학원지원	• 학업을 중단하였거나, 정규교육과정을 이수하지 못한 청소년에게 기본적인 교육 및 학업능력을 갖출 수 있도록 지원 • 연계 기관 : 학교, 대안학교, 검정고시학원 등
진로 및 취업지원	• 가출, 학업중단 등 어려움에 처해 있는 청소년의 진로설정을 도와주고, 취업을 할 수 있도록 직업훈련, 인턴십 기회 등을 제공 • 연계 기관 : 직업전문학교, 고용안정센터, 자활후견기관(자활지원관) 등

종류	내용
의료 및 건강지원	• 가출, 학교/가정폭력 등으로 심리 및 신체적 문제가 발생해 일상생활에 어려움이 있는 청소년에게 치료지원을 제공 • 연계 기관 : 국립의료원, 지역 보건소, 병원 등
여가 및 문화 활동지원	• 위기청소년들이 건강한 일상생활을 영위할 수 있도록 다양한 여가 및 문화 활동 체험 제공 • 연계 기관 : 청소년수련시설, 청소년 문화의 집 등
법률자문 및 권리구제	• 학교폭력, 성폭력 피해/가해, 불법고용주로부터 착취를 당하는 등 법률 관련 도움이 필요한 청소년에게 법률 자문과 지원을 제공 • 연계 기관 : 대한법률구조공단, 지역 변호사 등

자료 : 한국청소년상담복지개발원 홈페이지.

8) 배움터지킴이제도

배움터지킴이란 순수한 우리말로 학교 등 배우는 곳을 지칭하는 배움터와 학교폭력으로부터 학생들을 보호하는 사람을 뜻하는 지킴이를 합한 용어로서, 기존 스쿨폴리스라는 명칭으로 인해 현직경찰이 학교에 상주한다는 오해를 불식시키고 학생들에게 보다 친근감을 줄 수 있을 것으로 기대하고 있다(교육과학기술부·법무부, 2009).

배움터지킴이제도는 스쿨폴리스제도를 한글화하여 사용하는 것이기에, 배움터지킴이의 개념에 대한 논의를 위해 본래 외국에서 실시되고 있는 스쿨폴리스에 대한 개념을 살펴볼 필요가 있다. 스쿨폴리스라 함은 현직경찰 혹은 퇴직경찰 등 청소년 보호에 대한 지식과 경험을 가진 자를 학교경찰로 선발한 후 재교육을 통하여 초·중·고등학교에 배치하도록 하는 제도를 말한다. 우리나라에서 실시하는 스쿨폴리스는 학교폭력에 효과적으로 대처하고 학생을 보호하기 위해 전직경찰 등 전문인력을 학교에 배치해 학교폭력 문제에 전담케 하는 제도이다.

이 제도는 전직경찰과 교사가 짝을 이뤄 교내 순찰과 학생담당을 통해 학교폭력을 방지하고, 또한 학생의 등하교 시간에 맞춰 출퇴근하며, 학내 폭력 현장을 적발한 경우 경미한 폭력은 지도교사에게, 중대한 폭력은 학교폭력대책자치위원회에 통보한다. 그들은 교내 화장실이나 옥상 등 후미진 곳을 반복 순찰하고, 학생상담 등을 통하여 학교 내에서 발생하는 학교폭력 예방에 주력함으로써 피해학생 보호 및 가해학생 선도의 역할을 담당한다(한겨레, 2005.6.6.).

이 제도의 도입 배경을 살펴보면 우리나라에서도 2004년 각종 여론조사 결과에서 전체 학교폭력 사건 중 48%가 학교 내에서 발생하고 피해 경험이 있는 학생들이 23%에 이르는 등 학교폭력이 심각한 사회 문제로 부각되면서 동년 7월에는 「학교폭력 예방 및 대책에 관한 법률」이 제정·시행되었다. 이에 부산지방경찰청에서는 전반적인 학교폭력 실태와 미국, 캐나다, 호주, 영국 등 학교경찰제도를 연구한 끝에 2005년 5월 우리 실정에 맞는 스쿨폴리스(school police)라는 학교경찰제도를 최초로 시범 실시하였다. 부산지방경찰청에서는 부산시교육청, 경우회 등과 추진협의회를 구성하여 스쿨폴리스의 육성·배치 기본계획안을 심의하고, 선발 심사위원회를 통해 퇴직경찰관과 퇴직교원 중 37명을 스쿨폴리스로 선발하였다. 또한 시범학교는 부산시교육청과 협의하여 시내 초·중·고 7개교를 선정하였다(양정열, 2011).

부산지역의 시범 운영에서 긍정적인 평가를 받은 스쿨폴리스제도는 그 이름이 배움터지킴이제도로 바뀌어 전국적으로 확대·시범 실시되었으며, 시범 실시에서도 긍정적인 효과를 가져왔다고 평가되었다. 그러나 2007년을 끝으로 교육부가 배움터지킴이제도에 대한 지원을 끊고 지방자치단체와 지방교육청으로 하여금 사업비를 부담하게 하면서, 예산상의 이유로 이 제도의 확대 시행은 이루어지지 못하였다. 하지만 2008년 초반에 터진 학교 내 성폭력 사건 등은 배움터지킴이제도의 확대실시를 추진하는 새로운 계기가 되었다. 교육부장관이 CCTV 설치와 배움터지킴이제도의 확대 시행을 천명한 것이다. 이러한 정책의 확대 실시는 배움터지킴이제도의 시범 운영에 대한 긍정적 평가에 근거하고 있다고 할 수 있다.

배움터지킴이의 임무는 다음과 같다.

배움터지킴이는 해당 학교 교내와 학교 주변에 대해 합동지도 활동을 하게 되며, 학교폭력 예방을 위한 업무와 함께 학교폭력 현장을 적발해 피해학생을 보호하고 가해학생을 선도하며, 학교 주변 정화·단속 활동을 지원하고, 교사·학부모 상담 등을 맡게 된다. 하지만 학교폭력 현장을 적발하더라도 임의조치는 할 수 없고, 금품갈취 등 징계 및 형사입건 대상범죄는 자치위원회에, 복장 불량 등 규율 위반행위는 학교 선도위원회에 인계해 학교장이 조치토록 하는 역할을 담당하게 된다. 학교폭력이 일어나기 전에 적발하면 경고, 이름 기록, 훈계 등을 할 수 있다.

배움터지킴이 운영기간은 매년 3월 1일부터 익년 2월 말까지로 하며, 활동시간은 1일 8시간 이내에서 학교 실정에 따라 탄력적으로 운영한다. 다만, 학교계획에 의해 부득이한 경우 1일 8시간을 초과할 수 있다(김종운, 2013: 292-296).

2017년 배움터지킴이 자원봉사자 운영 현황은 표 4-5와 같다. 운영학교수는 746개교에 911명이 배치되어 운영되고 있다(Daum, 2021).

표 4-5 2017년 배움터지킴이 자원봉사자 운영 현황

구분 (학교급)	초	중				고				특수				계			
구분 (설립별)	사립	국립	공립	사립	계	국립	공립	사립	계	국립	공립	사립	계	국립	공립	사립	계
학교 수 (교)	39	2	272	107	381	3	124	170	297	3	8	18	29	8	404	334	746
인 원 수	78	2	349	113	464	3	158	179	340	3	8	18	29	8	515	388	911

또한 아동안전지킴이 연도별 현황은 표 4-6과 같이 2019년 현재 전국 255개의 경찰서에서 10,007명이 활동했으며, 아동안전지킴이 연도별 운영 성과는 표 4-7과 같이 2019년 현재 범인검거 및 지원실적이 1,485명이고, 범죄예방 및 보호실적은 94,150명이다.

표 4-6 아동안전지킴이 현황

연도	구분	계	서울	부산	대구	인천	광주	대전	울산	경기남부	경기북부	강원	충북	충남	전북	전남	경북	경남	제주
2015	경찰서	250	31	15	10	9	5	5	4	41	–	17	12	15	15	21	24	23	3
	인 원	6,470	702	328	236	252	162	156	134	1,274	–	370	286	470	446	466	538	540	110
2016	경찰서	252	31	15	10	9	5	6	4	30	12	17	12	15	15	21	24	23	3
	인 원	5,936	600	305	220	242	150	143	119	858	338	351	259	431	414	424	478	493	111
2017	경찰서	254	31	15	10	10	5	6	4	30	12	17	12	16	15	21	24	23	3
	인 원	9,007	902	462	338	391	230	219	178	1,320	520	527	390	663	624	641	704	750	168
2018	경찰서	254	31	15	10	10	5	6	4	30	12	17	12	16	15	21	24	23	3
	인원	9,007	902	462	338	371	230	219	178	1,330	530	527	390	663	624	641	704	750	168
2019	경찰서	255	31	15	10	10	5	6	4	31	12	17	12	16	15	21	34	23	3
	인원	10,007	997	504	379	412	235	245	193	1,505	530	530	436	734	633	709	777	830	168

자료 : 경찰청(2020). 2019 경찰통계연보.

표 4-7 아동안전지킴이 연도별 운영성과

연도	총계	범인검거 지원·실적					범죄예방 및 보호실적					
		계	성폭력범	학교폭력	강·절도	기타사범	계	성폭력예방	폭력예방	실종예방	비행선도	기타
2013	64,730	578	9	49	11	510	64,152	211	9,032	1,213	17,616	36,080
2014	52,991	509	8	125	7	369	52,482	594	6,880	609	17,347	27,052
2015	48,570	626	11	81	14	520	47,944	1,193	4,854	1,672	13,383	26,842
2016	49,112	628	7	47	4	570	48,484	1,513	6,224	2,200	11,554	26,993
2017	55,673	912	7	28	3	875	54,761	390	4,600	552	12,745	36,474
2018	82,681	1,282	5	94	6	1,177	81,339	125	4,693	562	7,229	68,790
2019	95,635	1,485	4	38	4	1,439	94,150	300	5,185	735	9,995	77,935

자료 : 경찰청(2020). 2019 경찰통계연보.

아동안전수호천사 현황은 표 4-8과 같이 2019년 현재 13,611명이 활동했고, 아동안전지킴이집 현황은 표 4-9와 같고, 2019년 현재 12,940개의 아동지킴이집이 활동을 했으며, 특히 459개의 유치원이 이 활동에 동참하였다.

표 4-8 아동안전수호천사 현황

구분	총계	야쿠르트	집배원	모범운전	태권도	기타
2015년	20,696	8,471	8,804	1,626	1,281	514
2016년	19,489	7,979	8,422	1,586	1,122	380
2018년	13,339	5,928	6,839	1,417	862	293
2019년	13,611	5,154	6,117	1,359	774	64

자료 : 경찰청(2020). 2019 경찰백서.

표 4-9 아동안전지킴이집 현황

구분	선정 위치별							선정업소 형태별					
	계	유치원	학교	아파트단지	놀이터	공원	통학로	계	24편의점	약국	문구점	상가	기타
2015	20,205	1,373	7,270	2,356	627	918	7,661	20,205	2,542	1,546	3,012	6,770	6,335
2016	17,821	1,181	6,192	2,083	529	886	6,950	17,821	2,388	1,431	2,599	5,759	5,644
2017	15,095	703	5,105	1,785	305	622	6,575	15,095	1,841	1,337	2,255	4,942	4,720
2018	13,567	502	4,615	1,596	226	552	6,076	13,567	1,768	1,278	2,116	4,195	4,210
2019	12,940	459	4,188	1,627	207	523	5,936	12,940	2,096	1,188	1,876	3,814	3,966

자료 : 경찰청(2020). 2019 경찰통계연보 p.104.

한편, 아동안전지킴이집 운영성과는 표 4-10과 같이 2019년 운영성과는 범인 검거 및 지원실적이 555건이고, 범죄예방 및 보호실적이 12,085건으로 총 12,640건의 운영성과를 낸 것으로 밝혀졌다.

표 4-10 아동안전지킴이집 운영성과

연도	총계	범인 검거 및 지원						범죄예방 및 보호				
		소계	성추행범	학교폭력	납치유인	강·절도	기타사범	소계	폭력예방	실종예방	비행선도	기타
2013	28,685	1,238	11	158	4	14	1,051	27,447	3,886	426	11,801	12,054
2014	40,362	1,804	78	318	–	213	714	38,558	7,500	850	15,218	14,990
2015	41,478	1,280	46	287	–	26	923	40,198	6,642	1,462	12,080	20,014
2016	40,047	1,258	41	128	7	30	1,052	38,789	5,113	1,399	8,814	23,463
2017	19,317	1,100	4	29	2	2	1,063	18,217	2,435	292	4,851	10,639
2018	12,121	233	0	20	6	3	204	11,888	1,577	124	2,707	7,480
2019	12,640	555	2	159	10	1	383	12,085	2,163	184	1,911	7,827

자료 : 경찰청(2020). 2019 경찰통계연보, p.104.

9) 학교폭력 예방 애플리케이션 – '굿바이 학교폭력'

교육부가 학교폭력을 예방하기 위해 학교폭력 예방 애플리케이션을 선보이고 있다. 학교폭력 앱은 최근 늘어 가는 학교폭력에 대해 학생들이 가장 가까운 곳에서 사용하고 있는 스마트폰을 이용해 빠르고 간편하게 도움을 받을 수 있도록 하기 위한 목적에서 만들어졌다. 이 앱의 정확한 명칭은 '굿바이 학교폭력'이다.

교육부는 지난 2011년 12월에 개발·보급한 학교폭력 예방 애플리케이션 '굿바이 학교폭력'의 기능을 대폭 개선하여 2012년 9월 10일부터 배포하였다. '굿바이 학교폭력' 앱은 국내 스마트폰 사용자가 3,000만 명을 넘어서는 스마트 사회 환경에서 학교폭력 관련 자료와 최신 정보, 신고·상담 서비스를 시간과 공간에 구애받지 않고 이용할 수 있어 학생, 학부모, 교원들에게 큰 도움이 될 것으로 기대된다.

앱의 설치는 안드로이드마켓과 앱스토어에서 '굿바이 학교폭력'으로 검색하여 다운로드할 수 있으며, 스마트폰이 없는 학생들을 위하여 앱 콘텐츠를 교육부 홈페이지에 탑재하여 온라인으로도 확인할 수 있다.

'굿바이! 학교폭력' 스마트폰 앱은 총 다섯 가지 기능으로 구성되어 있으며, 그 구체적 내용은 다음과 같다(교육과학기술부, 2011.12.12. 보도자료).

① 위급상황 시 자동 SOS 긴급 도움요청 전화·문자 송신기능

② 학교폭력(성폭력) 대처요령 정보 안내 기능
③ 맞춤형(학교폭력, 성폭력, 치료, 온라인) 상담센터 자동 연결기능
④ 학교폭력(성폭력) 예방 교육자료 제공
⑤ Wee 프로젝트 안내 및 도움요청 안내 기능

구성된 콘텐츠는 지속적으로 업데이트되고 있다. '굿바이 학교폭력' 앱은 안드로이드와 아이폰과 같은 휴대폰 환경에 상관없이 모두 사용 가능하며, 스마트폰이 없는 학생들의 경우에는 학교에서 전단 형태로 배포된 '굿바이 학교폭력'을 통해 앱에 들어 있는 내용들을 접할 수 있다(김종운, 2013: 301-302).

3 학교폭력 예방을 위한 프로그램

학교폭력을 예방하기 위해 지도의 수월성과 효과성을 높이기 위한 수업 프로그램에 대한 연구가 필요하다. 실태분석을 통해 확인한 것처럼 학교폭력은 학생들 사이에서의 사소한 오해로 발생하기도 한다. 학생들이 자신을 이해하고, 다른 사람과 더불어 살아가는 공동체 의식을 가질 수 있도록 학생에 적합한 수업 프로그램을 개발하여 학교폭력을 예방할 필요가 있다.

학교폭력 예방을 위한 프로그램을 살펴보면 정부에서는 2013년 7월 23일 관계부처 합동으로 현장 중심 학교폭력 대책을 심의·의결하였다.

대책에서는 학생들이 안전하고 건강하게 교육받고 성장하기 위해서는 학교폭력이 발생하지 않아야 한다는 점에서 '사전 예방'에 중점을 두고 있다.

이를 위해 학교폭력 예방교육(어울림 프로그램)을 정규교육과정에 반영하여 전국 모든 초·중·고교에 지속적·체계적으로 실시하고, 또래보호, 학교 및 청소년 취약지역 순찰 활동 등 학교와 지역사회의 자발적이고 자율적인 예방활동을 적극 장려하고 지원하는 것을 최우선 과제로 추진하기로 하였다.

본서에서는 학교폭력 예방을 위한 프로그램 중에서 어울림 프로그램, 또래상담 프로그램, 학생자치법정 프로그램을 살펴보기로 한다.

1) 어울림 프로그램

공감과 소통을 통한 행복한 학교만들기 프로젝트의 일환인 어울림 프로그램을 소개한다(교육부 홈페이지).

(1) 어울림 프로그램이란?

공감, 의사소통, 갈등해결, 자기존중감, 감정조절, 학교폭력 인식·대처 등 6개 핵심역량으로 이루어진 학교폭력 예방프로그램이다.

(2) 어울림 프로그램은 어떻게 구성되나?

① 학생대상 프로그램

미술활동, 놀이치료 등 다양한 프로그램을 적용함으로써 학생들의 자기이해 및 타인이해, 분노조절, 학교폭력 대응기술 습득 등 내적 성장을 지원하기 위한 집단상담 프로그램이다.

② 교사대상 프로그램

학생 이해하기, 학생 및 학부모의 대화법, 감성코칭 등을 통해 교사의 공감능력을 향상시키기 위한 프로그램이다.

③ 학부모대상 프로그램

자녀 이해하기, 대화의 기술, 학교폭력 대응방안 등을 통해 학부모의 공감능력 및 의사소통능력을 향상시키기 위한 프로그램이다.

(3) 어울림 프로그램은 어떻게 운영하나?

- 교육부가 위촉한 전문위원이 학교별 특성에 맞는 맞춤형 프로그램을 제공한다.
- 석·박사급 카운슬러의 재능기부와 자원봉사를 통한 집단상담을 실시한다.
- 학생은 물론 교사와 학부모의 공감과 소통능력 향상을 도모한다.

(4) 어울림 프로그램 우수사례

어울림 프로그램은 교과와 연계한 수업을 통해 학생이 공감·소통, 감정조절,

갈등해결 등 학교폭력 예방역량을 기르는 것을 목적으로 2018년 학교폭력 예방 교육 운영학교(3,785개교) 중 어울림 프로그램 우수 수업학교는 48개교이며, 그중 2개교를 제시하면 다음과 같다(학생신문, 2019.1.31.).

- 충북진천 상산초등학교 : 상산 톡톡톡(Talk)으로 학교폭력 없는 다(多) 행복한 학교만들기
  학생특성을 분석하여 전학년에 공감역량을 공통으로, 그 외 학년별 2개의 역량(감정조절, 갈등해결) 및 학교폭력 인식·대처 기본·심화프로그램을 배치하고, 관련교과(국어, 도덕, 사회, 체육, 미술 등) 수업과 연계하여 학년별 9차시~16차시의 어울림프로그램을 연중 운영함. 결과로 학년별 관련 학교폭력 예방역량이 함양되고, 학교폭력에 대한 적극적 도움행동 변화 등이 나타남.
- 대구 경상고등학교 : '또래오래'로 행복이 피어나는 학교
  학생 간의 긍정관계 증진 프로그램으로 '교과융합 어울림 프로그램'을 운영함.
  1학년은 어울림 기본프로그램의 의사소통, 공감역량, 2학년은 어울림 심화프로그램의 의사소통, 자기존중감 역량의 활동과 국어·진로과목, 미술·진로과목의 관련 성취기준과 연계한 수업을 3월과 9월 학기 초에 집중 운영함.
  인근 중·고등학교와 함께 '어울림프로그램 교사연구회'를 구성하여 어울림프로그램 활용역량을 함양하고 경상고의 교과융합 운영사례를 공유·일반화함.

2) 또래상담 프로그램

(1) 또래상담이란?

또래상담은 비슷한 연령과 유사한 경험 및 가치관 등을 가지는 청소년들이 일정한 훈련을 받은 후에 자신의 경험을 바탕으로 하여 주변에 있는 다른 또래들의 정상적인 발달 과정에서 일어날 수 있는 문제의 해결에 조력하여 이들이 성장, 발달할 수 있도록 생활의 제반 영역에서 지지적인 도움을 제공하는 프로그램이다(한국청소년상담복지개발원).

(2) 또래상담의 역사

한국청소년상담복지개발원에서는 1994년부터 청소년 대상 또래상담자 훈련 프로그램을 개발하고 전국적으로 중·고등학교의 학생들에게 교육하는 활동을 꾸준

히 전개해오고 있으며, 또래상담 과정에 참여하면서 또래상담자 개개인의 성장을 도모할 수 있고 이들의 활동을 통해 학급과 학교 문화를 공동체문화로 변화시키고 청소년들의 다양한 문제를 서로 도우면서 해결할 수 있는 분위기를 확산시키는 데 기여할 수 있도록 고안되었다.

2012년 학교폭력근절 종합대책(2012.2.6, 관계부처 합동) 발표 후 교육부와 여성가족부에서 학교폭력 예방 또래상담사업을 공동으로 추진하면서 전국 초·중·고등학교로 확대 운영되었다.

(3) 또래상담 발전과정

1994년부터 2020년까지의 한국청소년상담복지개발원의 또래상담사업은 다음과 같다.

- 1994년 : 또래상담 프로그램 개발·보급
- 2012~2014년 : '범정부 학교폭력근절 종합대책'의 시행으로 여성가족부, 교육부 협업 하에 전국 초·중·고등학교 및 17개 청소년 상담복지센터 대상 또래상담 사업추진
- 2013년 : 또래상담 운영학교 지침서와 교사 매뉴얼 및 청소년 폭력예방을 위한 '솔리언 또래상담 심화프로그램' 개발·보고
- 2017년 : 또래 상담지도교사 직무연수 제도화
- 2018년 : 또래상담 컨설팅단 운영(교육부 예산지원)
- 2020년 : 사이버폭력 예방 또래상담 프로그램 개발

(4) 또래상담 운영학교 현황

표 4-11 또래상담 운영학교 현황

연도	또래상담 운영학교(교)					또래상담자(명)			
	계	초	중	고	특수	계	초	중	고
2013	5,217	1,376	2,522	1,319	-	77,233	16,619	38,056	22,558
2014	6,396	2,198	2,674	1,524	-	104,650	24,699	47,084	32,867
2015	6,732	2,929	2,299	1,504	-	126,938	33,251	51,960	41,727
2016	7,713	3,345	2,608	1,760	-	171,950	43,281	65,360	63,309
2017	8,005	3,554	2,563	1,888	-	247,386	49,758	90,016	107,612
2018	8,205	3,697	2,637	1,864	7	367,876	110,991	125,493	131,392

연도	또래상담 운영학교(교)					또래상담자(명)			
	계	초	중	고	특수	계	초	중	고
2019	9,012	4,082	2,889	2,041	-	482,933	146,380	163,225	173,328
2020	7,117	3,069	2,338	1,710	-	301,359	91,251	101,999	108,109

자료 : 한국청소년상담복지개발원(2020). 청소년폭력예방지원사업.

2020년 현재 전국에는 7,117개의 초·중·고교에서 또래상담학교를 운영하고 있다. 2020년 또래상담학교 운영현황을 살펴보면, 초등학교 3,069개교(91,251명), 중학교 2,338개교(101,999명), 고등학교 1,710개교(108,109명) 등 7,117개교에서 301,359명이 또래상담을 받는 것으로 밝혀졌다.

(5) 또래상담 운영 모델

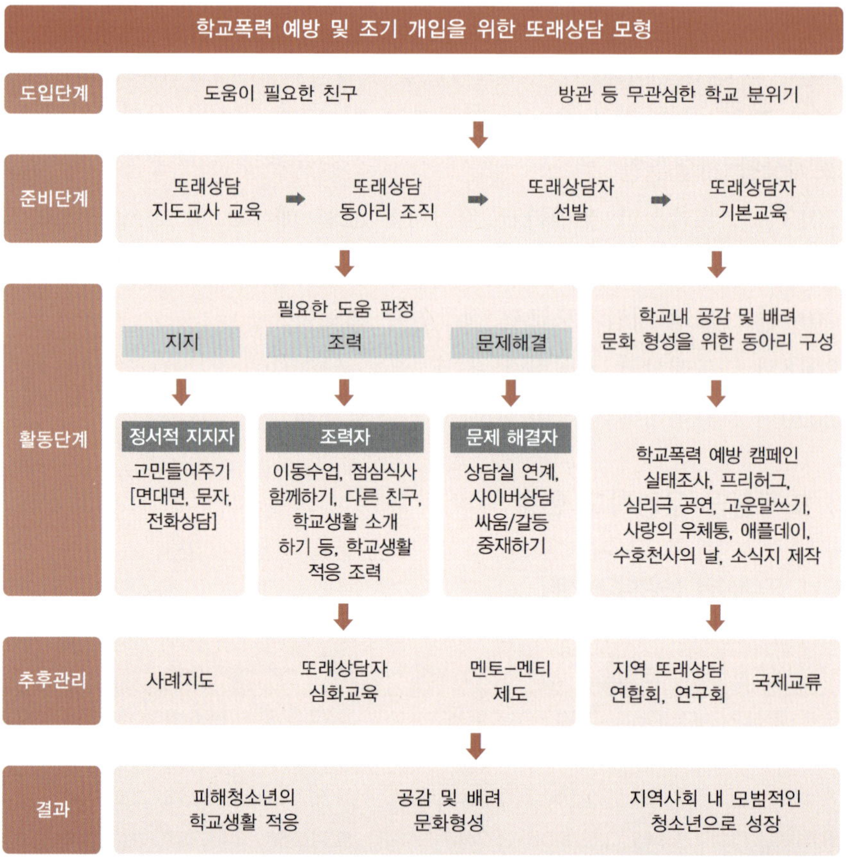

자료 : 한국청소년상담복지개발원 홈페이지.

그림 4-6 학교폭력 예방 및 조기 개입을 위한 또래상담 모형

(6) 또래상담자 훈련 프로그램

또래상담활동을 하기 위해서는 일정한 훈련 프로그램을 이수해야 한다. 또래상담 훈련 프로그램은 청소년들에게 주변의 또래들과 좋은 친구관계를 맺으며, 또래청소년들의 문제해결에 조력하고 그들과 더불어 성장하는 데 도움을 줄 수 있는 능력을 훈련시키는 데 그 목적을 두고 있다. 또래상담 훈련 프로그램은 초등학생용과 청소년용으로 구분되어 있다.

초등학생용 또래상담 훈련 프로그램은 총 4회기의 내용으로, 10~12시간(최소 8시간 이상) 정도로 진행하도록 구성되어 있다. 본 프로그램에서는 또래상담자의 역할을 '친하고 좋은 친구', '대화하는 친구', '도움주는 친구' 세 가지로 상정하고 각각의 역할을 수행하는 데 필요한 기본적인 태도와 능력을 습득할 수 있도록 하였다.

표 4-12 또래상담 훈련 프로그램 - 초등학생용

분류	프로그램명	목적·활동
들어가기	또래 상담의 의미	또래상담의 의미 소개
	나를 소개합니다	집단원들의 친밀감과 신뢰감 형성
	함께 지킬 약속	집단 프로그램의 참여 규칙 익히기
친한 친구되기 (Friendship)	친구의 의미	친구의 의미 인식
	친구관계 살펴보기	친구를 대하는 태도 및 친구관계 탐색
	친구 다시 보기	다양한 관점에 대한 이해 및 수용
대화하는 친구되기 (Counselorship)	대화는 주고 받는 것	쌍방적인 의사소통의 중요성
	대화의 기본자세	원활한 의사소통을 위한 기본자세
	친구마음 이해하기	자신과 타인의 감정 이해
	생기리 대화 전략	공감을 바탕으로 하는 대화전략 습득
도움주는 친구되기 (Leadership)	잠하둘셋 전략	친구관계의 갈등을 해결하기 위한 접근법 습득
	친구를 이렇게 도울래요	또래상담자의 역할 이해

3) 학생자치법정

(1) 학생자치법정이란?

학생자치법정(Teen Court)은 교칙을 위반한 동료학생과 그로 인해 피해를 입은 학생, 증인 등에 대한 조사와 판결까지 학생들 스스로 진행·결정하는 징계절차이다.

법무부는 학교폭력을 예방하기 위해 2006년 5개 학교(고양 행신고, 의정부 광동고, 제천고 등)에서 시범적으로 운영하던 '학생자치법정'을 교육부와 함께 2007년에는 전국 16개 학교로 시범운영을 확대하고 전국 학교에 '학생자치법정' 운영을 적극 권장할 계획이다(법무부, 2006.3.21. 보도 자료).

이는 2006년 시범운영 결과, 학생자치법정이 학교 교칙에 대한 신뢰도와 동료의식을 높여 학교폭력 등 청소년비행예방에 큰 효과가 있는 것으로 나타났기 때문이다.

2021년 현재 초등학교 1개교, 중학교 78개교, 고등학교 114개교에서 학생자치법정을 운영하고 있는 것으로 나타났다(나무위키, 2021.6.18.).

(2) 학생자치법정 운영 우수 사례

① ○○중학교 사례

2013학년도 학생자치법정 운영계획서

가. 목적

- 자치법정 참여를 통한 비판력, 문제 해결력, 합리적 의사결정능력 신장
- 사법 절차 경험을 통한 건전한 토론문화, 준법의식 확산

나. 추진 근거

- 2013년 학생생활지도 기본 계획(경남교육, 2013)
- 규칙과 약속이 살아 움직이는 학교문화 조성

다. 추진 방향

- RP가 일정 기준 이상이 되면 학생자치법정 회부
- 학생자치법정에서 자신의 의견을 밝힐 수 있는 기회 제공
- 정당한 절차를 거쳐서 나온 결과의 정당성 신뢰
- RP 과다자로 학생자치법정에 회부된 자는 차기 학생자치법정의 배심원으로 활동(자신의 규정 위반 행동을 객관적으로 관찰할 기회 제공)

- 교사의 일방적인 지시나 훈육보다 학생들 간의 상호작용 속에서 생활태도 개선의 의지가 더 높아짐
- 어떤 긍정적 처벌을 내릴 것인가에 대해 충분한 고려
- 모든 교사의 참여로 공정성과 일관성 확보
- 학부모 배심원제 적극 도입 권장을 통한 학부모의 학생생활지도 역할 부여

라. 학생자치법정의 구성 및 역할

구 분	역할
판사	• 재판이 시작할 때 재판의 주의사항을 안내하는 일 • 재판의 진행 과정과 교육적 효과성에 대한 공지 • RP 과다자에게 재판에 회부된 사안에 대해 공지하는 일 • RP 과다자에 대한 변호인과 검사의 의견을 듣고 배심원단의 결정을 확인하는 일
검사	• RP 과다자의 규정 위반 사실에 대해 확인 • RP 과다자의 규정 위반에 대한 처벌을 선고하는 일 • 판결을 내릴 배심원단과 판사에게 엄정한 판결이 나올 것을 요청 • 규정의 중요성과 규정 위반에 따른 처벌의 필요성 주장 • 필요한 경우 참고인 신청 가능
변호인	• RP 과다자가 적절한 사람을 찾기 어려워 변호인 지정을 요청할 경우 따로 변호인 지정 • RP 과다자의 변론을 담당 • RP 과다자의 위반 사실에 대한 정당한 이유, 그동안 학교생활의 성실함이나 반성하는 태도, 앞으로의 개선 약속 등을 제시함으로써 정해진 처벌 수위에서 가능한 낮은 처벌 요청 • 필요한 경우 참고인 신청 가능
서기	• 법정에서의 일들을 기록 • RP 과다자 또는 증인 선서 시 보조 업무
배심원	• 변호인과 검사의 주장을 듣고 난 후 회의실에서 RP 과다자에게 어느 정도의 처벌을 내릴지 처벌 수준을 결정하는 역할 • 배심원단의 처벌 수준은 긍정적 처벌 유형을 참고하여 결정 • 배심원단의 결정은 만장일치로 결정되나 만장일치가 어려울 경우 다수결의 원리에 따라 결정이 가능 • 배심원 중 대표 한 사람이 결정된 내용을 판결문 형식에 맞추어 판결문으로 작성하여 발표

마. 학생자치법정 배치도

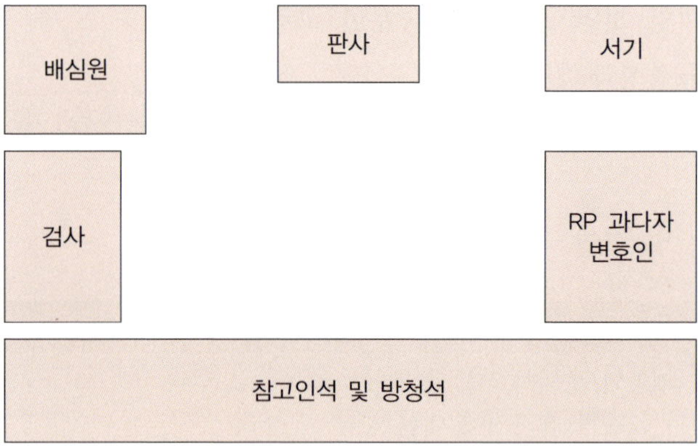

- 판사석 3석
- 검사석, 서기 각 2석
- RP 과다자, 변호인석 4석
- 배심원석 7석
- 참고인석 및 방청석
- 전면에 플래카드 부착

- 일반교실 1.5배 이상인 공간 확보(확보가 어려운 경우 학교도서관 등 활용)
- 최대한으로 엄숙한 분위기 연출(판사, 검사, 변호인 등에 법복 형태의 유니폼 준비)
- 배심원들이 충분히 협의할 수 있는 공간 사전 확보
- 교사는 방청객이 소란하지 않도록 질서 유지해야 함
- 전면에 플래카드 부착

바. 재판 절차

- 학생자치법정의 재판 절차는 다음과 같은 순서로 진행
- 단위학교에서 독자적인 방식의 진행도 가능

출석 확인

↓

교육
(판사가 변호인, 검사, 배심원단 교육)

↓

RP 과다자 선서

↓

검사 심문

↓

변호인 변론

↓

검사의 의견 제시

↓

변호인 최종 의견

↓

RP 과다자 최종 의견 진술

↓

배심원 합의 및 합의문 제출

↓

판결 선고

02 학교폭력 예방대책

1 학교폭력에 대한 일반 대책

지금까지 학교폭력의 실태 조사와 분석을 통한 결과를 살펴봄으로써 그 심각성을 인식할 수 있었다.

과거에는 가정을 중심으로 한 자녀 교육이 비교적 잘 이루어졌기 때문에 학교폭력이 크게 문제가 되지는 않았지만, 산업 사회로 접어들면서 사회가 다원화·

전문화되고, 교육면에서도 양적·질적으로 급격한 팽창을 가져왔다.

최근 학교는 주로 지식 위주의 교육이 이루어짐으로써 학교 교육의 문제점과 심각성이 크게 논의되기 시작하였으며, 학교폭력이 위험 수위를 넘어 심각한 사회 문제로 대두되고 있다는 것은 이미 잘 알려진 사실이다.

학교는 철저한 경쟁심만을 부추기는 성적 위주의 교육 관행에서 벗어나 전인교육의 장이 되어야 한다. 오늘날 학교폭력이 만연하는 것은 학생들이 공부와 성적에 대한 중압감을 해소하려는 데서 원인을 찾을 수도 있다. 따라서 학교폭력에 대한 실질적인 실태 조사의 실시, 학교 내에 건의함과 신고함의 설치, 신고 전화의 상시 운영, 상담실 기능의 활성화, 폭력 발생 가능성이 높은 시간과 장소에 대한 감독의 강화, 학교폭력에 대한 확고한 교칙의 수립 등이 병행되어야 할 것이다. 특히 학교에 대한 권위주의적인 관료 행정은 학교폭력 상황을 더욱 악화시키는 것으로 보인다. 학교에서 불미스러운 일이 발생하면, 교사를 비롯하여 교장 등이 불이익을 받게 되어있는 현행 교직인사제도는 학교폭력이 더 음성화되는 것을 부채질한다.

최근 학교폭력의 발생 요인은 매우 다양하고 복잡하며, 단순한 탈선의 차원을 넘어 범죄화의 양상을 띠게 되면서 그 유형도 점차 집단화·조직화되고 있다. 학교폭력은 가해학생과 피해학생뿐만 아니라, 가정, 학교, 유관 단체, 지역 사회 그리고 정부에 이르기까지 모두 일정한 책임을 가지고 있다. 학교폭력을 해결하기 위해서는 학교에 일차적인 책임이 있다고 할 수 있으나, 학교 당국의 노력만으로는 이 문제를 제대로 해소하기 어려울 것이다. 따라서 가정, 학교, 유관 단체, 지역 사회, 정부의 각 방면에서 학교폭력에 대한 큰 관심을 가지고 상호 협력하면서 지속적인 대책을 강구해 나가야 할 것이다(원명희, 2002: 72; 박상천, 2009: 70).

여기에서는 가정 환경적 측면, 학교환경적 측면, 사회 환경적 측면에서 예방 및 대책을 살펴보고자 한다.

1) 가정에서의 대책

가정은 인간교육의 근원이 되는 곳으로 사회의 기본적인 집단이며, 가정구성원들은 애정을 중심으로 부부 및 혈연관계인 자녀들과의 인간관계에서 '우리'라는 공동체의식이 형성되는 평생교육의 장이자, 동시에 사회 교육의 장이기도 하다. 이러한 가정은 사람들의 기본욕구를 채우기 위하여 생산의 기능, 종교적 기능,

보호기능, 오락적 기능, 생식기능, 교육의 기능 등 다양한 기능을 가지고 있다(권이종, 1997: 31).

현대 가정은 의식주 해결에 대한 문제보다 가족 간의 대화단절, 무관심과 같은 비정상적인 가족문화가 더욱 중요한 문제점으로 부각되고 있다. 따라서 부모들은 자녀에 대한 깊은 관심과 사랑으로 자녀를 대하고, 하나의 인격적 존재로 자녀들을 받아들여 대화를 통한 문제해결 방안을 모색하여야 한다. 이러한 가정환경에서 성장할 때 자녀들은 올바른 사회구성원으로 성장할 수 있을 것이다. 그러므로 가정에서의 바람직한 부모의 역할이 무엇보다 중요하며, 가정이 올바로 설 때 건강한 사회가 형성될 수 있을 것이다(김대영, 2006: 33).

(1) 학부모의 대응책

학교폭력 상황에 관련된 자녀에게 부모가 할 수 있는 최선의 방법은 자녀의 자신감과 독립심을 길러주고(즉, 자존감을 높임), 필요한 경우에 기꺼이 관여하는 것이다. 자녀들이 학교에서 경험하는 갈등 상황에 대해 부모가 취할 수 있는 적절한 대응 방안들을 제시하면, 학생이 자기 자신에게 어떤 결함이 있다거나 하여 폭력을 당하는 것이 아니라는 마음을 갖도록 주의해야 한다. 학생이 친구들에게서 학대를 받을 때 그 학생의 사회적 기술을 탓하는 것은 공정하지 못하다. 그러므로 자녀에게 자신이 문제가 있는 것이 아니라 가해학생에게 문제가 있다는 사실을 깨닫게 해주어야 한다. 자녀가 가해학생이건 피해학생이건 학교폭력에 관여되어 있다면, 학교에 연락하여 학교 교직원과 협력해서 문제를 해결하도록 해야 한다(최규영, 2005: 77).

(2) 가정에서의 대응책

가정은 인간관계에서 이루어지는 자녀 양육의 근원이 되는 곳이며 훈육의 기초적 도장이 되는 가장 핵심적인 소집단으로 학교폭력에 있어서도 가해학생과 피해학생을 만드는 가장 기본적인 원인을 제공하고 있는 것이다. 따라서 부모의 생활태도와 양육방식이 자녀에게 미치는 영향이 매우 크다 할 것이다. 좋은 가정이 이룩될 때 좋은 이웃사회가 만들어지고 좋은 이웃사회가 모여 좋은 국가사회, 인류사회가 형성되는 것이다. 가정에서의 학교폭력 방지를 위한 대안을 알아보면 다음과 같다.

첫째, 부모의 바른생활 태도가 중요하다. 가정에서 자녀는 부모의 말을 배우고 행동양식을 익혀 부모를 본보기로 삼는다. 부모의 올바르지 못한 행동, 즉 가정폭력, 음주, 폭언, 거짓말, 타인 흉보기 등은 자녀에게 모범이 되지 못한 행동으로써 가정에서 자녀에게 미치는 영향이 매우 크다. 부모의 자녀에 대한 교육과 감독이 적절히 행하여지지 못할 때를 훈육결함가정이라고 한다.

둘째, 부모와 자녀 간의 자유로운 의사소통이 필요하다. 현대사회는 과거의 대가족제도와는 달리 핵가족화 및 맞벌이 부부의 급증 및 자녀 출산감소 등으로 인하여 부모와 자녀 간의 대화가 단절되고 자유로운 의사소통이 안 되는 실정이며, 부모와 자녀 간의 갈등은 상대적으로 학교폭력이 증가할 수밖에 없을 것이다.

셋째, 부모의 이혼율을 줄여야 한다. 부모는 자녀를 출생한 후 부터는 자녀 양육에 대한 책임도 부여된다. 최근에는 가정경제가 어려워지고, 직장의 구조조정 등으로 가장들의 실직에 의한 부모들의 이혼율은 증가하고 있다.

부모의 이혼은 자녀의 일탈을 낳는 결과를 초래한다.

이러한 가정의 분위기에서는 정상가정에서 태어난 학생이라 하더라도 부모의 이혼으로 결손가정 또는 시설가정 등에서 생활하게 될 것이고, 그만큼 이러한 자녀들은 학교폭력과 밀접할 수밖에 없을 것이다.

넷째, 과보호, 과간섭에서 벗어나 자녀의 자율심·독립심을 키워 주어야 한다. 자녀에 대한 관심과 보호가 지나치다 보면 오히려 자녀의 자율심을 상실케 하여 학교폭력에 주인공이 될 수도 있으며, 집단따돌림과 같은 정신적인 학교폭력 피해시 정상적인 학교생활을 하지 못함은 물론 자살 행동과 같은 2차적 행동을 할 수 있다. 또한 '왕따'의 가해학생들은 자연히 성장 후 범죄율이 높을 수밖에 없다.

부모와 자녀 간에 격이 없이 얼마나 대화를 하냐, 서로 간의 신뢰를 쌓느냐에 따라 부모가 자녀들의 어려움을 미리 예측할 수 있다. 이러한 어려움 등을 도와준다면 자녀들의 학교폭력 등과 같은 비행은 감소될 것이 분명하다.

다섯째, '내 자녀에서 우리의 자녀로'라는 사고의 전환이 필요하다. 가정뿐만 아니라 모든 국민이 참여하는 참교육이 되기 위해서는 자녀에 대한 인식 자체가 바뀌어야 할 필요가 있다. 즉, 내 자녀만 소중하다는 생각을 버리고 남의 자녀도 내 자식처럼 생각할 수 있는 마음의 여유가 요구된다.

자녀에 대한 교육은 사회 전체의 책임일 것이며 다른 자녀에 대한 지도가 내 자녀에 대한 지도라는 점을 인식하여야 한다(조영달, 1997: 22).

가정과 비행을 범죄학적 측면에서 고려한다면 비정상적인 가정의 종류에는 양친 또는 그 어느 한쪽이 없는 결손가정(Broken home)과 반드시 범죄자가 아니더라도 어떠한 의미에서 사회적 부적응자가 가족의 구성원으로 되어 있는 부도덕가정(Immoral family) 및 가족 간 특히 양친 간에 심리적 갈등이 있어 가족의 인화가 결여된 갈등가정(Conflict family) 그리고 고아원 기타 아동양육 시설이 가정의 역할을 하는 시설가정(Institutional home) 등이 있다(최규영, 2005: 77-81; 박동호, 2011: 61).

2) 학교에서의 대책

학교폭력에 대처하기 위해서는 교사들의 예방 지도가 중요하다. 교사들은 학생들의 생활을 세심히 관찰하고 학교폭력의 징후가 있을 때에는 적극 개입해야 한다. 최근에 발생한 상당수의 학교폭력 사태에서 교사들의 소극적이고 의례적인 태도가 문제가 되고 있음을 볼 수 있듯이 학교 차원의 생활지도가 강화되어야 한다. 학교폭력에 대처하기 위한 학교 차원의 실천방안을 제시하면 다음과 같다.

첫째, 학생 상담을 강화하고 문제가 발견되면 유관기관의 협조를 통해 학교폭력의 징후를 사전에 차단하여야 한다. 학생 상담은 지속적으로 이루어져야 하며 담임교사 혹은 전문상담교사의 전문적인 상담 지원을 받도록 하여야 한다. 학교폭력의 상당수가 학생들의 우발적이고 즉흥적인 태도에서 비롯되고 있음을 볼 때 학교 상담은 학교폭력의 예방 수단으로 매우 중요함을 알 수 있다. 성인인 교사 중심의 상담보다는 또래 상담이나 동료 멘토링제를 도입하는 시도가 필요하다. 보통 학생들은 자신의 고민을 비슷한 연령대의 동료에게 밝혀서 해결을 구하고자 하는 경우가 많다. 따라서 또래 상담이나 학생들 간의 멘토링제는 현실적으로 도입 가능한 방안이다.

둘째, 학교 내 대안교실을 운영하거나 인성 함양 전문기관에 도움을 의뢰하는 일도 중요하다. 학교폭력의 가해자를 대상으로 하는 학교 내 대안교실은 학생자신을 성찰하는 계기가 된다. 최근에는 학교폭력 예방 대안교육 프로그램이 다양하게 개발되어 있어서 활용이 용이하다. 또한 단위학교에서 학교폭력 관련 학생의 지도가 어렵다고 판단되면 대안교육 위탁기관이나 기타 사회기관의 협조를 얻도록 한다. 이때 학교폭력 가해자와 피해자가 같은 교육 프로그램을 이수하는 일이 없도록 주의를 기울여야 한다. 학교폭력의 피해자를 보호하는 일도 가해자 대상 교육적 대처 못지않게 중요하다.

셋째, 학생들의 학교폭력 정보를 체계적으로 관리하여야 하며 학교폭력 대처역량을 강화하기 위한 교원 연수도 확대되어야 한다. 학교폭력 가해자의 폭력행위가 피해학생이나 학교의 소극적인 대처로 인해 학교폭력의 심각성에 대한 인식이 점차 무감각해진다. 따라서 학교폭력 가해학생에 대한 정보를 모든 교육자들이 공유하여야 하며, 문제해결 중심 교원연수도 확대되어야 한다(김규태 외, 2013: 133-134).

(1) 전교차원에서의 대책

① 학교 내에서의 유기적 협력

학교폭력 문제의 대응에 있어서 교사의 체면을 너무 신경 쓴 나머지 외부에 알리지 않고 학급 내에서 문제를 해결하려다가 적절한 대응기회를 놓치거나 역으로 자기학급 이외의 문제라고 해서 소극적으로 대응하는 것은 결코 용납될 수 없는 일이다.

학교폭력의 조기발견과 해결에는 학급담임의 자각과 책임이 있는 지도가 무엇보다도 중요한 일이지만 학교폭력은 한 담당교사의 지식, 경험에만 의존해서는 자칫 문제의 해결을 편협하게 할 수도 있다. 따라서 교장과 담임, 학생부장, 상담교사 등이 유기적으로 연결되어 학생의 생활 실태를 파악하고, 또 교직원 상호간 긴밀한 정보교환을 통해 해결방안을 강구해야 한다.

이를 위해 각종 교내연수를 통하여 학교폭력의 양태와 그 해결방안에 대한 이해를 도모하고, 실천에 대한 평가와 계획을 수립해야 한다.

② 외부체계와의 연계

열린 체계로서의 학교는 학교폭력 문제에 대해 내부적 연결만이 아니라, 교육청, 각종 사회단체, 청소년 전문기관, 가정 등과도 유기적인 연결이 되어야 한다. 특히 교육청은 학교를 감시, 통제하는 기관이 아니라 바람직한 교육개선을 위하여 교사와 일선학교를 적극 지원하는 기관으로서 자리 매김을 해야 한다.

또한 다양한 청소년 상담기관 등과 평소에 밀접하게 관계를 맺어두거나 학교운영위원회 조직 등을 통해 학부모와의 연대를 긴밀히 하는 것도 학생들을 올바르게 지도하는데 필요한 중요한 요소이다.

가정은 학교폭력의 조기 발견을 돕거나 피해학생·가해학생에 대한 이해를 원활히 하는데 기여할 수 있기 때문에 학교에 대한 가정의 신뢰감을 회복하고 학교 교육활동을 가정 또는 지역에 공개하여 이해와 협력을 구할 수 있도록 노력해야 한다. 누구나 가벼운 마음으로 상담할 수 있는 학교 분위기를 조성하는 것이 필요하다.

③ 체계적인 학교상담체계

현재의 학교운영체계를 개선해서 상담내용을 폭넓게 하여 학생 생활 전반과 고민에 대한 일상적인 상담이 이루어져야 하며, 상담전담교사제를 확대 실시하여야 한다. 그리고 여기에 더하여 사회복지나 사회사업 상담심리, 교육학을 전공한 대학생이나 교사들이 참여할 수 있도록 학교 사회사업을 적극 활성화해야 한다 (강정권, 2000: 54-57).

④ 교육방법의 개선

전인교육이 강화되어야 하는 바, 우리의 교육은 지식 주입·입시 위주의 교육이었기 때문에 학생들의 정의적(情意的)인 측면이 소홀히 다루어져 왔다. 따라서 학교 교육이 지식 주입이나 입시 교육에서 탈피해야 할 것이다. 또 교육내용과 교육방법에 대한 개선이 있어야 하며, 교육내용이 다양해야 한다. 교육방법도 획일적인 방법에서 탈피해서 학생들의 흥미를 끌 수 있도록 해야 한다. 학생들이 학업에 흥미를 갖고 열중하게 되면 학교폭력은 자연히 줄어들게 될 것이다(원명희, 2002: 87-89).

(2) 피해학생을 위한 대책

피해학생을 조사함에 있어서는 피해학생의 심리적 안정 및 신분 노출 방지를 위하여 피해학생 또는 보호자가 원하는 시간과 장소에서 조사한다. 교실 등에서 가해학생 단체로 자필 진술서를 받는 사례가 없도록 하고 불가피하게 학교 내에서 조사시에는 학교장과 협조하여 상담실 등 비밀이 보장되는 장소에서 개별적으로 조사를 실시한다. 사후관리를 위해서도 피해학생에 대하여는 신고접수 초기단계부터 담당형사, 여경, 열정있는 경찰관 등과 멘토-멘티를 지정하여 지속적인 지원을 통해 보복피해 방지 빛 학교에 조기 적응토록 하는 등 신뢰관계를 구축한다 (백광술, 2013: 80-81).

대체로 학교폭력의 피해 경험은 남학생과 여학생의 경험이 거의 같은 비율로써 나타나고 있으며, 가해자의 대부분은 평소에 알고 지내는 같은 학교 동급생이나 선배로 나타나고 있다.

그리고 학교폭력의 피해시간은 대부분 학교생활 중이거나 하교 시간 중에 발생하고 있으며, 남학생은 학교생활 중에, 여학생은 하교 시간 중에 주로 학교폭력이 발생하고 있다. 학교폭력의 피해장소는 대부분이 교내에서 발생하고 있지만, 남학생들은 대부분 교내에서, 여학생들은 교내와 교외에서 발생하고 있다. 또한 학교폭력 피해를 당했다는 사실에 대하여 아무에게도 말하지 않고 혼자 해결하려고 하고 있다.

학교폭력 피해에 대한 도움을 요청하였을 경우에는 만족스럽지 않더라도 어느 정도는 해결되고 있다. 그러나 학교폭력을 당해도 혼자 참았던 이유는 가해자의 보복과 사건의 확대로 인한 불이익 등으로 생각된다.

학교폭력은 대부분 발견하고 적발하기가 상당히 어려운 것이 현실이다. 따라서 학교폭력 피해에 대한 대책으로는 학교 내에 건의함과 신고함을 설치하여 언제라도 학교폭력 문제에 대한 건의를 할 수 있고, 피해 사실을 신고할 수 있으며, 신고 전화를 상시 운영하는 것이 시급히 요청되고 있다. 그리고 학교에서도 1주에 1회 정도 건의함과 신고함을 개봉하여 조사하고, 피해 신고가 접수되면 철저하게 조사하여 다시는 재발되지 않도록 하여야 하며, 가해학생뿐만 아니라 피해학생에게도 적절한 상담 지도를 실시하여 폭력 피해에 대한 사후 처리를 합리적으로 해결하여야 한다.

그리고 피해학생들에게 상호 지지를 제공해줄 수 있는 학생 간의 지지체계를 형성하도록 지원할 필요가 있다. 이를테면, '짝 체계(buddy system)'나 '큰 형(big-brother) 프로그램' 등을 통하여 여러 명이 함께 귀가하고, 밤늦은 시간에 다니지 않는 등 서로 지지하고 보호하도록 지도하여야 한다.

학교에서의 생활지도는 생활지도 담당교사와 상담교사뿐만 아니라, 전 교사가 참여하여 학교폭력을 근절하기 위한 생활지도 체제를 구축하여야 한다. 특히 교내·외 생활지도를 위하여 전 교사들을 담당 조별로 편성하여 자율학습 시간과 점심시간뿐만 아니라, 하교시간 이후에도 생활지도가 철저하게 이루어지도록 하여야 한다(박상천, 2009: 71-72).

(3) 가해학생을 위한 대책

학교폭력의 피해학생 중에는 동급생 가해자가 가장 많다. 교사가 피해학생뿐만 아니라 가해학생을 위해서 처벌 이전에 충분한 대화로 지도를 해야 한다. 그리고 교사는 학교의 명예를 위하여 학교폭력의 피해를 축소하거나 덮어두려 해서는 안 된다. 학교폭력은 반드시 해결해야 하며, 자신의 행위가 타인에게 얼마나 큰 피해를 주는 것인지 명확히 주지시킬 필요가 있다. 이를 위해 단순한 처벌만으로 문제를 해결할 때는 차후 더 심각한 문제를 야기할 수 있고, 동일한 교육의 대상인 학생을 방임하는 것이 되므로 교사는 다음과 같은 기준을 통해 가해학생을 지도하도록 해야 한다.

첫째, 교사는 가해학생의 폭력행위 유발 원인이 무엇인가 정확히 파악해야 한다. 많은 경우 가해학생은 스스로의 가치를 인정받지 못하는 데서 오는 욕구불만이나 애정 결핍, 열등감 등을 반항적으로 표출한다. 교사는 가해 행위 이전에 많은 대화로 학생이 가지고 있는 가능성과 인간적 측면을 부각시킨다. 또한 충분한 이해와 사랑의 표현을 전달하여 근본적인 폭력행위의 원인을 제거하는 데 주의를 기울일 필요가 있다.

둘째, 폭력 행동에 대한 가해학생의 변명을 들어주면서 방법상의 불의(不義)한 점과 피해학생의 괴로움에 대해 객관적인 증거와 함께 설득한다. 또한 주위의 다른 학생들의 바람직한 의견이나 비난을 전달하여 가해 행위의 부당성을 조심스럽게 호소할 수 있다.

셋째, 역할 연극을 실시하는 방법도 있다. 흥미롭게 지켜보는 학생, 보고도 못 본척하는 학생의 역할을 설정하고 실제로 각각의 역할을 연기하고 나서 각자의 생각을 말하게 하는 방법이다. 역할 연기는 입장을 바꿔 생각할 수 있는 기회를 제공해 상대방의 기분을 이해시키는 것이 목적이다. 학교폭력은 상대방의 입장을 알지 못해 일어나는 문제 행동이라고도 할 수 있기 때문이다.

학교폭력을 가한 학생 중에는 죄책감을 갖지 않는 경우도 있다. 지도에 앞서 그 학생이 학교폭력을 한 원인을 바르게 파악해야 한다. 다음 개개인의 인격을 인정하는 바탕 아래 남을 생각하는 배려와 정의감, 판단력 등에 호소하면서 인권의식을 키워주는 것이 중요하다(원명희, 2002: 84-85). 그리고 학교폭력은 대부분 학교생활 중이거나 하교시간 중에 발생하고 있다. 특히 남학생은 학교생활 중에 행사하고 있으며, 대부분 교내에서 가해지고 있다. 학교폭력은 대체로 자기중심적인 생각으로 가해지고 있으며, 가해자들은 학교에서 별로 처벌을 받지 않거나, 적절한 지도가 이루어지지 않고 있다.

따라서 가해학생에 대하여 정서 교육 및 스트레스 관리 훈련 등을 실시하여 공격성을 약화시키도록 할 필요가 있다. 한편 이미 공격성이 강화된 경우에는 분노 통제 및 공감 훈련 등 감정적 치료를 우선으로 하고, 도덕가치 교육뿐만 아니라, 대인 관계에 대한 교육을 시행하여야 하며, 상대방에 대한 감정 이입 훈련도 더욱 체계적으로 강화시킬 필요가 있다.

그리고 생활 지도부와 진로 상담부가 외부 상담 전문 기관과 연계하여 연중 3~4회 정도 특별 선도프로그램을 만들어 특별 교육 및 심성 수련활동을 실시하여 정서 순화에 힘쓰도록 하여야 한다.

가해학생의 문제는 사법적인 처벌보다는 학교 내에서 우선 해결하도록 하며, 학교폭력이 지속적으로 반복되지 않도록 하기 위하여 가해학생에 대한 학교폭력 치료 프로그램의 개발과 보급 및 종합 치료 센터를 설립하여야 한다. 이를 위하여 지방 자치단체와 정부는 재정적·행정적인 지원을 아끼지 않아야 할 것이다(박상천, 2009: 72-73).

3) 지역사회에서의 대책

(1) 지역사회의 환경개선

학교폭력 문제 해결을 위한 지역사회의 환경 개선은 정서적 측면과 공간적 측면으로 구분할 수 있다. 정서적 측면은 사회의 건전성을 회복·유지함으로써 청소년의 정신건강 증진을 위한 의식 함양을 내용으로 하고, 공간적 측면은 공간적 유해환경의 조성을 억제하는 것이다. 먼저 정서적 측면에서는 사회전반의 건전성 회복을 위하여 국민적 차원에서 도덕성 강화를 위한 노력과 이에 따른 정서함양 교육이 필요하다.

공간적 측면의 개선방안은 학교주변의 유흥업소 등의 청소년 유해시설의 설치 규제를 강화하는 것이다. 학교 주변에 유흥업소 등의 유해환경의 존재는 그릇된 호기심의 표출로 이어질 수 있음은 물론, 이러한 호기심이 유흥비 마련이라는 명목으로 학교폭력을 저지르는 원인으로 작용할 수 있다. 그렇기 때문에 학교 주변 유해환경의 차단은 학교폭력 문제 해결의 단초가 될 수 있을 것이다.

하지만 오늘의 현실은 점차 청소년들의 성장에 부정적인 영향을 미치는 유해환경이 존치됨으로, 성인들에 의해서 사회에 만연되고 있다는 점에서 안타깝다. 그동안 국가 기관이 행정력을 동원하여 유해환경을 없앤다고는 했지만, 이러한 조치들은 대부분 형식적인 구호에 그치고 있다. 학교나 시민단체의 활동도 그 한계성으로 인해 실제적인 정화가 이루어지지 못하고 있다. 그러므로 유흥·숙박업소 등 학교주변 유해환경을 과감하게 정비할 필요성이 있다(김창군 외, 2010: 189; 이재욱, 2012: 36).

(2) 지역사회의 역할

학교폭력의 문제를 극복하기 위해 지역사회가 우선적으로 실천해야 할 것들을 몇 가지만 언급한다면, 첫째, 학교폭력을 포함한 학생들의 인권침해를 고민하는 학부모와 주민들이 이러한 고민을 해결하기 위한 모임을 지역에서 형성하도록 하는 것이 무엇보다도 필요하다. 이 모임을 통해 학교폭력에 대한 자녀들의 경험을 공유하고, 일상생활에서 실천할 수 있는 부모들의 활동영역을 찾아보자. 그리고 어느 정도 모임이 안정되어 학교폭력 상담센터 등을 만들고, 실제 사례에 대해 자원활동을 할 수 있으면 더욱 좋다. 이 과정에서 전문가나 전문가 단체와의 연계도 생각해 볼 수 있다.

둘째, 지역의 각종 교사 단체 등 이 문제에 대한 고민을 함께하는 교사들과 함께 학교폭력 문제를 같이 고민해 볼 수 있는 모임을 만들 수 있다. 그리고 교사들의 경우 학교 자체에 학교폭력을 연구하고, 대처방안을 모색할 수 있는 교사위원회들을 구성할 수 있도록 지원하는 역할을 할 수도 있다. 셋째, 학교당국 차원에서 교장 등에게 학교방침으로 집단 따돌림 등 학교폭력을 절대로 허용하지 않는다는 것을 학생들에게 교육시키도록 유도하고, 교사와 학생, 학생과 학생 간의 개인 인권의 중요성을 인식할 수 있는 인권교육을 실시하도록 유도하는 활동을 할 수 있다.

넷째, 학교 차원에서가 아니면 지역 청소년 상담실 등에서 집단 따돌림 방지 치료 프로그램 등을 도입하거나, 전문상담사들을 두어 학생들을 지원할 수 있도록 지역사회가 주동해야 한다. 또 지자체 예산에 이러한 재원의 책정을 요구해야 한다.

다섯째, 지역사회에서 아동과 청소년의 건전한 놀이문화가 정착될 수 있도록 문화 프로그램을 개발하고 실시하여야 한다.

여섯째, 외부 전문가 등을 초빙해 교사와 학생, 학부모를 대상으로 하는 강연회 및 워크숍들을 정기적으로 계획해 학교폭력 문제를 공론화하고 이의 대안을 대중적으로 모색해 볼 필요가 있다.

일곱째, 적지 않은 지역의 주민자치센터 등에서 '사회성 훈련교육' 등 아이들을 위한 프로그램이 실시되고 있다. 또 학부모를 대상으로 한 '부모교육' 훈련 등도 도입되고 있는 경우가 있다. 이러한 교육 프로그램을 주민자치센터 등 관계기관에서 실시하도록 하고, 이와 연계하여 학교폭력과 학생인권에 대한 교육이 활성화될 수 있도록 할 수도 있다.

학교폭력 문제를 극복하기 위한 길에 어떤 정답이 있는 것은 아닐 것이다. 다만, 지역주민과 함께 이를 공유하고, 지역사회가 풀어나갈 수 있는 영역에 대한 다양한 고민 속에서 나름의 해답과 길이 있을 것으로 여겨진다. 따라서 무엇보다도 중요한 것은 지역사회에서 학교폭력 문제와 학생들의 인권문제를 공론화시키는 것과 이를 추진해 나갈 학부모, 교사 등의 주체를 형성하는 것이라 할 수 있다(최규영, 2005: 86-88).

(3) 지역사회의 학교폭력 예방대책

지역사회에서의 구체적인 대책으로는 첫째, 지역사회 및 학교 주변의 비교육적 환경과 청소년 유해환경을 제거 정비해야 한다. 둘째, 청소년기의 정신적 갈등을 해소하고 정서적 안정을 위하여 건전한 놀이 문화의 정착을 유도하는 것이 요구된다. 셋째, 사회의 전반적인 건전성을 회복해야 한다. 넷째, 가정의 부모나 학교, 교사 모두가 21세기를 살아가는 학생의 의식수준에서 학생들의 불안, 불만 사항 해소를 위한 상담활동과 가정에서의 자녀 이해, 자녀와의 대화의 기회를 마련하도록 해야 하며, 지역 사회 내에서 이러한 대화와 토론의 장을 마련하여야 할 것이다.

다섯째, 청소년들의 일시적인 사정이나 유혹에 의해 학교를 중간에 그만둔 중도 탈락자에 대한 학교, 가정, 사회에서의 새로운 노력이 요구된다. 즉, 학교폭력에 관계되어 있는 청소년들뿐만 아니라 비행청소년들에게 기회를 다시 부여하여야 한다는 것이다. 여섯째, 미래의 폭력을 예방하기 위해서는 아동기 초기에 개입하는 것이 중요하다. 따라서 지역사회 내에 있는 하류층 가정의 교육기능을 높이기 위해서는 복지적인 차원에서도 보조를 증대할 필요가 있는 것이다(원명희,

2002: 89-93).

(4) 지역사회에서의 예방 방안

지역사회에서의 학교폭력 예방 방안의 하나로 신고율 제고 및 학교 주변지역 방범활동 강화를 들 수 있다. 학교폭력의 해소를 위해서는 신고율의 제고가 폭력의 인지를 위한 가장 기본적인 출발점이라는 측면에서 그 중요성이 인정되고 있다. 한 경험적 연구에 의하면, 피해학생과 가해학생 간의 차별화가 이루어지지 않아서 가해학생의 식별이 용이하지 않은 것으로 보고되고 있다(김준호·김선애, 1996: 152). 이러한 인지는 학교주변 폭력의 억제와 사후처리를 위하여 신고의 활성화가 반드시 필요하다. 신고율을 제고하기 위해서는 편리하게 신고할 수 있는 신고 메커니즘의 마련도 중요하지만, 이보다 선행되어야 할 사항은 신고를 통하여 해당 사안이 반드시 해결될 수 있다는 확신을 시민들에게 인지시켜 주는 것이다. 동시에 신고에 따른 사후보복으로부터 안전할 수 있다는 믿음을 주는 것이다.

그리고 학교폭력이 발생하는 장소는 크게 학교 내와 학교 밖으로 구분할 수 있다. 기존의 연구에 의하면, 학교폭력의 발생장소는 대체적으로 학교 내와 학교 밖의 비율이 2:8 정도로 나타나고 있다. 특히 학교폭력이 발생하는 구체적 지역으로는 주택가 노상이 아주 높은 비율로 나타나고 있으며, 이들 지역에 대한 집중적인 단속활동을 펼칠 필요가 있다. 단속의 방법으로는 경찰의 방범활동이 주가 되어야 하겠지만, 학부모를 위시한 민간인의 방범활동 참여도 활성화될 필요가 있다. 일본의 경우 은퇴한 노인들을 범죄가 자주 발생하는 지역에 의자를 배치하여 앉아 있음으로 범죄를 미연에 방지하는 데 실효를 거두고 있다는 것은 시사하는 바가 매우 크다(권오면, 2005: 275-276; 김광수, 2009: 53-54).

2 학교폭력 예방을 위한 대책

여기서는 학교폭력 예방과 대처를 위해 상호 연계되어야 할 유관기관을 살펴보고, 학교, 지역사회, 경찰의 학교폭력 예방대책을 살펴보기로 한다.

1) 지역사회 협력을 통한 학교폭력 예방

학교폭력 예방과 대처를 위하여 상호 연계되어야 할 유관기관은 표 4-13과 같다. 유관기관은 교육기관, 청소년기관, 경찰, 의료기관, 법률기관, 지방자치단체, 국가기관, 시민단체, 대학 및 연구기관 등 아홉 개 유형으로 구분된다. 국가기관이나 공공기관의 경우에는 유형 내에서 상위 수준부터 하위 수준까지 위계화되어 있다.

표 4-13 학교폭력 예방과 대처를 위한 유관기관

유형	기관명	주요 역할
교육기관	• 시·도교육청 • 교육지원청 • 초·중·고등학교 • 대안교실 및 대안학교	• 학교폭력 유관기관 연계 • 학교폭력 예방교육 협의 • 학교폭력사안처리협의 • 유관기관 상호 협력
청소년기관	• 청소년 종합지원센터 • 청소년 상담지원센터 • 청소년 수련관 • 청소년 쉼터 • 기타 청소년 시설	• 학교폭력 피해학생 상담치료 • 학교폭력 가해학생 인성교육 • 학교폭력 예방교육 • 학교폭력 관련 학생 일시보호 • 학교폭력 관련 학부모교육
경찰	• 경찰서 • 치안센터(지구대)	• 학교 주변 우범지역 순찰 • 학교 주변 유해환경 단속 • 학교폭력 예방교육(가해학생 처벌을 중심으로) • 학교폭력 사안 처리 자문
의료기관	• ONE-STOP 지원센터 • 보건소 및 정신보건센터 • 지역 병원	• 학교폭력 피해학생 치료 • 학교폭력 예방교육(의료지식과 사례를 중심으로) • 학교폭력 사안처리 의료 자문
법률자문	• 대한법률구조공단 • 법률사무소	• 학교폭력 분쟁조정 • 학교폭력 사안 처리 법률 자문 • 학교폭력 예방교육(학교폭력 판례를 중심으로)
지방자치단체	• 시청(광역)·도청 • 시청(기초)·군청·구청 • 읍·면·동사무소	• 학교폭력 대처를 위한 예산지원 • 극빈가정, 한부모가정, 조부모가정, 생활보호대상 가정 학생의 복지 개선 • 학교 주변 유해환경 단속 및 순찰 • 지역의 인적·물적 자원 확보 • 주민 계도 활동
시민단체	• 청소년 희망 재단 • 청소년 폭력 예방 재단	• 학교폭력 예방교육(교육 프로그램, 강사제공자)

유형	기관명	주요 역할
	• 학교폭력 대책 국민협의회 • 학교폭력 피해자 가족협의회 • 기타	• 학교폭력 사안처리 조정자 • 학교폭력 관련 법과 제도 개선(압력단체)
국가기관	• 국가청소년위원회 • 여성가족부 • 경찰청 • 검찰청	• 학교폭력 관련 정책수립 및 시행 • 학교폭력 관련 예산 확보 • 학교폭력 관련 인적자원 확보 • 학교폭력 관련 사업 지원
대학 및 연구기관	• 대학교 • 한국교육개발원 • 한국청소년개발원 • 한국청소년상담원 • 한국형사정책연구원 등	• 학교폭력 정책, 프로그램, 전문가, 평가도구 개발 • 학교폭력 예방 및 사안처리에 관한 자문

유관기관의 유형별로 학교폭력과 관련하여 기대되는 역할은 다음과 같다.

첫째, 유관기관으로서 교육기관은 학교폭력을 예방하거나 대처하는 과정에서 시·도 및 교육지원청 사이에 혹은 지역 내 학교 사이에 연계가 필요한 경우 파트너로서 책임을 맡을 수 있다. 예를 들어, 특정 학교에서 학교폭력 예방을 위해 지역 순찰을 계획한다면 인근 학교로부터 협조를 받을 수 있다. 마찬가지로 학교폭력 가해 및 피해학생을 전학시킬 경우 다른 지역의 교육청으로부터 협조를 받을 수 있을 것이다.

둘째, 청소년 기관의 상담사가 학교폭력 예방교육을 담당할 수 있으며, 학교폭력 사안 발생 시 피해학생이나 가해학생을 대상으로 집중적인 상담 및 치료서비스를 제공해 줄 수 있다. 또한 학교폭력 가해 및 피해학생의 일시보호를 위해 쉼터나 청소년 시설을 알선해 줄 수 있다.

셋째, 경찰은 학교 주변 순찰이나 배움터 지킴이, 학교폭력 예방교육(강연)을 통해 학교폭력 예방활동에 참여한다. 또한 학교폭력 사안이 발생한 경우, 학교폭력 대책자치위원회의 위원으로서 가해학생 선도 조치나 피해학생에 대한 배상책임 등에 대하여 자문해 줄 수 있다.

넷째, 의료기관의 중심적인 역할은 학교폭력 피해학생의 치료이다. 의료기관은 피해학생의 신체적 상해뿐 아니라 심리적 고통과 정신적 상처를 치유할 수 있는 전문적인 의료서비스를 제공해야 할 것이다. 또한 의료기관의 의사나 간호사는 의료지식과 의료 사례를 활용하여 학교폭력의 심각성과 위기대처 방법에 관한 예방교육을 실시할 수 있을 것이다.

다섯째, 법률기관은 학교폭력 사건이 법적 소송으로 악화되기 이전에 학교 내에서 해결될 수 있도록 자문과 같은 법률서비스를 제공할 수 있다. 또한 변호사나 법 전문가는 학교폭력 사건의 심각성이나 법적 처리 과정을 중심으로 학교폭력 예방교육을 담당할 수 있다.

여섯째, 지방자치단체는 학교폭력과 관련하여 행정적·재정적 지원을 담당할 수 있다. 현재는 지역사회 자원봉사단체를 활용하여 학교 밖 위험지역이나 취약지구에 대한 환경 정비, 순찰활동을 돕고 있다. 또한 학교폭력 피해 및 가해학생의 가정환경이 어려운 경우, 그들에게 복지서비스를 제공할 수 있다.

일곱째, 시민단체(NGO)는 학교폭력을 예방하고 대처하기 위하여 다양한 인적·물적 자원을 제공해 줄 수 있다. 특히 학교폭력과 관련하여 전문적 성격을 띠고 있는 NGO단체들은 학교폭력 예방을 위한 교육 프로그램과 전문 강사 인력풀을 제공해 줄 수 있으며, 필요한 경우 학교폭력 현안 대응팀의 학교폭력 조정자 역할을 담당할 수 있다.

여덟째, 국가기관은 학교폭력대책기획위원회에 포함되어 있는 관련 부처로서 교육부, 보건복지부 등을 일컫는다. 이 부처들은 현재 학교폭력을 예방하고 대처하기 위하여 일정 수준의 예산을 마련하고 있으며, 위기청소년을 위한 CYS-Net, 배움터 지킴이나 ONE–STOP 지원센터 등과 같은 학교폭력 관련 사업을 시행하고 있다.

아홉째, 대학 및 연구기관은 학교폭력에 관한 정책을 개발하고 정책의 효과를 평가할 수 있으며 학교폭력 예방을 위한 교육 프로그램 개발과 전문가 양성을 돕는 학술적인 전문 서비스를 제공할 수 있다. 또한 지역사회 학교와 청소년 기관 등의 학교폭력 관련 사업에 대한 전문적인 자문 서비스를 제공할 수 있다(박효정 외, 2006; 김규태 외, 2013: 134-137).

2) 지역사회에서의 예방대책

(1) 유해환경의 정화

오늘날 우리사회에 많은 유해환경이 각처에 도사리고 있다. 호기심이 가장 많은 시기에 있는 학생들은 그러한 각종 유해환경에 무방비 상태로 놓여 있기 때문에 탈선할 수 있는 가능성이 그만큼 큰 것이며, 그에 따른 결과로서 유흥비 마련을 위한 금품갈취의 동기가 되는 것이다. 특히 정보산업의 발달로 인터넷 등에 폭력·음란물성 매체물이 범람하고 신종 풍속업소가 계속 나타나는 등 청소년의 탈선과 이를 조장하는 유해환경은 지속적으로 증가하고 있는 실정이다. 따라서 유해환경의 개선작업은 학교폭력 예방의 선결과제 중의 하나이다. 그리고 유해환경의 개선 노력과 함께 창출해야할 것은 학생들이 건전한 놀이 문화를 누릴 수 있는 공간의 마련과 그런 문화를 만들어야 할 것이다. 스트레스와 긴장 등 여러 문제를 해결할 수 있는 방법이 없다면 자연히 성인들의 공간까지 불법적 행동을 감행하면서도 하려고 할 것이다. 그리고 사회에 만연되고 있는 물질만능주의 사고를 사회 전반적인 문제로 삼아 도덕성 회복을 할 수 있도록 노력해야 할 것이다.

현재 우리나라에는 문화관광부의 청소년보호위원회를 비롯하여 자녀안심하고 학교보내기 국민운동본부, 청소년폭력 예방재단, 학교폭력 피해자 가족협의회, 정보통신 윤리 위원회, 청소년 참사랑, 학교폭력 신고센터, 한국청소년상담원 등 많은 정부 및 민간단체에서 학교폭력 근절을 위한 노력을 하고 있지만, 현재 청소년보호위원회, 자녀 안심하고 학교보내기 국민운동본부, 청소년폭력 예방재단 정도의 몇몇 곳을 제외하고는 특별한 활동이 없는 상태라고 할 수 있다. 이에 중·소규모 단체들은 서로 간의 협조나 통합을 통하여 질적·양적으로 학교폭력 예방을 위해 적극적인 노력을 하여야 할 것이다. 또한 상담능력을 보유한 교사, 학부모, 봉사단체 및 학교담당경찰관으로 구성하여 집단폭력, 집단따돌림 등 교내외에서 폭력을 당한 피해 사례를 적극 발굴하여 피해 회복과 피해 확산 방지를 위한 상담을 실시하고 가해학생의 사법처리 등 적극적 선도활동을 목적으로 설치된 괴롭힘 예방위원회(BPC · 서울지방경찰청, 2002: 70)와 대민 접점 부서인 경찰지구대에서 관할에 거주하는 학부모를 선정하여 후미진 골목길 등 학생탈선 우려지역에 합동순찰을 실시하고 비행학생 발견 시 선도·지도 예방 역할을 수행하기 위해 구성된 어머니경찰대(M-Cops) 그리고 청소년권리 찾기 운동 차원에서 지역사회와 사이버세계에서 청소년에게 유해한 환경에 대한 청소년이 직접 참여하여 모니터링하고 감시·정화하는 청소년순찰대(Youthpatrol; 청소년 보호위원회, 2001: 27) 등의 활동을 학교, 행정기관 그리고 NGO 등이 유기적으로 협조하여 설립 취지에 맞는 학교폭력 예방활동에 내실을 기해야 할 것이다.

아울러 경찰도 음란·폭력성의 각종 매체물과 술·담배 등 청소년 유해약물을 청소년에게 판매하는 행위와 유흥주점, 비디오방 등 유해업소에 청소년을 고용하거나 출입시키는 등 「청소년보호법」 위반사범에 대하여 지속적으로 단속을 더 강화해야 할 것이다.

(2) 매스컴의 건전화

매스컴(Mass-communication)이 청소년에게 미치는 영향은 매우 크다. 매스컴은 민감한 청소년들에게 역기능의 요소가 많기도 하다. 매스컴이 소비지향성 향락주의·물질주의를 조장하며, 퇴폐문화 등으로 인하여 생기는 성범죄라든가 오락을 위한 범죄내지 범죄행위 유발을 낳게 함으로써 청소년 범죄행위에 일익을 담당했다고 해도 과언은 아니다. 따라서 청소년문제 예방을 위한 매스컴의 대책을 들어 보면, 각종 퇴폐 잡지는 잡지윤리위원회의 활성화를 통해 제거되어야 하고 청소년에게 유익한 서적이 많이 출판되어야 한다. TV방송에서 나타나는 사치조장의 의상, 무대, 생활환경 등은 고려되어 방영되어야 하며, 청소년을 자극하고 유행까지 조장하는 특수한 비어나 행동, 옷차림 등의 각종 시청각 매체 사용은 방송윤리위원회의 엄격한 심사를 거쳐 방영되도록 관계기관의 지도가 적극 요망된다. 그리고 일부 매스미디어는 청소년의 교육적인 면은 외면한 채 저속하고도 선정적인 내용을 제작, 출판, 방영함으로써 청소년들의 호기심, 모험심, 모방심을 자극하여 범죄의 수단과 기술을 가르쳐 주거나 범죄를 촉진시키는 기능을 하고 있다. 따라서 선정적인 음란물, 폭력물에 대한 과감한 단속과 병행하여 각 단체별로 유해 대중매체의 정화를 위한 자율적인 노력이 필요하다. 아울러 인터넷을 이용한 사이버 범죄도 늘고 있다. 컴퓨터를 생활화 하고 있는 청소년들은 쉽게 접할 수 있어 모방범죄라든지 음란물에 빠져들기 쉽기 때문에 주민번호를 입력하여 미성년자인 청소년들에게는 접속이 되지 않고 차단될 수 있는 시스템을 개발해야 한다. 특히 최근 문제가 되고 있는 악플 피해는 연예계뿐만 아니라 전 국민적 문제로 대두되어 사이버 윤리교육을 도입하여 사이버폭력을 적극적으로 예방하여야 한다(김범수, 2009: 184-188).

3) 학교의 학교폭력 예방대책

(1) 학교에서의 실효성 있는 대책 마련

오늘날 대부분의 학생들은 선생님을 불신하고 있으며 상담 시 신분노출, 비밀보장에 대해 상당히 염려하여 이에 대한 대책과 함께 교사 주도의 능동적인 상담

조력이 필요하다. 학생들로부터 존경을 받고 교육에 창의적인 능력을 발휘할 수 있도록 교사의 자질을 향상시켜야 한다. 교사의 언동은 학생들에게 그대로 전달되는 바, 교사의 언동, 복장, 태도 등에 세심한 주의가 필요하며, 학생 관리방법, 스트레스 관리기술 등을 교육하여 학생관리가 비폭력적이며 합리적으로 운영되어야 한다.

학교폭력이 근절되지 않는 이유로 학교장들의 지나친 명예의식을 꼽을 수 있다. 학교마다 '우리학교는 학교폭력이 없다'는 내부방침을 고수하였고, 그 여파로 학교폭력은 교사와 학생들 사이에 공론화되지 못한 채 수면 밑에서 암세포처럼 문제를 키웠다. 다음으로 교사들의 사명감 부족을 들 수 있다. 인성교육이나 생활지도에 헌신하여 사제동행하기 보다는 승진점수가 달린 연수를 쫓아다니며 학교폭력 지도를 소홀히 한 탓이 무엇보타 크다고 할 수 있다. 상위 학교 진학을 위한 입시 위주 교육에서, 인성·전인 교육에 노력해야 한다. 학생의 개성과 능력을 발휘할 수 있는 교육과 특별 활동을 중시해야 한다.

학교 안에는 가해자와 피해자를 선도·치료할 수 있는 프로그램이 거의 없다. 특히 정부는 학교폭력에 관한 한 학교장들이 학교현장에서 마음놓고 지도할 수 있도록 양성화 정책을 펼칠 필요가 있다. 또 형식적 교육과정의 일환으로 운영하는 학생회를 구체적으로 법제화하여 학칙제정에 참여하게 하는 등 학생들 사이에서 학교폭력을 공론화하는 작업이 필요하다. 아울러 교사들이 입시교육보다는 생활지도에 깊은 관심을 기울일 수 있도록 교원양성 및 연수 체제를 혁신하는 정책이 뒷받침되어야 한다(조선일보, 2005.3.12.).

그 밖에도 담당 학생들을 줄일 수 있는 방법을 강구하여 실질적으로 학생과 학교 간에 실질적인 상담과 관리가 될 수 있도록 되어야 하며 상담사 등 청소년과 관련된 전문가의 확대와 학교에 충분한 인원수의 배치가 되어야 한다(김범수, 2009: 176-177).

(2) 학교교육에 대한 정상화 노력

청소년들이 학교생활을 즐겁고 보람 있게 하거나 고통스럽고 스트레스를 받게 되는가는 교과내용의 난이도나 학습에서의 적응뿐만 아니라 교사와의 인간관계가 매우 중요하다. 교사의 역할이 교과내용을 잘 가르치는 데 있는 것은 사실이나 학생들이 내면적 욕구를 이해하고 격려와 사랑을 줄 수 있는가도 중요하며, 교사들 스스로 자신의 교사상을 확립하는 것이 무엇보다도 중요하다고 하겠다.

특히 성적 지상주의라는 교육여건은 학생들에게 주입식 교육을 강요하며, 다양성보다는 획일화를 조장하고 있다. 따라서 하나의 대안으로 학급 내에 직책을 학교성적과 연관시켜 임명하지 않는 것이 좋은 방안이 될 수 있을 것이다. 개과천선할 수 있는 기회를 부여해야 할 것이다.

현재 학교에서의 교육방식이 입시위주의 천편일률적인 주입식 교육으로 교수방법이 학생참여의 기회가 별로 주어지지 않고 교사 중심의 일방적 강의식 방법에 의해 이루어지고 있는 것이 문제이다. 많은 비행청소년들이 학교교육에 흥미를 갖지 못하는 것은 바로 이와 같은 교육제도와 교수방법에 문제가 있기 때문이라 생각된다. 이에 대한 개선책으로 교육방법, 내용 등에 적극적으로 학생들의 요구를 반영하여 참여할 수 있는 다양한 교수방법을 개발·활용하는 것이 요구된다.

(3) 상담 및 인성교육 강화

한 명의 비행소년을 지도하는 것은 정상적인 청소년 수십 명을 지도하는 것보다 훨씬 많은 노력이 드는 일이다. 따라서 지금처럼 수업과 생활지도를 한 명의 담임교사가 주된 책임을 갖고 선도하기에는 무리가 많이 따른다. 교사의 부담을 경감시켜 주기 위해서는 학급 인원수의 감소, 전문 상담교사의 채용 또는 상담관련 전공 학부모의 보조 상담교사제로의 활용을 통해 여건을 개선해야 한다. 학교폭력 선도에 참여하는 교사의 책임 수업시간을 줄이거나 교사의 학교폭력 청소년의 처벌, 단속권이 보장된다면 교내 상담실을 각 학교마다 의무적으로 설치·운영해야 한다. 상담실이 교사들의 휴게실이 되지 않도록 주의하고 상담자가 안심하고 상담할 수 있도록 격리시켜 상담해야 하겠다.

그리고 전문 상담자의 지원과 함께 학생들 본인 간의 또래상담을 통하여 학생이 다른 또래학생을 돕고, 이를 통해서 스스로를 돕는 방안도 강구되어야 할 것이다. 학생들은 어른보다 학생들과 의사소통을 더 잘 하며, 어떤 학생들의 경우에는 어른보다 자신들의 동료에게서 얻은 정보를 더욱 소중히 여기는 경향이 있다(형사정책연구원, 2000: 141).

한 개인이 자기 자신을 이해하고 자기 주변의 인적·물적인 환경을 보다 깊이 이해함으로써 자기통합으로 유지하고 발전시키려 하는 것이다. 생활지도의 효율화를 위하여 카운슬러의 힘만으로는 어려우므로 전체 교직원을 카운슬러화하여 학생상담과 진로지도, 건전한 청소년 집단 활동의 권장을 통하여 예방지도에 힘

써야 된다. 또한 지역사회 집단 등과 긴밀히 협조하여 교외 생활지도에 이르기까지 철저히 시행하여야 하며, 문제시되는 학생은 처벌보다 교외 생활지도 및 특별지도로서 대화를 통한 상담활동을 전개하여야 한다(김범수, 2009: 179-180).

(4) 학교 내 여가시설의 확충 및 인센티브 적용

청소년에게는 처벌 등의 강화보다는 자연스럽게 폭력에 참여하지 않도록 환경을 조성하는 것이 더욱 효과적이라고 할 수 있다. 청소년의 가속적인 비행화를 예방하기 위해서는 학교시설을 개선할 필요가 있다.

The National Research Council의 보고서는 학교폭력을 유발할 수 있는 학교의 특성으로 4가지를 제시하였다. ① 과밀한 학급 또는 학생 수, ② 학생들의 저항을 회피할 수 있는 능력의 제한, ③ 분노, 거부, 불만 등을 야기할 수 있는 행동의 제약과 순응 요구, ④ 폭력행위를 유발하기 쉬운 건물구조 등이 그것이다.

이러한 요인은 학생들이 학교생활 중에 답답한 환경 속에서 스트레스를 받으며, 그것에 대한 분출로 학교폭력을 행사한다는 것이다. 그렇기 때문에 학교시설의 일부를 취미활동을 할 수 있는 음악 감상실, 수영장, 농구장 등 체육시설을 확충하여 학업시간은 물론, 방과 후 일정 시간 동안에 청소년들이 여가를 보낼 수 있게 허용한다면 학교폭력을 줄일 수 있을 것이다. 또한 감정적이고 호기심이 많은 청소년들에게 폭력의 기회를 주지 않기 위해서는 학생들이 폭력을 행사할 수 있는 후미진 장소를 없애고 정기적으로 순찰을 강화해야 한다.

또한 불량서클 조직이나 사전에 문제 학생을 발견하고 신고하거나 발생 후에라도 즉각 신고한 학생에게는 신분보장 및 인센티브를 적용함으로써 학교폭력을 예방하는데 극대한 효과가 있을 것으로 본다. 예컨대, 성적에 가산점을 부여하거나 포상관련 심사 시 가산점을 부여하는 방식으로 사전에 학생들에게 고지를 하여야 한다. 또한 문제 학생이나 가해학생을 낙인찍지 말고 그들에게도 역지사지하는 마음자세로 반대 입장이 되어서 본인 스스로 깨달음과 간부로서 활동할 수 있는 기회를 부여함으로써 개과천선하여 소외되지 않고 학창시절을 거울삼아 성실하고 훌륭한 사회인이 될 수 있도록 지도하여야 할 것이다. 예컨대, 소년경찰이나 명예경찰 또는 규율부나 선도부로 임명하여 당당하게 학교생활을 할 수 있게 하여야 한다(김범수, 2009: 181-182).

(5) 학생들의 실천 사항

학생들은 동료학생이 학교폭력을 당하는 장면을 목격하거나 지신이 학교폭력을 직접 당할 때 어떤 행동을 해야 할지 모르는 경우가 많다. 학급에서의 토론과 학교폭력 대처 교육은 이런 학생들에게 학교폭력을 목격하거나 직접 당할 때 어떤 행동을 취해야 할지 알려주는 좋은 방법이 될 수 있다. 예를 들어 폭력 상황이나 학생들이 느끼는 불안의 정도에 따라 학생들은 즉각 성인에게 도움을 청하게 한다. 교직원에게 학교폭력이나 피해학생을 신고하게 한다. 폭력을 당한 친구를 도와주게 한다. 예를 들어, 피해학생의 교과서나 준비물 등을 건네줄 수도 있다. 위로의 말로 피해학생에게 개인적인 도움을 줄 수 있게 한다. 비웃음, 조롱, 소문내기 등에 관여하지 않음으로써 학교폭력행위를 거부하고 있음을 표현할 수 있게 한다. 혼자, 혹은 집단적으로 문제상황을 해결하려고 시도하게 한다. 예를 들면, 가해학생을 한쪽으로 불러 진정시키도록 한다.

피해자는 우선 나 자신을 돌아보고 자신의 말과 행동을 잘 생각해 본다. 기죽지 말고 똑바로 서서 고개를 들고 어깨를 펴고 당당한 태도로 대한다. 노려보지 말고 상대방의 눈을 응시한다. 친구들의 말이나 행동에 예민하게 반응하지 말고 태연한 척 하면서 '그만해'라고 부드럽고 단호하게 말해야 한다. 상대방을 비난하지 않고 내 감정을 표현해야 하며 위험한 자리는 가급적 피하고 안전거리를 유지한다. 그래도 안 되면 부모님, 선생님, 상담 선생님께 도움을 요청한다.

무엇보다 학교폭력 예방을 위해서는 늘 입장을 바꿔 단순한 장난이라도 상대방은 괴로워할 수 있음을 명심해야 하며, 나도 다른 사람으로부터 폭력을 통해 괴로움을 당할 수 있다는 생각을 해야 한다. 학교폭력은 신고가 최선의 예방책이라는 사실을 인지하고 어려워도 일단 신고하면 폭력은 중지된다. 가해자의 심리는 신고한 피해자는 다시 안 건드린다는 것이다(김범수, 2009: 176-183).

4) 경찰의 학교폭력 예방대책

경찰은 청소년의 건전한 지도육성을 위해 먼저 청소년 범죄 현황 및 분석을 실시하고, 학교폭력 없는 즐거운 학교를 만들기 위한 각종 예방활동을 실시하고 있다(경찰청, 2020 경찰백서; 경찰청, 2019 경찰통계연보).

(1) 청소년 범죄분석

① 소년범죄 현황 및 분석

최근 5년간 소년범 유형별 검거 현황은 표 4-14와 같다. 2019년 유형별로는 절도범, 강력범은 전년 대비 소폭 증가하였으나, 폭력범은 소폭 감소하였다.

표 4-14 최근 5년간 소년범 유형별 검거 현황 (단위 : 명)

구분	총 계	강 력 범					절도	폭력	특별법 등
		소 계	살인	강도	강간	방화			
2015	80,321	2,392	18	448	1,830	96	26,100	20,144	31,685
2016	76,356	2,418	19	316	1,936	147	22,589	20,468	30,881
2017	72,752	2,312	17	243	1,933	119	20,032	21,996	28,412
2018	66,259	2,272	9	215	1,939	109	16,957	20,695	26,335
2019	66,204	2,367	19	361	1,888	99	17,151	19,699	26,987

자료 : 경찰청(2020). 2020 경찰백서.

또한 죄종별 소년범 현황은 표 4-15와 같으며, 절도가 17,151명으로 가장 많고 폭행상해, 사기, 폭력행위 등 처벌에 관한 법률, 강간, 횡령, 손괴, 공갈의 순서로 나타났다.

표 4-15 죄종별 소년범 현황

구분	계	살인	강도	강간	방화	절도	폭행상해	체포 감금	약취 유인	협박
10	94,862	23	1,198	2,029	178	37,069	6,290	33	15	55
11	86,621	12	1,144	1,883	166	32,693	6,266	21	16	70
12	107,018	23	861	2,160	199	37,058	9,467	41	17	176
13	90,694	21	616	2,303	141	32,819	8,115	27	22	130
14	78,794	33	414	2,026	157	26,209	7,888	10	13	142
15	80,321	18	448	1,830	96	26,100	9,177	40	16	193
16	76,358	19	316	1,936	147	22,589	10,846	83	12	366
17	72,752	17	243	1,933	119	20,032	11,649	133	23	461
18	66,259	9	215	1,939	109	16,957	10,913	134	13	569
19	66,204	19	361	1,888	99	17,151	10,321	122	20	673

구분	공갈	손괴	폭력행위 등 처벌에 관한 법률	도박	사기	횡령	장물	기타
10	1,663	433	16,089	30	5,111	932	487	23,227
11	1,576	452	15,391	26	4,909	1,137	464	20,395
12	2,814	799	20,037	59	6,699	1,607	1,186	23,815
13	1,112	780	12,553	12	8,555	1,731	1,488	20,269
14	771	715	10,543	27	8,087	1,470	829	19,460
15	634	892	9,192	40	8,625	1,569	848	20,603
16	832	983	7,344	90	7,593	1,488	591	21,119
17	1,027	956	7,747	62	6,184	1,428	437	20,301
18	1,095	946	7,025	48	7,034	1,399	290	17,564
19	1,060	1,119	6,474	24	8,130	1,278	173	17,382

자료 : 경찰청(2020). 2019 경찰통계연보. pp.90-91.

② 청소년 선도·보호 활동

가. ‘소년범 조사시 전문가 참여제’ 운영

‘소년범 조사시 전문가 참여제’는 소년범의 조사과정에 심리전문가인 범죄심리사를 참여시켜, 가정·학교환경 등 비행촉발 요인과 공격성·반사회성 등 인성평가 항목에 대하여 청소년을 심층적으로 분석하는 제도이다.

전문가의 분석결과는 선도심사위원회의 심의자료로 제공되며, 경미하고 재범 우려가 낮은 소년범에 대해서는 훈방·즉결심판 등 감경처분 자료로 활용되고 있다. 또한, 전문가 분석결과를 바탕으로 개별 소년범의 특성에 맞는 선도·교육을 통해 청소년 선도 효과 제고에 기여하고 있다.

2019년에는 전국 255개 경찰서에서 전체 소년범의 16.4%에 해당하는 10,847명의 청소년을 대상으로 ‘소년범 조사시 전문가 참여제’를 운영하였다.

표 4-16 소년범 조사시 전문가 참여제 운영 현황

구분	2015년	2016년	2017년	2018년	2019년
운영관서	251개	252개	254개	254개	255개
참여소년범	10,401명	15,312명	11,879명	10,501명	10,847명
전체소년범	80,321명	76,356명	72,752명	66,259명	66,204명
참여비율	12.9%	20.1%	16.3%	15.8%	16.4%

자료 : 경찰청(2020). 2020 경찰백서. p.135.

2003년 9월부터 2005년 7월까지 조사과정상 전문가가 참여한 소년범(386명)에 대하여 재범 여부를 확인한 결과, 전문가가 재범 가능성이 높다고 판단한 고위험군 소년범의 재범률은 40%로, 저위험군 소년범의 재범률 4.5%보다 높게 나타나면서 재범 여부에 대하여 비교적 정확히 예측하는 것으로 확인되었다. 이러한 전문가의 분석결과는 선도심사위원회의 심의 자료로 제공되어 경미한 소년범에 대한 훈방·즉결심판 등 처분 시에 활용되며, 사랑의 교실 등 선도프로그램 연계 시 재비행 예측결과 등을 반영한 맞춤형 선도프로그램을 진행하는 등 개별 소년범 특성에 맞는 선도 교육을 통해 청소년 선도효과 제고에 기여하고 있다.

나. 선도심사위원회 운영

선도심사위원회는 죄질이 가벼운 소년범에 대해 개인별 특성에 맞도록 처분결정과 지원결정을 함으로써, 불필요한 낙인효과를 제거하고 전과자 양산을 방지하는 데 기여하고 있다(경찰청, 2020 경찰백서: 135-138).

선도심사위원회에서는 학교폭력 자진신고 가해 학생에 대해 훈방, 즉결심판 청구 등의 처분결정을 내리고 있으며, 선도분과, 생활지원분과 등 역할별 분과를 통해 가·피해 학생에 대한 지원 결정을 추가하는 등 역할이 확대되었다. 외부위원에 지방자치단체·청소년단체·의료시설 등을 참여시켜 지역사회와 유기적인 협력체계를 구축하였으며, 이를 통해 위기청소년에 대한 실질적인 지원을 도모하고 있다.

〈선도심사위원회 구성〉
• 위원장 : 경찰서장 • 외부위원(2인 이상) : 지자체공무원, 교육청장학사, 교사, 교수, 의료인, 법조인, 범죄심리사, 상담사, NGO 등 청소년 선도경험이 풍부한 전문가 • 내부위원(1인 이상) : 청소년 업무 주무과장(여성청소년·생활안전) • 간사 : 여성청소년계장

표 4-17 분과별 외부위원 역할 및 구성

분과	역할	인력풀 구성 예시
선도분과	경미 청소년 처분결정 심리·진로상담 멘토-멘티 연계 인성교육	교육청, 교육기관 학교, Wee센터 청소년단체 상담기관, 봉사단체
생활지원분과	생활비·교육비 지원 취업지원 복지서비스 지원	자치단체(복지·청소년 부서) 교육청·교육지원청 청소년 단체 장학재단, 봉사단체
의료분과	신체적·정신적 치료 중독치료	자치단체 보건시설 종합병원 등 의료시설
법률분과	법률자문 학교폭력 및 피해자 지원제도 등 정책 자문	변호사, 법무사 교육청 소속 변호사 전·현직 판·검사, 퇴직경찰

2019년에는 선도 심사위원회를 통해 1,611명을 훈방하고, 1,796명에 대해 즉결 심판을 청구하였으며, 1,851명의 가·피해 청소년에 대해 생활·의료·법률·상담지원 등 2,099건을 지원하였다.

표 4-18 선도심사위원회 운영 현황

구분	처분결과(명)				지 원 결 정							
	계	훈방	즉심	입건	지원인원(명)			지원건수(건)				
					계	가해	피해	계	생활	상담	의료	법률
2016	2,835	1,395	1,235	205	2,310	1,297	1,013	2,581	881	1,562	47	91
2017	3,726	1,712	1,904	110	2,613	1,657	956	2,779	908	1,712	33	126
2018	3,401	1,474	1,830	97	2,151	1,221	930	2,317	915	1,277	75	50
2019	3,526	1,611	1,796	119	1,851	842	1,009	2,099	902	1,120	64	13

다. 선도프로그램 운영

경찰은 소년범 특성을 고려한 맞춤형 선도프로그램을 운영하여 소년범의 기선도를 통한 재범방지 및 청소년 건전육성에 기여하고 있다. 선도프로그램은 청소년 전문단체 또는 신경정신과병원에 연계하는 프로그램과 경찰 자체적으로 운영하는 프로그램으로 구분된다. 경찰단계에서 절차가 종료되는 훈방·즉결심판 청구 대상자를 중심으로 선도심사위원회에서 소년범 특성에 맞는 선도프로그램에 연계한다. 선도프로그램을 이수한 소년범의 사건에 대해서는 수사서류에 수료증을 편철하여 송치, 사법처리 단계에서 참고자료로 활용할 수 있도록 조치하고 있으며, 2019년에는 25,940명의 청소년이 선도프로그램에 참여하였다.

표 4-19 경찰단계 선도프로그램의 종류

명칭	프로그램 내용	비고
전문기관 연계 선도 프로그램 (사랑의 교실)	청소년 전문기관과 연계, 청소년 상담사 등 전문가가 집단상담·미술치료 등을 진행하는 프로그램	- 2019년 기준 245개 - 18,929명 연계
치유 선도프로그램 (마음나눔교실)	신경정신과 의사 및 임상심리사 등 전문가가 진행하는 자기통제·인간관계 형성 프로그램	- 2019년 기준 51개 - 196명 연계
경찰 선도프로그램 (희망동행교실)	SPO가 경찰시스템 및 관련 매뉴얼을 활용하여 회복적 접근방식으로 진행하는 프로그램	- 2019년 기준 165개 - 6,815명 연계

청소년 선도프로그램의 운영 현황은 표 4-20과 같다.

이러한 경찰의 선도프로그램 운영 및 사후관리 노력 등으로 소년범 재범률이 감소하는 효과를 거두고 있다.

표 4-20 청소년 선도프로그램 운영 현황

구분	총 계	사랑의 교실	치유선도	경찰선도
2015	21,789	5,985	463	15,341
2016	20,105	5,861	254	13,990
2017	20,092	9,559	179	10,354
2018	25,714	12,508	214	12,992
2019	25,940	18,929	196	6,815

자료 : 경찰청(2020). 2020 경찰백서.

라. 청소년 유해환경 정화

정보통신 산업의 발달로 인터넷 등을 통해 폭력·음란성 매체물이 범람하고, 신·변종 풍속업소 등 유해업소가 증가하는 등 청소년의 탈선을 조장하는 유해환경은 지속적으로 증가하고 있는 실정이다.

경찰은 청소년이 올바른 인격체로 성장할 수 있도록 「청소년보호법」이 규정하는 각종 음란·폭력성 매체, 술·담배 등 청소년 유해약물을 청소년에게 제공하는 행위, 유흥주점·비디오방 등 유해업소에 청소년을 출입시키거나 고용하는 등의 행위에 대한 지속적인 단속을 실시하여 2019년에는 총 8,399명의 '청소년 보호법' 위반사범을 적발하였다.

최근 3년간 청소년 유해환경 단속현황은 다음 표 4-21과 같다.

표 4-21 최근 3년간 청소년 유해환경 단속현황

구분	계	유해업소	유해약물				유해행위	유해매체물
			계	술	담배	기타		
2017	9,750	360	8,927	7,521	1,390	16	393	70
2018	9,567	276	8,800	7,167	1,609	24	420	71
2019	8,399	299	7,617	6,486	1,103	28	463	20

자료 : 경찰청(2020). 2020 경찰백서. p.139.

③ 명예경찰소년소녀단 운영

경찰은 학생 중심의 학교폭력 예방 분위기를 조성하기 위해 초·중학생 중 경찰활동과 학교폭력 예방에 관심이 있는 청소년을 '명예경찰소년소녀단(이하 소년소녀단)'으로 선발하고 있으며, 2019년 265개 초·중학교에서 3,556명의 학생들이 소년소녀단원으로 활동하였다.

표 4-22 2019년 명예경찰소년소녀단 선발 현황

운영경찰서	운영학교(개교)			소년소녀단원(명)		
	계	초등학교	중학교	계	초등학교	중학교
82	265	187	78	3,556	2,386	1,170

자료 : 경찰청(2019). 2019 경찰백서. p.147.

소년소녀단은 학교전담경찰관·학부모 순찰대·교사 등과 합동으로 학교폭력 예방 캠페인, 학교 내 취약장소 순찰, 봉사활동 등 현장체험활동을 실시하고 있으며, 학교폭력 피해 학생들이 소외감을 느끼지 않고 학교생활에 적응할 수 있도록 '친구맺기'를 통해 또래보호 활동을 전개하는 등 '또래지킴이'로서의 역할을 담당하고 있다.

한편 경찰은 소년소녀단원이 각종 범죄·사고로부터 자신을 보호하는 능력과 준법의식을 갖출 수 있도록 경찰관서 치안시스템 견학, 무도학교, 수련프로그램 등 다양한 활동을 지원해주고 있다.

④ 청소년 경찰학교 운영

경찰청은 학생들의 눈높이에 맞는 체험형 예방 교육을 위해 교육부와 협업을 통해 치안센터 건물 등을 리모델링하여 '청소년 경찰학교'를 운영하고 있다. 전국 52개 경찰서에서 운영 중이며 온라인 홈페이지에서 교육신청이 가능하다. 2019년 전국에서 총 4,327회에 걸쳐 77,369명의 청소년이 참여하였다. '청소년 경찰학교'는 청소년들이 학교폭력의 폐해에 대해 공감하고 경찰의 역할을 이해할 수 있도록 학교폭력 가해·피해자 역할극, 경찰체험(과학수사 등), 심리상담과 같이 체험형 교육프로그램 위주로 구성되어 있다(경찰청, 2020 경찰백서: 132-134).

표 4-23 청소년 경찰학교 운영 프로그램 예시

프로그램		시간	내용
입교식 예방교육		20분	• 청소년경찰학교 체험 목적 설명 • 학교폭력 예방교육 실시
학교폭력 역할극		40분	• 학생들이 직접 가·피해자가 되어 연기하는 학교폭력 역할극 수행
경찰체험	조사	30분	• 학교폭력 역할극 내용을 토대로 직접 상대방을 조사하는 형사체험
	과학수사	30분	• 유리병·책상 등에 묻은 자신의 지문을 확인하고 지문 채취 및 유형분류
	경찰장비 등	30분	• 경찰봉·수갑 등 경찰장비 사용법 시연 • 경찰제복 착용 및 포토타임
심리상담		30분	• 심리전문가와 함께 학교생활 등 청소년 심리상담실시

(2) 학교폭력 없는 즐거운 학교

① 학교폭력 검거 및 조치 현황

2011년부터 2019년까지 경찰이 학교폭력으로 검거해서 조치한 현황은 표 4-24와 같다. 2019년의 경우 13,584명이 검거되었고, 이 중 84명이 구속되고 1,587명이 소년부로 송치되었다. 유형별로는 폭행상해, 성폭력, 금품갈취의 순서로 나타났다.

표 4-24 학교폭력 검거 및 조치 현황

구분	계	유형별				조치별			
		폭행상해	금품갈취	성폭력	기타	구속	불구속	소년부송치	기타
2011	21,957	14,837	3,902	444	2,774	103	16,228	1,473	4,153
2012	23,877	14,467	5,912	509	2,819	333	15,615	2,657	5,272
2013	17,385	11,048	2,603	1,607	2,667	294	11,016	1,824	4,251
2014	13,268	8,974	1,582	1,295	1,417	167	8,586	1,191	3,324
2015	12,495	9,188	1,153	1,253	901	93	9,157	1,059	2,186
2016	12,805	9,396	1,161	1,364	884	62	9,852	1,079	1,794
2017	14,000	10,038	1,191	1,695	1,076	61	10,556	1,296	2,087
2018	13,367	7,935	1,377	2,529	1,526	86	9,546	1,319	2,416
2019	13,584	7,485	1,328	3,060	1,711	84	9,233	1,587	2,680

자료 : 경찰청(2020). 2019년 경찰통계연보. p.86.

② 학교폭력 예방 및 근절 추진 사항

가. 대상별 눈높이에 맞는 학교폭력 예방교육

학교폭력 예방을 위해 가장 중요한 것은 '사소한 폭력이나 따돌림도 학교폭력이고 범죄라는 점'을 학생들에게 명확하게 인식시켜 주는 것이다. 신학기부터 경찰관이 정복을 입고 학교에 진출하여 소규모 학급단위 교육을 하고 있으며, 학생 눈높이에 맞게 '도전 골든벨'이나 역할극 방식 등을 적극 활용하고 있다.

2016년 학교폭력 예방교육 활동 현황은 표 4-25와 같다.

표 4-25 2016년 학교폭력 예방교육 활동

구분	학생대상 예방교육				
	계	유치원	초등학교	중학교	고등학교
횟수	49,712	2,142	24,386	14,230	8,954
명	5,948,301	107,842	2,399,855	1,885,074	1,555,500

자료 : 경찰청(2017). 2017 경찰백서. p.140.

나. 117 학교폭력 신고센터 운영

폭력 신고 전화번호를 117로 통합('12. 2월)하고 2012. 6.18.에는 전국 지방청(17개) 117신고센터를 개소하여 경찰·교육부·여성가족부 합동으로 24시간 신고접수 및 상담 등의 서비스를 제공하고 있다.

학교폭력 신고는 2013년 이후 지속적으로 감소하는 추세에 있으며, 2019년 총 신고·상담건수는 61,302건으로 전년 대비 0.9% 감소하였다.

그동안 신학기·방학기간을 활용하여 117 홍보활동을 강화하고, 신고 활성화를 유도하는 등 학교폭력 예방활동을 전개하면서 청소년 범죄에 적극적으로 대응한 결과, 학교폭력 신고가 감소한 것으로 판단된다(경찰청, 2020: 31).

다. 학교폭력 자진신고 및 집중단속 기간 운영

2012년 학교폭력 피해신고를 활성화하기 위해 '학교폭력 자진신고 및 집중단속 기간(3.19~4.20, 10.22~11.30)'을 운영하였다. 이를 통해 경미한 학교폭력 가해학생은 선도교육 이수 후 최대한 선처하여 사회적 낙인 및 재비행 방지효과를 거두고 있다. 다만, 자진신고기간이라도 △ 상습적이거나 사안이 중대한 일진 폭력 △ 장기간 지속된 폭행·협박·갈취행위 △ 신고 이후 보복폭행 △ 성폭력 범죄에 대해서는 집중 단속하여 엄중 처벌하였다.

표 4-26 '12년 운영 성과

총계	자진신고						피해신고 및 단속						
	소계	불구속	소년부 송치	즉심	훈방	기타	소계	구속	불구속	소년부 송치	즉심	훈방	기타
2,811	744	68	13	9	641	43	2,037	21	1,176	237	15	279	309

라. 사안에 따른 맞춤형 사건 처리

죄질이 나쁘거나 상습범, 일진관련 사건의 경우는 강력하게 처벌하되, 사안이 경미하거나 초범인 경우에는 선도심사위원회에서 사안에 따라 즉심·훈방토록 하여 처벌보다는 선도 중심으로 사안을 처리하고 있다. 아울러 사랑의 교실(전문기관 위탁) 및 경찰관서 자체 선도프로그램 운영을 활성화하여 초기 단계부터 소년범의 재범을 방지하기 위해 개입하고 있다.

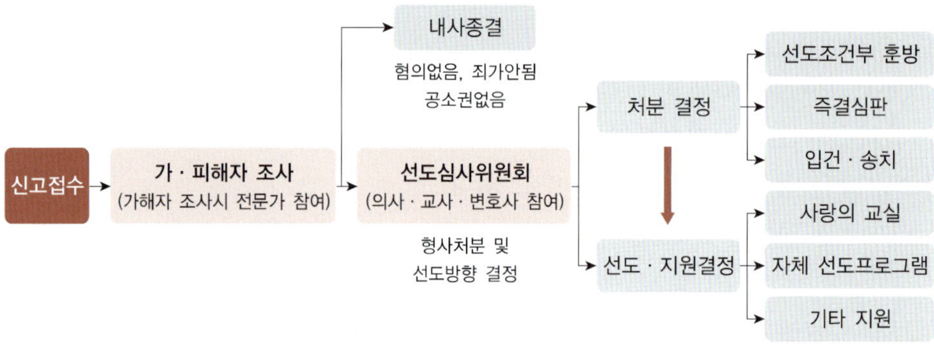

그림 4-7 경미 소년범 처리 절차도

마. 학교전담경찰관 운영

경찰은 신학기가 시작되기 전 학교 안전망을 강화하기 위해 2012년 6월 학교전담경찰관 발대식을 실시하였다. 경찰은 학교전담경찰관(SPO)제도를 운영하고 있으며, 2019년에는 1,138명으로 충원되어 1인당 10.9개 학교를 담당하고 있다.

학교전담경찰관은 신고접수·사건처리는 물론 가·피해학생 사후관리까지 학교와 협력하여 학교폭력에 대한 전반적인 업무를 전담 처리하고 있다.

표 4-27 2019년 지역별 학교전담경찰관 배치 현황

계	서울	부산	대구	인천	광주	대전	울산	경기남부	경기북부	강원	충북	충남	전북	전남	경북	경남	제주
1,138	135	65	49	56	33	34	24	166	63	58	43	73	69	77	87	88	18

그간 학교전담경찰관은 시기별(신학기·방학기간·졸업기간 등), 대상별(초·중·고)로 학교폭력 예방활동을 전개해 왔으며, 경찰–학교 간 긴밀한 협력체계를 구축하는 등 학교폭력 안정화에 기여하였다. 특히 사례 위주의 특별예방교육, 폭력사안 대응, 위기청소년 선도·관리에 집중하고 있으며, 학교는 학생 생활지도와 일반적 예방교육을 담당하고 있다(경찰청, 2020 경찰백서).

표 4-28 학교전담경찰관의 역할

역할	세부활동 내용
학교폭력 근절을 위한 예방·대응 활동	• 주기적으로 학교를 방문하여 학생·교사 면담, 학교폭력(폭력서클) 현황 파악, 117 홍보 및 학교폭력 대응요령 등 안내 • 117로 접수된 학교폭력 사건에 대해 학교 또는 수사팀 연계하고, 면담·교육·예방활동 등 상황별 맞춤형 조치 • 학교·지역경찰·형사기능과 정보공유를 통해 폭력서클 현황파악·해체 및 사후모니터링으로 재결성 방지
학교폭력 사안에 대한 경찰-학교 간 협력체계 구축	• 학교 측과 핫라인(Hot-line) 구축 및 상설협의체 운영 등을 통하여 학교·학생현황 및 학교폭력 사안 등에 대한 정보 공유 • 학교폭력대책심의위원회 위원으로 참석, 형사법적 지식을 바탕으로 의견 제시 및 선도프로그램 연계 등
대상자별 맞춤형 지원(선도) 활동 및 사후관리	• '학교·가정 밖 청소년' 등에 대해 상담·보호·의료·자립 등 도움이 필요한 경우 사안별로 전문기관에 연계 • 피해자 대상 추가피해 방지 및 전문상담 연계하고, 가해자 대상 선도프로그램·선도심사위원회 회부 및 사후모니터링 실시

바. 학교 밖 청소년 발굴·지원 현황

「학교 밖 청소년 지원에 관한 법률」이 시행(2015.5.29)됨에 따라 경찰청은 '학교 밖 청소년' 선도·지원계획 및 발굴 강화계획을 수립하는 등 학교 밖 청소년에 대한 발굴·지원을 위해 적극적으로 노력하고 있다.

표 4-29 2016년 학교 밖 청소년 발견·지원 현황

발견인원	연계조치(명)						미인계
	계	지원센터	가정복귀	학교복귀	쉼터연계	선도 프로그램	
7,556	6,209	4,072	1,373	316	171	277	1,347

자료 : 경찰청(2017). 2017 경찰백서. p.146.

가정 밖 청소년에 대해서도 2019년에 1,642명을 발견하여, 가정에 복귀시키거나 쉼터에 연계하는 등 1,812건을 연계하였고, 108개(567명) 가출팸(가출패밀리란 뜻으로 가출청소년들이 모여 지내며, 숙식을 해결하는 집단임)도 해체하였다.

표 4-30 2019년 가정 밖 청소년 발견·지원 현황

발견인원	연계조치(건)					가출팸해체	
	계	가정 복귀	쉼터 연계	청소년 안전망	선도 프로그램	계	명
1,642	1,812	1,247	233	139	193	108	567

Chapter 05

학교폭력 관련 법령 및 정책

학습내용

이 장에서는 학교폭력 예방 및 대책에 관한 법률, 아동·청소년의 성보호에 관한 법률, 소년법, 청소년 보호법, 학교 안전사고 예방 및 보상에 관한 법률, 자살예방 및 생명존중문화 조성을 위한 법률을 살펴본 후 학교폭력 예방 및 대책에 관한 정책으로서 학교폭력 예방 및 대책 5개년 기본계획, 학교폭력 근절 종합대책, 현장중심 학교폭력 대책에 대해 자세히 살펴보기로 한다.

01 학교폭력 관련 법령

1 학교폭력 예방 및 대책에 관한 법률(2021. 3. 23, 일부 개정)

「학교폭력 예방 및 대책에 관한 법률」은 2003년 6월 23일 현승일 의원의 대표발의(의원 50인 발의, 의안번호 240)로 제출되어 수정 가결된 학교폭력 예방 및 대책에 관한 법률안에서 시작되었다.

이 법률안의 제안 이유는 "심각한 사회문제로 대두하고 있는 학교폭력문제에 효과적으로 대처하기 위하여 정기적인 학교폭력 예방교육의 실시, 학교폭력의 신고 의무화, 학교폭력의 예방 및 대책을 위한 전담기구의 설치와 이를 위한 국가의 재정적 지원을 위한 제도적 틀을 마련하는 것"이었다.

2004년 1월 29일 법률 제7119호로 제정되어 여러 차례 개정 과정을 거쳐 오늘에 이르고 있다. 현 법률에 나타난 주요 사항을 보면 다음과 같다(김규태 외, 2013: 139).

1) 학교폭력의 정의 및 유형

(1) 학교폭력의 정의

「학교폭력 예방 및 대책에 관한 법률」에서 '학교폭력'이란 학교 내외에서 학생을 대상으로 발생한 상해, 폭행, 감금, 협박, 약취·유인, 명예훼손·모욕, 공갈, 강요·강제적인 심부름 및 성폭력, 따돌림, 사이버 따돌림, 정보통신망을 이용한 음란·폭력 정보 등에 의하여 신체·정신 또는 재산상의 피해를 수반하는 행위를 말한다(제2조 제1호). '따돌림'이란 학교 내외에서 2명 이상의 학생들이 특정인이나 특정 집단의 학생들을 대상으로 지속적이거나 반복적으로 신체적 또는 심리적 공격을 가하여 상대방이 고통을 느끼도록 하는 일체의 행위이며(제2조1의2), '사이버 따돌림'이란 인터넷, 휴대전화 등 정보통신 기기를 이용하여 학생들이 특정 학생들을 대상으로 지속적·반복적으로 심리적 공격을 가하거나, 특정 학생과 관련된 개인정보 또는 허위사실을 유포하여 상대방이 고통을 느끼도록 하는 일체의 행위를 말한다(제2조1의3).

(2) 학교폭력의 유형

학교폭력의 유형은 상해, 폭행, 감금, 협박, 약취·유인 등의 신체폭력, 명예훼손·모욕·협박 등의 언어폭력, 공갈 등 금품갈취, 강제적 심부름이나 강요 등의 강요, 따돌림, 성폭력, 사이버 따돌림이나 정보통신망을 이용한 음란·폭력 정보 등에 의한 신체·정신 또는 재산상의 피해를 수반하는 행위인 사이버 폭력으로 나눌 수 있다.

2) 학교폭력에 대한 처리 절차

학교폭력은 예방이 최선이지만, 학교폭력이 발생하게 되면 학교와 교사의 도덕적 권위를 활용하여 분쟁을 해결할 수 있다. 그러나 이것이 여의치 않을 경우에는 법적 절차에 따라 학교폭력 사건을 처리할 수밖에 없다.

(1) 학교폭력대책심의위원회의 설치·기능

「학교폭력 예방 및 대책에 관한 법률」에서는 학교폭력의 예방 및 대책에 관련된 사항을 심의하기 위하여 '지방교육자치에 관한 법률' 제34조 및 제주특별자치도 설치 및 국제자유도시 조성을 위한 특별법 제80조에 따른 교육지원청에 학교폭력대책심의위원회를 둔다. 10명 이상 50명 이내의 위원으로 구성하되, 전체 3분의 1 이상을 해당 교육지원청 관할 구역 내 학교에 소속된 학생의 학부모로 위촉하여야 한다. 심의위원회 위원장은 다음 각호의 어느 하나에 해당하는 경우에 회의를 소집해야 한다. ① 심의위원회 재적위원의 4분의 1 이상이 요청하는 경우, ② 학교의 장이 요청하는 경우, ③ 피해학생 또는 그 보호자가 요청하는 경우, ④ 학교폭력이 발생한 사실을 신고받거나 보고받은 경우, ⑤ 가해학생이 협박 또는 보복한 사실을 신고받거나 보고받은 경우, ⑥ 그 밖에 위원장이 필요하다고 인정하는 경우에는 회의를 소집하여야 한다(제13조 제2항).

(2) 학교장의 역할

학교의 장은 대통령령으로 정하는 바에 따라 학교에 상담실을 설치하고 「초·중등교육법」 제19조의2에 따라 전문상담교사를 둔다(제14조 제1항). 학교의 장은 교감, 전문상담교사, 보건교사 및 책임교사(학교폭력문제를 담당하는 교사), 학부모 등으로 학교폭력 문제를 담당하는 전담기구를 구성한다. 이 경우 학부모는 전담기구 구성원의 3분의 1 이상이어야 한다. 학교의 장은 학교폭력사태를 인지한 경우 지체없이 전담기구 또는 소속 교원으로 하여금 가해 및 피해 사실 여부를 확인하도록 하고(제14조 제3항), 전담기구로 하여금 제13조2에 따른 학교장의 자체 해결부의 여부를 심의하도록 한다. 학교폭력에 대한 실태조사와 학교폭력 예방 프로그램을 구성·실시하며, 학교의 장 및 자치위원회의 요구가 있는 때에는 학교폭력에 관련된 조사 결과 등 활동 결과를 보고하여야 한다(제14조 제4항).

아울러, 제15조 제1항 학교의 장은 학생의 육체적·정신적 보호와 학교폭력의 예방을 위한 학생들에 대한 교육(학교폭력의 개념·실태 및 대처방안 등 포함하여야 함) 그리고 학교폭력의 예방 및 대책 등을 위한 교직원 및 학부모들에 대한 교육을 학기별로 1회 이상 실시하여야 한다.

(3) 피해학생의 보호

심의위원회는 피해학생을 보호하기 위하여 필요하다고 인정하는 때에는 피해학생에 대한 ① 학내외 전문가에 의한 심리상담 및 조언, ② 일시보호, ③ 치료 및 치료를 위한 요양, ④ 학급교체, ⑤ 그 밖에 피해학생의 보호를 위하여 필요한 조치를 학교의 장에게 요청할 수 있다. 다만, 학교의 장은 피해학생의 보호를 위하여 긴급하다고 인정하거나 피해학생이 긴급보호 요청을 하는 경우에는 심의위원회의 요청 전에 심리상담 및 조언, 일시보호, 그 밖에 피해학생의 보호를 위하여 필요한 조치를 취할 수 있다. 이 경우 학교의 장은 심의위원회에 즉시 보고하여야 한다(제16조 제1항).

위와 같은 조치 등 보호가 필요한 학생에 대하여 학교의 장이 인정하는 경우에는 그 조치에 필요한 결석을 출석일수에 산입할 수 있으며(제16조 제4항), 학교의 장은 성적 등을 평가하는 경우에 제3항에 따른 조치로 인하여 학생에게 불이익을 주지 아니하도록 노력하여야 한다.

이때 피해학생이 전문단체나 전문가로부터 제1항 제1호부터 제3호까지의 규정에 따른 상담 등을 받는 데에 사용되는 비용은 가해학생의 보호자가 부담하여야 한다. 다만, 피해학생의 신속한 치료를 위하여 학교의 장 또는 피해학생의 보호자가 원하는 경우에는 「학교안전사고 예방 및 보상에 관한 법률」 제15조에 따라 학교안전공제회 또는 시·도교육청이 비용을 부담하고 이에 대한 구상권을 행사할 수 있다(제16조 제6항). 학교의 장은 장애 학생의 보호를 위하여 적절한 조치를 취하여야 한다(제16조의2).

(4) 가해학생에 대한 조치

심의위원회는 피해학생의 보호와 가해학생의 선도·교육을 위하여 가해학생에 대하여 다음 각호의 어느 하나에 해당하는 조치를 할 것을 교육장에게 요청하여야 하며, 각조치별 적용기준은 대통령령으로 정한다. 다만 퇴학처분은 의무교육과정에 있는 가해학생에 대하여는 적용하지 아니한다. ① 피해학생에 대한 서면사과, ② 피해학생 및 신고·고발 학생에 대한 접촉, 협박 및 보복행위의 금지, ③ 학교에서의 봉사, ④ 사회봉사, ⑤ 학내외 전문가에 의한 특별 교육이수 또는 심리치료, ⑥ 출석정지, ⑦ 학급교체, ⑧ 전학, ⑨ 퇴학처분(제17조 제1항).

제1항에 따라 심의위원회가 교육장에게 가해학생에 대한 조치를 요청하는 이유가 피해학생이나 신고·고발 학생에 대한 협박 또는 보복행위일 경우에는 조치를 병과하거나 조치 내용을 가중할 수 있다(제17조 제2항). 다만, 의무교육과정에 있는 가해학생에 대해서는 퇴학처분은 적용하지 않는다(제17조 제1항). 심의위원회는 이 조치를 취하기 전에 가해학생 및 보호자에게 의견 진술의 기회를 부여하는 등 적정한 절차를 거쳐야 한다(제17조 제5항).

학교의 장은 가해학생에 대한 선도가 긴급하다고 인정할 경우, 피해학생에 대한 서면사과, 피해학생 및 신고, 고발 학생에 대한 접촉, 협박 및 보복 행위의 금지, 학교에서의 봉사, 학내외 전문가에 의한 특별교육이수 또는 심리치료, 출석정지의 조치를 취할 수 있다. 학내외 전문가에 의한 특별교육이수 또는 심리치료, 출석정지는 병과조치 할 수 있으며 이 경우 심의위원회에 즉시 보고하여 추인을 받아야 한다(제17조 제4항). 그리고 가해학생과 그 보호자에게 이를 통지하여야 하며, 가해학생이 이를 거부하거나 회피하는 때에는 「초·중등교육법」 제18조에 따라 징계하여야 한다(제17조 제7항).

한편 가해학생이 피해학생 및 신고, 고발 학생에 대한 접촉, 협박 및 보복 행위의 금지, 학급교체, 전학, 학교에서의 봉사, 사회봉사, 출석정지의 처분을 받은 가해학생은 교육감이 정한 기관에서 특별교육을 이수하거나 심리치료를 받아야 하며, 그 기간은 심의위원회에서 정한다(제17조 제3항).

가해학생이 학교에서의 봉사, 사회봉사, 학내외 전문가에 의한 특별교육이수 또는 심리치료를 받은 경우, 이와 관련된 결석은 학교의 장이 인정하는 때에는 이를 출석일수에 산입할 수 있다(제17조 제8항). 심의위원회는 가해학생이 특별교육을 이수할 경우 해당 학생의 보호자도 함께 교육을 받게 하여야 하고(제17조 제9항), 가해학생이 다른 학교로 전학을 간 이후에는 전학 전의 피해학생 소속 학교로 다시 전학 올 수 없도록 하여야 한다(제17조 제10항).

(5) 분쟁조정

심의위원회는 학교폭력과 관련하여 분쟁이 있는 경우에는 그 분쟁을 조정할 수 있다(제18조 제1항). 심의위원회는 분쟁 조정을 위하여 필요하다고 인정하는 때에는 관계 기관의 협조를 얻어 학교폭력과 관련된 사항을 조사할 수 있고(제18조 제4항), 피해학생과 가해학생 간 또는 그 보호자 간의 손해배상에 관련된 합의를 조정할 수 있다(제18조 제3항).

소속 학교가 다른 학생 간에 분쟁이 있는 경우에는 교육감이 직접 분쟁을 조정한다(제18조 제6호). 학교장의 장은 교육감에게 학교폭력이 발생한 사실 및 제16조, 제16조의2, 제17조, 제17조의2, 제18조에 따른 조치 및 그 결과를 보고하고, 관계기관과 협력하여 교내 학교폭력 단체의 결성예방 및 해체에 노력하여야 한다(제19조).

학교폭력 현장을 보거나 그 사실을 알게 된 자는 학교 등 관계 기관에 이를 즉시 신고하여야 하며(제20조 제1항), 학교폭력 사실을 통보받은 학교장은 이를 심의위원회에 지체 없이 통보하여야 한다(제20조 제3항).

한편 학교폭력의 예방 및 대책과 관련된 업무를 수행하거나 수행하였던 자는 그 직무로 인하여 알게 된 비밀 또는 가해학생·피해학생 및 제20조에 따른 신고자·고발자와 관련된 자료를 누설하여서는 아니 된다(제21조 제1항).

심의위원회의 회의는 공개하지 않는다. 다만, 피해학생·가해학생 또는 그 보호자가 회의록의 열람·복사 등 회의록 공개를 신청한 때에는 학생과 그 가족의 성명, 주민등록번호 및 주소, 위원의 성명 등 개인 정보에 관한 사항을 제외하고 공개하여야 한다(제21조 제3항).

3) 학교폭력에 대한 학교와 교사의 책임

(1) 가해학생에 대한 법적 책임

학교폭력에는 가해학생이 존재하며, 가해학생은 연령에 따라 형사상 처벌을 받는다. 다만, 형법에서는 형사미성년자라고 하여 14세가 되지 아니한 자의 행위는 벌하지 아니한다고 규정하고 있다. 그러나 민사상 불법행위 책임에 대해서는 법률에서 기준 연령을 정하지 않고 개별적인 사례마다 행위자의 능력을 고려하여 판단하는데, 보통 13~14세가 책임 변별능력의 경계선에 위치하는 연령으로 보고 있다. 그러나 미성년자의 경우 경제적 능력이 없어 손해배상을 할 수 없는 바, 실제로는 미성년자의 보호자가 손해배상의 책임을 진다.

(2) 교사의 책임

교사는 학생의 교육을 담당하는 사람이고 교육의 전제는 학생의 안전에 있으므로, 교원은 학교의 교육권이 미치는 범위 안에서 학생을 보호하고 감독할 의무를 진다. 다만, 교사의 보호·감독의 범위는 학생이 자신의 행위의 위험성에 대한 변별능력이 부족할수록 더 넓어지고, 반대로 상급학교로 올라가서 학생의 행위 변별능력이 커질수록 줄어든다.

한편 교사가 학생을 보호·감독할 의무를 지는 것이지만, 이 의무는 「교육법」에 따라 학생을 친권자 등 법정 감독 의무자에 대신하여 감독을 하여야 하는 의무로서 학교 내에서의 학생의 전 생활 관계에 미치는 것은 아니고 학교에서의 교육활동 및 이와 밀접 불가분의 관계에 있는 생활관계에 한한다. 또한 그 의무 범위 내의 생활관계라고 하더라도 교육활동의 때와 장소, 가해자의 분별능력, 가해자의 성행, 가해자와 피해자와의 관계, 기타 여러 사정을 고려하여 사고가 학교생활에서 통상 발생할 수 있다고 하는 것이 예측되거나 또는 예측 가능성이 있는 경우에 한하여 교장이나 교사는 보호감독의무 위반에 대한 책임을 진다.

공립학교 교사의 경우 손해배상 소송을 당하면 지방자치단체가 피고가 되어 소송을 진행하며, 소송 결과 교사의 손해배상 책임이 인정되면 지방자치단체가 원고(피해자인 학생과 부모)에게 배상을 한다. 이후 지방자치단체는 교사의 고의 또는 중과실로 인하여 사고가 발생하였다고 판단한 경우, 교사를 상대로 구상권을 청구할 수 있다. 경과실의 경우에는 교사의 손해배상 책임이 없다(http://blog.daum.net/kdy820/658).

2 아동·청소년의 성보호에 관한 법률(2021.3.23., 일부개정)

제3장 아동·청소년대상 성범죄의 신고·응급조치와 지원

제34조 (아동·청소년대상 성범죄의 신고)

① 누구든지 아동·청소년대상 성범죄의 발생 사실을 알게 된 때에는 수사기관에 신고할 수 있다.

② 다음 각 호의 어느 하나에 해당하는 기관·시설 또는 단체의 장과 그 종사자는 직무상 아동·청소년대상 성범죄의 발생 사실을 알게 된 때에는 즉시 수사기관에 신고하여야 한다.

1. 「유아교육법」 제2조제2호의 유치원
2. 「초·중등교육법」 제2조의 학교
3. 「의료법」 제3조의 의료기관
4. 「아동복지법」 제3조제10호의 아동복지시설
5. 「장애인복지법」 제58조의 장애인복지시설
6. 「영유아보육법」 제2조제3호의 어린이집
7. 「학원의 설립·운영 및 과외교습에 관한 법률」 제2조제1호의 학원 및 같은 조 제2호의 교습소
8. 「성매매방지 및 피해자보호 등에 관한 법률」 제5조의 성매매피해자 등을 위한 지원시설 및 같은 법 제10조의 성매매피해상담소
9. 「한부모가족지원법」 제19조에 따른 한부모가족복지시설
10. 「가정폭력방지 및 피해자보호 등에 관한 법률」 제5조의 가정폭력 관련 상담소 및 같은 법 제7조의 가정폭력피해자 보호시설
11. 「성폭력방지 및 피해자보호 등에 관한 법률」 제10조의 성폭력피해상담소 및 같은 법 제12조의 성폭력피해자보호시설
12. 「청소년활동 진흥법」 제2조제2호의 청소년활동시설
13. 「청소년복지 지원법」 제29조제1항에 따른 청소년상담복지센터 및 같은

법 제31조제1호에 따른 청소년쉼터

14. 「청소년 보호법」 제35조의 청소년 보호·재활센터

③ 다른 법률에 규정이 있는 경우를 제외하고는 누구든지 신고자 등의 인적사항이나 사진 등 그 신원을 알 수 있는 정보나 자료를 출판물에 게재하거나 방송 또는 정보통신망을 통하여 공개하여서는 아니 된다.

제35조 (신고의무자에 대한 교육)

① 관계 행정기관의 장은 제34조제2항 각 호의 기관·시설 또는 단체의 장과 그 종사자의 자격취득 과정에 아동·청소년대상 성범죄 예방 및 신고의무와 관련된 교육내용을 포함시켜야 한다.

② 여성가족부장관은 제34조제2항 각 호의 기관·시설 또는 단체의 장과 그 종사자에 대하여 성범죄 예방 및 신고의무와 관련된 교육을 실시할 수 있다.

③ 제2항의 교육에 필요한 사항은 대통령령으로 정한다.

제36조 (피해아동·청소년의 보호)

아동·청소년대상 성범죄를 저지른 자가 피해아동·청소년과 「가정폭력범죄의 처벌 등에 관한 특례법」 제2조제2호의 가정구성원인 관계에 있는 경우로서 피해아동·청소년을 보호할 필요가 있는 때에는 같은 법 제5조, 제8조, 제29조 및 제49조 부터 제53조까지의 규정을 준용한다.

제37조 (피해아동·청소년 등의 상담 및 치료)

① 국가는 피해아동·청소년 등의 신체적·정신적 회복을 위하여 제46조의 상담시설 또는 「성폭력방지 및 피해자보호 등에 관한 법률」 제27조의 성폭력 전담의료기관으로 하여금 다음 각 호의 사람에게 상담이나 치료 프로그램(이하 "상담·치료 프로그램")을 제공하도록 요청할 수 있다.

1. 피해아동·청소년
2. 피해아동·청소년의 보호자 및 형제·자매
3. 그 밖에 대통령령으로 정하는 사람

② 제1항에 따라 상담·치료 프로그램 제공을 요청받은 기관은 정당한 이유 없이 그 요청을 거부할 수 없다.

3 소년법(법률 제15757호, 2018.9.18., 일부개정)

이 법은 반사회성이 있는 소년의 환경조성과 품행의 교정을 위한 보호처분 등의 필요한 조치를 하고, 형사처분에 관한 특별조치를 함으로써 소년이 건전하게 성장하도록 돕는 것을 목적으로 한다. 이 법에서 소년이란 19세 미만인 자를 말하며, 보호자란 법률상 감호교육을 할 의무가 있는 자 또는 현재 감호하는 자를 말한다.

「소년법」이 지향하는 목표는 비행소년에 대한 진실을 발견하고, 소년의 개성에 가장 유효하고도 적절한 보호처분을 하는 것이어야 한다고 본다.

「소년법」은 현행 소년법전에서 말하는 형식적 의미의 「소년법」과 소년사건처리에 관해 규정하고 있는 「형법」, 「형사소송법」, 「소년원법」, 「보호관찰 등에 관한 법률」, 「소년경찰집무규칙」, 「사법경찰관리집무규칙」, 「범죄수사규칙」 등을 모두 포함하는 실질적 의미의 「소년법」으로 구분할 수 있다.

「소년법」의 법적 성격은 범죄소년에 대한 보호사건과 형사사건에서의 특별한 처리를 규정한 특별형사법으로 본다. 특히 조사는 「형사소송법」에 규정되어 있지 않은 특별법적 지위의 규정으로 당사자주의와 적법절차 등에서 많은 예외가 인정된다.

현행 「소년법」은 제1장 총칙, 제2장 보호사건, 제3장 형사사건, 제4장 벌칙으로 구성되어 있으며, 소년사건은 크게 보호사건과 형사사건으로 절차상 구분된다. 「소년법」은 소년피의사건에 대하여 형사처분으로 할 것인가 또는 보호처분으로 할 것인가의 분배권한을 검사로 하여금 먼저 행사하게 하는 검사선의주의를 채택하고 있다. 따라서 별도의 소년법원이 설치되어 있지 않으며 법원소년부에서 보호사건을 전담하고 형사사건은 형사법원에서 심판하고 있다.

「소년법」 제2장에 규정된 보호사건은 실무상 '소년보호사건'으로 불리며, 통상의 형사소송절차에 의하지 않고 「소년법」에서 정한 특별한 절차에 의해 처리하는 소년사건을 말한다. 보호사건 조항은 동일한 대상에 대해 어떻게 처리할 것인지에 대한 법적 판단에 따라 형사소송절차에 배제시켜 법적 성격이 다른 절차로 이행하는 형사 특별법적 규정이다. 이렇게 소년범을 보호사건으로 처리하는 목적은 가능한 처벌을 피하고 「소년법」 제1조에 규정된 대로 '소년의 건전한 육성'을 기하기 위함이라고 할 수 있다.

「소년법」 제4조 제1항에서는 소년보호사건의 대상을 다음과 같이 세 가지로 구분하여 규정하고 있다.

① 죄를 범한 소년
② 형벌법령에 저촉되는 행위를 한 10세 이상 14세 미만의 소년
③ 다음에 해당하는 사유가 있고 그의 성격 또는 환경에 비추어 장래 형벌법령에 저촉되는 행위를 할 우려가 있는 10세 이상의 소년
가. 집단적으로 몰려다니며 주위 사람들에게 불안감을 조성하는 성벽이 있는 것
나. 정당한 이유 없이 가출하는 것
다. 술을 마시고 소란을 피우거나 유해환경에 접하는 성벽이 있는 것

강학상 또는 실무상으로 1호의 소년을 범죄소년, 2호는 촉법소년, 3호는 우범소년이라고 부르고 있다.

「소년법」의 형사사건에 대한 조항들은 「형사법」에 대한 특별법적 규정으로 보호사건으로 처리하지 않은 모든 소년형사사건에 대해 우선 적용된다.

형사사건규정은 소년보호의 이념과 개별처우의 원칙을 형사소송절차에도 적용한 것으로 구속영장의 제한(제55조), 조사의 위촉(제56조), 심리의 분리(제57조). 심리의 방침(제58조) 사형·무기형의 완화(제59조), 부정기형(제60조), 환형처분의 금지(제62조), 징역·금고의 집행(제63조), 가석방(제65조) 등 성인범에 비해 소년에 대해 특별한 처우를 규정하고 있다. 또한 '소년이었을 때 범한 죄에 의하여 ① 형의 선고를 받은 자가 그 집행을 종료하거나 집행의 면제를 받은 경우 ② 형의 선고 유예나 집행유예를 선고 받은 경우 자격에 관한 법령의 적용에 있어서는 장래를 향하여 형의 선고를 받지 아니한 것으로 본다'(제67조제1항)라고 규정하여 보호처분과 마찬가지로 낙인효과를 방지하고 사회복귀를 돕기 위한 특별규정을 두고 있다(박동호, 2011: 27-29).

4 청소년보호법(법률 제15987호, 2018.12.18., 일부개정)

정부는 1997년 6월 28일 청소년 유해매체물, 청소년 유해업소 등 청소년에게 악영향을 미치는 요소로부터 보호하기 위하여 「청소년보호법」을 제정하였다. 이 법의 목적은 청소년에게 유해한 매체물과 약물 등이 청소년에게 유통되는 것과

청소년들이 유해한 업소에 출입하는 것 등을 규제하고, 청소년을 환경으로부터 보호, 규제함으로써 청소년이 건전한 인격체로 성장할 수 있도록 함을 목적으로 한다.

이 법에서 '청소년'이라 함은 19세 미만의 자를 말한다. 다만 만 19세가 되는 해의 1월 1일을 맞이한 사람은 제외한다. 청소년에 대해여 친권을 행사하는 자 또는 친권자를 대신하여 청소년을 보호하는 자, 사회 및 국가, 지방자치단체는 청소년이 청소년 유해매체물과 청소년 유해약물 등 청소년 유해업소·청소년폭력·학대 등에 접촉이나 출입을 못하도록 필요한 노력을 하여야 하며, 청소년이 유해한 매체물과 유해한 약물 등을 이용하고 있거나 유해한 업소에 출입하고자 하는 때에는 이를 즉시 제지하여야 한다.

청소년 유해약물이라 함은 술, 담배, 향정신성 의약품, 마약, 대마, 환각물질, 기타 중추신경에 작용하여 습관성·중독성·내성 등을 유발하여 인체에 유해작용을 미칠 수 있는 약물 등으로 대통령이 정하는 기준에 따라 청소년보호위원회(청소년보호법 제36조)가 결정하여 고시한 것을 일컫는다.

청소년 유해매체물은 「음반 및 비디오물에 관한 법률」의 규정에 의한 음반 및 비디오물을 비롯해 기타 청소년의 정신적·신체적 건강을 해칠 우려가 있다고 인정되는 것으로서 대통령령이 정하는 매체물을 가리키며, 이를 청소년을 대상으로 판매·대여·배포하거나 시청·관람·이용에 제공할 수 없다.

청소년 유해업소의 업주는 청소년을 고용해서는 안 되며, 청소년 출입·고용 금지, 업소의 업주 및 종사자는 출입자의 연령을 확인하여 청소년이 당해 업소에 출입하거나 이용하지 못하게 해야 한다. 지방자치단체는 청소년 보호를 위하여 필요하다고 인정할 경우 청소년에게 정신적·신체적 건강을 해칠 우려가 있는 구역을 청소년 통행금지구역 또는 청소년 통행제한구역으로 지정해야한다. 이 법의 규정에 의한 청소년 보호업무를 수행하기 위하여 여성가족부 산하 청소년보호위원회를 둔다(박동호, 2011: 29-30; Daum).

5 학교안전사고 예방 및 보상에 관한 법률

이 법은 학교안전사고를 예방하고, 학생·교직원 및 교육활동참여자가 학교안전사고로 인하여 입은 피해를 신속·적정하게 보상하기 위하여 학교안전사고보상공제 사업의 실시에 관하여 필요한 사항을 규정함을 목적으로 2007년 1월 26일 법률 제8267호로 제정되었고, 2021년 9월 24일 일부 개정하여 시행 중이다.

「학교안전사고 예방 및 보상에 관한 법률」의 주요내용을 살펴보면 다음과 같다.

첫째, 학교안전사고 예방대책의 명문화를 통해 사전예방을 강화하였고, 둘째, 예산의 범위 내에서 학교안전사고 및 재해의 예방에 따른 비용 및 보험급여 지급에 소요되는 비용 등을 지원할 수 있는 근거조항을 마련하였으며, 셋째, 제3자(가해자)의 행위로 인하여 피해가 발생한 경우 이 보험에서 우선 치료 및 보상하고, 가해자에게 구상하도록 하여 피보험자를 두텁게 보호하도록 한다. 넷째, 당사자 간에 분쟁이 발생할 경우 소송제기 전 이를 조정할 수 있는 전문성을 가진 분쟁조정기구(학교안전공제중앙회: 2007.9.20 설립)를 규정하였다.

책임의 법적 근거는 다음과 같다.

학교안전사고는 학생본인에 의한 사고 또는 학생들 간의 사고가 대부분을 차지하고, 교원의 잘못이나 학교의 시설, 설치상의 하자로 인한 사고는 상대적으로 적은 부분을 차지하며, 제3자에 의한 사고는 매우 드물게 발생하고 있다. 그러나 학교안 전사고는 학교의 교육활동과 관련하여 발생하고, 피해자인 학생이 미성년자라는 점에서 학교와 교원들이 당해 사고에 대한 책임에서 자유로울 수는 없다. 따라서 학교안전사고의 관계당사자는 학생, 학부모, 교원, 학교의 설치·경영자 등이 될 수 있고, 학생의 경우는 다시 가해자와 피해자로 구분할 수 있다.

1) 학생 간 다툼에서 가해학생 책임의 법적 근거

가해자가 학생인 경우, 즉 학생이 폭행이나 장난 등으로 다른 학생에게 피해를 입힌 경우 그 가해학생은 우선 민사상 그 피해에 대한 손해를 배상할 책임을 진다(「민법」 제750조). 그런데 가해학생이 만 14세 미만인 경우에는 일반적으로 민·형사상 책임을 지지 않게 된다(「민법」 제753조, 「형법」 제9조). 그러나 가해학생이 만 14세 이상인 경우에는 민·형사상의 책임을 지게 된다. 그렇지만 현실적으로 피해자는 가해학생의 부모나 학교를 상대로 손해배상을 청구하는 것이 통상적인 경우이다.

2) 학생 간 다툼에서 가해학생 부모 책임의 법적 근거

원래 모든 책임은 타인에게 손해를 입힌 자가 직접 그 책임을 지는 것이 원칙이나, 앞서 살펴본 바와 같이 가해자가 만 14세 미만인 경우에는 그 가해자가 책임을 지지 아니하고, 만 14세 이상인 경우에도 실제적인 손해배상능력, 즉 경제적 능력이 없어 그 책임을 질 수가 없다. 따라서 미성년자로부터 피해를 당한 자는 손해배상을 받지 못하는 사회적 정의에 어긋나는 상황이 발생한다. 이러한 경우 가해자의 부모는 책임을 감당할 능력이 없는 자녀의 감독자로서의 책임을 부담하도록 법은 규정하고 있다.

3) 학생 간 다툼에서 피해학생 책임의 법적 근거

학교안전사고를 포함하여 모든 사고가 일방적으로 발생하는 경우도 있지만 대개의 경우 상호작용 속에서 발생하는 경우도 많다. 특히 학교안전사고는 당사자 쌍방 간의 과실이 경합하여 발생하거나 학생 본인의 부주의나 과실에 의한 경우가 대부분이어서 피해자인 학생도 일정 부분 당해 사고에 대한 책임을 지게 되는 것이 보통이다(「민법」 제396조). 따라서 피해자라 하더라도 자신이 기울여야 할 주의를 다하지 못했거나 게을리한 것이 타인의 과실과 경합하여 사고발생의 원인이 된 경우, 법원으로 하여금 손해배상의 책임 및 그 금액을 정함에 이를 참작하도록 법은 규정하고 있다.

4) 교원 책임의 법적 근거

교사나 교장 등 학교의 교원이 학교안전사고에 대하여 지게 되는 책임은 부모를 대신하여 학교에서 학생들을 관리하여야 할 책임이 있다는 태도에 그 근거가 있다. 책임능력이 없는 만 14세 미만의 학생들을 친권자 등 법정감독 의무자를 대신하여 감독하는 대리감독자로서의 책임이 교원들에게 있다는 것이다(「민법」 제755조 제2항).

교원이 교원으로서의 직무상 의무를 성실히 수행하던 중에 발생한 사고, 지도·감독의 범위 밖에서 아주 우연히 돌발적으로 발생한 사고에 대해서는 그 책임을 지지 않는다고 볼 수 있다. 그러나 교사의 직무 수행중의 과실이 사고발생의 한 원인이 되었거나, 징계권의 범위를 넘은 체벌사고의 경우 교원은 불법행위자로서 책임을 지게 된다.

5) 학교의 설치·경영자 책임의 법적 근거

학교안전사고가 발생한 경우 그 피해자는 주로 학교의 설치·경영자를 상대로 손해배상 청구소송을 제기한다. 즉, 국립학교의 경우에는 국가를, 공립학교의 경우에는 당해 시·도를, 사립학교의 경우에는 당해 학교법인을 상대로 소송을 제기하는 것이다. 교원의 잘못으로 발생한 사고의 경우 학교의 설치·경영자는 당해 교원의 사용자로서 손해배상 책임을 지고 학교 시설물의 설치·관리상의 하자로 사고가 발생한 경우에는 당해 시설의 설치·관리자인 학교의 설치·경영자가 그 책임을 지게 된다. 그런데 이 경우 국공립학교는 「국가배상법」이 적용되고, 사립학교는 민법이 적용된다(박동호, 2011: 30-33).

6 자살예방 및 생명존중문화 조성을 위한 법률

(2019. 1. 15., 일부개정)

제1장 총칙

제1조 (목적)
이 법은 자살에 대한 국가적 차원의 책무와 예방정책에 관하여 필요한 사항을 규정함으로써 국민의 소중한 생명을 보호하고 생명존중문화를 조성함을 목적으로 한다.

제2조 (기본정책)
① 자살예방정책은 자살 위험에 노출된 개인이 처한 특수한 환경을 고려하여 성별·연령별·계층별·동기별 등 다각적이고 범정부적인 차원의 사전예방 대책에 중점을 두고 수립되어야 한다.
② 자살예방정책은 생명윤리의식 및 생명존중문화의 확산, 건강한 정신과 가치관의 함양 등 사회문화적 인식개선에 중점을 두고 수립되어야 한다.

제3조 (국민의 권리와 의무)
① 국민은 자살위험에 노출되거나 스스로 노출되었다고 판단될 경우 국가 및

지방자치단체에 도움을 요청할 권리가 있다.

② 국민은 국가 및 지방자치단체가 자살예방정책을 수립·시행함에 있어 적극 협조하여야 하며, 자살을 할 위험성이 높은 자를 발견한 경우에는 구조되도록 조치를 취하여야 한다.

제4조 (국가 및 지방자치단체의 책무)

① 국가 및 지방자치단체는 자살 위험자를 위험으로부터 적극 구조하기 위하여 필요한 정책을 수립하여야 한다.

② 국가 및 지방자치단체는 자살의 사전예방, 자살 발생위기에 대한 대응 및 자살이 발생한 후 또는 자살이 미수에 그친 후 사후대응의 각 단계에 따른 정책을 수립·시행하여야 한다. 이 경우 자살시도자 및 그 가족 또는 자살자의 가족을 보호하기 위한 방안을 포함하여야 한다.

제5조 (사업주의 책무)

① 사업주는 국가 및 지방자치단체가 실시하는 자살예방정책에 적극 협조하여야 한다.

② 사업주는 고용하고 있는 근로자의 정신적인 건강 유지를 위하여 필요한 조치를 강구하도록 노력하여야 한다.

02 학교폭력 예방 및 대책에 관한 정책

학교폭력이 사회문제로 부각됨에 따라 교육부의 학교폭력 관련 정책 추진경과를 보면 다음과 같다.

「학교폭력 예방 및 대책에 관한 법률」이 마련되기 전에는 교육부·검찰청·경찰청 등 관계 부처별로 「학교폭력근절대책」이 수립·시행(1995)되어 왔다.

1997년에는 국무조정실 주관으로 관계부처 합동으로 「학교폭력 예방·근절대책」이 추진·평가되었다. 각 부처별로 보면 당시 교육부는 학교폭력 추방 추진체제를 구축하여 학교폭력 예방·근절대책본부(교육부), 학교폭력 예방·근절대책반(교육지원청), 학교폭력추방위원회(학교)를 운영하였다. 행정자치부는 학교 주변 업소에 대한 인·허가 절차 및 지도 강화, 문화관광부는 청소년 육성 관련 법 정비 및 영상물 등급 심사와 청소년 상담체제 강화, 정보통신부는 사이버 유해환경 정화 노력, 청소년보호위원회는 청소년보호 관련 법 정비 및 다양한 계도활동을 추진하였다. 특히 대검찰청은 학교 담당 검사제 및 '자녀안심하고학교보내기운동본부'를 운영하였으며, 경찰청은 학교 담당 경찰관제 시행, 어머니 경찰대 및 명예경찰 소년단 운영, 학교 주변 순찰 강화 등을 추진하였다.

1999년에는 교육부의 학생생활지도 업무를 시·도교육청으로 이양(1999.9.)하였다. 그리하여 교육부에서는 학교폭력 예방과 대책에 관한 기본계획 수립 및 시·도교육청의 추진상황을 점검·평가하고, 시·도교육청에서는 지역 실정에 맞는 세부 추진계획을 수립·추진(관련 자료 및 프로그램 개발·보급, 학교에 대한 지도·감독 등 생활지도 관련 업무 주관)해 왔다.

2003년에는 국무조정실 조정으로 지역에서는 교육지원청을 중심으로 지방자치단체·지방검찰청 및 경찰서, 청소년단체 등이 참가하는 학교폭력근절추진협의체를 구성·운영(2003.8)해 왔다.

2004년 이후 2021년 3월까지 수립·시행된 정책은 학교폭력 예방 및 대책 관련 주요 법령개정사항, 주기적인 일반대책, 시기별 특별한 대책으로 구성된다(정시영, 2018: 103-105).

주요 법령 제·개정을 살펴보면, 2004년 학교폭력예방법이 제정되면서 처음으로 학교폭력에 관한 정의가 신설되었고, 학교폭력 예방 및 대책을 위한 제도적 기반이 마련되었다. 그 후 수차례의 개정을 통해 학교폭력에 관한 정의와 제도적 기반이 수정·보완되었다. 2008년에는 학생폭력의 개념에 '성폭력'이 추가되었으며, 2012년 1월에는 '강제적인 심부름'과 '사이버 따돌림'이 학교폭력의 정의에 추가됨과 더불어 따돌림의 심각성을 인식하도록 '따돌림'에 관한 정의가 신설되었다. 2012년 3월 개정 학교폭력예방법은 학교폭력의 범위를 '학생 간'에 발생한 사건에서 '학생 대상'으로 발생한 사건으로 확대함과 동시에 피해학생 보호 및 치료를 강화하고 가해학생에 대한 신속하고 엄정한 처벌 및 출석정지, 전학조치를 의무화하였다.

일반정책으로는 행정부는 학교폭력예방법 제7조에 근거하여 2004년부터 매 5년 단위로 학교폭력 예방 및 대책 기본계획을 수립·시행하여 왔다.

제1차 학교폭력 예방 및 대책 기본계획(2005~2009)

이것은 2005년부터 2009년까지 추진해야 할 사항을 담은 것으로 주요 내용은 학교폭력 예방·근절 지원체제 구성·운영, 학교폭력 예방 및 근절을 위한 교육 및 지원강화, 교원의 역량강화, 피해자 치료 및 재활 강화, 가해학생 선도 프로그램 다양화, 학교폭력 예방 및 근절을 위한 범정부 차원의 사회적 분위기 조성을 포함하였다.

제2차 학교폭력 예방 및 대책 기본계획(2010~2014)

이것은 2010년부터 2014년까지 추진해야 할 사항을 담은 것으로 주요 내용은 학교안전 인프라의 확충, 학교폭력 맞춤형 예방교육 강화, 단위학교의 대응능력 및 책무성 제고, 가해자 선도 및 피해자 치유 지원시스템 개선, 존중과 배려의 학교문화 조성, 학교안전망 구축과 같은 내용을 포함하였다.

제3차 학교폭력 예방 및 대책 기본계획(2015~2019)

이것은 2015년부터 2019년까지 추진해야할 사항을 담은 것으로 주요 내용은 인성교육 중심 학교폭력 예방교육 강화, 학교폭력 대응 안전 인프라 확충, 공정한 사안 처리 및 학교 역량 강화, 피해 학생 보호·치유 및 가해학생에 대한 선도 강화와 더불어 전사회적 대응 체제를 구축하는 것을 포함하였다.

제4차 학교폭력 예방 및 대책 기본계획(2020~2024)

이것은 2020년부터 2024년까지 추진해야 할 사항을 담은 것으로 주요 내용은 학교공동체 역량제고를 통한 학교폭력 예방강화, 학교폭력에 대한 공정하고 교육적인 대응 강화, 피해학생 보호 및 치유시스템 강화, 가해학생 교육 및 선도강화, 전사회적 학교폭력 예방 및 대응 생태계 구축을 포함하였다.

특정 정책으로는 그동안 정부는 학교폭력 실태의 변화 또는 정권의 변동이 있거나 주목을 끄는 학교폭력 사건이 발생할 때마다 이에 따른 맞춤형 대책을 수립·시행하여 왔다. 2012년 2월 발표된 관계부처 합동 학교폭력근절 종합대책은 심각한 학교폭력 사건이 2011년과 2012년 초에 다발적으로 발생함에 따라 수립·시행된 것이다. 2013년 7월에 발표된 현장 중심 학교폭력 대책은 박근혜 정부의 출범과 더불어 현장의 자율적 학교폭력 예방 문화를 정착시키고, 새로운 유형의 학교폭력에 대처하기 위해 수립·시행되었다. 2015년 8월 발표된 초등학생 맞춤형 학교폭력 대책은 초등학생 학교폭력의 상대적 증가와 더불어 정신의학적인 원인에 의한 고위험군 학생의 학교폭력에 대응하기 위해 수립·시행되었다. 2015년 9월 마련한 학생보호 및 학교안전지원방안은 학교주변 위험군 학생 및 외부인에 의한 안전침해 사례가 급증함에 따라 수립·시행되었다. 2016년 9월 고시된 학교폭력 가해학생 조치별 적용 세부기준은 학교폭력 예방법 제17조 제1항 및 동법 시행령 제19조에 근거하여 자치위원회 심의의 객관성을 높여 가해학생 조치를 합리적으로 결정하고 갈등발생을 사전에 예방하기 위한 차원에서 마련되었다. 2016년 12월 발표된 게임·인터넷·스마트폰 과의존 및 사이버 폭력 예방 교육은 정보통신기기 활용 증대에 따른 사이버 폭력의 증가, 게임 과의존 등 다양한 부작용에 따른 개선안을 마련하기 위해 수립되었다. 2017년 발표된 학교 내 학생 대상 성폭력 예방 대책은 성사안 관련 자치위원회 심의 건수의 증가, 피해학생수의 증가에 따른 대응으로서 수립·시행되었다.

1 1차 학교폭력 예방 및 대책 5개년 기본계획(2005~2009)

2005년 3월 4일 '학교폭력 예방 및 대책 5개년 기본계획'의 추진 일환으로 교육부총리 등 관계부처 장관 및 경찰청장 등 5명이 나란히 서서 학교폭력 예방 및 근절의지를 밝히는 담화문을 발표했다. 학교폭력이 발생건수 상으로는 감소하고 있으나, 저질, 음란성 폭력영상물의 급증과 다양한 사회적 요인 등으로 인해 그 가능성은 증대하고 있고, 그 현상이 저연령화, 흉포화, 조직화, 집단화의 성향을 보이고 있어 학생들이 안전한 환경에서 즐겁고 바르게 성장할 수 있도록 하기 위해서는 학교폭력을 근절할 필요성이 있다는 것이 이번 담화문의 취지이다.

1) 5개년 기본계획의 내용

학교폭력 예방 및 대책 5개년 기본계획은 5개 영역 46개 과제를 토대로 학교폭력의 예방과 근절을 위해 실천하게 된다. 5개 영역은 범정부 차원의 ① 학교폭력 예방, 근절 지원 추진 체제 구축, ② 성폭력을 포함한 학교폭력의 예방을 위해 학생, 교원, 학부모 등을 대상으로 한 지속적인 교육 실시, ③ 교원연수 강화 및 학교폭력 예방·근절 우수교원에 대한 인센티브 제공을 통하여 전 교원의 상담 및 생활지도 요원화 지향, ④ 피해학생의 보호와 가해학생에 대한 선도 강화 등으로 학교폭력의 재발 요인 방지 및 피해학생의 인권 보호, 끝으로 ⑤ 제반 대책의 실효성 제고를 위한 범정부 차원의 사회적 분위기를 조성한다. 그리고 학교폭력은 발생 이후 가해학생 및 피해학생 그리고 관련 학교와 학부모 모두에게 고통과 피해를 주는 만큼, 예방활동에 주안점을 두었다.

구체적으로 우선 모든 학교에 상담실 설치(설치비율 : 73.27%) 및 전문상담교사 자격증 소지자 배치, 학교폭력 책임교사의 선임 및 승진가산점 등 인센티브 부여, 다양한 전문가에 의한 실질적인 예방교육 등을 강화하도록 하고 있고, 지역교육청에 전문상담교사를 배치하여 학교－청소년상담원－지역사회복지관－자원상담센터 등과 유기적인 연계 및 사이버 상담 체계를 갖추어 학교－가정－지역사회가 유기적으로 연계된 입체적인 상담 체계를 구축할 것이다.

그리고 연 2회의 '학교폭력 추방의 날'(3, 9월) 지정 운영, 학교폭력 자진신고 및 피해신고 기간 운영(매년 3~4월), ON-OFF LINE상의 유해환경 집중 모니터링 및 지도, 단속, 명예 경찰 소년단 운영, 청소년 유해업소 및 사이버 유해환경 정화 강화, 영상물 심의강화, 학교 내외의 안전구역화(Safety Zone) 추진, 학교담당 경찰관 활동 강화, 청소년 상담, 선도시설 설치 확대, 청소년폭력 예방을 위한 미디어 공모전 등을 실시할 것이다.

또한 전 교원의 학교폭력 예방 및 상담 요원화를 통해 근본적으로 학교폭력 근절 노력을 하며, 학교폭력 피해 신고망 정비를 위해 학생증 발급 시 신고망을 기재하여 발급토록 하고, 가정통신문에는 여백에 학교폭력 신고번호 및 관련 표어를 삽입하며, '학교폭력 가해자 자수 및 피해자 신고기간'(매년 3~4월)을 운영하고, 아울러 위와 같은 모든 예방활동의 실효성 제고를 위해 기관별로 학교폭력 예방지원 추진체를 구성하여 운영하게 된다.

2) 5개년 기본계획의 의의

정부 수립 이후 처음으로 범정부 차원에서 학교폭력 예방 및 근절을 위한 중·장기 종합대책이 마련되었다는 점과 학교－교육청－정부기관, 지방자치단체－지역사회－전문단체 및 전문가가 학교폭력 예방 및 대책을 위해 유기적인 연계 체계를 갖추고 추진한다는 것이다.

그리고 단위 학교에서 학교폭력 예방 및 근절을 위한 구체적인 조치를 취하게 함으로써 신속, 투명하고 공정하게 학교폭력 문제를 해결할 수 있게 되었다는 것이다(김학일, 2005.3.30.).

2 학교폭력근절 종합대책

2차 기본계획이 추진 중이었던 2011년 말 대구광역시 ○○중학교 학생 자살사건을 계기로 학교폭력에 대한 사회 전반적인 우려와 반성에 따라 관계부처 합동의 학교폭력근절 종합대책(이하 '3차 대책'이라 지칭한다)이 발표(2012.2.6.)되었다.

이 3차 대책은 최근 학교폭력의 특징과 원인을 진단하고 학교폭력 관련 기존 대책 및 제도의 한계를 분석하면서 학교폭력근절 7대 실천 정책을 제시하였다(김규태 외, 2013:155).

1) 최근 학교폭력의 특징

최근 학교폭력의 특징을 살펴보면 다음과 같다.

첫째, 학교폭력 최초 발생 연령이 낮아지고 있는 추세이다.

둘째, 중학생의 학교폭력 발생 비율이 가장 높은 상황이다.

셋째, 가해자와 피해자 구별이 불분명 : 피해와 가해의 악순환이다.

넷째, 정서적 폭력의 증가와 폭력의 지속성 확대이다.

다섯째, 학교폭력의 집단화 경향 : '일진' 등 학교 내 영향력 증가이다.

여섯째, 학교폭력에 대한 인식과 대응 수준은 매우 낮은 편이다.

2) 학교폭력의 원인

(1) 학생의 인성 및 사회성 함양을 위한 교육적 실천 미흡

① 높은 학업성취 수준에 비해 학생들이 타인과 관계를 원만히 맺고 협력하는 사회적 상호작용능력 부족

※ 한국 학생의 언어적·수학적 소양은 1~2위인 반면, 원만한 타인관계와 협력하여 일하는 능력 22위 수준(청소년의 핵심역량 국제비교, 여가부, 2010)

② 학업 스트레스를 해소할 수 있는 감성교육, 신체활동 참여 기회 부족

※ 과도한 스트레스 → 감정을 관장하는 뇌의 민감성 둔화 → 소통·감성능력 약화

(2) 교사가 적절한 생활지도를 하기 어려운 교육 여건

① 학교폭력의 양상이 지속적으로 변화하고 있으나, 이에 대응하여 학생을 효과적으로 지도할 수 있는 수단과 관련 제도 미흡

② 교사 양성-임용-연수 단계에서 생활지도에 대한 실천적 전문성을 키울 수 있는 프로그램 부족

※ '11년 교원능력개발평가 학생만족도 : 개인생활지도(3.74) 〈 사회생활지도(3.81) 〈 수업실행(3.88) 〈 평가 및 활용(3.89) 〈 수업준비(3.94)

(3) 학부모의 자녀교육에 대한 관여 부족

① 자녀와의 대화·학교교육 참여 기회가 부족하여 학교폭력으로 인한 이상 징후를 즉각 발견하지 못하는 경우 빈번

② 형제가 없는 한 자녀 가구, 맞벌이 부부가 증가하고 한국사회에 만연한 야근문화 등으로 인해 가정에서의 돌봄 기능 약화

(4) 인터넷·게임·영상매체의 부정적 영향력 증가

① 인터넷을 통하여 폭력영화, 만화 등 유해 영상매체에 접근이 용이하여 청소년들의 폭력에 대한 인식이 무뎌지는 경향

※ 영상매체(폭력영화, 인터넷, 게임 등)의 학교폭력 영향력을 조사한 결과 영향력이 있다고 대답한 비율이 53.7%에 달함('매우 영향 있음'+'영향 있음')

② 인터넷, 게임 산업을 경제적·산업적 관점으로만 접근하여 교육적 시각에서 심의·규제하고, 유해성을 자율 자정하려는 노력 미흡

③ 학교폭력 관련 기존 대책 및 제도의 한계

◈ 「학교폭력 예방 및 대책에 관한 법률」 및 동 시행령 제정('04.7) 이후 '학교폭력 예방 및 대책 5개년 기본계획' 수립 등 수 차례 학교폭력 대책을 추진하였으나, 학교 현장의 근본적인 변화를 이끌어내지 못함

◈ 학교폭력 문제의 직접적인 당사자인 학생, 교사, 학부모가 함께 학교폭력 근절을 실천하도록 지원하는 정책 및 제도 개선 부족

◈ 가장 근본적인 대책인 학생들의 배려·공감·협동심을 키우는 실천 중심의 인성교육에 대한 정책 추진 미흡

(5) 성적중심의 입시위주 교육으로 핵심가치인 '인성'교육 소홀

① 현 정부 출범이후 창의·인성교육을 적극 추진하여 창의성 향상에는 소기의 성과를 거두고 있으나, 인성교육의 성과는 낮은 편

- 학교급별 교육목표에 인성 함양 요소가 연계되어 있지 못해 학생 발달 단계별 인성교육 실천에 한계

  ※ 특히 또래문화를 본격적으로 형성하는 중학교의 인성교육 방향 제시 미흡

- 학생들이 타인의 감정에 공감하고, 소통하며, 갈등을 해결할 수 있는 실제적 능력 함양을 위한 실천·체험 중심의 교육 부족
- 학교 인성교육은 비교과 중심으로 이루어진 측면이 강하며, 교과에서는 지필 평가를 위한 지식 습득 중심

  ※ 봉사활동, 계기 교육, 강연회, 수련회 등을 통한 행사 위주로 1회성 교육에 그침

- 생활지도 등 인성교육을 잘하는 교사를 우대하는 정책이 미흡하여, 학교 현장에서 인성교육을 후순위로 미루는 실정

  ※ 수석교사 선발, 학습연구년 대상 교사 선발, 각종 시상, 교장·교감 승진 등에 있어서 인성교육 우수 교사 우대책 미흡

- 인성교육 강화를 위해 입학사정관제, 자기주도학습전형 등 새로운 입시 제도를 도입했으나, 성적중심의 학생 선발 관행 지속

(6) 학교폭력 신고 ➡ 조사 처리 과정의 문제

① 교과부의 1588-7179, 여가부의 1388, 경찰청의 117 등 신고전화가 각 기관에 산재하여 신고자의 혼란 가중

② 기존 경찰청 소속 '117 여성·아동·청소년 경찰 지원 센터'에서 상해·폭행·성범죄 이외의 학교폭력에 대해서는 대응 미흡

- 경찰청, 시·도교육청, 학교 간 가해학생의 인적 사항 및 학교폭력 내용에 대한 정보 공유체계 부재

(7) 가해학생에 대한 조치와 피해학생 보호의 한계

① 「학교폭력 예방 및 대책에 관한 법률」 상 조치의 구속력 미흡

- 전학, 특별교육 등 법률 상의 조치를 가해학생이 거부하는 경우 이에 대

한 강제력이 없어 실효성 확보 불가

- 학교폭력 발생 시, 가해학생을 피해학생으로부터 분리하여 피해학생을 보호할 수 있는 법적 근거 미비

② 가해학생에 대한 처벌이 미약하여 '학교폭력=범죄'라는 인식 부재

- 학교폭력으로 인한 조치사항이 학교생활기록부에 기재되지 않아 교사의 학생생활 지도력 약화
- 학교폭력이 가장 많은 중학생의 경우, 「소년법」 상 촉법소년에 해당되어 보호처분에 그치게 됨에 따라 실효적인 처벌 제한
- 가해학생의 재범방지 및 선도를 위한 사안별 맞춤형 조치 미흡

③ 피해학생의 신체적·정신적 치료를 위한 즉각적인 보상체계 미흡

- 보상문제가 지연될 경우, 가해자–피해자 학부모 간 또 다른 분쟁 야기

  ※ 특히 집단적 폭력 경향이 많은 추세에서 1명의 피해 학부모가 다수의 가해 학부모와 보상협의를 이끌어 내는 것은 더욱 어려운 실정

(8) 학교폭력 사안에 대한 교사의 권한·역할 부족 및 개입 곤란

① 학교폭력과 관련하여 교사들이 개입할 수 있는 실효성 있는 권한 부족

- 학교폭력 사안에 대해 학부모가 이를 거부하는 경우 조사를 진행할 법령상 권한 부재

② 경찰에 신고·고소된 사안은 수사 개시를 이유로, 법원에 넘겨진 사건은 재판 중이라는 이유로 학교의 개입이 어려운 실정

(9) 규칙을 준수하는 학교문화 미정립

① 학교에서 타인을 배려하고 법과 질서를 존중하는 민주시민 의식과 준법정신을 체득할 수 있는 다양한 교육 프로그램 제공 미흡

- 법무부 지원 프로그램(준법교육, 학교자치법정), 교육청 단위에서 추진하는 생활평점제 확대 운영 등에 의존

  ※ 국내외 초등학생 교실학습에 대한 인식비교 연구결과(교육과정평가원, 2007) 교실에서 사회생활에 필요한 질서와 규칙을 배우고 실천한다고 답한 비율 : 프랑스 63%, 영국 54.3%, 일본 20%, 한국 18.4%

② 학생생활규칙 등 학생들의 생활을 규율하는 규칙이 문서상으로만 존재하고, 인성교육 차원에서 적극적으로 활용하지 못하는 실정

(10) 학교폭력 유발 환경에 대한 견제·감시 장치 미비

① **온라인 게임** : 산업육성 위주의 관련 법령으로 인해 게임 중독 등 교육적 역기능에 대한 규제 장치 미비

② **인터넷·SNS** : 폭력만화·음란 동영상 등 유해한 정보를 접할 수 있는 통로는 많아지고 있으나 이에 대한 모니터링 등 대책 미흡(특히, 언어적·정신적 폭력이 이루어지는 공간으로 활용되는 SNS에 대한 대응책 미비)

③ **일진 등 폭력문화** : 성인사회의 조직적 폭력집단 문화를 학교에 유입하는 학교 내 폭력서클에 대한 대책 미흡

3) 학교폭력근절 7대 실천 정책

구분	과제	현황		대책
목 표	학교폭력 없는 행복한 학교			
직접 대책	'사소한 괴롭힘'도 '범죄'라는 인식하에 철저히 대응			
	① 학교장과 교사의 역할 및 책임 강화	대처권한 부족 및 학교폭력 은폐	➡	대처 권한 및 역할 대폭 강화 은폐시 엄중조치로 책무성 확보
	② 신고-조사체계 개선 및 가 · 피해학생에 대한 조치 강화	신고번호 분산 체계적 대응체계 부재 처벌 및 보호조치 미흡	➡	신고체계 일원화 조사 · 지원기능 체계화 가해/피해학생 조치 강화
	③ 또래활동 등 예방교육 확대	건전한 또래문화 미형성	➡	학생간의 자율적 갈등해결 학교단위 예방교육 체계화
	④ 학부모교육 확대 및 학부모의 책무성 강화	참여 부족, 무관심 책무성 미흡	➡	학부모 교육 · 자원봉사 확대
근본 대책	학교-가정-사회가 함께 인성교육 실천			
	⑤ 교육 전반에 걸친 인성교육 실천	학업성취 수준은 높으나 인성 · 사회성은 낮은 수준	➡	바른생활습관, 학생생활규칙 준수 등 실천적 인성교육 추진
	⑥ 가정과 사회의 역할 강화	민 · 관의 유기적 대응 미흡 가정의 교육기능 약화	➡	민 · 관 협력체제 강화 가정의 교육기능 회복
	⑦ 게임 · 인터넷 중독 등 유해 요인 대책	교육적 시각에서 심의 · 규제기능 미흡	➡	게임 · 인터넷 심의 · 규제 및 예방 · 치유교육 확대

그림 5-1 학교폭력근절 7대 실천 정책

3 현장중심 학교폭력 대책(2013.7.23)

정부는 2013년 7월 23일, 국무총리 주재로 제5차 학교폭력대책위원회를 열어 관계부처 합동으로 '현장중심 학교폭력 대책'을 심의·의결하였다.

이번 대책은 4대악 근절을 위한 정부의 핵심 국정과제 중 하나로서 범 부처 협업과제로 추진된다.

학생들이 안전하고 건강하게 교육받고 성장하기 위해서는 학교폭력이 발생하지 않아야 한다는 점에서 '사전 예방'에 중점을 두고 있다.

이를 위해 학교폭력 예방교육(어울림 프로그램)을 정규교육과정에 반영하여 전국 모든 초·중·고교에 지속적·체계적으로 실시하고, 또래보호, 학교 및 청소년 취약지역 순찰 활동 등 학교와 지역사회의 자발적이고 자율적인 예방활동을 적극 장려하고 지원하는 것을 최우선 과제로 추진하기로 하였다.

또한 학교폭력 실태조사 결과를 반영하여 학교폭력 유형별 맞춤형 대응을 강화하고, 피해학생이 안심하고 보호·치유받을 수 있도록 내실있게 지원하며, 가해학생에 대해서도 선도될 때까지 교육하는 것을 주요 내용으로 한다.

- 정부는 그동안 '학교폭력의 근원적 해결'을 위하여 학교폭력 실태조사 및 의견수렴 결과를 적극 반영하여 현장 적합성 있는 맞춤형 대책 마련에 노력해 왔다.

1) 추진배경 및 경과

(1) 추진배경

① 2012년 범정부 대책*을 수립·추진('12.2.6~)하여 학교폭력에 대한 경각심을 높이고 학교폭력이 감소**하는 등 성과가 나타남

* 7대 영역 54개 과제 / 총리실, 교육부 등 11개 부처 참여

** 학교폭력 피해응답률 : ('12년) 8.5% → ('13년) 2.2%

② 그러나 학교폭력이 근절되지 않고 심각한 피해*는 크게 줄어들지 않아 학생·학부모 등 학교구성원의 불안감은 지속

* 심각한 피해(1주일 1~2회, 4개월 이상 지속) : ('12) 110천 건 → ('13) 64천 건

☞ 문제 해결의 **근원적 해법은 현장**에 있다는 판단 하에, **실태조사, 지난 대책 평가, 현장 의견**을 토대로 **현장 중심**의 **맞춤형 대책** 필요

(2) 추진경과

① 대책마련을 위한 관계부처 협의, 시도교육청 협의(5회)('13.4월~)

② 학교폭력 관련분야 전문가 TFT 운영('13.4월~)

※ 학교폭력 예방연구소, 부처 추천 전문가, 현장 교원 등으로 연구진 구성

③ 기존대책 분석 및 과제발굴을 위한 현장 의견수렴('13.4월~)

※ 온라인 국민정책제안(4,830건 응모), 현장릴레이 토론회(15회) 등

④ '13년 1차 학교폭력 실태조사('13.3.25.~4.30.) 및 후속조치 추진('13.5월~)

※ 단위학교 예방대책 수립 시 학생자치활동, 학부모 자원봉사 적극 활용 안내

⑤ 교원단체·시민단체 의견수렴, 전문가 간담회 개최(6회)('13.5월~)

⑥ '국가정책조정회의' 중간보고('13.6.7. 국무총리 주재)

⑦ '학교폭력대책실무위원회' 부처 간 협의('13.7.12. 교육부차관 주재)

2) 기존 대책의 평가

(1) 학교장과 교사의 역할 및 책임 강화

① 사안발생 후 가해학생 즉시 출석정지, 은폐·축소 시 엄중조치 등 학교의 책무성을 강화하였으나, 은폐·축소현상이 여전하고, 정부주도의 정책추진으로 학교의 자율적인 예방 노력 유도는 미흡

② 전문상담인력을 확대하고 있으나 현장수요에 비해 부족하고, 교사 – 학생 간 충분한 소통 부족 등 생활지도 여건 열악

※ 전문상담교사 배치 : 초(4교)·중(997교)·고(580교) (전체학교의 13.9%) / 순회교사(308명)

■ **학교폭력을 효과적으로 예방하고 사안처리를 잘하는 학교들에 대한 지원을 강화**하고 단위학교의 우수사례를 적극 **전파**할 필요(전문가 간담회)

(2) 신고-조사체계 개선 및 가·피해학생 조치 강화

① 117 신고센터 통합(17개소), 실태조사(연2회) 등 신고·조사 기반을 구축하였으나, 마음 놓고 신고·상담할 수 있는 여건 마련 필요

※ 117 신고건수 : ('11년) 280건 → ('12년) 80,127건(286배 증가)

② 가해학생 강제전학 등 엄중조치로 경각심 제고했으나, 시간 때우기식 특별교육, 강제전학에 따른 부적응 지적

> ▪ Wee 센터는 피해학생과 가해학생이 마주칠 수 있어, **별도의 지원센터를 만들어 피해학생이 편하게 치유받을** 수 있어야 함(릴레이 토론회)

(3) 또래활동 등 예방교육 확대

① 학교폭력 예방교육이 의무화(연 2회)되어 교육 시간이 확대되었으나, 일부 학교는 단순 전달식의 형식적인 교육 운영

※ 감사원('13.6.) : 경기 등 3개 지역의 29.4%(1,016교)가 단순 전달식교육 실시

② 또래상담 등 학생 스스로 해결하는 문화가 형성되고 있으나 또래보호, 또래결연 등으로 자치활동 다변화 및 지원 확대 필요

> ▪ 학생들이 서로 이해하고, 어울릴 수 있는 다양한 교육 프로그램을 실시할 수 있도록 대안학교 같은 교육 프로그램의 확대가 필요(온라인 정책제안)

(4) 학부모교육 확대 및 학부모의 책무성 강화

① 직장교육, 온라인 교육 등 학부모교육을 확대하고 학부모 학교참여를 유도하고 있으나, 아직도 일부 학부모 위주로 참여

② 가해학생 학부모의 특별교육이 의무화되어 책무성을 강화하였으나, 학부모간 분쟁을 효과적으로 조정하는 기제 부족

> ▪ **가해학생 학부모 특별교육**을 통해 실질적인 가족 기능을 회복하기 위해서는 **학부모와 자녀가 함께하는 교육** 프로그램이 실시되어야 함(릴레이 토론회)

(5) 교육 전반에 걸친 인성교육 실천

① 체육·예술교육, 프로젝트 인성교육, 교육청 평가 개선(학교폭력 관련 15점 반영) 등을 통해 실천적 인성교육을 강화

② 예방활동에 적극적이고 학교폭력을 숨기지 않고 잘 처리한 교원·학교가 우대 받을 수 있도록 개선 필요

(6) 가정과 사회의 역할 강화

① 학교폭력지역위원회(시·도, 17개) 및 지역협의회(시·군·구, 227개) 설치('12.5) 등 기반을 마련하였으나, 교육청-지자체 간 협력 부족

② 가정, 민간단체, 기업, 대학의 예방활동 등을 적극 지원하고, TV 드라마, 예능, 공익광고 등 다각적인 홍보 활동 지속 추진 필요

(7) 게임·인터넷 중독 등 유해 요인 대책

① 게임시간 선택제('12.7~), 유해정보 필터링 S/W 보급('12.6), 흡연·음주 예방교육, 금연학교 등 관련 유해 요인에 대한 다양한 정책 추진

② 최근 사이버폭력이 심화됨에 따라 예방교육을 넘어 선제적 대응이 필요하며, 안전한 학교환경 조성을 통해 학생 보호 강화 필요

4 제4차 학교폭력 예방 및 대책 기본계획

제4차 학교폭력 예방 및 대책 기본계획의 내용은 다음과 같다(교육부, 보도자료, 2020.1.15.).

1) 학교폭력 예방 및 대응을 위한 학교의 교육적 역할이 강화될 수 있도록 지원한다.

- 단위학교에서 교과수업을 통해 자연스럽게 예방교육을 실시할 수 있도록, 학생 활동지 등의 형태로 개발한 학교폭력 예방교육 프로그램('교과연계 어울림')을 확대한다.

  ※ ('20) 기술·가정 → 영어·체육 → (~'24) 진로·한문 등

• 또한, '학교장 자체해결제' 활성화, 피해학생 동의 전제로 한 '관계회복 프로그램' 개발·보급 등을 통해 학교폭력에 대한 학교의 교육적 역할을 강화한다.

2) 피해학생 보호·치유를 위한 지원을 강화한다.

• 피해학생 지원기관을 확대·내실화하여, 피해상황별 맞춤형 지원을 강화한다.
  * 통학형·기숙형 피해학생 보호기관 및 가정형 위(Wee)센터 등 총 48개소('19)
  ※ 피해학생 지원기관 수(목표): ('19) 48개소 → ('20) 52개소 → ('22) 56개소 → ('24) 60개소

• 나아가, 피해학생 지원기관 이용만족도를 조사하여 기관 운영을 평가하는 환류체계를 구축하는 등 피해학생 요구를 토대로 하여 보호 및 치유체계를 보완한다.

3) 중대한 학교폭력에 엄정대처하고 가해학생의 재발방지를 위해 가해학생 교육을 강화한다.

• 특히, 소년법 적용사건 수준의 중대한 학교폭력에 대해서는 엄정하게 대처한다는 정부 기조에 따라, 우범소년 송치제도를 적극 활용하고, 촉법소년 연령 하향(만 14세 미만 → 만 13세 미만)도 추진한다.

* 법원 소년부 심리대상이 되는 학교폭력의 경우 경찰서장이 해당 사안을 직접 관할 법원에 소년보호 사건으로 접수시키는 제도로서 이를 통해 가해학생 선도 및 피해학생과 분리 조치

• 또한, '가해학생 특별교육' 프로그램을 보완하고 특별교육기관의 질 관리를 강화하여 학교폭력 재발방지 효과를 높인다.

표 5-1 제4차 기본계획 추진 방향

비전	모두가 함께 만드는 행복한 학교	
목표	• 존중과 배려가 가득한 학교문화 • 적극적 보호 와 교육으로 신뢰받는 학교 • 민주시민의 성장을 돕는 가정과 사회	
5대 정책영역		14개 추진과제
1	학교공동체 역량 제고를 통한 학교폭력 예방 강화	1. 학교·학급 단위의 학교폭력 예방교육 내실화 2. 학생 참여·체험 중심의 학교폭력 예방활동 확대 3. 학교폭력 유형·추세 대응 예방활동 강화 4. 전사회적 협력을 통한 학교폭력 예방문화 조성
2	학교폭력에 대한 공정하고 교육적인 대응 강화	5. 학교폭력 조기 감지 및 대응체계 강화 6. 학교의 교육적 해결역량 제고 7. 사안처리의 공정성·전문성 확보
3	피해학생 보호 및 치유 시스템 강화	8. 피해학생 맞춤형 보호·지원체계 강화 9. 사후지원 강화 및 학교 안팎 협력체계 구축
4	가해학생 교육 및 선도 강화	10. 가해학생 교육·선도 내실화 11. 중대한 학교폭력 가해학생에 대한 엄정대처
5	전사회적 학교폭력 예방 및 대응 생태계 구축	12. 가정의 교육적 역할 강화 13. 지역사회의 역할 및 책무성 강화 14. 전사회적 대응체계 강화 및 대국민 인식제고

〈주요 신규 정책과제〉

- 일회성이 아닌 교과수업 시간에 실시할 수 있는 예방교육('교과연계 어울림') 확대
- 초등 학년군별(초1~2/초3~4/초5~6)맞춤형 예방교육 프로그램('어울림') 및 '사이버어울림' 확산
- 학교급·폭력유형별 맞춤형 '관계회복 프로그램' 보급 및 프로그램 활용 전문가 양성
- 피해학생 전담지원기관 이용만족도 조사 등 피해학생 의견수렴·환류체계 구축추진
- 가해행위 재발방지를 위한 '특별교육 프로그램' 보급 등 가해학생 조치 내실화
- 부모교육 참여 활성화를 위한 인센티브 제공

PART 02

폭력 예방을 위한 학생의 이해

Chapter 06

폭력 예방을 위한 유아발달의 이해

학습내용

여기서는 유아폭력예방을 위해 먼저 알아야 할 영유아기의 발달특성을 구체적으로 이해할 수 있는 내용과 유아교육기관에서 발생할 수 있는 폭력의 형태를 살펴본다. 또한 유아교육현장에서 이루어진 폭력실태를 파악하여 유아폭력예방교육에 도움이 되고자 한다.

교사의 유아발달에 대한 이해는 유아교육기관에서의 폭력 예방에 필수조건이다. 교사가 유아의 정서와 사회성, 도덕성의 발달 수준을 잘 이해하고 있을 때, 유아의 문제행동도 발달적 측면에서 바르게 이해하고 접근할 수 있기 때문이다. 유아기는 자신으로부터 시작하여 타인을 이해하고 더불어 살아갈 수 있는 바탕을 다지는 시기다. 따라서 교사는 공동생활을 하는 기관에서부터 유아가 타인과 함께 살아가는 기초를 쌓을 수 있도록 유아의 발달 수준을 이해하고 그에 적합한 지도를 할 수 있어야 한다.

유아기는 애정이나 소속감, 사회적 승인, 독점 등의 인격적, 사회적 요구가 강하게 나타나는 시기이다. 유아들은 유아를 둘러싼 환경에서 사회의 공통적 목표, 즉 사회적 행동의 규준이나 유아에게 기대되는 역할과 행동에 맞도록 생활해야 한다(김충기, 장선철, 2002). 그러나 사회적 규준이나 기대되는 역할과 행동을 못하거나 하지 않는 경우에는 사회적 문제행동이 나타난다. 이러한 행동을 문제행동이라고 규정짓기도 하지만 문제행동이 결국은 학령기에서 학교폭력의 유형으로 나타나기도 한다. 유아들의 문제행동 모두를 학교폭력으로 규정짓기에는 다소 무리가 있다. 그러나 대체로 유아교육기관에서의 문제행동을 중재받지 못하거나 소통받지 못한 행동이 학령기에 학교폭력의 형태로 나타나 상담을 요하는 경우가 많다. 최근 초등학교에서 일어나는 학교 폭력의 형태가 기관에서도 자주 관찰되고 있는 실정이다. 유아들에게 나타나는 학교폭력의 형태는 주로 공격적인 형태로 나타난다. 유아의 공격적인 행위는 주로 억압되어 있던 부정적인 감정이 폭발되어 나타난다. 공격적 행위는 다른 사람에게 상처를 줄 뿐만 아니라 자신에게도 부정적인 영향을 미친다. 여기에서는 폭력 예방과 밀접한 관련이 있는 사회·정서 발달에 초점을 두어 살펴보고자 한다.

01 유아의 발달적 특성

유아는 생후 1년부터 만 6세까지 어린이를 의미하며 「유아교육법」에서는 유아를 만 3세부터 초등학교 취학 이전의 어린이로 보고 있다. 이 기간에 유아는 완전한 심리적 및 신체적 의존 상태에서 벗어나 자율적으로 조절되는 자기와 타인에 대한 감각을 갖게 되고, 언어를 사용하고 자신의 내면세계를 의사소통할 수 있는 능력을 갖게 되고, 정신 기능의 여러 영역에서 독립성을 지닌 개인으로 발달한다. 유아기 후반까지 정신 구조의 형성에서 중요한 성취가 이루어지는데, 그것은 자기 표상과 대상 표상을 분명히 구별하고, 좋거나 나쁜 부분 대상을 전체 대상 표상과 전체 자기 표상으로 통합하는 것이다. 자아와 원본능 역시 구별되며, 갈등을 일으키는 감정과 충동을 다루기 위한 방어 기제도 발달한다. 내적 불안을 일으키고 신경증적 증상을 발달시키는 능력이 형성되고, 타협 형성능력도 형성된다. 이러한 다양한 능력들의 발달과 함께, 자아는 의도성, 방출의 억제, 퇴행에 대한 저항, 좌절 및 불안과 양가감정을 참아내는 능력을 갖게 된다. 이후부터 아동은 환경 안에서 경험하는 보다 광범위한 범위의 복잡한 정동을 점점 더 많이 참아낼 수 있게 된다.

유아기 동안 기능의 분화와 통합은 빠르게 진행되며, 여기에는 선천적으로 주어진 요소, 유전적으로 결정된 성숙 경로 그리고 환경(출생 전과 후 모두) 사이의 복잡한 상호 작용의 영향을 받는다. 유아 발달은 여러 가지 이론적 모델을 통해 기술되어왔다. 각 이론들의 강조점은 다르지만, 모든 모델은 새로운 수준의 기능들(정동의 표현, 운동 기술, 감각에 대한 지각 및 보유, 충동 통제 등)이 유아와 환경 사이의 상호 작용을 통해서 출현한다고 가정한다. 경험은 처음에는 신경생리학적 수준에서, 그다음에는 심리적 표상의 수준에서 점점 더 복잡한 형태로 조직화된다.

유아기에도 신체가 꾸준히 성장하는데 신체 비율이 변화하고 대뇌가 성장한다. 신체 성장은 운동능력 발달의 기초가 되고 운동능력이 발달하면서 외부 환경을 더 능동적으로 탐색하게 된다. 또한 인지능력이 발달하여 눈앞에 존재하지 않는 대상을 기억하는 표상능력이 생기는데 이는 피아제의 인지발달단계 중 전조작기에 해당하는 특징이다. 전조작기 아동이 가진 사고의 큰 특징은 다른 사람의 관점을 이해하지 못하는 자아중심적 사고를 보인다는 것이다. 유아기에는 영아기에 분화된 정서가 더 발달하고 정서 규제능력이 향상된다.

1 사회성발달

유아는 자기중심적 사고로 인해 타인의 관점으로 세상을 보는데 어려움이 있다. 그러나 이 시기가 지나면 타인의 관점으로 사물과 상황과 세상을 이해하기 시작하고, 시간이 지날수록 점점 더 정교한 이해가 가능해지며, 사회적 관계를 이해하게 된다. 이러한 능력을 사회인지라고 하는데, 사회인지는 사회적 관계를 이해하는 능력으로 다른 사람의 감정, 생각, 의도, 사회적 조망능력의 발달을 의미한다. 사회인지는 모든 인간관계의 기본이며, 다른 사람이 무슨 생각을 하는지, 어떻게 느끼는지를 아는 것과 다른 사람과 원만한 관계를 유지하고, 그들을 이해하는데 필수적이다(Feldman & Ruble, 1988; Gnepp & Chilamkurti, 1988).

조망수용능력(perspective taking ability)은 다른 사람의 사고와 감정을 짐작하고 이해하는 능력이다. 조망수용능력이 발달한 사람은 감정이입능력과 동정심을 가지고 있으며 어려운 사회적 상황을 잘 처리하는 문제해결능력을 갖게 되어 타인과 잘 지낼 수 있는 성숙한 사회적 행동이 가능하게 된다. 유아는 조망수용능력이 발달하면서 점차 다른 사람의 관점과 욕구를 더 잘 이해하게 되기 때문에 자기이해가 증가 될 뿐만 아니라 또래집단 지위와 우정의 질이 향상되고 사회적 관계도 보다 효과적으로 맺을 수 있게 된다(Kurdek & Krile, 1982). Selman(1980)은 구조화된 면접을 사용하여 조망수용능력발달을 표 6-1과 같이 5단계로 구분했다.

표 6-1 조망수용능력의 발달단계

단계	조망수용능력(나이)	내용
0단계	자기중심적 미분화된 단계 (3~5세)	• 자신의 입장과 타인의 입장을 구별하지 못하며 자기중심적으로 해석함.
1단계	사회정보적 조망수용단계 (6~7세)	• 타인이 나와 다른 방식으로 사고할 수 있음을 이해하지만 왜 그런지는 이해 못함 • 타인의 의도, 감정 사고를 추론하기 시작한다 해도 사람들이 진짜 감정을 숨길 수 있다는 것을 이해 못함
2단계	자기반영적	• 다른 사람의 관점을 이해하며 상대방의 관점을 절대적으

단계	조망수용능력(나이)	내용
	조망수용단계 (8~10세)	로 옳거나 옳지 않을 수도 있음을 이해함 • 동시에 일어나는 제3자의 입장을 이해 못함
3단계	상호적 조망수용단계 (10~12세)	• 중립적인 제3의 관점에서 자신과 타인의 관점을 이해함 • 공정한 관찰자의 입장에서 자신과 상대의 상호조망을 객관적으로 바라볼 수 있음
4단계	사회관습적 조망수용단계 (12~15세)	• 모든 사람들이 공유할 수 있는 사회적, 관습적, 법적, 도덕적 관점의 조망수용이 필요하다는 것을 이해함 • 상호 간의 이해를 돕기 위해 보편적인 타자나 사회적 제도의 관점을 고려할 수 있음

유아는 발달상 0~1단계의 조망수용능력에 머물러 있기 때문에 다른 유아와의 관계에서 자기중심적인 행동을 한다. 또한 조망수용능력은 상황이 복잡해지면 더 낮아지기 때문에 복합적 감정은 기본감정보다 조망하기가 어렵다. 따라서 조망수용능력이 낮은 유아는 사회적 참조(social reflecting)를 통해 성인의 반응을 보면서 위험한지 안전한지 파악하려고 하다. 사회적 참조란 유아가 자신이 신뢰하는 사람의 감정 반응을 보면서 그 감정적 단서를 찾아 감정과 행동을 표현하는 것이다. 즉, 타인의 정서를 자기 행동의 길잡이로 삼는 것이다. 따라서 어린유아는 교사를 보면서 교사의 정서적 반응에 의존하려 할 것이므로 교사는 유아의 좋은 모델이 되어 주어야 한다. 그런데 교사가 유아의 정서에 대해 비효과적인 반응을 하게 된다면 유아는 자신과 타인의 정서를 이해하기 어렵게 될 것이다. 비효과적인 반응에는 유아의 정서 무시하기(자기감정이 중요하지 않다고 여기게 됨), 정서적 상황에 대해 거짓말하기(앞으로 직면할 상황에 대해 유아가 준비할 수 없게 하고 신뢰감을 잃게 됨), 유아의 감정 부인하기(유아가 표현하는 정서의 중요성을 간과하여 특정 정서를 갖지 못하게 함), 수치심 느끼게 하기(자신에 대해 의심하고 열등하고 부적절하다고 느끼게 됨) 등이 있다. 그러므로 교사는 또래 갈등을 지도할 때 유아의 눈높이에 맞추어 유아의 정서에 효과적으로 반응하며 유아가 자기 정서 이해를 바탕으로 조망수용능력을 키워 갈 수 있도록 도와주어야 한다. 유아가 자신의 정서를 인식할 수 있게 도우려면 관찰을 통해 유아가 느끼는 감정 유형을 파악하고 유아가 느끼는 감정을 그들이 알아들을 수 있는 말로 규정해 주며, 유아가 느끼는 감정의 원인을 파악하여 유아가 느끼는 미묘한 감정의 차이로 인한 행동의 차이를 변별하도록 도와주어야 한다.

유아의 사회인지발달에 대한 것으로 조망수용이론 외에 마음이론(theory of mind)이 있다. 마음이론은 자신이나 타인의 정서적 과정에서 생각이나 마음상태에 대한 유아의 인식에 초점을 두고 있으며 경험과 내재적 상태와 행동 간의 관계를 이해하고 사고체계를 설명하는 이론이다. 영아는 항상 자신의 요구와 일치된 방식으로 행동한다고 생각하는 단순한 욕구마음이론을 지닌 초보적 상태이다. 유아는 4세가 되어야 믿음과 바램이 행위를 결정한다는 보다 복잡한 관계인 믿음−욕구 마음이론을 표출하며, 이러한 내적 상태들 간의 관련성을 이해하게 된다(Gopnik & Wellman, 1994; Ziv & Frye, 2003). 유아기 믿음−욕구 추론에 대한 증거는 틀린 믿음(현실을 정확하게 표상하지 않는 것)이 사람들의 행동을 안내할 수 있다는 사실을 이해하는지 알아본 '틀린 믿음(false beliefs) 실험'에서 찾아볼 수 있다(Bartsch & Wellman, 1995; Gopnik & Wellman, 1994).

> **틀린 믿음 실험**
>
> 유아에게 두 개의 작은 상자 (하나는 친숙한 일회용밴드 상자, 하나는 일반 상자)를 보여주며 어느 상자에 밴드가 들어 있는지 물으면 유아는 항상 밴드 상자를 고른다. 상자를 열어 자신의 믿음과는 달리 일반 상자에 밴드가 들어 있음을 확인 시켜 준다. 그 다음에 손 인형을 주고 인형이 상처가 났는데 인형은 어느 상자에서 밴드를 찾을지 물어 본다.

이 실험에서 3세 유아 소수와 4세 유아 다수가 틀린 믿음에 대해 설명할 수 있었으며 틀린 믿음의 획득은 3세반 이후 점차 강화되고 4~6세가 되면 안정화된다(Amsterlaw & Wellman, 2006; Callaghan et al., 2005; Flynn, 1999). 마음의 추론(mental inferences)이 가능해 지면 틀린 믿음의 이해를 보다 더 키워 갈 수 있다. 6~7세경의 유아는 사람들이 타인의 믿음에 대한 믿음을 형성한다는 것과 이러한 이차 믿음(second-order belief)이 틀릴 수 있음을 깨닫게 된다. 이차적 틀린 믿음을 이해함으로써 유아는 타인이 어떤 믿음을 갖게 되는 이유를 정확히 알 수 있다. 최소한 두 가지 관점에서 하나의 상황을 바라보는 능력(둘 이상의 사람이 생각하는 것에 대해 동시에 생각하는 능력)이 어떻게 요구되는지 알 수 있다.

마음이론의 발달은 자신과 타인의 신념 간의 관계에 대한 이해를 강화하고 타인의 신념을 변화시키려는 자신의 논리적인 시도를 향상시켜 나간다. 또한 마음이론은 사회적 관계에서 특히 중요한 사회인지능력과 관련이 있다. 타인의 마음상태를 이해하고 그 감정과 의도를 헤아리는 능력인 사회인지는 자기중심성을 탈피하는데 도움이 되며, 감정이입능력과 조망수용능력발달에 도움이 된다. 교사는 현재 유아의 사회인지 수준을 이해하고 그 발달을 촉진하는 노력을 통해 유아들이 서로 잘 어울려 지낼 수 있도록 지원할 수 있어야 한다.

2 정서발달

1) 정서기능과 발달

정서란 마음에 일어나는 여러 감정을 의미하며 그 종류는 매우 다양하나 보편적 정서에는 기쁨, 슬픔, 분노, 놀람, 공포, 수치심 등이 있다. 유아들이 경험하게 되는 모든 정서는 사람이 살아가는 데 필수적이다. 정서는 생존에 도움을 주는데 빨리 달려오는 자전거를 피한다거나 중요한 사람과 애착을 형성하는 것은 인지적 반응보다 정서적 반응이 앞서 기능하는 것이다. 이렇게 정서는 무슨 일이 일어났는지 생각하기 전에 본능적으로 특정 방향으로 움직이게 만든다(Ekman & Davidson, 1994). 즉 정서는 행동을 준비시키거나 촉진시킨다. 또한 정서는 다른 사람들에게 유아의 현재 상태에 관한 정보를 알려주고 의사소통의 기능을 하기도 하며, 인지적 기능에도 영향을 미친다. 이처럼 정서는 삶에서 매우 중요하므로 교사는 유아가 자신의 정서를 이해하고 타인의 정서에 민감하며 다양한 정서에 대처하는 효과적인 방법을 찾을 수 있도록 도와주어야 한다.

영유아의 정서는 기본정서에서 복합정서로 발달한다. 아기의 얼굴 표정 및 생리적 반응에 대한 관찰로 정서 발달을 연구한 결과, 신생아는 유쾌한 정서(기쁨)와 불쾌한 정서(고통)라는 두 가지 정서를 경험하다가 점차 다양한 정서를 경험하게 된다는 것이 밝혀졌다(Lewis, 2000). 유쾌한 정서에서 기쁨, 행복, 만족 등을 경험하고, 불쾌한 정서에서 분노, 슬픔, 공포, 혐오들을 경험한다. 2~3개월 된 영아는 기쁨을 느끼며 다른 사람의 얼굴을 보면 미소 짓는 사회적 미소가 처음으로 나타나고 슬픔 또한 이 시기에 보이는데 엄마가 놀아주기를 멈추면 슬퍼한다(Lewis, 2000). 대개 4~6개월 정도 되면 낯선 성인에 대해 긴장하는 '낯가림'을 보인다. 공포는 첫돌 무렵에 나타난다.

유아는 기쁨이나 분노 같은 기본 정서뿐 아니라 목표가 충족 되었을 때 느끼는 성공감이나 그렇지 못할 때 느끼는 실패감 같은 복합정서를 갖게 되는데 이런 정서는 자아감을 손상시키거나 증진 시킬 수 있기 때문에 자의식적(self-conscious) 정서라고 한다. 따라서 복합정서를 느끼고 표현하려면 자아 인식이 우선 되어야 한다. 자의식적(self-conscious) 정서는 영아가 자기를 확실히 분리된 유일 개체로 인식하게 되는 18~24개월경에 나타난다. 자부심은 자의식이 있어야 가능하며 죄책감은 자신이 해서는 안 되는 일을 했을 때 잘못되었다는 느낌을 가질 수 있어야 가능한데, 이시기 영아는 자의식이 발달 되면서 자부심과 죄책감 같은 정서가 함께 발달하게 된다. 자의식의 정서를 위해서는 자랑스러움, 수치스러움, 죄스러움을 느낄 때 자기인식 외에 어른들의 가르침 같은 추가적 요소가 필요하다. 이런 자의식의 정서를 격려하는 상황은 문화마다 다르며, 자의식 정서는 부모나 교사 등 중요한 성인이 자신에 대해 제공하는 칭찬이나 비난 등의 평가에 따라 달라진다. 기본정서에서 출발하여 다양하게 분화되는 복합정서군은 표 6-2와 같다(Witherington, Campos & Hertenstein, 2001).

표 6-2 기본정서에서 분화된 정서군

기쁨	분노	슬픔	두려움
행복감, 흐뭇함, 즐거움, 고무됨, 환희, 만족, 자긍심	지루함, 성가심, 좌절, 질투, 혐오, 격분, 저항	수치심, 죄책심, 낙담, 불행, 고뇌, 비탄, 실의	조심성, 괴로움, 불안, 의심, 우려, 당황, 공포

2) 기질

기질(temperament)은 정서적 표현 양식과 환경적 자극에 대한 반응양상을 뜻한다. 즉, 출생직후부터 상황에 일관되게 예측된 방식으로 반응하는 개인적인 행동 특징이다. 기질은 유아마다 차이가 있는데 비교적 선천적 특성이 강하며, 유아가 정서적 자극에 얼마나 민감한지 반응에 얼마나 빠르게 반응하는지 등에 의해 파악된다.

Thomas와 Chess(1977)는 140명 영아의 기질을 다음 세 가지로 유형화 했다.

(1) 순한 기질

이 유형은 수면, 음식섭취, 배설 등 일상적인 생활습관이 규칙적이며 밝고 명랑한 성격으로 새로운 환경에 쉽게 적응한다. 또한 낯선 대상에 대해 스스럼없는 친화력을 가지고 있고, 환경변화에 높은 적응력을 보이며, 평온하고 행복한 정서가 지배적이고 더 오래 집중하고 지속적 수행능력을 보인다. 따라서 양육하기에 수월하지만 환경에 따라 까다로운 유아로 바뀔 수 있으므로 양육환경의 중요성도 간과해서는 안 된다. 영아의 약 40% 정도가 이 유형에 속한다.

(2) 까다로운 기질

이 유형은 일상적인 생활습관이 불규칙하고, 새로운 환경에 적응하기 힘들며, 욕구좌절에 부정적으로 강하게 반응한다. 또한 새로운 음식이나 환경을 받아들이는 속도가 늦고, 낯선 사람을 의심하고 두려워하며 높은 수준의 활동성을 보이고, 또래와의 관계형성에서 어려움을 보인다. 영아의 약 10% 정도가 이 유형에 속한다.

(3) 느린 기질

이 유형은 비활동적이고 자극에 쉽게 반응하지 못하며, 새로운 환경에 적응하는데 오래 걸린다. 수줍음이나 겁이 많고 조심성이 많으며 전반적으로 부정적인 반응을 나타내지만 공격적이지는 않다. 일상적인 생활습관에서는 까다로운 유아보다는 규칙적이고, 순한 유아보다는 불규칙적이다. 약 15% 정도의 영아가 이 유형에 해당한다.

세 가지 유형 중에서 지도하기에 가장 어려운 유형은 까다로운 기질이다. 이 유형의 유아들은 자기 맘대로 되지 않으면 쉽게 좌절을 느끼는 성향이 있어서 자기조절에 어려움이 있고 친구들을 잘 사귀지도 못한다. 그들을 통계적인 방법으로 훈육하거나 방임적인 태도로 지도하면 더 까다롭고 저항적이 되며 청소년기에 행동문제를 보일 가능성이 높아진다. 따라서 서두르지 말고 유아가 생소함에 익숙해질 때까지 기다려 주며 너그러움과 이해심을 갖고 자기 주도적인 선택을 허용하여 덜 까다롭고 더 잘 적응하게 하는 지도가 필요하다. 무엇보다도 꾸준한 인내심으로 지도하는 것이 중요하다.

까다로운 기질의 유아가 교사 지시를 따르지 않고 저항하려 할 때 다음과 같이 지도할 수 있다. 먼저 유아의 요구를 교사가 말로 인정해 준다(예: "더 놀고 싶구나~"). 유아의 요구를 교사가 말로 인정해 주는 것만으로도 유아는 감정적으로 진정 될 수 있다. 그리고 현재 상황을 유아에게 인식시킨다(예: "자유놀이 시간이 끝나고 이제 이야기 나누기를 할 시간이야"). 다음으로 유아에게 가능한 대안을 제시하고 선택하게 한다(예: "모래시계 모래가 다 내려 올 때까지 더 놀고 정리할까? 아니면 지금 정리하고 이야기 나누기 자리로 가서 앉을까?"). 교사가 이런 방법을 사용하면 까다로운 기질의 유아도 불필요한 부정적 감정소모를 하면서 문제행동으로까지 발전시키지 않아도 될 것이다.

3) 애착의 발달

애착(attachment)이란 개인이 자신과 가장 가까운 사람에게 느끼는 강한 정서적 유대관계로 영아의 사회적 관계에서 가장 특징적인 행동이며, 생후 6개월 정도면 대부분 특정인과 애착을 형성하기 시작한다(Bowlby, 1958). 애착대상은 주 양육자인 부모로부터 시작하여 가족, 친구로 확대되어 간다. 영아는 애착형성을 위해 애착대상과의 접촉을 유지하고자 노력하고, 애착대상이 없을 때는 슬픔을 보이며 함께 있을 때는 편안함을 보이지만 다른 사람과 있으면 불안한 모습을 보인다.

Bowlby(1958)는 제2차 세계대전 때 부모가 사망하여 고아원에서 자란 유아들을 관찰한 결과 충분히 잘 먹이고 보살펴 준다 하더라도 성인과의 밀접한 정서적 관계를 맺지 못하면 지능발달이 늦고, 정서적으로 위축되며, 산만하고, 죽음에까지 이르게 되는 것을 발견하고 애착의 중요성을 주장했다. 또한 Harlow와 Zimmerman (1959)도 철사와 벨벳헝겊으로 만든 두 종류의 대리모를 이용한 아기 원숭이 실험에서 애착이 수유가 아니라 양육자와의 접촉을 통해 형성된다는 것을 밝혀냈다.

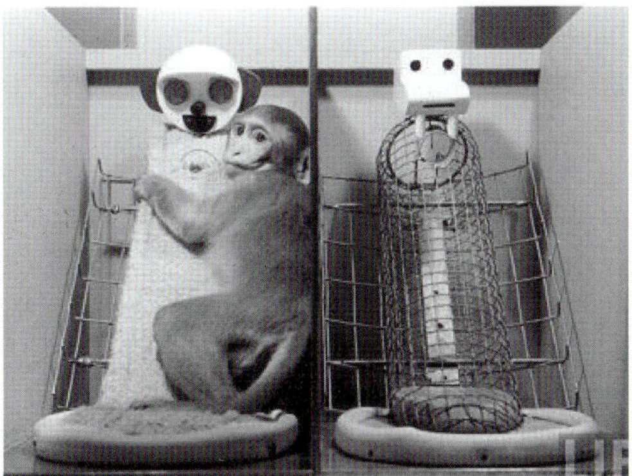

자료 : Harlow & Zimmerman(1959).

그림 6-1 철사와 벨벳헝겊을 활용한 원숭이의 애착 실험

유아의 요구를 민감하게 알아차리고 즉각적으로 반응하게 되면 특별한 감정교류와 서로에 대한 상호작용을 통해 애착이 형성되지만 그렇지 못할 경우 애착형성 시간이 길어지고 강도도 약해진다. 태어나 처음으로 형성하는 애착관계는 사회·정서·언어발달뿐 아니라 아동발달 전반에 걸쳐 중요한 영향을 미치게 되며 특히 자아개념, 타인과의 관계형성, 자율성과 독립성 발달에 중요하다(Steinberg & Meyer, 1995). 반면 어린시기에 바람직한 애착관계가 형성되지 않으면 아동기 성격발달에 부정적 영향을 미칠 뿐 아니라 성장 후 대인관계에도 문제가 된다. 즉 애착은 사회적 관계형성의 기초가 된다고 할 수 있다.

애착은 다음과 같이 4단계로 발달한다.

(1) 전 애착단계

출생에서 3개월까지의 시기로 인간에 대한 비변별적 반응을 보이는 단계다. 출생 후 신생아는 사람에 대해 반응을 보이나 선택적이지 않고 대다수 사람들에게 비슷한 반응을 보인다. 미소짓기, 웃음, 옹알이, 눈 맞춤 등 매우 단순하면서도 다양한 신호를 통해 주변에 있는 사람들에게 관계를 형성하도록 행동한다. 그러나 영아는 아직 애착이 형성되지 않은 시기로 낯선 사람과 혼자 남겨져도 별로 개의치 않는다.

(2) 애착형성단계

3~6개월의 시기로 낯익은 사람에게 눈 맞춤을 하는 단계다. 이때 영아는 친숙한 사람과 낯선 사람들에게 다르게 반응하기 시작한다. 자신의 신호에 가장 잘 반응해 주고 잘 놀아주는 사람에게 강한 애착을 발달시키게 되며 영아를 낯선 사람과 남겨 놓으면 낯가림을 하지만 분리불안을 보이지는 않는다.

(3) 애착단계

6~18개월의 시기로 능동적 접근을 추구하는 단계이다. 친숙한 양육자에 대한 애착이 명확해져 분리불안이 나타나며 자신이 신뢰하는 성인이 떠나면 당황한다. 낯선 사람에 대한 불안처럼, 분리불안이 항상 발생하는 것은 아니며, 영아의 기질과 현재 상태에 따라 달라진다. 이때는 엄마에게 접근하고 따라다니며, 기어오르는 등 엄마와 함께 있고자 애쓴다.

(4) 상호관계의 형성단계

18개월에서 2세 이후의 시기로 동반자 행동을 하는 단계이다. 이 단계의 유아는 사회적 관계에 대한 기본을 획득하게 되어 양육자와 협력관계를 형성할 수 있으며, 인지능력이 향상되어 애착이 형성된 사람의 행동을 예측할 뿐만 아니라 자신이 원하는 방향으로 애착대상자의 행동을 수정하도록 적극적으로 행동한다. 또한 양육자가 언제 돌아올지 알기 때문에 양육자가 돌아올 때까지 기다릴 수 있고 분리불안도 감소되며 동반자 같은 관계로 행동하기 시작한다.

Bowlby의 애착이론을 받아들인 Ainsworth(1978)는 '낯선 상황'이라는 표준화 절차를 개발하여 영아의 애착특성을 구분하는 연구를 했다. 이 실험에서는 엄마와 영아와 낯선 사람이 참여하여 엄마와 영아는 두 차례 분리되고 짧은 시간 후에 재결합하는 일련의 과정을 경험한다. 이 실험을 통하여 영아들의 애착양식은 안전애착, 회피애착, 저항애착으로 분류됐는데, 그중 어디에도 해당되지 않는 영아들의 행동 특성을 Main과 Solomon은 혼란애착으로 분류했다.

① 안정애착

이 유형은 주변 탐색을 위해 엄마로부터 비교적 쉽게 분리되며 엄마와 낯선 사람에게 긍정적으로 행동한다. 엄마가 늘 자기 곁에 있으며 필요하면 언제든지 온다는 것을 알기 때문에 엄마와 분리되더라도 능동적으로 다른 위안을 찾고, 안정감을 유지하려 하며, 엄마가 돌아오면 쉽게 편안해진다. 이러한 신뢰감을 통해 영아는 긍정적이고 건강한 상호관계를 형성한다. 영아의 60~65%가 이 유형에 해당한다.

② 회피애착

이 유형은 엄마와 친밀감이 형성되지 않았기 때문에 낯선 사람에게 보이는 비슷한 반응이 나타난다. 따라서 엄마와 분리되거나 또는 엄마가 방에서 나가도 별로 반응이 없고, 울지 않으며, 심지어 엄마가 돌아와도 무시하거나 회피한다. 20% 정도의 영아가 이 유형에 속한다.

③ 저항애착

이 유형은 엄마가 방을 떠나기 전부터 불안해하고 엄마 옆에 붙어서 주변 탐색을 하려고 한다. 엄마가 방을 나가면 영아는 강하게 저항하고 엄마가 돌아와도 계속 흥분해서 진정이 되지 않는다. 영아의 약 5~10%가 이 유형에 속한다.

④ 혼란애착

이는 매우 불안정한 애착유형으로 영아는 엄마와 분리되는 경우 전혀 반응이 없거나 아주 심한 불안을 나타내기도 하며, 엄마와 만났을 때 굳은 표정으로 접근하며 안아주어도 전혀 관심을 표현하지 않는다. 약 5~10%의 영아가 여기에 속한다.

그림 6-2 유아기 애착혼란 실험

영아기 애착의 유형은 부모의 일관성 있는 반응과 수용에 의해 결정된다. 안정애착유형의 부모들은 자기 행동을 영아에게 맞추고, 영아의 욕구를 잘 이해하며 자주 웃어주고 풍부한 신체접촉을 한다. 이렇게 안정애착을 경험한 영아는 자신을 돌봐주는 사람이 자신의 요구에 반응할 것이라는 확신이 있기 때문에 자신감을 가지고 또래와도 성공적인 관계를 맺는 아이로 성장하게 된다. 반면 불안정애착유형의 부모는 신뢰가 부족하고 일관성이 없거나 조급하며 영아의 욕구에 민감하지 못하고 정서적으로 우울, 불안한 경우가 많다. 이러한 경험을 가진 영아들은 자신감이 부족하고 관계에서도 실패하는 경우가 많아서 부적응 행동을 보일 위험에 처하게 된다. 이렇듯 애착은 유아의 성장 이후의 적응과 대인관계의 기초가 된다. 교사가 양육자와 유아의 애착유형을 알고 있다면 기관에서 보이는 유아의 문제행동을 더 잘 이해하고 애착유형에 따른 적합한 반응을 할 수 있을 것이다.

02 유아의 폭력실태

1 유아교육기관 폭력유형

유아기는 애정이나 소속감, 사회적 승인, 독점 등의 인격적·사회적 요구가 강하게 나타나는 시기이다. 유아들은 유아를 둘러싼 환경에서 사회의 공통적 목표, 즉 사회적 행동의 규준이나 유아에게 기대되는 역할과 행동에 맞도록 생활을 해야 한다(김충기·장선철, 2002). 그러나 사회적 규준이나 기대되는 역할과 행동을 못 하거나 하지 않은 경우에는 사회적 문제행동이 나타난다. 우리는 이것을 문제행동이라고 규정짓기도 하지만 이러한 문제행동이 결국은 학령기에서 학교폭력의 유형으로 나타나기도 한다. 유아들의 문제행동 모두를 학교폭력으로 규정짓기에는 다소 무리가 있다. 하지만 대체로 유아교육기관에서의 문제행동을 중재받지 못하거나 소통 받지 못한 행동이 학령기에 학교폭력의 형태로 나타나 유아교육기관에서도 자주 관찰되고 있는 실정이다. 유아들에게 나타나는 학교폭력의 형태는 주로 공격적인 형태로 나타난다. 공격적 행위는 남에게 상처를 줄 뿐만 아니라 본인에게도 부정적인 영향을 미친다. 여기에서는 유아의 개인적 성향에 따라 다르겠지만, 유아교육기관 내에서 나타나는 유아들의 보편적 문제행동인 폭력행동 유형을 살펴보고자 한다(황혜경 외, 2014:138-154).

1) 공격성(신체폭력)

신체폭력은 상대에게 해를 끼치기 위해 사용하는 물리적인 힘으로 신체에 직접적인 해를 끼치는 행동을 포함하며, 공포심을 주는 심리적인 위협행위도 포함된다. 주먹으로 때리거나 발로 차는 행위, 찌르고 목 조르는 행위, 꼬집기, 손가락 뒤로 꺾기, 화장실에서 문을 잠그고 때리고, 칼이나 몽둥이, 의자 등을 이용하여 상대방에게 피해를 주는 행위, 장난을 빙자하여 때리거나 힘껏 밀치는 행위 등이 신체적인 행위에 포함된다(김성곤 외, 2014; 정현주 외, 2012). 유아들 중 또래를 신체적으로 공격하거나 자주 싸움을 일으키는 유아가 정해졌다고 생각하는지에 대한 교사의 의견을 조사한 김은설 외(2013)의 연구에 의하면 '그렇다'는 응답이 45.4%로 높게 나타난 것을 볼 수 있다.

유아교육기관에서 자유선택활동시간에 유아들을 관찰해 보면 유아들이 또래와 상호작용하는 데 있어서 사회적 기술이 미숙하여 다양한 형태로서의 또래에게 공격하는 유아들을 관찰할 수 있다. 또래를 때리거나 할퀴는 등의 신체적 공격뿐만 아니라 몇몇 유아들은 욕을 하고 빈정거리는 등 과격한 언어를 사용하여 공격하는 경우도 관찰할 수 있으며, 주변 물건을 집어던지기도 하고 부수는 등의 공격적 행동을 하기도 한다. 장난을 빙자하여 꼬집기, 때리기, 힘껏 밀치기 등의 행동이 상대 유아가 폭력으로 인식한다면 학교폭력에 해당되므로, 유아교육기관에서는 주의하여 관찰하고 살펴봐야 할 필요가 있다.

2) 언어폭력

언어폭력의 사전적 의미를 살펴보면 '말로써 온갖 음담패설을 늘어놓거나, 욕설, 협박 따위를 하는 일' 또는 '남의 인격을 무시하는 모욕적인 말' 또는 '남을 저주하는 말'로 정의된다(국립국어원, 2013).

여러 사람 앞에서 모욕적인 용어(생김새에 대한 놀림, 병신, 바보 등 상대방을 비하하는 내용)를 지속적으로 말하거나 그런 내용의 글을 인터넷, SNS 등으로 퍼뜨리는 행위가 언어폭력에 포함된다.

따라서 폭력은 물리적으로 신체에 해를 가하는 것만이 아니다. 앞에서 언급하였듯 유아는 언어성이 발달되어 가면서 점차 신체적 폭력보다는 언어적 폭력 횟수가 증가한다. 유치원에 등원하는 시간이나 하원하는 시간에 유아를 관찰하면 자신의 욕구를 좌절시킨 대상이나 피해를 입힌 대상을 향해 욕을 하거나 비웃는 등 악의적인 표현을 하는 몇몇 유아를 관찰할 수 있다. 어린 유아들이 나쁜 말을 쓰는 경우에는 대부분 나쁜 말의 의미도 모르면서 쓰는 경우가 많다. 유아가 욕을 하거나 나쁜 말을 쓰거나 욕을 할 때 부모나 교사가 놀라거나 야단을 치는 등의 관심을 보여 주는 것은 유아로 하여금 나쁜 말을 하는 행동에 강화를 주게 된다. 그러므로 나쁜 말을 하는 유아를 대할 때 유아의 욕을 대수롭지 않게 대하면서 나쁜 말 대신 써야 할 말을 구체적으로 알려주어야 한다. 유아들에게서 많이 나타나는 언어적인 문제는 과격한 말이나 또래 유아를 놀리는 말이 있으므로 주의 깊게 살펴볼 필요가 있다.

3) 성폭력

성폭력은 상대가 원하지 않는 성 관련 언어나 행동을 일방적으로 표출하여 상대에게 정신적 또는 신체적 피해를 주는 행위를 포함한다(한국여성정책연구원, 2013).

교육부(2014c)는 성폭력을 상대방의 의사에 관하여 성을 매개로 가해지는 모든 폭력(신체적, 심리적, 언어적, 사회적) 행위로, 성추행, 성폭행뿐만 아니라 개인의 '성적 자기 결정권'을 침해하는 행위를 모두 포괄하는 개념으로 정의한 바 있다. 아동성폭력은 아동 성 학대와 상호 교환적으로 사용되기도 한다(한국여성정책연구원, 2013).

성폭력은 폭행, 협박을 하여 성행위를 강제하거나, 유사성행위, 성기에 이물질을 삽입하는 행위 또는 상대방에게 폭행과 협박을 하면서 성적모멸감을 느끼도록 신체적 접촉을 하는 행위, 성적인 말과 행동을 함으로써 상대방이 성적 굴욕감, 수치감을 느끼도록 하는 행위를 말한다.

우리나라에서 일어나고 있는 유아 성폭력에 관한 조사 보고들(박은미 외, 2002)에 의하면 유아성폭력은 주로 유아의 생활 반경 내에서 친숙한 사람에 의해 발생하며, 가해자는 근친 중에서도 유아가 절대적으로 신뢰하고 유아의 안전한 보호의 일차적인 책임이 있는 가족이나 친척에 의한 경우가 많다고 한다. 만 7세의 미취학 유아가 더 어린 여아를 대상으로 범행한 경우도 있었고, 직업적으로는 유치원 운전기사가 유아 성폭력을 발생시킨 경우도 있다.

4) 고립 – 따돌림

따돌림은 한 명 혹은 그 이상의 학생들이 대인관계 내에서 특정인을 두고 공격적인 행동과 고의적인 괴롭힘 반복적이고 지속적으로 심리 언어적 폭력, 금품갈취 및 괴롭힘과 신체의 위해를 가하는 행동을 의미한다(Olweus, 1994). 집단 따돌림이란 다수로 구성된 집단이 소수의 집단 성원 또는 개인을 집단적으로 소외시키는 현상으로(이경희·고재홍, 2006) 특정인을 소속집단 속에서 소외시켜 구성원으로서의 역할 수행에 제약을 가하고 인격적으로 무시하고 음해하는 언어적, 신체적, 일체 행위이다(구본용, 1999).

유아들은 유치원이나 어린이집에 등원하여 많은 시간을 또래와 함께한다. 김진영(1997)은 유아기에는 놀이를 통한 또래와의 접촉이 많은 시기로, 유아들이 서로의 행동이 모델이 되며 사고와 감성의 준거가 될 뿐 아니라, 애정의 대상인 동시에 적대적인 대상으로서 관여한다고 한다. 일반적으로 자기중심성이 강한 만 3세 시기의 유아들은 또래들과 어울려 노는 것에 어려움을 가질 수 있다. 그러나 만 4~5세가 되면서 또래와 노는 방법을 알게 되면서 사회성이 향상된다. 그러나 현장 관찰에 의하면 만 4세가 되어서도 또래와 관계를 형성하지 않거나 다른 유아들로부터 배척당하는 등 친구들로부터 고립되는 유아를 볼 수 있다.

유아의 따돌림은 학령기에 학교폭력의 씨앗이 될 수 있다. 유아기 때의 또래에 대한 부정적인 생각과 행동이 습관화되어서 학령기 때의 학교폭력으로 나타날 수 있음을 의미한다.

2 유아교육기관에서의 실태

조사 결과를 토대로 작성한 '학교폭력 예방을 위한 영유아기 인성교육 강화 방안' 보고서에 따르면 52.0%가 따돌림이다. 배척 현상을 본 적이 있다고 응답했다. 따돌림 관찰 경험은 어린이집(47.0%)보다는 유치원(53.4%)에서 많았다. '또래를 따돌리거나 배척하는 성향을 지닌 영유아의 비율'로는 '한 반에서 10% 이내'가 91.8%로 가장 많았고, '20% 정도'와 '30% 정도'는 각각 6.3%, 1.9%였다.

따돌림과 함께 학교폭력의 대표적인 유형인 공격성(신체폭력)과 비속어 구사도 어렵지 않게 관찰됐다. '영유아들 중 또래를 신체적으로 공격하거나 자주 싸움을 일으키는 영유아가 정해져 있다고 생각하는가'란 물음에 49.7%가 '그렇다', 혹은 '매우 그렇다'고 답했다. 유아들 간 욕이나 비속어 등 좋지 못한 언어 사용에 대해서도 36.7%가 '잘못된 언어를 쓰는 유아가 있다'고 응답했다.

학교폭력 연령대가 점차 낮아진다는 우려가 영유아기를 대상으로 한 조사에서 실제로 나타난 것이다.

성별에 따른 가해유형 차이도 나타났는데, 따돌림(그룹 짓기)을 하는 영유아의 비율을 조사한 결과 여아가 90.6%로 남아 9.4%에 비해 월등히 높았다. 반대로 공격성을 보이는 영유아는 남아가 98.0%로 대다수를 차지했다.

따돌림의 피해자가 되기 쉬운 '소심하거나 발달이 늦은 영유아'에 대해서도 응답자의 53.2%가 '있다'고 답했고, 그런 영유아의 수는 '한 반에 5~10% 미만'이라는 응답이 43.7%로 가장 높았다.

영유아의 문제행동을 지도할 전문기관의 도움도 절실한 것으로 조사됐다. 교사의 26.7%가 공격적인 어린이를 지도하기 위해 전문기관이나 전문가의 도움을 받은 적이 있다고 답했다.

유아 인성교육 확대가 시급한 시점이지만 교사 42.8%는 '인성교육과 관련한 교육이나 세미나를 받아본 경험이 없다'고 답했다.

연구책임자인 김○○ 육아정책연구소 정책연구실장은 "기존 연구를 보면 영유아기와 청소년기의 인성은 상관관계가 높은 것으로 나타난다"며 "영유아를 가르치는 교사와 원장, 부모에 대한 교육이 보다 강화돼야 한다"고 지적했다(세계일보, 2014.2.15.).

표 6-3 영유아기 따돌림 실태조사 결과

(단위 : %, 어린이집과 유치원 원장 및 교사 1,004명 대상 설문 결과)

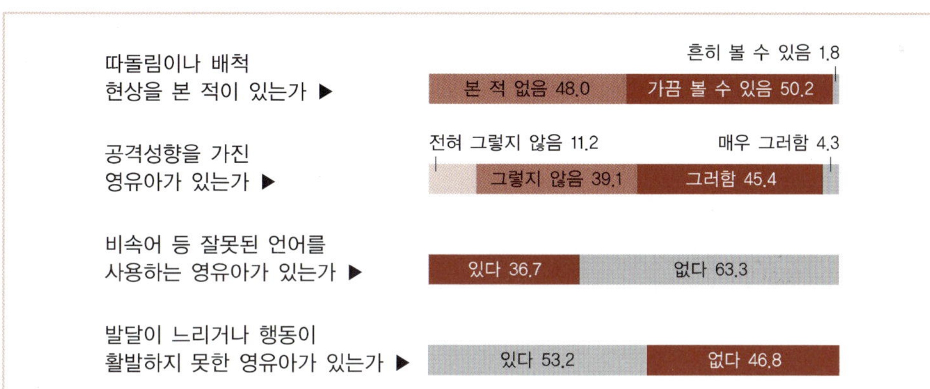

자료 : 육아정책연구소.

사례 1 "유치원·어린이집에서도 원아들 간 따돌림 있다."

교사 52%가 '왕따를 목격, 경험'했으며, '학폭 저연령화'는 우려가 사실로 나타났으며, 왕따시키는 비율은 여아가 91%이고, 공격성향에선 남아가 98%를 차지하는 것으로 나타났다.

유치원에서 만 5세 반을 맡고 있는 정다은(38. 여. 가명)교사는 지난해 원아들 간의 따돌림 문제로 고생했다. 반 어린이들 대여섯 명이 주축이 돼 한 여자 어린이를 놓고 '고집이 세서 같이 놀기 싫다'며 따돌렸기 때문이다. 따돌림을 당하는 어린이의 장점을 칭찬해줘도 소용없었다. 정 교사는 "(따돌림 당한)아이가 유치원이 싫다고 할 때면 마음이 너무 아팠다."며 "이제 곧 초등학교에 입학할 텐데 잘 적응할 수 있을지 걱정."이라고 말했다.

정 교사가 경험한 것처럼 유치원과 어린이집 교사 절반은 '아동 간에도 따돌림 현상이 있다'고 생각하고 있는 것으로 나타났다. 육아정책연구소는 지난해 7,8월 유치원·어린이집 원장과 교사 1,004명을 대상으로 설문조사한 결과 이같이 나타났다고 14일 밝혔다.

사례 2 유아동 성 문제, 제도는 무방비

"엄마, '부끄러운 놀이'가 뭔지 알아?" 서울 서초구의 한 사립유치원에서 또래 성추행 사건이 발생했다. 지난해 12월 20일 우 모씨는 6살 딸 A양이 어렵게 꺼낸 말에 가슴이 철렁 내려앉았다. 우씨가 "그게 뭐야? 엄마한테 한 번 알려줘 봐"라고 묻자, A양은 바지와 팬티를 벗고 본인의 성기 부분을 들어 올리는 자세를 취했다.

놀란 기색을 보이면 아이가 입을 다물까봐 감정을 숨기며 우 씨는 재차 물었다. "위는? 아래만 하고 위에는 안 해?" 아이는 "아니지"라며 웃옷을 젖꼭지가 보일 때까지 끌어올렸다. 당황한 우 씨는 아이에게 "그런데 이 놀이를 누구랑 해?"라고 물었다. A양은 유치원 같은 반에 있는 동갑내기 남아인 B군을 언급하며 "B가 하라고 하는데 안 하면 괴롭힌다고 했어"라고 대답했다.

A양은 같은 반인 C와 D군 등 2명의 피해아동이 더 있으며, 유치원 화장실에서 세 차례 '부끄러운 놀이'를 했다고 엄마에게 털어놨다.

사건의 진상을 파악해 적절한 조치를 해달라는 피해 부모의 요구에 유치원은 오히려 이들이 업무를 방해했다며 법적 조치를 검토하겠다고 밝혔다.

딸에게 충격적인 이야기를 들은 우 씨는 다음날 바로 유치원에 전화를 걸었다. 담임교사에게 상황을 설명하며 4명의 아이에게 사실을 확인해달라고 요청하고, 공식적인 자리를 만들어 B군의 부모와 서로 논의할 수 있도록 해달라고 말했다.

지난해 12월 29일, A양의 부모와 B군의 부모는 유치원 원장이 배석한 가운데 만났다. 진정성 있는 사과를 기대했던 A양 부모는 실망할 수밖에 없었다. 우 씨는 5일 서울신문과의 인터뷰에서 "상대 부모가 자신들도 B군의 여동생을 키우는 입장에서 유감이지만 법률 자문을 받고 왔는데, 본 건에 대해 사과할 의무는 없다고 들었다. 남근기에 있을 수 있는 자연스러운 현상이다라고 하는데 더 이상 말이 나오지 않았다"고 전했다.

우 씨는 "교육 공간인 유치원 안에서 그것도 6살 아이들 사이에서 일어날 거라고 상상하지도 못했던 성 문제가 발생했는데 유치원은 사태의 심각성을 전혀 인지하지 못 하고 있었다"고 말했다.

또 다른 피해아동인 C양은 B군의 손에 이끌려 유치원 교실 피아노 밑에서도 상하의를 탈의하는 부끄러운 놀이를 했다고 엄마에게 털어놓기도 했다. 추가 피해아동과 사례가 더 있을 수 있는데도 유치원은 소극적인 모습이었다고 피해 학부모들은 입을 모았다. 우 씨는 "유치원 측이 다른 피해아동의 부모들에게 사건에 대해 뒤늦게 알리는 등 문제 해결 의지가 있는지 의심스러웠다"고 말했다.

해당 유치원 원장은 서울신문과 통화에서 "A양과 B군 가정 간 감정싸움의 문제이고 유치원에서 발생한 사건은 크다면 크고 작다면 작다고 할 수 있는 일"이라고 했다. 또 "폐쇄회로(CC) TV에서도 사건의 정황을 파악할 만한 증거는 없었지만, 재발 방지를 위해 원아 대상 성교육, 교사교육 등 할 수 있는 조치를 했다"고 말했다. 이 원장은 "유치원에는 A양 외에도 돌봐야 할 100명의 어린이가 있는데, 피해 여아 어머니의 과도한 요구로 다른 아이들 안전에도 문제가 생길 수 있어 추후 법적 조치를 준비하고 있다"고 말했다.

A양은 '부끄러운 놀이'로 인한 스트레스에 시달리고 있다. 우 씨는 "지난해 10월부터 아이가 팬티에 대변을 본 채 몇 시간을 아무렇지 않게 놀아 이상하게 생각했다"면서 "일련의 일들을 알고 보니 이런 이상행동이 바지를 내리기 싫어서 생긴 것 같아 참담하다"고 말했다. 유치원에서 또래 성추행이 발생하더라도 법적으로나 제도적으로 제지할 수단이 마땅치 않다. 초등학생부터는 학교폭력위원회(학폭위)를 열어 가해자와 피해자를 분리하고 생활기록부에 남기는 등 조치를 취할 수 있지만, 유치원 내 폭력사건은 학폭위 개최 대상이 아니다. 유아기 발달과정의 특성을 고려해야 한다는 이유에서다.

유치원 관리감독 책임이 있는 서울시 교육청 유아교육과 관계자는 "유아기의 성에 대한 호기심은 자연스러운 발달 현상이어서 사춘기 아이들과 같은 잣대로 보는 것은 위험하다"면서 "다만 유아 성교육을 통해 피해아동과 가해아동을 모두 교육할 필요가 있다"고 말했다. 유치원이나 어린이집 등 미취학아동 보육교육기관에서 성추행 등의 문제가 발생할 경우 관리 감독을 담당하는 교육당국에 보고를 의무화하고, 피해자와 가해자를 격리하게 하는 등의 대응 지침(매뉴얼) 마련이 시급하다는 지적이 나온다.

전 세계적으로도 유아동의 또래 성추행은 사회적으로 심각한 문제다. 지난해 10월 BBC와 텔레그래프 등 영국 언론 보도에 따르면 영국과 웨일스의 43개 경찰서 중 38개 자료를 취합한 결과 아동 또래 성추행 사건이 2013년 4,603건에서 지난 2015년 7,866건으로 70.9% 증가했다. 미국 플로리다 주는 지난 2014년 아동 또래 성추행 사건 대응 관련 행정규식을 만들기도 했다. 이에 따르면 아동보호 성 조사관은 피해아동의 2차 피해를 막고자 가족을 중심으로 외상을 남기지 않는 방향으로 사건을 조사해야 한다. 또 아동의 부모, 아동보호 수사 요원, 법집행기관과 교육부와 계약을 맺은 아동보호센터, 의료기관 등이 관련 아동의 치료와 행동 개선에 투입되어야 한다고 명시했다(서울신문, 오달란 기자 dallan@seoul.co.kr.2018.01.17).

Chapter 07

유아폭력의 예방

학습내용

여기서는 유아폭력 예방의 중요성과 유아폭력에 대한 예방적 개입을 위한 요인들을 살펴본다. 유아폭력 예방을 위한 교사의 역할로 구체적 방법기술을 익히고, 유아폭력 예방을 위해 부모의 역할을 위한 구체적 방법을 익힐 수 있으며, 나아가 외국의 프로그램도 함께 다뤄 유아폭력 예방의 도움이 되고자 한다.

01 유아폭력의 예방

1 유아폭력 예방의 중요성

유아기의 발달특성상 유아는 주 양육자의 보호 아래 전인적인 성장발달을 할 수 있는 시기이다. 대·소근육의 발달이 이루어지고 부모와 교사, 또래 집단과의 상호작용을 통해 건강한 사회적 관계형성을 갖게 된다. 한편 질병에 노출되기 쉬운 시기여서 성인의 보살핌이 발달에 중요한 부분을 차지한다.

이러한 보살핌 속에서 성장 발달해야 하는 유아가 가정이나 시설에서 폭력에 노출된다면 전 생애에 걸쳐 심각한 타격을 받을 것이다. 또한 다양한 증상으로 표출되거나 잠재적 요인으로 심리적인 불안요인으로 작용할 것이다.

그러나 오늘날 아동학대의 범주 안에 유아폭력에 대한 심각성이 사회문제의 하나로 대두되고 있는 현상을 볼 때, 유아는 더 이상 가족이나 어른의 소유물이 아니며, 유아폭력은 더 이상 간과해야 할 문제가 아니다.

유아폭력에 있어서 예방과 조기개입이 그 어떠한 중재보다 효과적이라는 것은 분명하지만 문제가 심각해진 후에 개입하는 경우가 대부분이다. 따라서 눈에 보이는 시급한 문제에 급급하여 문제의 근본적인 원인과 예방, 조기개입에 신경을 못 쓰고 있는 실정이다. 현재의 문제가 시급하여도 일정 부분 예방과 조기개입을 병행하지 않는다면 더 큰 문제에 직면하게 될 것이다. 따라서 문제 발생 후 접근하는 반응적 접근(reactive approach) 방법에서 이제는 예방과 조기개입에 초점을 둔 선제적 접근(proactive approach)으로 패러다임을 바꿔야 한다(Lisa A. Rapp Paglicci·

Catherine N. Dulmus John S. Wodarski-2013).

유아 간 폭력 사례는 크게 신체폭력, 언어폭력, 성폭력, 따돌림 및 금품탈취 등으로 나눌 수 있다. 학교폭력의 가해자와 피해자 연령이 점차 낮아지고 있는 시대적 변화와 요구에 의해 '학교폭력 근절 종합대책'(2012.2.6.)과 「학교폭력 예방 및 대책에 관한 법률」 시행령(2017.07.26.)이 시행되어 학교폭력에 대한 사회적 관심이 높아지고 있다.

2 유아폭력에 대한 예방적 개입

아동들은 일찍부터 사회적 상호작용을 유지하기 위해 유아교육기관에서 집단으로부터 다른 친구를 배제하는 것을 배운다. 또래들은 그들 급우들을 사회화시킨다. 우정과 인기는 유아 시기부터 분명해 진다.

유아들은 다른 친구들이 놀이 활동에 들어오지 않도록 막거나 활동을 통제하기 위해 서로 친구라고 부른다. 또 놀이집단에 계속 남아 있으려고 다른 사람을 배제할 수 있음을 배우고 이러한 배제 유형을 수용한다. 심지어 '너는 내 친구야!'라고 간단히 외침으로써 다른 친구와 함께 놀 수 있는 우정의 개념을 사용하는 것을 배운다. 남자 아이들은 여자 아이들에 비해 친구들 사이의 갈등에 의해 더 부정적으로 영향을 받는다고 한다(Gayle L. Macklem, 2004).

또한 또래와의 관계가 아동발달과정에 영향을 미치고 또래관계에서 경험하는 발달 초기의 문제가 그 이후에 부작용을 일으킬 수 있다는 사실이 주장되어 왔다.

또한 만성적으로 따돌림을 받게 될 경우 이들의 내재화 및 외현화 문제들의 심각성이 증가된다는 사실이다. 그 밖에도 아동기에 경험하는 또래집단의 따돌림이 학교적응 및 교육적인 성장을 나타내는 지표와 연관성이 있으며 이른 시기에 따돌림을 당하는 것이 부정적인 학습태도, 등교회피, 초등학교 1학년 과정에서 능력보다 낮은 학업성취에 영향을 미친다는 것을 발견하였다(Buhs & Ladd, 2001; Ladd, 1990; Ladd, Birch, & Buhs,1999). 따라서 예방적 개입은 이를수록 피해를 줄일 수 있다.

예방적 개입을 위한 요인들을 살펴보면 다음과 같다.

1) 위험요인 파악

또래집단의 구성원에게 따돌림을 당하거나 꺼려지는 아동과 수용되거나 환영받은 아동의 이유에 대한 연구는 지속적으로 이루어지고 있다.

미취학 아동과 초등학생을 표본으로 실시한 종단연구에 따르면, 공격적으로 행동하는 아동들은 또래들로부터 훨씬 따돌림을 받기가 쉽다(Dodge, 1983). 또래들에게 빈번하게 공격성을 드러내는 남학생들의 경우 집단을 분열시키는 것처럼 보였고, 결국 놀이집단의 구성원들에 의해 따돌림을 받는다는 것을 발견하였다.

연령에 따라 차이를 보이지만 은둔행동(withdrawn behavior)이 또래 따돌림을 초래한다는 연구도 있다. 이것은 은둔행동이 표준에서 벗어난 행동으로 판단하는 경향이 강하기 때문인 것으로 보인다.

반면에 친사회적 행동은 또래집단 수용의 선행요인으로 알려져 왔다. 또래들과 협동적으로 놀이하는 미취학 아동들이 진학 후에도 또래에 보다 잘 수용될 수 있음을 발견했다. 다른 사람들과 성공적으로 상호작용하기 위해서 아동들은 자신의 정서를 조절하는 방법을 알아야 할 뿐 아니라 또래의 감정을 확인하고 조정할 수 있어야 한다.

2) 언어폭력의 대처

일반적으로 많이 나타나는 언어폭력은 눈에 잘 보이지는 않으나 아이들의 정서발달에 상처를 받게 된다. 유아가 언어폭력을 받았을 경우 당당히 그런 말을 쓰지 말라고 대처하는 방법이 있다. 또는 지속적인 폭력적 언어를 사용하면 교사나 부모에게 알리게 한다. 그에 따른 행동을 하려면 유아가 평소에 자신의 생각을 분명하게 표현할 수 있도록 지도해 주는 것이 필요하다. 반대로 우리 아이가 폭력적인 언어를 사용한다면 야단을 치는 것보다는 적당한 지도를 통해 반복하지 않도록 예방하는 것이 중요하다. 또한 가정에서 긍정적인 표현을 많이 사용하여 유아들도 긍정언어를 경험하게 하고 보여줌으로써 좋은 모델링이 되는 것이다.

아이들은 유연하기 때문에 어른들의 좋은 모델링과 관심으로 변화할 수 있기 때문이다.

학교폭력이 주로 또래집단 내에서 발생하는 요인이 크다면 유아폭력은 또래집단보다는 부모와 교사 중심의 폭력에 더 많이 노출되어있으므로, 이 장에서는 교사와 부모중심의 유아폭력의 관점도 함께 살펴보도록 한다.

02 유아폭력의 예방을 위한 교사의 역할

유아교육기관에서 폭력이 발생하지 않고 안정적인 분위기에서 교사의 역할을 수행하기 위해서는 교사는 무엇보다 자신의 정서를 알고 조절할 수 있어야 한다. 유아교사는 정서노동을 감당해야 하기 때문에 유아들 간의 갈등문제보다 유아에 대한 교사의 폭력문제가 보다 심각하게 부각되기도 한다.

교사의 정서조절은 중요한 적응적 기능을 한다. 이지영(2013)은 불쾌한 감정을 회피하지 말고 그대로 느끼고 받아들이며, 상황을 받아들이고 감정을 유발한 상황에 직접 접근하여 처리하여야 궁극적인 정서조절이 가능하다고 하였다.

표 7-1 정서조절 방법의 네 가지 요인

적응적 방법			부적응적 방법
지지 추구적 방법	주의 분산적 방법	접근적 방법	
- 조언이나 도움구하기 - 친밀한 사람 만나기 - 감정을 표현하고 공감 얻기	- 수동적으로 생각하기 - 즐거운 상상하기 - 기분전환 활동하기	- 능동적으로 생각하기 - 문제해결 행동하기 - 인지적으로 수용하기 - 감정 수용하기	- 부정적으로 생각하기 - 타인 비난하기 - 타인에게 부정적 감정 분출하기 - 안전한 상황에서 부정적 감정 분출하기 - 폭식하기 - 탐닉 활동하기

표 7-1에서 보는 바와 같이 우울할 때는 좀 더 능동성을 증진할 수 있는 활동을 많이 하고, 다른 사람에게 자신의 우울한 감정을 표현하고 공감을 구하거나 조언과 도움을 구하는 방법을 자주 사용하는 것이 효과적이다. 불안할 때에는 자신의 감정을 마주하고 느끼며 받아들여 수용하는 것이 더 효과적이다(이지영, 2013).

유아폭력 예방을 위한 교사의 역할로 강조하는 부분은 여러 가지가 있지만, 여기에서는 3가지로 나누었다. 첫째, 자기 감정조절을 잘하는 교사, 둘째, 효율적 상호작용으로 의사소통이 잘되는 교사, 셋째, 피해학생과 가해학생의 심리를 이해하는 교사이다.

먼저 교사는 유아와 친밀한 관계를 유지하여야 하며 민감성을 가지고 유아를 관찰하여야 한다. 유아가 불편하거나 지배적이지 않은 눈 맞춤과 미소로 유아가 친밀감을 느끼도록 하여야 한다. 교사는 유아의 이야기에 주의 집중하고 경청하여 유아의 이야기를 들을 준비가 되었음을 보여 주어야 한다.

그렇게 할 때 유아는 자신의 이야기를 자유롭게 이야기하며 자신의 감정을 표현할 수 있을 것이다. 이러한 라포(rapport)가 형성되면 교사는 스스로 감정조절을 잘하고, 유아의 특수발달을 잘 이해하는 상황에서 유아와 효율적인 상호작용을 통해 의사소통을 할 수 있을 것이다(최승원, 이연주 외, 2017).

라포(rapport)란 신뢰 관계를 의미하며 유아와 교사 간의 라포가 형성되면 유아는 안정감을 느끼고 자신의 이야기를 할 수 있다. 교사도 유아의 입장이 되어 잘 들어줄 수 있으며 공감하는 지수가 더 높아져 유아와의 친밀감을 형성할 수 있다.

1 자기감정조절을 잘하는 교사

우리나라의 교육이 지식교육 중심으로 관심을 가져왔으며 이로 인해 인성교육에 대한 부분이 사회적 무관심으로 인해 결여되어 왔다. 그러나 최근 학교폭력으로 인한 사회적 문제가 심각한 상황에 도래하자 학교현장에서는 인성교육의 중요성이 더욱 강조되고 있다.

유아교육 분야에서 최근 제정된 '누리과정'에서도 교육전반에 걸친 인성교육을 강조하기 위한 시대적 흐름을 반영하고 있다.

인성교육은 사람이 다양한 환경에 대하여 제각기 나름으로 반응하는 일괄적인 행동의 구조와 역동의 특성을 의미하며(조남두, 2014) 가치지향적인 의미로 인간을 인간답게 만드는 바람직한 성향을 의미한다고 할 수 있다(신재흡, 2017).

인성이 형성되는 결정적 시기인 유아기에는 반드시 인성교육이 이루어질 필요가 있다. 이를 위해 정부도 학교폭력 종합대책의 일환으로 '유아 인성교육 부모 훈련 프로그램 개발'과 '유아 인성교육 우수 어린이집 공모·선정' 등 다각적인 정책을 운영하고 있다.

이러한 다각적인 관심과 프로그램, 정책과 함께 현장에서 가장 영향력 있는 교사의 인성 또한 더욱 중요시되어야 한다.

교사 자신이 유아에 대한 긍정성과 배려하는 인성의 함양을 통해 자기감정 조절을 잘 함으로써 유아의 인성도 함께 성장할 수 있기 때문이다.

1) 자기조절의 개념 및 중요성

자기감정조절이란 스스로 어떤 일에 대해 절제하며 자기를 통제하는 것이다. 교사는 스스로 자기의 감정을 조절함을 통해 분노, 화, 욕심 등을 제어할 수 있게 되며 상황을 좀 더 객관화하여 바라볼 수 있게 된다.

감정조절이 잘 되지 않을 경우 일관성이 없는 보육을 하게 되며, 이로 인해 유아들은 정서적 불안과 대인관계에서의 소극적 성향으로 눈치를 살피는 습관을 가질 수 있다.

따라서 교사는 유아에게 규칙을 강요하거나, 나쁜 행동에 대한 보복으로 벌을 주고, 유아의 한계에 다다른 자기조절에 대해 화를 내기보다는 모델링, 긍정적 설명, 주의, 달래기, 재 지시, 제한하기, 조절하기, 문제해결을 위한 논의, I-massage, 재충전시간 가지기, 자연적이며 논리적인 결과 경험하기 등의 긍정적 자아조절 지도기술을 사용하도록 노력해야 한다(황혜경 외, 2017).

2) 자기조절기술 Stop-Think-Do

리더십과 대화법에서의 주요 개념으로 Stop-Think-Do!가 있다.

치료적 관점에서는 ADD(주의력결여장애)이나, ADHD(주의결함 활동항진장애)아동에게 사용하기도 한다.

Stop-Think-Do는 신호등을 표현한 것으로 Stop은 빨강 불(멈춰요)-Think는 노랑 불(생각해요)-Do는 초록 불(행동해요 : 진행을 의미)의 3단계로 구성되었다.

Stop-Think-Do의 진행은 먼저 결과를 예측하고, 하고 싶거나, 습관적으로 하는 행동을 멈추는 것, 즉 Stop하는 것에서부터 시작한다.

우리는 자신의 감정과 행동을 조절하기 어려울 때, 스스로 멈추는 것이 습관화 될 때, 자기감정을 조절하기에 더 용이하다.

화가 나는 상황에서 먼저 Stop에 성공한다면 그다음 단계인 Think를 진행할 수 있다. Think의 과정에서는 일단 화가 나는 상태를 멈추었으므로 상대방에게 어떻게 질문할지를 생각하게 한다. 즉, 구체화해서 생각할 수 있게 하며 내가 더 잘 행동할 수 있는 것을 스스로 셀프코칭하도록 한다. 질문을 생각하면 다음 단계인 Do의 단계로 넘어가 그때에 행동하는 것이다.

Stop : 나는 나의 에너지를 첫 번째 멈춤 단계에서 컨트롤 하는 법을 배울 수 있다.
Think : 나의 긍정적인 선택에 대하여 생각한다. 그리고 내 결정을 진행한다. Do!
Do : 그리고 내 결정을 진행 한다.

자기조절이 필요한 상황에서 Stop-Think-Do을 적용해서 사용하다 보면 자신의 감정을 그대로 드러내기보다 다시 한번 호흡을 고르고 생각하여 행동할 수 있도록 돕는다.

자기조절에도 훈련이 필요하며 이러한 훈련 중 하나인 Stop-Think-Do를 통해 스스로를 조절하는 것은 교사로서 중요하다.

2 피해유아와 가해유아의 심리를 이해하는 교사

- 유아의 특수발달을 이해하는 교사

1) 피해유아의 심리

피해유아가 느끼는 가장 큰 감정은 두려움과 분노이다. 자신이 다시 폭력을 당하는 것은 아닐까. 자신이 도움을 받을 곳이 있는가. 부모에게 말하면 혼나지 않을까 하는 두려움을 갖는다. 나아가 자신에게 폭행을 가한 대상과 자신을 보호해 주지 못한 교사와 부모, 심지어는 사회 전체에 대하여 분노를 느낀다. 분노 속에는 원망과 무기력감이 동시에 수반 된다.

폭력을 당하고 있는 유아는 부모에게 직접적이기보다는 간접적인 신호를 통하여 도움을 요청한다. 자신이 당한 일을 다른 친구들이 당한 일처럼 이야기하거나, 집에서 짜증을 내고, 등원하는 것을 회피하거나, 다른 원으로 옮겨달라고 이야기

한다. 자신을 보호해 줄 것으로 믿었던 주변 사람이 어떤 반응을 보이느냐 하는 것은 피해유아에게는 매우 중요한 일이다. 부모나 교사가 적절히 대응하지 못하는 경우 자녀는 자신이 만만하게 여기는 사람에게 자신의 분노와 두려움을 공격적인 행동으로 나타내게 된다.

두려움과 분노의 시기가 지나면 수치심을 느끼게 된다. 이것은 스스로의 정체감을 무력화시키며, 자신을 열등한 존재로 간주하게 된다. 이 시기에 피해유아에게 도움이 되는 것은 1) 가해자에게서 사과를 받아내고, 2) 자신의 자존감을 회복하고, 3) 피해유아가 아닌 동등한 친구관계로 돌아가는 것이다.

이를 가능하게 하기 위해서 교사는 일어난 사건 상황을 기록하고, 사건을 객관화해야 한다. 피해유아가 능동적으로 참여해 자존심을 회복할 수 있도록 도와야 한다. 그래야 가해유아의 사과를 받은 후에 용서하는 절차를 거쳐 원만한 친구관계로 다시 돌아갈 수 있기 때문이다.

2) 가해유아의 심리

가해유아의 경우 사건 직후 영웅심리에 젖어 있거나 폭력 자체를 사소한 장난이나 피해유아의 행동에 대한 응징이었다고 자기정당화를 시도한다. 일정한 시간이 경과하면, 사건이 알려지는 것을 두려워하며 걱정을 하기 시작한다. 자신의 행위가 잘못되었다는 막연한 인식과 피해학생에 대한 미안한 마음도 생겨난다. 상대가 다치지 않았으면 하는 마음과 자신이 사과를 할 수 있는 계기가 되어서 다시 친구관계로 돌아가려는 심리적인 욕구를 가진다.

이 과정을 촉진하려면 학급 내에서 폭력의 의미와 결과에 대해 토론 및 토의하는 시간을 공개적으로 가지며, 피해유아에게 공식적으로 사과하는 시간을 갖도록 조력해야 한다(조명실, 차명호, 2010).

3 효율적 상호작용으로 의사소통이 잘되는 교사

유아들에게 있어서 그들을 둘러싸고 있는 주위 어른들은 사회적 환경이 된다. 유아의 바람직한 행동과 성인의 감독의 양이나 질은 높은 관련성이 있다. 성인의 감독이 부족하거나 부재할 때 유아들은 부적절한 행동을 더 많이 하게 된다 (Colvin, Sugai, Good, & Lee, 1997; Kauffman, 2001).

교사의 근접성뿐 아니라 교사의 일관된 반응도 중요하다. 유아의 행동에 대한 교사의 반응이 일관성이 없다면 유아들은 어떻게 행동해야 할지 학습하는 것이 쉽지 않을 것이다. 따라서 유아들은 자신의 적절한 행동이나 부적절한 행동이 어떤 결과를 가져오는지 분명하게 알고 있어야 하고, 교사는 유아들의 행동 뒤에 일관성 있는 결과를 적용해야 한다.

1) 의사소통을 위한 코칭

의사소통의 도구로서 코칭(coaching)중재는 또래집단에게 인기가 없고 따돌림 당하는 아동들에게 도움을 줄 수 있다. 코칭의 듣기기술 등 코칭전략을 사용한 아동은 긍정적인 상호작용의 또래수용의 정도에 의미 있는 향상을 보였다.

또한 코칭과정을 은둔형 아이들에게 적용하여, 일정 수준의 기술을 숙달할 때까지 훈련을 시킨 연구결과에 따르면, 참가 아동들은 사회적 기술뿐만 아니라 또래 수용의 정도에서 개선을 나타내었다.

인기가 없는 유치원생들에게 4가지 사회적 기술을 코칭중재로 적용하여 코치하였다(이끌기(leading), 질문하기, 지지하기, 논평하기). 결과는 참가 아동들이 사회적 지식과 4가지 훈련기술 중 2가지 기술에서 상당한 변화가 있었음을 알아냈다. 또래 수용의 정도에서도 중재 2주 후에 수행된 후속 평가에서는 효과성이 확인되었다 (Mize, J., & Ladd, G. W. 1990).

이러한 개입은 과거 혹은 현재 따돌림에 노출되어 있는 아동들에게 효과적이라는 사실이 증명되었다. 기술 습득과 행동변화를 위해 설계된 다양한 코칭양식에 근거한 개입 전략들이 성공적인 결과를 얻어 왔으며 또래 수용능력을 증가시켰다.

아동에게 조기예방 프로그램을 실시하면 효과가 높으며, 어린 시기의 아동들은 늦은 시기의 아동이나 청소년보다 개입을 더 잘 받아들이고 반응한다는 주장도 있다. 어린아동은 개입활동에 더 적극적이고, 자신들이 왜 개입의 대상으로 선택되었는지에 대한 걱정을 덜 하며, 자신의 행동양식을 변화시키는 데 어려움을 덜 느낀다고 주장한다.

그러나 가장 효과적인 개입 프로그램은 아동이 발달 초기에 시행되어 시간의 흐름에 따라 규칙적으로 계획되고 발달 단계상 적합하게 개입이 확장되어야 지속적인 효과를 볼 수 있다.

2) 의사소통을 위한 코칭기술

코칭기술 가운데 온전한 경청기술, 나-전달법, 감정 다스리기, 진정한 칭찬과 격려에 대해 기술적인 부분의 이해와 적용을 통해 또래와 교사와의 상호 의사소통을 돕는다.

(1) 온전한 경청기술

말을 온전히 잘 듣는다는 것은 들을 청(聽) 한자에서 알 수 있다. 귀 이(耳), 눈 목(目), 마음(心), 임금 왕(王) 자가 들을 청(聽) 안에 모두 들어 있다. 즉, 상대방이 이야기할 때 귀로도 듣고 눈을 맞추어 듣고, 마음을 열어 상대방의 입장이 되어 공감하며 듣고 상대방을 임금을 대하듯이 듣는다는 것이다.

자신의 말은 최대한으로 줄이고, 주의 깊게 공감하며 듣고 있다는 확신을 주기 위해 추임새나 적절한 어조, 표정, 제스처를 보여주면 좋다.

〈온전한 경청을 위한 감정코칭〉

- 1단계 : 감정인식하기
  작은 감정을 보일 때 빨리 알아차리기, 행동의 숨은 감정에 주목하기
- 2단계 : 감정적 순간을 좋은 기회로 삼기
  감정이 격할수록 좋은 기회로 삼기
- 3단계 : 감정공감하고 경청하기
  긍정적 감정, 부정적 감정 모두 공감해주기, 언제나 진지하게 감정을 공감하기, '왜' 대신에 '무엇' '어떻게'로 접근하기, mirroring을 활용하여 공감하기
- 4단계 : 감정을 표현하도록 도와주기(화난, 슬픈, 두려운, 속상한, 시샘하는 등)
  감정에 이름 붙여주기, 유아 스스로 감정에 이름을 붙이도록 돕기
- 5단계 : 바람직한 행동으로 선도하기
  공감한 후에 행동의 한계 정해주기, 유아가 원하는 목표 확인하기
  해결책 찾아보고 검토하기, 스스로 해결책을 선택하도록 돕기

(2) 나-전달법

나-전달법은 유아의 행동이 교사나 친구들에게 문제가 되는 경우, 교사의 생

각이나 감정을 효과적으로 유아에게 전달하기 위하여 사용하는 방법이다. 나-전달법은 교사와 유아의 관계를 원만하게 이끌고 교사가 수용할 수 없는 유아의 행동을 변화시키는 데 유용하게 활용할 수 있다.

나-전달법을 활용하면 교사는 유아에게 화를 내지 않으면서 교사의 느낌, 의사 및 의도가 이해되도록 생각을 교환할 수 있다.

나-전달법의 장점은 다음과 같다.

- 유아를 비난하지 않고, 교사가 말하는 내용에 대한 책임을 교사 자신에게 돌린다.
- 교사가 유아 행동을 부정적으로 평가하지 않기 때문에 유아는 교사의 이야기를 더 잘 경청하게 된다.
- 유아의 행동이 야기한 결과로써 교사가 느끼게 된 감정을 유아가 알게 된다.
- 유아의 행동을 변화하도록 강조할 뿐이지, 유아의 성격을 지적하지는 않는다.
- 교사가 원하는 행동이 무엇인지 유아에게 분명한 정보를 제공해 준다.

나-전달법에 있어서 비폭력 대화법의 순서와 요소를 살펴보면 다음과 같다.

표 7-2 비폭력 대화법의 순서와 요소

순서	요소	설명
1	관찰	평가와 관찰을 분리하여 관찰한 행동만을 표현한다.
2	느낌	그 행동을 보았을 때 어떻게 느끼는지 표현한다.
3	욕구	그러한 느낌을 일으키는 자신의 욕구나 가치관을 찾아 말한다.
4	부탁	원하는 것을 구체적으로 부탁한다.

(3) 감정 다스리기

- 분노의 감정 : 아이들은 등원하자마자 종종 타당한 이유로 매우 화가 나 있는 상태이다. 그러나 타당한 이유가 있더라도 분노는 수업과 또래집단과의 관계에 부정적인 영향을 미칠 것이다.

  아이는 분노가 정상적이라는 것과 분노를 인정하는 것을 배울 수 있다.

  어린아이들은 자신의 감정을 말로 표현하는데 종종 어려움을 겪기도 한다. 예를 들어 감정카드나 얼굴모양의 그림을 보고 감정모습을 그리거나 붙이게 하여 다양한 감정을 표현하며 자신의 감정조절기술을 향상시킬 수 있도록 돕는다. 분노는 자주 두려움, 비통, 질투 또는 어색함과 같은 다른 근본적인 감정을 감추기도 한다. 따라서 적절하게 여러 다른 감정을 찾아내는 것에 대한 학습은 협력에 대하여 괴롭힘 또는 공격을 유도하는 느낌을 자극하는 감정에 관한 아이들의 인식을 증진시킬 것이다.

- 생각 바꾸기 : 부정적인 인식을 긍정적 인식으로 대응하는 것.
- 이완 기법 : 대응하기 전에 10을 세거나, 모든 근육을 긴장시켰다가 이완시키거나 좋아하는 해변으로 상상 속의 여행을 떠나거나, 깊고 느린 호흡을 하는 것. 이것은 자신의 분노를 조절하고 스트레스를 감소하는 데 도움이 된다.
- 단호한 대처 : 상대 친구가 분노하게 했을 때 분노가 아니라 단호하게 대처하는 것. 예를 들어 "네가 내 머리카락을 잡아당기는 것은 나를 괴롭히는 것이다. 다시는 그렇게 하지 않았으면 좋겠어"라고 말하는 것을 통해 가해자들은 자신의 무례한 행동을 멈출 것이다.
- 어른에게 도움을 요청하기 : 화를 내는 것보다 어른의 도움을 요청하는 것.

(4) 진정한 칭찬과 격려

칭찬은 학생의 성과나 행동에 대한 긍정적인 피드백을 주는 인정 또는 감탄의 표현이다. 예를 들면, "○○아 너 정말 잘 했구나" 또는 "○○아 네가 이렇게 훌륭한 일을 해내다니 나는 네가 정말 자랑스럽구나"를 들 수 있다.

격려는 다른 사람에게 동기를 부여하고, 지지하고, 자극하고, 고무하거나 자신감을 고취시키는 표현이다. 예를 들면, "○○아 이 활동을 위해 노력을 많이 했구나. 네가 이것에 흥미를 느꼈음에 분명하구나" 또는 "○○아 너는 네가 한 일에 정말 기뻐하는 것처럼 보이는구나. 이 일로 행복하니?"가 있다.

칭찬과 격려는 학생들에게 강력한 영향을 미칠 수 있고 아주 분명하게 사용되어야 하지만, 교사들이 자신감과 자존감을 길러주려고 노력할 때, 칭찬과 격려가 두 가지의 다른 표현이라는 것을 인식하는 것은 중요하다. 칭찬은 외부적인 평가를 나타내지만, 학생이 교사나 부모를 만족시키려는 목적만으로 과제를 수행하는 것을 촉진할 수 도 있을 것이다. 그러나 격려를 통하여서는 결과에 대한 개인의 또는 집단의 소유 의식을 유도하며, 활동의 결과에 대한 내면화를 길러 줄 수 있는 가능성이 있다. 그러므로 상황에 맞는 칭찬과 격려를 통해 아이들의 자존감과 내면화된 동기를 유발할 수 있다.

3) 의사소통을 위한 교사의 역할

(1) 긍정적 관계 맺기

Evertson, Anderson, Anderson과 Brophy(1980)는 교사들이 유아들과 긍정적인 관계를 맺기 위해 교사가 할 수 있는 것을 다음과 같이 제안했다.

- 공손하고 친절한 말 사용하기
- 유아들의 의견 경청하기
- 유아들과 함께 시간 보내기
- 유아들을 자주 칭찬하기
- 유아들의 성공을 확인하고 칭찬해 주기
- 유아들의 사적인 관심사를 알기
- 언행일치를 보여 주기
- 유머를 사용하기
- 유아들의 의견을 반영하기
- 학급의 전통을 개발하기
- 유아들의 필요에 반응하기(양명희 외, 2018).

(2) 교사의 심리이해

유아폭력에 대한 사건이 발생하면 빨리 일을 해결하고자 하는 의지는 있지만, 당황하고 효과적인 개입방법을 잘 알지 못해 개별 유아의 문제로 치부하며 문제를 무마하려는 마음을 갖는다. 패해–가해유아 부모가 서로 자기주장만 내세우며 팽팽하게 맞서게 되면 교사 자신이 분쟁에 휘말리게 될까 봐 불안감도 생긴다. 종종 대처 경험 부족으로 증거 자료를 확보하지 못해 중재가 이루어지지 않았을 경우, 피해유아 부모의 공격적인 행동과 항의를 받으며 교사 본인이 소송에 휘말리는 경우도 있다. 때로는 승진에 불이익을 받을까 봐 우려한다. 열심히 학급관리를 했는데도 사건이 발생하면, 자신이 무능하고 아무것도 하지 못하는 교사가 된 것 같은 좌절감에 괴로워한다. 또한 적절한 개입방법과 판단이 서지 않아 혼란스러워 한다.

이처럼 교사는 사건이 발생하면 당황하게 되어 소극적인 대처를 하고, 항의하는 피해학생 부모를 무마시키려고 별일 아니거나 피해유아의 문제로 몰고 간다.

사건이 확대될 경우 교사가 학생과 학부모에게 관리능력 부족으로 평가될 것을 두려워하기 때문에 사건을 드러내어 해결하는 것이 오히려 확대시키는 것이라 생각하고 조용히 혼자서 해결하려고 한다.

하지만 사건이 발생한 후 적극적인 대처를 통해 2차 피해를 방지하고, 학급 내 교육을 통해 분위기를 반전시킬 수 있다는 것을 알아야 한다. 이러한 노력은 앞으로 가해학생이 학급의 중심에서 아이들을 괴롭히는 행위를 차단할 수 있으며 보복 행위 방지에도 도움이 된다.

교사가 사건을 드러내고 해결할 수 있는 학교 내 분위기를 만들고 승진에 불이익이 가지 않게 해야 한다. 오히려 적극적으로 드러내서 해결할 경우 격려해 주는 분위기가 조성되어야 한다. 누구도 예외일 수 없는 유아폭력을 조기에 예방하고 적극적으로 대처하기 위해서는 안전한 교육환경을 조성할 수 있도록 다각적인 관심이 더욱 필요할 것이다(조명실·차명호, 2010).

(3) 외국의 아동폭력 예방 프로그램

① 노르웨이 올베우스 프로그램

댄 올베우스는 학교폭력을 최초로 연구한 학자이며 올베우스 프로그램의 창시자로도 유명하다. 올베우스 프로그램은 예방 프로그램일 뿐 아니라 상황이 발생했을 때 대처할 수 있는 구체적인 행동지침을 담고 있다. 그 핵심적인 프로그램으로는 폭력에 대처하는 4대 규칙, 멈춰, 역할극이 있다. 폭력에 대처하는 4대 규칙은 학교폭력을 해결하기 위해서 모든 사회구성원들이 합의해야 할 규칙일 뿐만 아니라 구체적인 폭력상황에 개입할 수 있는 수단이 되기도 한다.

1. 우리는 다른 친구들을 괴롭히지 않을 것이다.
2. 우리는 괴롭힘을 당하는 친구를 도울 것이다.
3. 우리는 혼자 있는 친구들과 함께할 것이다.
4. 만약 누군가 괴롭힘을 당하는 것을 알게 되면, 우리는 학교나 집의 어른들에게 이야기할 것이다.

노르웨이 어른들이 집단 괴롭힘에 대해서 어떻게 개입해야 할 것인지에 대한 구체적인 매뉴얼을 가지고 있다. 먼저 그 상황을 제지한 후 그 주변에 있는 아이를 모두 모이게 한다. 그리고 피해자를 위로한 후, 가해자 및 방관자들에게 4대

규칙 중 어떤 것을 위반했는지 확인한다. 다음으로 문제 해결을 위해서 무엇을 할 것인지에 대해 다시 한번 학습하고 상황을 정리한다.

멈춰제도는 아이들이 방관자가 아니라 방어자가 될 수 있게 하는 프로그램이다. 그 방법은 누가 괴롭힐 때 피해자와 주변 아이들이 멈춰!를 외치는 것이다. 아이들이 있을 만한 곳에는 교사나 도우미들이 노란 옷을 입고 대기하고 있다가 아이들이 멈춰!를 외치면 개입한다. 역할극은 모든 아이들이 학교폭력이 지속되는 데 책임 있다는 인식하에 이루어지는 활동이다. 역할극을 통해서 자신들이 방어자가 되는 인식과 방법을 개발한다.

② 평화로운 교실을 위한 멈춰제도

멈춰제도는 노르웨이의 올베우스제도를 표본으로 한 학교폭력 예방 프로그램이다. 이 제도는 학교폭력 문제를 해결하기 위해 한국의 현장 교사들과 교육전문가들이 모여 만든 '평화샘 모임'에서 우리 현실에 맞게 고쳐 만든 평화로운 교실 공동체 프로그램의 하나이다.

멈춰제도는 '폭력에 대처하는 4가지 방법'을 어겼을 경우, 바로 그 현장에서 피해학생이나 동료학생이 '멈춰'를 외치게 하는 제도이다.

멈춰제도는 이렇게 운영된다. 먼저 교실이나 식당, 운동장 등 학교현장에서 폭력을 당한 아이가 '멈춰'를 외치면 가해학생은 규칙에 따라 즉시 그 행동을 멈춰야 한다. 이때 피해학생이 겁에 질려 '멈춰'를 외치지 못하면 주변의 아이들이 참여를 소집한다. 학급회의는 '멈춰'를 외친 그 즉시 하는 것을 원칙으로 하되, 바로 할 수 없는 상황이면 '멈춰'가 일어난 날에는 반드시 하도록 한다.

긴급 학급회의에서는 역할극을 통해 입장을 바꿔보면서 서로의 감정을 이해할 수 있도록 도와준다. 폭력의 순간이 가장 훌륭한 감정이입을 배우는 시간으로 전환되는 것이다.

③ 핀란드의 키바 코울루 프로젝트

키바 코울루 프로젝트는 왕따 문제를 정규 교육과정을 통해서 해결하려고 하는 것이 특징이다. 그 대상은 초등학교 1학년, 4학년, 7학년 학생이다. 키바수업은 1주일에 한 번씩 총 20시간에 걸쳐서 이루어진다. 수업 내용은 왕따 역할극, 단편영화감상, 학생토론, 발표 등으로 구성된다. 모든 학생은 역할극에서 왕따 역할을 하게 된다. 이를 통해 학생들은 피해학생의 고통에 공감하게 되고 어떻게 따돌림받는 학생을 도울 수 있을지에 대한 방법을 배우게 된다. 매 수업이 끝나면 학생들 스스로 폭력에 대처하는 규정을 만들어 지켜나간다. 이렇게 해서 모인 규칙들을 학년 말 키바조약으로 정리한다. 그리고 모든 학생이 이 조약에 서명을 하고 지키려고 노력한다.

2009년 가을 학기부터 800여 개 학교에서 도입한 이 프로젝트는 왕따를 줄이는데 그 효과가 입증되었다(김가녕, 2013).

(4) 괴롭힘에 대한 인식을 높이는 활동

- 유인물이나 화면을 이용하여 괴롭힘의 여러 가지 유형에 대하여 이야기하고 조를 나누어 아이들에게 각각 해당되는 행동의 예를 찾게 한다.
- 아이들에게 괴롭히는 사람을 그려보게 한다. 그린 인물 그림에 대해 이야기하고 피해자, 가해자, 주변인에 대한 정의를 내린다. 아이들이 괴롭힘의 개념을 확장하도록 돕는다.
- 설문조사를 만들고 실시하여 분석하게 한다. 응답의 결과를 백분율로 계산하여 그 결과를 그래프로 그려 게시한다.
- 괴롭힘이 없는 환경을 위해 해야 할 행동에 대해 이야기한 후 포스터를 그려 게시한다(Pamela Orpinas, Arthur M. Horne, 2013).

03 유아폭력의 예방을 위한 부모의 역할

1 가족관계와 과정

가족의 생활과 부모–자녀 관계와 관련된 수많은 요인들을 또래집단 따돌림에서 아동들의 위험을 증가 혹은 감소시키는 요인으로 작용한다(Laddy & Pettit, 2002).

이것은 부모의 양육방식이나 훈육의 방법, 아동이 또래와 비공식적으로 하는 놀이에 대한 관리 등 부모의 행동과 사회화된 관습을 포함한다. 특히 아동에 대한 양육방식은 아동들의 사회적 능력이나 또래문화에서의 성공과 관련이 높다.

거칠고 가혹한 훈육방식을 접한 아동은 또래집단 따돌림을 포함한 사회적 문제를 경험할 가능성이 높다. 반대로 또래관계를 중시하는 부모에게서 양육된 아동들은 적절한 대인관계 능력을 배울 수 있으며, 비공식적인 놀이집단에 참여하도록 격려되는 아동들은 같은 상황에서 우정을 쌓고 긍정적인 평판을 수월하게 얻게 된다(Lisa A. Rapp-Paglicci · Catherine N. Dulmus John S. Wodarski, 2013).

(1) 피해유아 부모의 심리

사건이 발생하면 피해유아의 부모의 경우 두려움으로 회피하거나 상대가 먼저 용서를 구하기를 바라거나 원에서 원만하게 해결해 주기를 기대한다. 일을 효과적으로 해결하기 위해서는 피해자 중심으로 해결하려는 노력을 보이며 마음의 안정을 찾게 하고 가해유아의 사과와 재발방지 약속과 함께 치료에 힘쓸 것을 다짐받고 화해하도록 조력해야 한다.

피해유아의 분노는 모두가 상처받을 수 있는 극단의 상황으로까지 연결되기에 초기에 적극적으로 대처하여 원만한 중재를 이끌어 낸다면 피해유아 부모도 안도감을 가지게 될 것이다.

이때 피해유아 부모 또한 사과를 받아들이고 용서를 통해 자존심을 회복하고 적당한 선에게 합의할 줄 아는 포용의 자세를 가질 수 있도록 조력해야 한다. 이렇게 해결할 경우 학부모가 다시 유아교육기관을 믿고 신뢰하게 되어 교사의 권위도 살아나게 되는 계기가 된다.

(2) 가해유아 부모의 심리

사건이 발생하면 피해유아에 대한 책임도 걱정하지만 자신의 자녀의 미래가 불안하여 더 많은 걱정을 하게 된다. 그래서 우리 아이의 잘못을 알면서도 폭력 사실을 시인하면 우리 아이가 크게 다치는 것이 아닐까 하는 두려움 때문에 피해자의 탓으로 돌리려고 한다. 자녀가 의기소침해 하면 우리 아이가 기가 죽을까봐 걱정이 되고 또 다른 따돌림의 대상이 되지 않을까 걱정한다.

또 다른 경우 "장난으로 한 건데 너무 심하게 하는 것 아닌가요? 사실 우리 아이도 피해자거든요" 하면서 사실을 부인하며 자신의 아이는 잘못이 없다는 것을 입증하려고 오히려 큰소리를 친다. 하지만 마음속에는 자식의 미래에 대한 걱정과 자책감이 존재한다.

이때 교사는 가해유아 부모의 불안한 마음을 이해하고 너무 나무라거나 죄인 취급을 하며 다그치지 않는 것이 중요하다. 감정이 격해지면 원하지 않는 방향으로 치달아 극단적인 대립을 불러온다. 우선 가해아동이 그런 행동을 한 증거를 요청하며, 아이의 장래를 위해 이런 행동을 함께 막아야 함과 원만한 사건해결을 위해 믿고 따라와 줄 것을 당부한다.

가해유아의 부모도 존중하며, 어떠한 상황에서도 아이의 장래를 위해 지금 문제를 잘 해결해 더 이상 가해행동을 하지 않게 부모의 관심과 관찰, 관리감독을 부탁한다(조명실, 차명호, 2010).

2 괴롭힘에 대한 태도와 인식

괴롭힘에 대한 부모의 인식은 아동의 행동 문제에 대한 평가와 관련이 있으며, 특히 개인적 개입이 적절할지 또는 가족적 개입이 적절할지를 평가하는 것과 관련된다. 부모는 괴롭힘을 잘못 된 것이라고 믿는가? 아니면 괴롭힘을 일반적인 것으로 받아들이는가? 이러한 부모의 태도는 가해자들의 행동에 강하게 영향을 미칠 수 있다.

부모가 자녀의 괴롭힘의 문제를 다른 사람, 예를 들면 선생님의 탓으로 돌리고 가족의 영향력에 대한 이해를 거부하는 경우, 이러한 가정은 어떤 개입 프로그램에도 응하지 않는 경향이 있다. "남자애들이 다 그렇지 뭐"라는 의견을 표현하기도 한다. 교사는 어떠한 경우에도 원내 폭력은 용납되지 않는다는 것을 부모에게 명확하게 인식시켜야 한다(Pamela Orpinas, Arthur M. Horne, 2013).

1) 새로운 양육 기술 가르치기

공격적 아동의 부모는 새로운 기술(예, 가족생활의 일정을 짜거나 구조화하는 것)을 배울 필요가 있으며, 이는 가족 전체에 영향을 미치게 될 것이다. 지속적으로 다른 아이들을 괴롭히는 자녀의 부모는 가정에서의 일과가 잘못 짜여 있거나 존재하지 않는 무질서한 생활방식을 가지고 있다. 이러한 경우 일정기간(예, 3개월) 동안 규칙적인 일과를 세워보도록 만들어서 부모가 그들의 스케줄링 기술을 보강할 수 있게 할 것이다.

'할머니의 법칙'이라고 불리는 프리맥의 원리(Premack Principle)도 좋은 방법 중의 하나이다.

- "콩을 먼저 먹어야 그다음에 후식을 먹을 수 있다"
- "잔디를 깎아야지 그다음에 야구경기를 할 수 있다"
- "숙제를 먼저 해야지 그다음에 TV를 볼 수 있다"

또 하루일과를 마치고 다른 가족의 좋은 행동을 찾아내는 활동을 한다. 각자 다른 가족을 위해 했던 긍정적인 일이 무엇이었는지 생각하고 서로를 돕는 방법을 찾는다. 이런 긍정적인 행동과 변화들은 긍정적 의사소통을 돕고 가족에게 존경을 표시할 수 있다. 이것은 긍정적 상호작용으로 이어지며 가족과 지내는 시간이 흥미롭고 재미있음을 깨닫게 된다. 이를 통해 가족 분위기도 개선될 수 있으며 아이들은 가정 안에서의 안정감과 행복감을 느낄 수 있다.

2) 부모와 밀착된 관계 형성

아이와 가장 많은 시간을 공유하며 생활하는 부모의 모습은 아이의 자존감 형성에 있어 매우 중요하다. 자녀를 양육하는 데 있어서 부모의 역할은 절대적이다. 부모의 낮은 자존감이 자녀에게 그대로 투영되기 때문이다. 따라서 부모는 자녀를 지적인 능력이 높은 아이로 키우기보다 자존감이 높은 아이로 키우는 것을 중요하게 생각해야 한다. 자존감 높은 아이는 마음의 근력이 강하기 때문에 따돌림을 당해도 너끈히 이겨내는 힘이 있다.

내 아이를 자존감 있는 아이로 키우려면 평소 엄마가 아이와 밀착된 관계를 형성하는 것이 중요하다. 또한 아이와 함께하는 시간을 통해 스트레스를 해소해줄 필요가 있다. 행복한 엄마의 모습을 통해 엄마 자신부터 자존감을 높이는 것이 중요하다.

어린 시절의 가정환경은 미래의 관계형성에 기초를 만든다. 아이가 커서는 어릴 적 자신의 보호자가 보여준 방식으로 다른 성인들도 행동하기를 기대하기 때문이다. 영아가 자라면서 이러한 원천적 관계는 다른 사람과 어떻게 관계를 맺는가에 강한 영향을 준다. 도움을 잘 주고 반응을 잘하며 애정을 보이는 부모는 아이에게 안정적인 애착을 길러준다. 이러한 아이들은 친구들이나 성인과 긍정적이고 애정 어린 관계를 발전시키는 것이 더 쉽다는 것을 알게 되어 타인을 신뢰할 수 있게 된다. 반대로 일관성이 없는 반응을 보이거나 느리거나 차갑고 냉정하게 대하는 부모는 아이와 불안정한 애정을 키워간다. 이러한 아이들은 타인을 신뢰하기도 어려우며, 건강하고 친밀한 정서적 관계를 맺는 것이 어렵다고 생각한다. 그들은 새로운 관계에 대해서 불안함과 두려움, 고통스러움으로 반응한다.

불안정한 애착과 공격성 간에 관련이 있다는 것은 많은 연구에 의해 지지되어 왔다. Volling과 Belsky(1992)는 영아와 엄마 사이의 약한 애착관계가 형제에 대한 공격적 행동과 관계된다는 점을 발견했다. 보호자와 긍정적인 애착관계를 가진 취학전 아동은 다른 아동들과 더 협동적이고 사회적으로 적절한 상호작용을 보였다. 한 아이의 공격적 행동이 미숙한 가족관계에 대한 반응일 수도 있다고 인식한 교사는 그 아이의 행동에 대해 처벌로 해결하려 하기보다는 더 지지적인 훈육적 접근방법을 채택할 것이다.

유아폭력은 아동의 발달시기 동안 계속해서 아동의 삶 전체에 영향을 미칠 수 있는 심각한 문제이다. 유아폭력에 대한 사회적 관심과 예방적 접근 방식에 대한 더 다양한 연구와 프로그램의 개발로 문제의 심각성을 인지하여 모든 아동이 건강하게 자랄 수 있도록 해야 할 것이다.

이를 위해 가정과 학교, 정책기관 등의 상호 협력적이며 통합적인 시스템이 더 많이 만들어져서 실행되어야 할 것이다.

Chapter 08

유아를 위한 폭력 예방교육의 실제

학습내용

여기서는 유아를 위한 학교폭력 예방교육을 어떻게 할 것인가에 지도를 돕기 위해 신체폭력, 언어폭력, 성폭력, 따돌림 등 유아교육기관에서 예방교육에 실제 활동지도안을 제시하였다. 또한 가정과의 연계자료로 학부모상담에 필요한 내용 및 부모교육자료의 예를 제공하여 유아폭력예방의 도움이 되고자 한다.

01 유아를 위한 학교폭력 예방교육 지도안: 신체폭력

1 친구가 좋을 때는 이렇게 해요

목표	• 친구 사이에도 지켜야 하는 예절이 있음을 안다. • 나의 생각과 친구의 생각이 다를 수 있음을 알고 존중한다. • 친구와 놀이할 때 생기는 갈등 상황을 인식하고 긍정적으로 해결할 수 있는 능력을 기른다.
활동 자료	PPT 이야기 자료 • 친구와의 신체폭력 상황사진 자료(친구를 세게 껴안기, 친구의 머리를 잡아당기기, 친구의 옷 잡아당기기, 친구의 어깨를 세게 잡기 등) • 친구에게 좋아함을 표현하는 다양한 방법 사진 자료(살짝 안아주기, 손잡아주기, 이야기 들려주기, 손으로 하트 만들어주기 등)
활동 방법	• PPT 이야기 자료를 보며 사진 속 신체폭력 상황을 생각해 보며 이야기 나눈다. • 사진 속 친구에게 나타난 문제에 대해서 이야기 나눈다. – △△는 친구들에게 어떤 행동을 했니? 왜 그렇게 행동했을까? – 친구들은 △△의 행동을 좋아할까? – 친구들은 느낌이 어떨까? • 사진 자료를 보면서 내가 친구를 좋아하는 마음으로 한 행동이라도 친구가 싫어할 수 있음에 대해 이야기 나눈다. – 너희들도 ○○처럼 친구 때문에 힘들었던 적이 있었니? – 친구가 왜 그렇게 했다고 생각했니? – 친구가 좋을 때 꽉 껴안을 수도 있는데, ○○가 화를 낸 이유는 무엇일까?

	– ○○는 친구가 세게 껴안는 것을 불편하게 느낀단다. – 너희가 △△라면 친구들에게 어떻게 하겠니? – 친구가 좋을 때 표현할 수 있는 또 다른 방법에는 어떤 것이 있을까? • 친구의 행동 때문에 불편한 점을 솔직하고 당당하게 이야기하는 방법을 알아본다. – 이럴 때 ○○는 친구에게 어떻게 이야기해주면 좋을까? • 두 명의 유아가 나와서 '친구가 좋을 때는 이렇게 표현해요' 신체표현을 한다. – 사진 카드들이 여러 장 있단다. 어떤 모습이니? – 친구가 어떻게 표현해주는 것이 가장 좋을 것 같니? – 친구가 골라준 카드의 모습처럼 좋아하는 마음을 표현해 보기로 하자. – (좋아하는 친구에게) 친구가 너에게 어떤 방법으로 표현해주면 좋겠는지 카드를 뽑아서 보여주겠니? – 친구가 원하는 방법으로 표현해 보자.
활동의 유의점	• 내가 좋아서 하는 행동이라도 친구가 싫어할 수 있음을 이해하도록 충분히 이야기를 나눈다. • 친구를 좋아하는 마음을 말이나 행동 등 다양한 방법으로 표현할 수 있도록 상호작용한다.
활동 평가	• 친구들과 어울려 지내며 생기는 문제 상황을 인식하고 해결하는 방법을 아는지 평가한다. • 친구를 위하는 마음을 갖고 있으며, 친구가 좋아하는 행동을 표현하려고 노력하는 태도를 갖고 있는지 평가한다.
확장 활동	• 언어 영역에서 '친구에게 그림 편지 선물하기' 놀이를 할 수 있다.

자료 : 교육부(2016). 유치원 성교육 프로그램. p.81.

지도 TIP 친구에게 할 수 있는 말의 예

- 나를 안아주는 것은 괜찮지만, 세게 껴안으면 불편해!
- 머리를 쓰다듬는 것은 괜찮지만, 세게 잡아당기는 것은 싫어!
- 어깨동무는 괜찮지만, 목을 꽉 껴안으면 숨이 막혀!
- 술래잡기는 재미있지만, 옷을 잡아당기는 것은 싫어!
- 내 손을 잡는 것은 괜찮지만, 나를 밀치는 것은 싫어!

2 서로의 몸을 보호하는 약속

목표	• 친구 사이에 발생할 수 있는 신체폭력 문제 상황에 관심을 갖는다. • 서로의 몸을 보호하기 위한 약속을 함께 정할 수 있다.
활동 자료	사진 자료(장난감을 빼앗으려고 친구를 때리는 사진, 먼저 줄을 서려고 친구를 밀치는 사진, 강제로 친구의 손을 잡아당기는 사진, 누워서 지나가는 친구 발로 걸어 넘어지게 한 사진, 친구의 놀이를 방해하려 장난감을 던지는 사진 등), 금지 표지판 틀, 그리기 재료
활동 방법	• 유치원에서 친구 간에 발생할 수 있는 신체폭력 문제 상황의 사진 자료를 보고 이야기 나눈다. – 어떤 그림이니? – 그림 속 친구들이 어디에서 무엇을 하고 있는 것 같니? – 그림 속 이 친구의 기분은 어떨 것 같니? – 이런 일이 생기면 너희 마음은 어떨 것 같니? – 친구가 나의 몸을 함부로 만지거나 때리면 왜 안 되는 것일까? • 친구의 몸을 함부로 대하면 안 되는 이유에 대해 이야기 나눈다. – 친구의 몸을 마음대로 만지거나 때리면 안 되는 이유는 무엇일까? • 서로의 몸을 보호하기 위해 필요한 약속에 대해 이야기 나눈다. – 친구와 서로의 몸을 보호하기 위해 놀이영역에서는 어떤 약속이 필요할까? – 어떤 약속들을 만들 수 있을까? • 서로의 몸을 보호하기 위해 이러한 약속이 필요한 공간은 어디일까? – 지켜야 할 점들을 보다 잘 기억할 수 있는 방법에 대해 생각해 본다. – 우리가 정한 약속을 잘 지키기 위해서 어떻게 하면 좋을까? – 함께 정한 약속을 잘 지키기 위해서 무엇이 필요할까? • '서로의 몸을 보호하는 표지판'을 만들어 본다. – 우리가 만든 약속을 간단한 글과 그림으로 그려 '서로의 몸을 보호하는 표지판'을 만들어 보면 어떨까? – 표지판에 어떤 그림을 그리면 좋을까? • 함께 만든 표지판을 살펴보며 게시할 곳을 정한다. – 이 표지판이 필요한 곳은 어디니? • 활동을 회상하며 평가한다. – 서로의 몸을 보호하기 위한 약속을 만들고 표지판으로 만들어 보았는데 어땠니?
활동의 유의점	• 또래 간에 일어날 수 있는 신체폭력 갈등 상황을 예방하는 데에 중점을 두고 지도한다.

활동 평가	• 친구 사이에 발생할 수 있는 신체폭력 문제 상황을 아는지 평가한다. • 친구 사이의 신체폭력 갈등 상황을 예방하기 위한 약속을 정하고 지킬 수 있는지 평가한다. • 서로의 몸을 소중하게 여기고 보호하기 위한 태도를 갖는지 평가한다.
확장 활동	• 언어 영역에서 '서로의 몸을 보호해요' 이야기 짓기를 할 수 있다.

자료 : 교육부(2016). 유치원 성교육 프로그램. p.170.

3 친구야 쉿!

목표	• 노래를 통해 유치원에서 친구들과 지낼 때 바른 행동을 이해한다. • 친구 간에 화가 날 때 감정조절이 필요함을 알고 실천한다.
활동 자료	음원, 노랫말, 그림자료
활동 방법	• '친구야 쉿!' 그림을 보며 유치원에서 함께 지낼 때 친구에게 해주고 싶은 말이 무엇인지 이야기 나눈다. – 이 아이가 지금 무엇을 하고 있는 걸까? – 너희들도 친구들에게 '쉿! 잘 들어봐'라며 말해줄 것이 있니? • 노래 자료와 상황그림을 보며 노랫말을 알아본다. – 친구들에게 '쉿! 잘 들어봐'라며 들려주는 노래가 있어. – 어떤 노랫말인지 알아보자. – (화가 난 아이 그림을 보며) 이 아이의 마음은 어떨까? 네가 화가 날 때는?한 번 더 생각하고 말로 해결하자. • 친구와 유치원에서 갈등했던 상황을 이야기 나누며, 화가 날 때 어떻게 표현할 수 있는지에 대해 이야기 나눈다. – 손으로 친구의 얼굴을 때리면 기분이 어떨까? – 또 다른 친구의 기분은 어떨 것 같니? – 화가 날 때 어떻게 하면 좋을까? • 다양한 갈등 상황에서 해결할 수 있는 방법에 대해 생각해 본다. – 우리가 손으로 친구를 아프게 하지 않고 해결할 수 있는 방법은 무엇이 있을까? • 노래 자료를 보며 노랫말을 넣어 불러본다. – 우리가 한 이야기들로 노래를 불러볼까? • 노래를 다 부른 후 활동에 대한 평가를 한다. – 이 노래를 불러보니 유치원에서 친구랑 지낼 때 '~지내면 좋겠네!'라는 생각이 떠올랐니?
활동의 유의점	• 또래 간 일어날 수 있는 신체폭력 갈등 상황에서 말로 해결할 수 있는 다양한 상황을 이야기 나누어본다.
활동 평가	• 유치원에서 친구들과 지낼 때 바른 행동을 아는지 평가한다. • 친구 간에 화가 날 때 감정조절이 필요함을 알고 실천하는지 평가한다.
확장 활동	• 친구와 다툼이 생겼을 때나 내가 화가 났을 때 친구에게 꼭 해주고 싶은 말이 무엇인지 노랫말을 새로 지어 부를 수 있다.

자료 : 4세 누리과정 교사용 지도서 유치원과 친구 p.182.

4 한 번 더 꾹 참아요

목표	• 다른 사람의 몸과 마음을 불편하게 하거나 아프게 해서는 안 됨을 안다. • 다른 사람에게 좋지 않은 행동이나 말을 했을 때 즉시 멈추고 사과해야 함을 안다.
활동 자료	노래 '꾹 참았네' 음원, 가사판, 사진 자료(친구를 때리는 장면, 친구를 꼬집는 장면, 친구를 밀치는 장면, 친구를 잡아당기는 장면 등)
활동 방법	• 노래 '꾹 참았네'를 함께 감상하며 이야기를 나눈다. – 노래에서 어떤 이야기가 들렸었니? • 함께 가사를 읽어보며 이야기를 나눈다. – '참는다'는 말을 들어본 적이 있니? – '참는다'는 말은 무슨 뜻일까? • 그림 자료(친구를 때리는 장면, 친구를 꼬집는 장면, 친구를 밀치는 장면, 친구를 잡아당기는 장면)를 보며 이야기를 나눈다. – 이 그림은 어떤 상황인 것 같니? – 친구들이 이렇게 나를 속상하게 한다면 너희들은 어떻게 할 것 같아? – 속상해서 친구를 때리는 것은 올바른 방법일까? • 친구와 사이좋게 지내는 방법에 대해 이야기를 나눈다. – 친구가 나를 속상하게 한다면 친구에게 어떻게 해야 할까? – 뭐라고 말로 할 수 있을까?
활동의 유의점	• 노래 가사를 충분히 알려준 후 활동을 전개하도록 한다. • 화가 났을 때는 행동이 아닌 말로 먼저 해야 함을 인지하도록 활동한다.
활동 평가	• 다른 사람을 아프게 하는 행동이 나쁜 것임을 이해하는지 평가한다. • 친구에게 좋지 않은 행동을 했을 때 즉시 멈추고 사과하는지 평가한다.
확장 활동	• 나의 화난 기분을 올바르게 표현하는 방법에 대해 알아볼 수 있다.

자료 : '꾹 참았네' - 김진영(2009). 김진영 동요집. 교문사.

지도 TIP

- 친구에게 하지 말아야 할 행동과 말을 분명히 알도록 한다.
- 내가 좋아도 다른 사람은 원하지 않는 행동이 있음을 알도록 지도한다.

5 사이좋게 지내요

목표	• 잘못된 행동(신체폭력)이 무엇인지 알아본다. • 잘못된 행동(신체폭력)을 했을 때, 친구와 화해하며 사이좋게 지낼 수 있다.
활동 자료	그림자료(친구를 때리는 장면, 다른 친구가 맞고 있는 장면, 친구를 놀리는 장면), 꼬마버스 타요 '사이좋게 지내요' 동영상 자료
활동 방법	• 꼬마버스 타요 '사이좋게 지내요' 편을 함께 감상한다. • 동영상 자료를 살펴본 후 가장 기억에 남는 장면을 회상하며 이야기를 나눈다. • 그림자료를 살펴보며 친구에게 상처를 주는 모든 행동들이 폭력임을 알려준다. – 이 장면은 어떤 상황인 것 같니? – 친구에게 잘못된 행동(신체폭력)을 하는 친구는 누구일까? – 친구가 맞고 있는데 말리지 않는 행동도 잘못된 행동일까? • 친구와 사이좋게 지내는 방법에 대해 이야기를 나눈다. – 어떻게 하면 친구와 사이좋게 지낼 수 있을까?
활동의 유의점	• 유아들이 좋아하는 꼬마버스 타요 동영상을 감상하며 활동에 흥미롭게 참여할 수 있도록 한다.
활동 평가	• 잘못된 행동(신체폭력)을 구분할 수 있는지 평가한다. • 친구와 화해하는 방법을 알고 있는지 평가한다.
확장 활동	• 친구와 싸우게 될 때 어떻게 나의 기분을 표현할 수 있는지에 대하여 알아보는 활동을 할 수 있다.

자료 : 4꼬마버스 타요 '사이좋게 지내요' (http://www.youtube.com/watch?v=nJTccyo5_JI)

지도 TIP

- 다른 사람을 아프게 하는 행동이 바르지 못한 행동임을 알도록 지도한다.
- 도움이 필요할 때 도움을 주지 못하는 행동도 바르지 못한 행동임을 알도록 지도한다.
- 나의 기분을 바르게 표현하는 방법에 대하여 알아보고 실천할 수 있도록 지도한다.

6 괴롭힘을 당하는 친구를 만나면?

목표	• 잘못된 행동(신체폭력)에 대해 안다. • 다른 사람에게 좋지 않은 행동이나 말을 했을 때 즉시 멈추고 사과해야 함을 안다. • 친구가 어려운 일을 당할 때 도움을 줄 수 있음을 안다.
활동 자료	동화 동영상 지니키즈 '진짜 용기', 역할 머리띠(카시오피아, 푸그니, 불그레)
활동 방법	• 친구와 놀이했던 경험을 이야기 나눈다. – 친구와 무엇을 할 때 재미있었니? – 놀면서 싸우게 된 적이 있었니? 왜 싸우게 되었니? 싸웠을 때 기분이 어땠니? • 동영상 '진짜 용기'를 감상한다. • 동화에서 잘못된 행동들에 대하여 이야기를 나눈다. ① 행동1 : 불그레의 편이 돼요 ② 행동2 : 도망쳐요 ③ 행동3 : 카시오피아를 도와줘요 ④ 행동4 : 불그레와 싸워요 – 친구가 괴롭힘을 당하고 있을 때, 어떻게 행동을 해야 할까? – 친구가 괴롭힘을 당하거나 맞고 있는데 말리지 않고 구경을 하고 있다면 이 행동은 올바른 행동일까? • 역할을 정하여 동극으로 표현한다. – 친구가 괴롭힘을 당하고 있다면 너희들은 어떻게 할 것 같니?
활동의 유의점	• '괴롭히다'의 의미를 이해할 수 있도록 이야기를 나눈 후 활동한다. • 동극 활동 시, 행동을 과하게 표현하지 않도록 한다. • 장난이 아닌 진심으로 활동에 참여하여 표현할 수 있도록 돕는다. • 괴롭힘을 당할 때 상대방에게 정확하고 단호하게 나의 마음을 표현할 수 있도록 돕는다. • 도움이 필요한 친구를 적극적으로 도와주어야 함을 알도록 활동한다.
활동 평가	• 다른 사람을 괴롭히는 행동이 나쁜 것임을 아는지 평가한다. • 다른 사람에게 좋지 않은 행동이나 말을 했을 때 즉시 멈추고 사과하는지 평가한다. • 도움이 필요한 친구를 보았을 때 도움을 줄 수 있는지 평가한다.
확장 활동	• 나의 감정을 행동이나 말로 표현할 수 있는 방법에 대해 알아보는 활동을 할 수 있다. • 괴롭힘으로 인하여 힘든 마음을 도움 청할 방법에 대해 이야기는 나누어 볼 수 있다.

자료 : 지니키즈 바른 인성 동화 진짜 용기(https://youtube.com/watch?v=iTpo5bizITs).

지도 TIP

- '괴롭히다'의 의미에 대하여 정확하게 알 수 있도록 지도한다.
- 싫은 행동에 대하여 나의 마음과 기분을 정확하게 표현해야 함을 지도한다.
- 약한 사람을 도울 수 있는 마음을 지녀야 함을 알도록 한다.

7 친구를 놀리지 말아요

구분	내용
목표	• 언어폭력(놀림)이 일어나는 상황에서 바르게 대처하는 방법을 안다. • 다른 사람의 기분을 생각하며 자신의 감정을 바르게 표현하는 방법을 안다.
활동 자료	동영상 자료, 약속이 적힌 종이
활동 방법	• 동영상을 이용하여 '친구' 노래를 감상한다. (http://jr.naver.com/s/life_song/view?contentsNo=659) – 노래 가사에 귀 기울여서 들어보자. – 우리들이 좋아하는 친구(싫어하는 친구)는 어떤 친구일까? • '나도 날 수 있어요' 동화를 보고, 올바르게 대화하는 방법을 알아본다. – 동영상 '나도 날 수 있어요' ①을 시청한다. (http://ani.buki.co.kr/desc.php?ani=00700KR01&option) – 쫑이와 파니는 부키에게 어떤 말을 하고 있니? – 친구들에게 놀림을 당하는 부키의 마음은 어떨까? – 부키에게 어떤 말을 해주고 싶니? • '친구' 노래를 다시 한 번 들어보고, 친구를 놀리지 않고 사이좋게 지내기 위한 약속을 정해본다. – 서로 놀리지 않고 사이좋게 지내려면 어떤 약속을 정해서 지켜야 할까? ① 약속 하나, 친구를 때리지 않겠습니다. ② 약속 둘, 친구를 괴롭히지 않겠습니다. ③ 약속 셋, 폭력이 발행하면 '멈춰'를 외치겠습니다. ④ 약속 넷, 친구들의 싸움을 말리고 선생님께 말씀드리겠습니다. • 다시 한 번 약속을 확인하고, 잘 보이는 곳에 게시한다. – 우리가 스스로 약속을 만들었는데, 어떤 기분이 드니? – 우리가 정한 약속을 잘 지키기 위해서는 어떻게 해야 할까?
활동의 유의점	• 다른 친구를 놀리는 행위가 어떤 결과를 가져올 수 있는지를 알려준다. • 놀리거나 놀림을 당하는 여러 가지 상황의 동영상을 보여주고 누군가가 놀릴 때 대응할 수 있는 방법을 알려주도록 한다.
활동 평가	• 언어폭력(놀림)이 일어나는 상황에서 바르게 대처하는 방법을 알고 있는지 평가한다. • 다른 사람의 기분을 생각하며 자신의 감정을 바르게 표현하는지 평가한다.
확장 활동	• 언어영역에서 '나의 다짐서'를 활동지로 만들어 활동한다. • 손잡은 친구 만들기와 연계하여 내가 좋아하는 친구의 모습을 꾸며본다.

자료 : 교육부(2016). 학교 안전교육 7대 표준안(유치원).

8 친구를 때리지 말아요

목표	• 신체폭력의 의미를 이해한다. • 친구와 함께 즐겁게 신체활동에 참여한다.
활동 자료	카툰(만화) '너 지금 날 때렸니?', '함께 알아보기' OX 퀴즈문제지
활동 방법	• '너 지금 날 때렸니?' (참고자료 1) 만화를 보며 신체폭력이 되는 행동이 무엇인지 알아본다. – 만화를 보고 어떤 생각이 들었니? – '콩두'와 '녹두'처럼, 친구를 때리거나 친구에게 맞아본 경험이 있었니? • '함께 알아보기' OX 퀴즈(참고자료 2)를 통해 어떤 행동들이 신체폭력인지 알아보도록 한다. – 유치원에서 일어날 수 있는 신체폭력 OX 퀴즈를 통해 친구들에게 해서는 안 되는 행동들을 알아보도록 하자. – 선생님이 내는 퀴즈가 나쁜 행동(신체폭력)에 대한 설명이면 팔로 ×모양을 하고 "나쁜 행동(신체폭력)"이라고 외쳐보자. • 오늘의 활동을 평가해본다 – 나쁜 행동(신체폭력) 중에는 무엇이 있었지? – 우리가 배웠던 나쁜 행동(신체폭력)을 하지 않도록 약속하자.
활동의 유의점	• 유치원에서 일어날 수 있는 신체폭력 OX 퀴즈를 통해 친구들에게 하면 안 되는 행동을 알 수 있도록 한다. • 활동을 한 번에 그치지 않고, 다양한 놀이를 통하여 나쁜 행동(신체폭력)의 개념을 자연스럽게 익히도록 한다. • (참고자료 2) 이외에도 유치원에서 일어날 수 있는 나쁜 행동(신체폭력)을 더 알아보고, OX 퀴즈를 만들어 본다. • 다양한 놀이에 즐겁게 참여하면서 친구의 소중함을 알 수 있도록 한다.
활동 평가	• 신체폭력의 의미를 알고 있는지 평가한다. • 친구와 함께 즐겁게 신체활동에 참여하는지 평가한다.
확장 활동	• 다양한 방법으로 '함께 알아보기' OX 퀴즈 내용을 놀이에 적용한다. ※ 즐겁게 춤을 추다가 문제 맞히기 ※ 수건돌리기 게임을 하며, 술래가 된 친구가 문제 맞히기 ※ 비밀 상자 속에서 당첨을 뽑으면 문제 맞히기

자료 : 교육부 학교 안전교육 7대 표준안(유치원). 4. 친구를 때리지 말아요.

참고자료 1 '너 지금 날 때렸니?' 만화

자료: https://schoolaw.lawinfo.or.kr/

참고자료 2 '함께 알아보기' OX 퀴즈

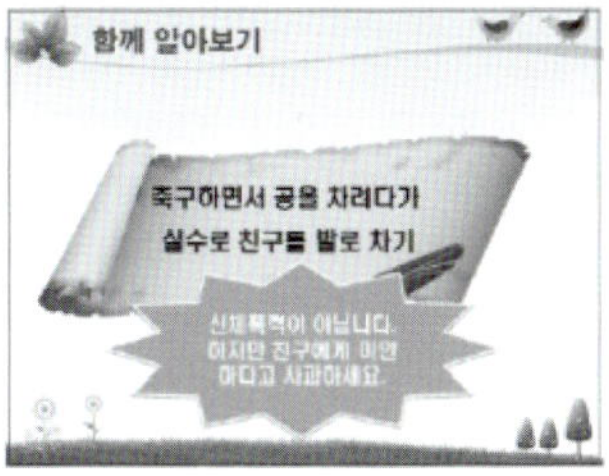

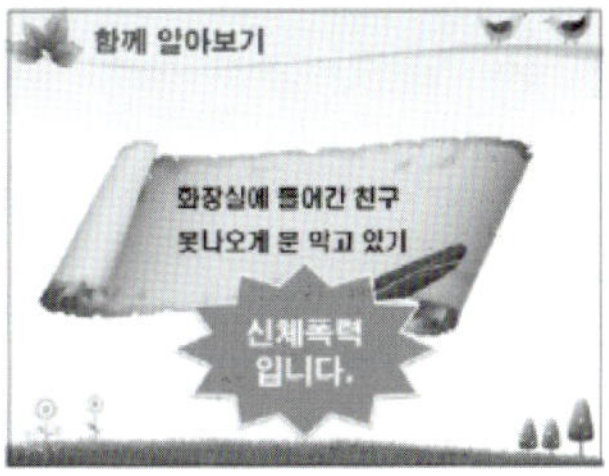

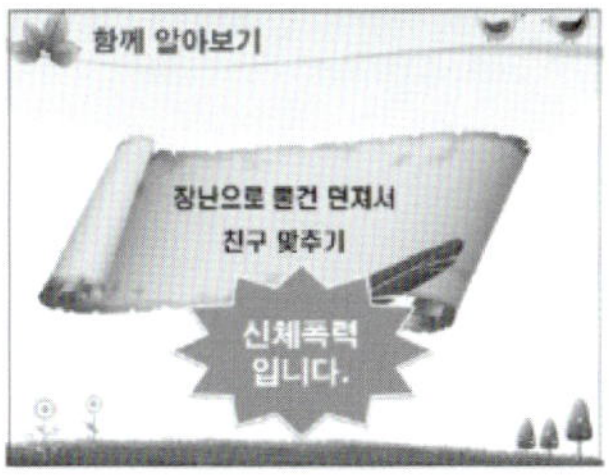

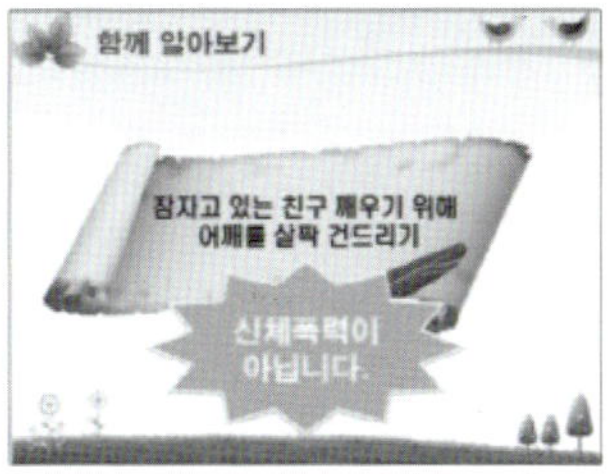

자료: https://schoolaw.lawinfo.or.kr/

9 친구를 아프게 하면 안 돼요!

목표	• 친구를 아프게 하는 나쁜 행동(신체폭력)에 대해 안다. • 신체폭력은 아니지만 친구를 아프게 한 행동도 사과해야 함을 안다.
활동 자료	PPT 이야기 자료(친구를 때리지 말아요.)
활동 방법	• PPT 이야기 자료를 보며 친구를 아프게 하는 행동에 대해 알아본다. – 친구를 아프게 하는 나쁜 행동(신체폭력)을 알아볼까? – 그림(걸어가는 친구에게 장난으로 발 걸기, 서 있는 친구 갑자기 밀기, 화장실에 들어간 친구 못 나오게 문 막기)을 보면서 얘기해 보자. – 이 행동은 어떤 행동이니? 왜 신체폭력이라고 생각하니? • 유아들이 생각하는 신체폭력은 어떤 것인지 이야기 나눈다. – 그림에 나오진 않았지만 신체폭력이라고 생각되는 행동이 있으면 얘기해 보자. (줄 설 때 앞에 서고 싶어서 친구 밀치기, 장난감으로 친구 때리기, 장난감 안 빌려줄 때 손으로 때리기, 친구 얼굴 손톱으로 할퀴기, 입으로 친구 깨물기, 침 뱉기 등) • 나쁜 마음으로 한 행동(신체폭력)은 아니지만 친구를 아프게 했다면 미안하다고 사과해야 하는 행동에 대해 생각해 보고 이야기 나눈다. – 그림(공을 차려다가 실수로 친구를 발로 차기, 모자를 쓰면서 친구가 안 보여 팔로 친구 건드리기)을 보면서 얘기해 보자. – 이 행동은 어떤 행동이니? – 왜 신체폭력이라고 생각하니? – 왜 신체폭력이 아니라고 생각하니? – 우리도 잘 모르고 친구를 아프게 한 적은 어떤 때였니? (지나가다가 모르고 발 밟았을 때, 옷 입다가 친구를 쳤을 때, 벽돌 블록 쌓다가 떨어트려서 친구가 맞았을 때 등) – 실수로 친구를 아프게 했을 땐 어떻게 해야 할까? • 친구를 아프게 하는 행동을 하지 않도록 약속을 정한다. – 친구를 아프게 하지 않으려면 우리가 어떤 약속을 지켜야 할지 얘기해 보자. – 친구의 몸에는 손대지 않기, 화났다고 친구를 때리거나 꼬집지 않고 말로 해결하기, 친구를 아프게 했으면 빨리 사과하기 등
활동의 유의점	• 의도적인 신체폭력은 아니지만 실수로 친구를 아프게 한 행동도 사과해야 함을 이해하도록 충분한 이야기를 나눈다.
활동 평가	• 친구를 아프게 하는 나쁜 행동(신체폭력)에 대해 아는지 평가한다. • 신체폭력은 아니지만 친구를 아프게 한 행동도 사과해야 함을 아는지 평가한다.
확장 활동	• 가정과의 연계지도를 위해 활동 관련 내용의 교육통신문을 발송한다.

자료 : 교육부 학교안전정보센터, 학교안전정책-유초중등-유치원 / 현장맞춤형 안전교육 콘텐츠 개발 유-폭력예방 및 신변보호1 - 친구를 때리지 말아요 PPT 자료.

지도 TIP 친구에게 할 수 있는 말의 예

- 날 밀지 마, 내가 넘어질 뻔했잖아.
- 네가 발을 걸어서 내가 넘어질 뻔했어.
- 화장실 문으로 장난치는 건 싫어
- 미안해, 내가 옷 입다가 실수로 네 어깨를 쳤어.
- 미안, 내가 걸어가다가 널 못 봐서 발을 밟았어.

10 친구를 아프게 하지 말아요.

목표	• 친구와 사이좋게 지내야 할 필요성을 알고 신체폭력에 적극적으로 대처할 수 있다.
활동 자료	동영상 자료 - '유치원 지킴이가 되자' 동영상 (https://youtu.be/DVcn1B8cLck)_7분 15초
활동 방법	• 친구와 놀이를 하면서 때리거나 맞았을 때의 경험을 이야기 나눈다. – 친구와 놀이하면서 어떨 때 재미있었니(속상했니)? – 친구와 놀면서 때린 적이 있니? 왜 때렸었니? – 친구와 놀면서 친구한테 맞은 적이 있었니? – 어떤 때 친구가 때렸니? • 동영상 '유치원 지킴이가 되자'를 보고 느낀 점을 이야기 나눈다. – '소꿉놀이' 중에 어떤 일이 일어났니? – '찰흙놀이'를 하면서 속상한 일이 무엇이었니? – 친구가 때리거나 속상하게 하면 어떻게 말하면 좋을까? • 동영상 내용을 참고하여 신체폭력에 대처하는 방법을 알아본다. – 친구가 나를 괴롭힌다면 어떻게 해야 할까? (아프다고 말해요, 하지 말라고 말해요) – 다른 친구를 괴롭히는 걸 본다면 어떻게 해야 할까? (어른에게 도와달라고 말해요.) – 친구를 아프게 했다면 어떻게 될까? (친구들이 싫어해요. 벌을 받을 수 있어요.) • 싸우지 않고 친구와 사이좋게 지내기 위한 방법을 알아본다. – 친구와 사이좋게 지내기 위해선 어떻게 해야 할까? – 유치원에서 친구가 괴롭히거나 다른 친구를 괴롭히는 것을 보았을 때 어떻게 해야 할까?
활동의 유의점	• '유치원 지킴이가 되자' 동영상은 놀이상황에서의 갈등 상황, 대처방법, 퀴즈 풀기의 3영역으로 나뉘어 있어, 한 번에 시청하는 것보다 영역별로 시청하고 이야기 나누는 시간을 갖도록 한다. • 친구들이 좋아하는 행동, 싫어하는 행동을 알아보며 자신의 행동을 돌아보도록 한다.
활동 평가	• 친구의 감성 상태에 관심을 갖고 적절히 인식하는지 평가한다. • 상황에 따라 표현하는 말이 다름을 알고 있는지 평가한다. • 신체폭력에 대처하는 방법을 알고 있는지 평가한다.
확장 활동	• 동영상 그림 자료를 활용해 '유치원 지킴이가 되자' 동화 재구성하기 활동을 한다.

자료 : 교육부, 학교안전교육 7대 표준안(유치원) - 5. 친구를 아프게 하지 말아요.

02 유아를 위한 학교폭력 예방교육 지도안: 언어폭력

1 말로 친구를 때릴 수 있어요

구분	내용
목표	• 폭력이란 무엇인지 알아본다. • 말로 다른 사람을 아프게 하는 것이 언어폭력임을 안다.
활동 자료	친구를 때리는 장면 그림 자료, 거친 표정으로 소리 지르는 친구 옆에서 다른 친구가 울고 있는 장면 그림 자료
활동 방법	• 이야기 나누기 대형으로 모여 앉는다. • 폭력이란 무엇인지 이야기 해본다. • 그림을 보며 어떤 일이 있었는지 이야기해본다. – 어떤 그림이니? – 이 친구는 무엇을 하고 있는 것 같니? – 이 친구는 왜 울고 있을까? • 폭력의 의미를 알아본다. – 폭력이란 다른 사람을 사납고 거칠게 억누르는 것을 말한단다. • 언어폭력의 의미를 알아본다. – 몸이나 물건으로 다른 사람에게 폭력을 쓸 수도 있지만 말로도 폭력을 행사할 수 있단다. – 말로 다른 사람의 마음에 상처를 주는 것을 언어폭력이라고 한단다. – 신체폭력도 언어폭력도 모두 다른 사람에게 상처를 주는 것으로 절대 해서는 안 된단다.
활동의 유의점	• 잔인한 장명의 사진보다는 그림 자료를 활용한다. • 교실에서 언어폭력을 사용하는 유아가 집중대상이 되지 않도록 유의하여 지도한다.
활동 평가	• 폭력의 의미를 이해하고 있는지 평가한다. • 폭력이란 절대로 행사하면 안 된다는 것을 이해하고 있는지 평가한다. • 말로도 폭력을 행사할 수 있다는 것을 이해하고 있는지 평가한다.

지도 TIP

- 폭력이란 다른 사람에게 절대로 행사하면 안 된다는 것을 지도한다.
- 언어폭력이란 무엇인지 정확한 의미를 이해한다.
- 신체폭력 뿐 아니라 언어폭력도 폭력이 될 수 있다는 것을 명확히 지도한다.

2 이런 말은 아파요

목표	• 언어폭력에 해당되는 것을 구별할 수 있다. • 비의도적인 말도 언어폭력이 될 수 있음을 안다. • 언어폭력은 실제 우리 주변에서 일어나고 있는 일임을 이해한다.
활동 자료	울고 있는 친구의 장면 그림
활동 방법	• 이야기 나누기 대형으로 모여 앉는다. • 언어폭력이란 무엇인지 이야기해본다. – 우리가 지난번에 알아보았던 것처럼 말로 다른 사람의 마음을 아프게 하는 것을 언어폭력이라고 한단다. • 언어폭력의 경험을 이야기해본다. – 혹시 너희도 친구의 말 때문에 눈물이 날만큼 슬펐거나, 몹시 화가 났거나, 창피했거나, 두려움을 느꼈던 일이 있니? – 어떤 말이 친구의 마음에 상처를 주는 말일까? • 비의도적인 언어도 폭력이 될 수 있음을 안다. – 그럼 반대로 내가 이런 말을 했더니 친구가 화를 내거나 슬퍼했던 적이 있니? – 나는 장난으로 이야기 했는데 친구가 화를 낸 적이 있니? – 나는 장난으로 말했지만 친구의 마음을 아프게 했다면 언어폭력이란다. • 언어폭력이 실제로 우리 교실에서도 일어나고 있음을 이해한다. – 이렇게 말로 친구의 마음에 상처를 주는 것이 바로 언어폭력이고 우리 교실에서도 이런 일은 일어나고 있단다.
활동의 유의점	• 언어폭력이 우리 교실에서 일어날 수 있다는 것을 이해한다. • 비의도적인 언어폭력도 폭력임을 이해한다.
활동 평가	• 언어폭력에 해당하는 말을 구별할 수 있는지 평가한다. • 비의도적 언어폭력도 폭력임을 이해하고 있는지 평가한다.

지도 TIP

• 다른 사람의 마음을 슬프게 하거나, 화나게 하거나, 두렵게 하거나, 창피함을 느끼게 하는 것이 언어폭력임을 지도한다.
• 비의도적 폭력도 폭력임을 지도한다.

3 이런 말은 하지 않아요

목표	• 언어폭력의 종류를 알아본다. • 언어폭력에 해당되는 말을 알아본다.
활동 자료	깨진 하트모양 종이
활동 방법	• 이야기 나누기 대형으로 모여 앉는다. • 언어폭력의 종류를 이야기해준다. – 언어폭력은 나쁜 일이 일어나기를 바란다고 말하는 것(저주), 화가 나도록 약 올리거나 놀리는 것(희롱), 잘못한 일을 비웃는 것(조롱), 처벌할 것이라고 위협하는 것(협박), 나쁜 어른들이 쓰는 욕을 하는 것(욕설)을 말한단다. 자료 : 이수영(2010). 초등학교 고학년의 언어폭력 예방을 위한 역할놀이 중심 집단상담 프로그램 개발. 한국교원대학교 교육대학원. 석사학위논문. • 언어폭력의 예를 이야기해본다. – 우리가 다른 사람의 마음을 아프게 하는 말을 여기 이 깨진 하트모양 종이에 적어보자. – 나쁜 일이 일어나도록 하는 말은 무엇일까? – 화가 나게 하거나 약 올리는 말은 무엇일까? – 누군가 잘 못하는 것을 놀리는 말은 무엇일까? – 다른 사람에게 처벌할 것이라고 위협하는 것은 무엇일까? • 비의도적인 언어폭력도 폭력임을 이야기한다. – 나는 우리 반에 있는 친구가 너무 작고 귀여워서 땅꼬마라고 놀리는 것은 언어폭력일까 아닐까? – 집에서 오빠나 언니가 웃으면서 나에게 돼지라고 하는 것은 언어폭력일까 아닐까? • 다양한 언어폭력이 있음을 이야기한다. – 여기 우리가 적어본 것처럼 많은 언어폭력이 일어나고 있단다.
활동의 유의점	• 욕설은 해당사항이 없는 경우 지도하지 않는다. • 비의도적인 언어폭력도 될 수 있음을 지도한다.
활동 평가	• 다양한 유형의 언어폭력이 있음을 이해하는지 평가한다. • 언어폭력에 해당되는 말을 명확하게 구별할 수 있는지 평가한다.

지도 TIP

• 저주, 희롱, 조롱, 협박, 욕설 등이 언어폭력에 해당됨을 지도한다.
• 욕설은 해당사항이 있을 경우에만 지도한다.

4 이렇게 대처해요

목표	• 언어폭력에 대처하는 방법을 알아본다. • 언어폭력을 당했을 때 도움을 요청하는 방법을 알아본다.
활동 방법	• 이야기 나누기 대형으로 모여 앉는다. • 언어폭력에 대처하는 방법을 알아본다. – 다른 사람이 말로 나의 마음에 상처를 줄 때에는 어떻게 해야 할까? – 뭐라고 말해야 언어폭력을 멈추게 할 수 있을까? – 친구에게 분명한 말로 '놀리지 마', '그런 말은 나를 화나게(슬프게) 해'라고 이야기해야 한단다. • 어른에게 도움을 요청하는 방법을 알아본다. – 내가 분명히 싫다고 이야기 했는데 친구의 언어폭력이 계속되면 누구에게 도움을 요청하면 좋을까? – 유치원에서는 선생님에게, 가정에서는 부모님에게 도움을 요청하면 된단다. – 누구의 어떤 말이 너를 화나게 했는지, 슬프게 했는지, 두렵게 했는지, 창피하게 했는지 이야기하면 도와줄 수 있단다.
활동의 유의점	• 언어폭력을 당했을 때의 감정(슬픔, 분노, 두려움, 창피함)을 잘 이해하고 표현할 수 있도록 한다. • 대처 방법을 따라해 보고 자신의 감정을 분명한 태도로 상대방에게 전달하도록 지도한다.
활동 평가	• 언어폭력의 대처방법을 정확하게 이해하고 있는지 평가한다. • 언어폭력을 당할 때 도움을 요청하는 방법을 알고 있는지 평가한다.

지도 TIP

- 언어폭력에 단호하게 대처하는 방법을 지도한다.
- 혼자 힘으로 해결할 수 없을 때 도움을 요청하는 방법을 지도한다.

5 이렇게 바꿔요.

목표	• 언어폭력이 일어날 수 있는 상황을 예측해 본다. • 언어폭력을 일으키는 말 대신 대체할 수 있는 말로 바꾸어 사용해본다.
활동 자료	'이런 말은 하지 않아요' 활동 시 언어폭력의 예를 적은 깨진 하트모양 종이, 하트모양 종이
활동 방법	• 이야기 나누기 대형으로 모여 앉는다. • 언어폭력을 일으키는 말을 대체할 수 있는 말을 알아보고 하트모양 종이에 적어본다. – 우리가 적어본 언어폭력의 예를 보면서 이런 말 대신 어떤 말로 하면 좋을지 이야기해 보자. – (예) 유치원에서 두 팀으로 나누어 게임을 하고 있었어. 10:10이었는데 마지막 우리 편 선수가 져서 우리 팀이 게임에서 지게 되었단다. 마지막 선수에게 어떤 말을 해주면 좋을까? – (예) 내가 블록으로 열심히 집을 만들어서 놀고 있었어. 친구를 우리 집에 초대했는데 들어오다가 집을 다 망가뜨렸어. 뭐라고 말하면 좋을까? – 유아들의 의견을 하트모양 종이에 적어본다. • 언어폭력은 한 번 더 생각해보면 일어나지 않을 수 있음을 이야기한다. – 언어폭력은 우리가 신중하게 생각하고, 다른 사람의 마음을 헤아린다면 일어나지 않을 수 있단다. – 내가 들었을 때 슬펐거나, 화가 났거나, 두려웠거나 창피했던 말은 똑같이 다른 사람도 그렇게 느끼게 되고, 그래서 그런 말들은 하면 안 되는 거란다.
활동의 유의점	• '이런 말은 하지 않아요' 활동에서 깨진 하트모양 종이에 적어보았던 우리 교실에서 일어난 언어폭력의 예를 지도한다.
활동 평가	• 언어폭력이 일어날 수 있는 상황을 예측할 수 있는지 평가한다. • 언어폭력이 일어날 수 있는 상황에서 대체할 수 있는 말을 생각할 수 있는지 평가한다.

지도 TIP

- 실제 우리 교실에서 일어난 일을 예시로 지도한다.
- 다양한 폭력 상황을 예로 들고 대체할 수 있는 말로 바꾸어 표현할 수 있도록 지도한다.

6 친구야 사랑해

목표	• 친구에게 상처 주는 말을 정확하게 이해한다. • 언어폭력을 대체할 바른 언어를 사용해본다.
활동 자료	• 2-3 활동 시 언어폭력의 예를 적은 깨진 하트모양 종이 • 2-5 활동 시 대체할 수 있는 예를 적은 하트모양 종이
활동 방법	• 게임 대형으로 모여 앉는다. • 언어폭력의 예와 대체하는 말을 연결해본다. – 이 깨진 하트에는 어떤 말이 적혀 있니? – 이 말 대신 어떤 말이 좋을지 이 하트 종이에서 골라보자. • 게임방법을 소개한다. – 여기 있는 깨진 하트나무를 하트나무로 바꿔보자. 깨진 하트나무를 저기 가져다 놓을 게, 출발할 때 하트모양에 적힌 말 중 내가 붙이고 싶은 말을 골라서 깨진 하트를 붙여주면 된단다. – 각 팀에서 한 명씩 나와서 하트모양 종이를 고른다. – 신호에 맞추어 달려가 깨진 하트모양 종이 위에 하트모양 종이를 붙인다. – 하트모양을 모두 채우면 게임이 끝난다. • 완성된 하트 나무는 교실에 게시하고 지속적으로 지도한다.
활동의 유의점	• 유아들이 대체할 수 있는 말에 익숙해지도록 지도한다. • 친구들에게 사용하면 안 되는 말을 명확하게 알도록 지도한다.
활동 평가	• 언어폭력을 대체하는 바른 언어를 사용하는지 평가한다.
확장 활동	• 완성된 하트 나무는 교실에 게시하고 지속적인 언어순화가 이루어질 수 있도록 지도한다.

지도 TIP

- 언어폭력이 될 수 있는 말을 명확하게 인지하도록 지도한다.
- 언어폭력을 대체할 바른 언어를 사용하도록 지도한다.

7 화내지 말고 아름답게 말해요.

목표	• 서로의 마음을 이해하고 적절하게 대처하는 방법을 알아본다. • 역할극을 통하여 상황에 맞는 바른 언어를 사용해본다.
활동 자료	화내지 말고 예쁘게 말해요 동화책, 역할 머리띠
활동 방법	• 이야기 나누기 대형으로 모여 앉는다. • 동화책 중 화를 내는 부분까지만 들려준다. – 오늘 동화는 '화내지 말고 예쁘게 말해요'란다. • 도치의 마음과 친구의 마음을 알아본다. – (동화책 장면을 보며) 도치는 왜 화가 났을까? – 내가 도치의 친구, 동생, 엄마라면 도치의 말을 듣고 어떤 마음이 들까? • 역할극을 통해 언어폭력 대처방법을 알아본다. – 선생님이 도치가 되어볼게. 너희가 도치의 친구, 동생, 엄마라면 뭐라고 얘기하면 좋을까? – (예) '화내지 말고 아름답게 말해줘.' '그렇게 화내면 나도 화가나' • 역할극을 통해 언어폭력을 대신할 수 있는 말로 표현해본다. – 이번에는 너희가 도치가 되어 화내지 않고 다른 말로 이야기해보자.
활동의 유의점	• 언어폭력 가해자의 입장, 피해자의 입장 모두 생각해 볼 수 있도록 지도한다.
활동 평가	• 언어폭력 시 대처방법을 정확하게 이해하고 있는지 평가한다. • 언어폭력을 대체할 바른 언어를 정확하게 사용하고 있는지 평가한다.
확장 활동	• 동화에 등장하는 인물을 막대인형으로 만들어 언어영역에 제시하고 놀이로 확장할 수 있도록 한다.

지도 TIP

- 언어폭력이 일어날 수 있는 상황을 이해하고 다른 말로 표현할 수 있도록 지도한다.
- 언어폭력이 일어날 수 있는 때 적절히 대처할 수 있도록 지도한다.

8 사례 지도(저주하기)

<table>
<tr><td>목표</td><td>• 언어폭력 중 저주하기에 해당하는 말을 알아본다.
• 언어폭력의 상황을 명확하게 이해하고 타인의 마음을 슬프게 하는 말은 사용하지 않는다.</td></tr>
<tr><td>지도 방법</td><td>사례
대집단 게임 활동을 위해 두 팀으로 나누어 앉아있다. 대근육 발달이 또래에 비해 느린 A가 선수로 나오자 B가 '져라 져라.'라고 말한다.
– 교사 : 지금 우리가 게임을 하고 있는데 B가 A에게 뭐라고 말했니? 누구나 우리 팀이 이기고 다른 팀이 지길 바라지만, 다른 사람이 지길 바라는 마음보다는 우리 팀이 잘해 이기길 바라는 마음이 더 좋지 않을까? 친구가 '져라 져라' 이야기했을 때 B는 어떤 마음이 들까?
– 유아B : 질까 봐 너무 걱정 됐어요. 그럼 친구들이 놀릴 텐데 …
– 교사 : 그럼 A에게 뭐라고 하면 좋을까?
– 유아B : 하지 마, 그런 말 하면 나 기분 나빠.
– 교사 : 그래, 너의 마음을 잘 얘기했어. 그럼 A는 친구에게 뭐라고 얘기하면 좋을까?
– 유아A : 잘해라 잘해라
– 교사 : 그래! 그렇게 우리 팀에게 잘하라고 응원해주면 좋을 것 같아.</td></tr>
<tr><td>활동의 유의점</td><td>• 사례에 따라 대집단으로 지도할 수 있고, 해당 당사자만을 모아 소규모로 지도할 수 있다.
• 게임을 할 때 누구나 우리 편이 이기길 바라므로, 상대편이 지기를 바라는 것보다는 우리 편이 이기도록 응원하는 것이 바른 표현방법임을 지도한다.
• 다른 사람의 마음을 아프게 하는 말은 마음속에서 꺼내지 않아야 함을 지도한다.</td></tr>
<tr><td>활동 평가</td><td>• 저주하기는 언어폭력임을 이해하고 있는지 평가한다.
• 언어폭력을 당할 때 대처하는 방법을 알고 있는지 평가한다.</td></tr>
</table>

지도 TIP

- 상대방을 저주하는 것은 언어폭력에 해당함을 지도한다.
- 상대방이 나를 저주할 때 대처하는 방법을 지도한다.

9 사례 지도(희롱, 조롱하기)

목표	• 언어폭력 중 희롱, 조롱하기에 해당하는 말을 알아본다. • 언어폭력의 상황을 명확하게 이해하고 타인의 마음을 분노하게 하거나 창피하게 하는 말은 사용하지 않는다.
지도 방법	**사례** 자유선택활동 시 유아A가 교사에게 다가와 자신이 만든 블록 작품을 소개한다. - 유아A : 선생님, 저 이거 만들었어요. 배예요. - 교사 : 와 이걸 혼자 만들었어? 정말 배 모양이구나. - 유아A : 책 보고 따라 만들었어요. - 유아B : 이거 이렇게 만드는 거 아닌데. 여기 이렇게 하는 거야. 바보 같은 놈! (유아A와 유아B를 데리고 조용히 이야기 나눌 수 있는 곳으로 간다.) - 교사 : B야, A에게 뭐라고 말했니? - 유아B : A가 잘 못 만들었어요. - 교사 : 그러면 친구에게 바보 같은 녀석이라고 말해도 될까? A는 친구가 그렇게 말하는데 어떤 마음이 들었니? - 유아A : 화가 났어요. - 교사 : 친구를 바보라고 놀리는 건 친구를 창피하고 화나게 하는 말이란다. 그런 말은 다른 사람에게 사용하면 안 된단다. A는 B가 너를 화나게 하는 말을 하면 뭐라고 말해야 될까? - 유아A : 그런 말 하지 마, 나 화났어. - 교사 : 그래 잘했어. 친구에게 너의 마음을 분명하게 말하고 하지 못하도록 해야 되. B야, 친구가 잘못 만들었다는 것을 알았을 때에는 어떻게 말해주면 좋을까? - 유아B : A야, 여기는 이렇게 만들어야 돼. - 교사 : 그래 친구를 화나지 않게 하면서도 잘못되었다는 것을 말해줄 수 있단다.
활동의 유의점	• 타인의 잘못을 희롱, 조롱하는 말은 언어폭력에 해당됨을 명확하게 지도한다. • 비의도적이어도 타인이 분노, 창피함을 느끼면 언어폭력임을 지도한다.
활동 평가	• 희롱, 조롱하기는 언어폭력임을 이해하고 있는지 평가한다. • 언어폭력을 당할 때 대처하는 방법을 알고 있는지 평가한다.

지도 TIP

- 상대방을 희롱, 조롱하는 것은 언어폭력에 해당함을 지도한다.
- 상대방이 나를 희롱, 조롱할 때 대처하는 방법을 지도한다.

10 사례 지도(협박하기)

<table>
<tr><td>목표</td><td>• 언어폭력 중 협박하기에 해당하는 말을 알아본다.
• 언어폭력의 상황을 명확하게 이해하고 타인이 두려움을 느끼게 하는 말은 사용하지 않는다.</td></tr>
<tr><td>지도 방법</td><td>사례
자유선택활동 시 쌓기 영역에서 함께 놀이하던 A가 B의 손을 발로 밟았다.
- 유아B : 너 왜 내 손 밟아? 너 이러면 이따 우리 아빠한테 너 혼내주라고 한다. 우리 아빠 되게 무서워.

(A는 아무 말도 못 하고 B만 쳐다본다.)
- 교사 : B야, 지금 A에게 뭐라고 말했니?
- 유아B : A가 내 손을 밟았어요. 나 여기 아파요.
- 교사 : A야, 친구가 너에게 아빠가 혼내 줄 거라고 말했을 때 어떤 마음이 들었니?
- 유아A : B아빠한테 혼날까 봐 무서웠어요.
- 교사 : 네가 무서운 마음이 들었다면 A에게 네가 무서움을 느꼈다는 것을 이야기하고 그만해야 된다고 말해야 한단다. B에게 뭐라고 말하면 좋을까?
- 유아A : 하지마.
- 교사 : 그래, 친구가 두려움을 느끼게 하는 말을 그만하도록 하기를 바라는 마음을 잘 이야기 했어.
B야, 유치원은 친구들이 함께 놀이하는 곳이고, 함께 놀다 보면 친구를 다치게 할 수도 있단다. 친구가 지나가다 모르고 내 손을 밟았을 때에는 뭐라고 이야기하면 좋을까?
- 유아B : 네가 지나가다 밟았잖아. 나 손이 아파.
- 교사 : 그러면 A는 B에게 뭐라고 말하면 좋을까?
- 유아A : 미안해.
- 교사 : 그래, A가 친구를 아프게 한 것은 모르고 그랬지만 하지 않아야 하고, B도 친구를 겁주거나 무섭게 하는 말로 두려움을 느끼게 해서는 안 된단다.</td></tr>
<tr><td>활동의 유의점</td><td>• 타인이 두려움을 느끼게 하는 것은 협박하기이며, 협박하기는 언어폭력임을 지도한다.</td></tr>
<tr><td>활동 평가</td><td>• 협박하기는 언어폭력임을 이해하고 있는지 평가한다.
• 언어폭력을 당할 때 대처하는 방법을 알고 있는지 평가한다.</td></tr>
</table>

지도 TIP

- 협박하기는 언어폭력에 해당함을 지도한다.
- 상대방이 나를 협박할 때 대처하는 방법을 지도한다.

03 유아를 위한 학교폭력 예방교육 지도안: 성폭력

1 소중한 우리 몸

목표	• 몸의 각 부분의 정확한 명칭을 알고 부른다. • 남에게 보여주면 안 되는 소중한 부분이 있음을 안다. • 소중한 부분을 함부로 만지거나 다른 사람이 만지게 하면 안 됨을 안다.
활동 자료	옷을 벗고 있는 남자, 여자 인형 또는 남자, 여자 그림 자료
활동 방법	• 인형을 가리키며 우리 몸의 정확한 명칭을 알아본다. – (가슴을 짚으며) 이곳의 이름은 무엇일까요? 이곳은 가슴입니다. 가슴은 유방이라고 부르기도 하며, 엄마가 되었을 때 아기에게 젖을 주는 곳이에요. – (성기를 가리키며) 그럼 이 부분은 무엇일까요? 남자, 여자 성기인데요, 여자는 '잠지'라고 하고 남자는 '고추'라고 해요. 또는 잠지를 '음순', 고추를 '음경'이라고 해요. • 성기는 남에게 보여주면 안 되는 소중한 부분임을 이야기 나눈다. – 남자의 음경과 여자의 음순 속에는 아기씨와 연결되어 있어서, 아주 소중히 다루어야 해요. 더러운 손으로 자꾸 만지면 균이 들어가서 아프게 돼요. 또 성기는 어른이 되었을 때, 엄마, 아빠가 될 수 있게 해주는 소중한 곳이므로 함부로 보여주거나 만지게 하면 안돼요. • 우리의 중요한 부분을 보여주어야 할 때와, 보여주지 않아야 할 때를 구분할 수 있도록 이야기 나눈다. – 우리의 중요한 부분을 보여주어야 할 때는 언제일까요? 부모님과 함께 목욕할 때 보여줄 수 있어요. 또 성기가 아플 때 엄마, 아빠, 의사선생님께 보여줄 수 있어요. – 유치원에서 친구들이나 오빠, 형이 보여달라고 하면 내 소중한 곳이니까 절대 보여주지 말아야 해요. 그리고 선생님에게 꼭 알려주어야 해요. • 내 소중한 곳을 아끼는 방법에 대해 이야기 나눈다. – 우리의 소중한 부분은 속옷을 입혀서 보호해주고 항상 깨끗이 씻어야 해요. 더러운 손으로 성기를 만지면 병균이 생길 수 있어요.
활동의 유의점	• 자신의 소중한 곳을 장난으로 친구에게 보여주지 않도록 지도한다. • 신체 부위 중 성기를 지칭할 때, 교사가 부끄러워하거나 난처해하지 말고 정확한 명칭을 사용한다.
활동 평가	• 성기의 정확한 명칭을 아는지 평가한다. • 내 몸의 중요한 부분을 보호하는 방법을 아는지 평가한다.
확장 활동	• 다른 사람에게 함부로 보여주지 않아야 하는 곳에 속옷을 그려본다.

자료 : 교육부(2016). 유치원 성교육 프로그램. p.169.

2 내 몸의 이름을 알아요.

목표	• 우리 몸의 주요 부분의 이름과 기능을 안다. • 각 신체 부위의 역할을 알고, 자신의 몸에 긍정적인 마음을 갖는다. • 게임을 통해 자신의 몸의 정확한 명칭을 익힌다.
활동 자료	신체, 손 인형, 피아노
활동 방법	• ~는 어디 있나? 노래를 부르며, 신체 명칭에 관심을 갖는다. • 우리 몸의 각 기능과 명칭에 대해 수수께끼로 알아보며, 흥미를 유발한다. – 이것은 우리 몸에서 아기씨를 저장하고 남자한테만 있어요. 이것은 무엇일까? – 우리 몸 중에서 두 개씩 있는 것은 무엇이 있을까? • 노래 '그대로 멈춰라'를 이용하여 신체 명칭을 익힌다. – 즐겁게 춤을 추다가 ~(머리, 코, 가슴, 엉덩이…)을 짚어라. • 사진을 보며, 우리 몸이 할 수 있는 것에 대해 이야기를 나눈다. – (피아니스트 손을 보며) 누구의 손일까? 손으로는 또 무엇을 할 수 있을까? – (아기가 젖 먹는 사진을 보며) 아기와 엄마는 무엇을 하고 있을까? – (축구선수의 발을 보며) 누구의 발일까? 발로는 무엇을 할 수 있을까?
활동의 유의점	• 신체 부위 중, 성기를 지칭할 때, 교사가 부끄러워하거나 난처해하지 말고 정확한 명칭을 사용한다. • 유아가 생식기에 호기심을 가질 때, 민망해하거나 장난스럽게 대하지 말고, 정확한 명칭과 역할을 알려준다. 유아는 이를 통해 자신의 몸에 대해 긍정적인 생각을 가질 수 있다.
활동 평가	• 내 몸의 정확한 명칭을 아는지 평가한다. • 내 몸의 기능을 아는지 평가한다.
확장 활동	• 나의 신체 책을 만들어 본다. • 아기의 탄생에 관한 동화책을 들려주고, 우리 몸의 소중한 부분이 하는 일을 아는지 알아본다.

자료 : 보건복지부(2011). 유아성교육 매뉴얼, p.159.

지도 TIP

• 유아가 생식기에 호기심을 가질 때, 민망해하거나 장난스럽게 대하지 말고, 정확한 명칭과 역할을 알려준다. 유아는 이를 통해 자신의 몸에 대해 긍정적인 생각을 가질 수 있도록 지도한다.

3 좋은 비밀과 나쁜 비밀

목표	• 지켜야 할 비밀과 어른께 알려야 할 비밀을 구분할 수 있다. • 위험한 상황을 인식하고 대처할 수 있다.
활동 자료	상황별 그림 자료(생일파티 장면, 실수를 해서 옷을 갈아입는 장면 그림)
활동 방법	• 좋은 비밀 상황에 대해 이야기 나눈다. – 우리 가족은 할머니의 생신날 깜짝 파티를 할 거예요. 우리 가족은 할머니를 깜짝 놀라게 해드리기 위해 파티를 비밀로 하기로 했어요. 좋은 비밀일까? 나쁜 비밀일까? – 친구가 옷에 실수를 해서 옷을 갈아입었어요. 미미는 그 장면을 보았어요. 선생님은 친구를 위해서 다른 친구들에게는 비밀로 해달라고 했어요. 좋은 비밀일까? 나쁜 비밀일까? • 나쁜 비밀 상황에 대해 이야기 나눈다. – 친구가 나를 때리고 장난감을 뺏어 갔어요. 그 친구는 선생님께 비밀이래요. 좋은 비밀일까요? 나쁜 비밀일까요? – 친구랑 엄마, 아빠 놀이를 했어요. 친구는 나를 꼭 껴안고 내 몸을 만졌어요. 나는 싫은 기분이 들어서 도망쳤어요. 그 친구는 선생님께 비밀이래요. 좋은 비밀일까요? 나쁜 비밀일까요? • 나쁜 비밀을 지켜달라고 할 때는 어떻게 해야 하는지 이야기 나눈다. – 마음속의 비밀 때문에 가슴이 두근거리고 무섭다면 나쁜 비밀이에요. 누군가가 나를 괴롭힐 때 비밀로 간직해야 할까요? 그렇지 않아요. 기분이 좋지 않은데 누군가 이건 비밀이야라고 말한다면 그건 나쁜 비밀이에요. 유치원에서 있었던 나쁜 비밀은 숨기지 말고 꼭 선생님께 말해야 해요. 그러면 선생님이 문제를 해결할 수 있게 도와줄 거예요. 나쁜 비밀은 꼭 말해야 해요. • 나쁜 비밀은 또 어떤 것이 있는지 이야기 나눈다. – 유치원 오빠가 내 치마를 들추었어요. – 친구가 화장실에서 나의 소중한 곳을 보고 놀렸어요.
활동의 유의점	• 유치원에서 유아들이 교사에게 불편한 점을 이야기할 때, 교사는 인정해주고 수긍해주어, 유아들이 자신에게 생겼던 불편한 점을 모두 말할 수 있도록 지원한다. • 평소에 유치원에서 있었던 나쁜 비밀인 상황과 좋은 비밀인 상황을 함께 나누어, 좋은 비밀과 나쁜 비밀을 구분할 수 있도록 한다.
활동 평가	• 좋은 비밀과 나쁜 비밀을 아는지 평가한다. • 나쁜 감정일 때, 자신의 불편한 점을 말할 수 있는지 평가한다.

자료 : 한국생활안전연합(2015). 영유아를 위한 안전교육 프로그램–성폭력 예방교육 교사용지도서. p.28.

4 친구가 싫어하면 멈춰요!

목표	• 내가 좋아도 다른 사람이 원치 않는 행동이 있음을 안다. • 다른 사람에게 좋지 않은 행동이나 말을 했을 때 즉시 멈추고 사과해야 함을 안다. • 친구의 몸을 몰래 보거나 만지는 것은 바른 행동이 아님을 안다.
활동 자료	다양한 상황 그림 자료
활동 방법	• 유치원에서 친구들 간에 하지 말아야 하는 행동에 대해 이야기 나눈다. – 나는 미미와 친해요. 미미가 좋아서 화장실에 같이 들어가고 싶은데, 친구가 싫다고 말해요. 어떻게 해야 할까요? – 오늘 우리 반 미미는 치마를 입고 유치원에 왔어요. 나는 장난치려고 몰래다가가 친구의 치마를 올렸지요. 여자 친구는 얼굴이 빨개지고 곧 울 것 같았어요. 난 그냥 장난친 건데 여자 친구가 싫다고 말해요. 어떻게 해야 할까요? – 친구가 좋아서 친구를 꼭 껴안고, 뽀뽀를 하려고 하는데, 친구가 싫다고 말해요. 어떻게 해야 할까요? • 친구가 싫다고 말하거나 싫어하는 표정을 지을 때는 즉시 멈추고 사과해야 함을 이야기 나눈다. – 친구가 싫다고 할 때는 어떻게 해야 할까? – 아무리 장난이어도 친구가 싫다고 할 때는 즉시 멈추고 사과해야 해요.
활동의 유의점	• 가해유아와 피해유아 모두의 입장을 이야기 나누고, 서로 대처 방법을 이야기 나눈다.
활동 평가	• 친구가 싫어하는 행동이 무엇인지 아는지 평가한다. • 친구가 싫다는 말을 했을 때, 행동을 멈추는지 평가한다.
확장 활동	• 두 사람씩 짝이 되어 마주 선 다음 한 사람은 그 자리에 있고, 다른 사람은 걸어온다. • 제자리에 있는 유아는 걸어오는 친구가 불편할 정도로 가까이 오면 "멈춰"라고 이야기하고, 걸어가던 유아는 즉시 멈춘다. • 역할을 바꾸어 해본다. • 친구가 나에게 다가왔을 때 느꼈던 점에 대해 함께 이야기를 나눈다.

지도 TIP

• 친구가 싫은 표정과 말을 할 때는 반드시 하던 행동을 멈추도록 지도한다. 멈추지 않으면 폭력이 될 수 있음을 알려준다.

5 유치원에서 일어날 수 있어요

목표	• 유치원에서 일어날 수 있는 성적 문제 상황을 알고, 대처방법을 안다. • 다른 사람이 내 몸을 만졌을 때 자신의 생각을 정확히 표현한다.
활동 자료	상황별 그림 자료, 좋은 행동 그림 자료
활동 방법	• 인형을 이용해 유치원에서 발생할 수 있는 성적 문제 상황을 들려주고, 유아가 싫을 때 불편한 점을 솔직하고 당당하게 말하는 방법을 이야기 나눈다. – 유치원에서 낮잠을 자려고 하는데, 친구가 와서 내 이불을 같이 덮고 자자고 해. 나는 어떻게 해야 할까? • '이불은 혼자 덮고 자는 거야. 나는 내 이불에서 혼자 잘 거야'라고 단호히 이야기한다. – 친구가 엄마, 아빠 놀이를 하는데 자꾸 나한테 뽀뽀를 하려고 해. 나는 싫은데 어떻게 해야 할까? • '나는 엄마, 아빠 놀이를 해도 뽀뽀하는 것은 싫어'라고 자신의 의사를 정확히 표현하도록 한다. – 친구가 줄을 서는데, 나는 싫은데 자꾸 나를 안으려고 해. 나는 어떻게 해야 할까? • '나는 너가 나를 안는 것이 싫어, 하지 마!'라고 단호히 이야기한다. – 친구가 화장실에서 자꾸 내 고추를 보려는 장난을 해. 나는 어떻게 해야 할까? • '나의 소중한 곳이니까 보지 마!'라고 이야기한다.
활동의 유의점	• 유치원에서 불편한 느낌이거나 싫은 접촉을 하면, 반드시 선생님께 말하도록 지도한다.
활동 평가	• 내 몸의 중요한 부분을 보호하는 방법을 아는지 평가한다. • 다른 사람의 요구에 거절할 수 있는 말과 행동을 할 수 있는지 평가한다.
확장 활동	• 인형으로 자신의 의사를 정확히 표현해보는 역할극을 해본다. • 좋아하는 마음을 어떻게 표현하면 좋은지 이야기 나눈다.

지도 TIP

• 유치원에서 일어날 수 있는 성적인 문제 상황을 미리 예측하여 이야기 나누고, 성폭력이 될 수 있음을 알려주어 문제를 예방한다.

6 좋은 느낌, 싫은 느낌

<table>
<tr><td>목표</td><td>• 좋은 접촉과 좋은 느낌, 나쁜 접촉과 나쁜 느낌의 차이를 안다.
• 다른 사람이 내 몸을 만졌을 때 자신의 생각을 정확히 표현한다.</td></tr>
<tr><td>활동 자료</td><td>신호악기, 경음악, 그림 자료(안아주기, 등을 토닥이기, 어깨동무, 악수 장면)</td></tr>
<tr><td>활동 방법</td><td>• 그림을 보며, 게임방법에 대해 이야기 나눈다.
– 이 그림(안아주기, 등을 토닥이기, 어깨동무, 악수 장면)은 무엇을 하고 있는 걸까?
– 이런 행동은 누구와 할 수 있니?
– 사람과 사람이 서로 맞닿는 것을 무엇이라고 할까?(신체접촉)
– 사람들끼리 신체접촉을 하면 느낌이 있는데, 친구들과 접촉했을 때는 어떤 느낌일까?

• 그림처럼 행동하는 게임을 해본다.
– 게임방법을 설명해준다.
<서로 신체접촉을 하고 싶은 친구를 정한다. 음악에 맞추어 걸어 다니다가 신호악기를 울리면, 그림을 보고 똑같이 친구와 신체접촉을 해본다.>
– 게임 시, 지켜야 할 약속을 이야기 나눈다.
<친구와 접촉을 할 때, 너무 세게 하지 않고, 서로 기분 좋은 표현이어야 함. 만약에 불편하거나 아프면 친구에게 자신의 감정을 정확히 표현하기>
• 게임에 대해 평가한다.
– 좋아하는 친구와 접촉을 해봤는데 기분이 어땠니?
– 혹시 불편한 사람은 없었니?
• 인형을 이용하여 이야기를 들려주고 좋은 느낌과 싫은 느낌에 대해 이야기 나눈다.

사례
엄마와 미미는 공원에 산책을 갔어요. 미미는 공원에서 산책 나온 귀여운 강아지를 만지려고 했어요. 그런데 강아지는 낯선 사람을 경계하며 미미를 물려고 했어요. 깜짝 놀란 미미는 놀라 엄마 품으로 달려갔어요. 놀란 미미에게 엄마는 설명해 주었어요.
"강아지는 낯선 사람이 위협할지 몰라서 경계하는 거야. 강아지의 가족이 만지면 좋아하지만, 낯선 사람이 만지면 놀라서 그러는 것이란다. 너도 가족 말고 낯선 사람이 만지면 싫을 때가 있지?"라고 말해주었어요.</td></tr>
</table>

	– 미미에게 어떤 일이 생겼니? 강아지는 왜 물려고 했을까? – 친하지 않은데 머리를 쓰다듬거나 억지로 안으려고 하면 기분이 어떨까? – 누군가 내 몸을 만졌을 때, 나쁜 기분이 들면 어떻게 해야 할까?
활동의 유의점	• 게임 시, 싫은 친구와 억지로 짝을 정하지 않도록 한다.
활동 평가	• 친구와 접촉을 할 때, 너무 세게 하지 않는지 평가한다. • 불편하거나 아플 때 자신의 감정을 정확히 표현하는지 평가한다.

자료 : 한국생활안전연합(2015). 영유아를 위한 안전교육 프로그램–성폭력 예방교육 교사용지도서. p.20.

7 불편한 내 마음 어떻게 표현할까?

목표	• 내 친구와 나의 몸을 보호하기 위해 하지 말아야 하는 행동이 있음을 안다. • 나의 몸을 스스로 보호하기 위한 말과 행동을 안다. • 친구와의 성적 갈등 상황을 해결할 수 있는 방법에 대해 알고 실천한다.
활동 자료	문제상황 그림자료(성교육프로그램DVD-친구가 화장실에서 몰래 엿보는 그림자료, 장난으로 친구의 바지를 벗기려 하고 엉덩이가 살짝 벗겨진 그림자료, 자기 몸을 보여주는 그림자료)
활동 방법	• 속상한 표정을 한 소중이의 그림을 살펴보며 이야기 나눈다. – 왜 이런 기분일까? • 문제 상황 그림 자료를 살펴보며, 이야기 나눈다. – 소중이는 친구들이 이런 장난을 쳐서 속상했대. – 무슨 상황인 것 같니? – 왜 그림과 같은 장난을 하면 안 될까? • 친구가 불쾌한 장난을 할 때 대처할 수 있는 말에 대해 이야기 나눈다. – 우리는 어떤 말을 할 수 있을까? – 어떻게 불편한 마음을 이야기할 수 있을까? – 뭐라고 말해야 친구가 장난을 그만할까? (싫어! 하지 마! 그만해! 불편해! 안 돼!) • 친구가 불편한 마음을 말과 행동으로 표현할 때 어떻게 해야 하는지 이야기 나눈다. (즉시 중단하며, 미안해, 안 할게 하고 사과하기) • 싫다고 해도 계속 장난을 하면, 도움을 요청할 수 있는 사람에 대해 알아본다.
활동의 유의점	• 정확하게 자신의 의사를 표현하도록 지도한다. • 친구가 불편한 의사를 표현할 때, 하던 행동을 즉시 멈추도록 지도한다.
활동 평가	• 불편한 상황에서 자신의 마음을 적절하게 표현하는지 평가한다. • 친구와의 갈등상황에서 적절하게 대처하는지 평가한다.
확장 활동	• 각각 상황에 맞는 알맞은 말을 찾아오는 게임과 연결할 수 있다.

자료 : 교육부, 서울특별시교육청(2016). 유치원성교육프로그램. p.147.

지도 TIP

• 평소에 수시로 자신의 의사를 표현하는 것을 연습하여, 급한 순간에 습관적으로 나올 수 있도록 지도한다.

8 서로의 몸을 보호하는 약속

<table>
<tr><td>목표</td><td>• 친구 간에 발생할 수 있는 성적 문제 상황에 관심을 갖는다.
• 서로의 몸을 보호하기 위한 약속을 함께 정할 수 있다.
• 성폭력의 의미를 알고, 관련된 행동은 절대 하지 말아야 함을 안다.</td></tr>
<tr><td>활동 자료</td><td>문제 상황 그림 자료(강제로 뽀뽀하는 그림, 병원놀이를 하다가 옷을 벗기려고 하는 장면, 소변을 보고 있는데 여러 명이 쳐다보는 모습을 보는 장면)
• 유치원성교육 프로그램 DVD 참고), 금지표지판 틀, 그리기 자료</td></tr>
<tr><td>활동 방법</td><td>• 유치원에서 발생할 수 있는 성적 문제 상황이 그려진 그림 자료를 보며, 이야기 나눈다.
– 친구의 기분은 어떨까?
• 친구의 몸을 함부로 대하면 안 되는 이유에 대해 이야기 나눈다.
– 친구의 몸을 함부로 보면 왜 안 될까?
– 성폭력이라는 말을 들어본 적이 있니?
– "나는 싫은데, 강제로 누가 나의 소중한 곳을 만지거나, 나를 껴안거나, 뽀뽀하는 것, 내 몸을 함부로 보여주는 것"을 성폭력이라고 해.
• 서로의 몸을 보호하기 위해 필요한 약속에 대해 이야기 나눈다.
– 친구와 서로 몸을 보호하기 위해 필요한 약속은 무엇이 있을까?
– 놀이영역에서 필요한 약속은 무엇이 있을까?
– 화장실에서는 서로의 몸을 보호하기 위해 어떤 약속이 필요할까?
• 지켜야 할 점들을 잘 기억하기 위해서 서로의 몸을 보호하는 표지판을 만들기로 한다.
– 표지판에 어떤 그림을 그리면 좋을까?
– 우리가 정한 약속을 잘 기억할 수 있도록 간단한 말로 바꾸어보자.

지도 TIP
• 함께 정한 약속을 표지판 틀에 그림으로 그린다.
• 그림의 내용을 간단한 말로 바꾸어 글로 써본다.
• 금지 표시 막대를 붙인다.

• 함께 만든 표지판을 살펴보며 함께 게시할 곳을 정한다.

지도 TIP
• 친구의 몸 함부로 만지지 않기
• 화장실 사용하고 있는 친구 엿보지 않기
• 내 몸 함부로 보여주지 않기</td></tr>
</table>

활동의 유의점	• 장난으로 친구의 몸을 만지거나 보는 것은 성폭력임을 알고, 절대 하지 말아야 하는 행동임을 알게 한다.
활동 평가	• 친구 사이에 발생할 수 있는 성적 문제 상황을 아는지 평가한다.
확장 활동	다양한 폭력(신체폭력, 성폭력, 언어폭력)에 대해 알아본다.

자료 : 교육부· 서울특별시교육청(2016). 유치원성교육 프로그램. p.169.

9 유치원에서 병원놀이를 했어요

목표	• 놀이 시, 친구 사이에 지켜야 할 예절에 대해 안다. • 다른 사람이 원치 않는 행동이 있음을 알고 자신의 행동을 조절한다. • 다른 사람의 요구에 거절하는 말과 표현을 할 수 있다.
활동 자료	남자 인형
활동 방법	• 남자 아이 인형을 등장시켜 이야기를 들려준다. 자유선택활동시간에 무척 속상한 일이 있었어. 어떤 일이 있었는지 들어볼래? 좀 전에 역할 영역에서 친구들이랑 병원놀이를 했어. 의사를 한 친구도 있었고, 간호사가 된 친구도 있었지. 난 병원에 가는 아픈 어린이를 하기로 했어. 의사 선생님이 “어디가 아파서 오셨어요?”라고 말씀하셔서, 나는 “감기가 걸린 것 같아요.”라고 했지. 열도 재고, 진찰도 하고, 콧속도 들여다보고, 귓속도 들여다보았어. “아!” 하면서 내 입속을 보기도 했지. 우린 정말 재미있게 놀았어. 그런데 간호사 선생님이 주사를 맞아야 한다면서 나보고 바지를 벗으라고 하는 거야. 그런데 나는 창피해서 벗기가 싫었어. 내가 싫다고 하면 친구가 나랑 안 놀아줄 텐데...라는 걱정이 들었어. 나는 어떻게 해야 할까? • 남자 친구의 기분과 대처방법에 대해 이야기 나눈다. – 지금 남자친구의 기분은 어떨까? 이럴 때는 어떻게 해야 할까? – 기분 나쁜 표정을 지으며, “싫어”라고 말하고, “내 소중한 곳을 보여주지 않을 거야.” 라고 말해줘. 그리고 선생님에게 꼭 불편했다고 이야기해야 돼. (다 함께 말해보자.) • 간호사를 했던 친구 인형에게 교사가 이야기를 들려준다. – “소중아, 오늘 병원놀이 재미있었어? 병원놀이할 때, 친구가 왜 이렇게 속상해했을까? 너의 소중한 곳을 친구가 본다고 하면 기분이 어떨까?” – 절대로 친구의 바지를 내리거나 소중한 곳을 보려고 하면 안 되는 거야. • 역할놀이를 할 때, 친구 간의 바른 행동에 대해 이야기 나눈다. – 너희들도 이런 적이 있니? – 친구가 창피하지 않게 하려면 어떻게 해야 할까? – 놀이할 때, 소중한 곳을 보여 달라고 하거나, 보여줘도 될까?
활동의 유의점	• 이런 상황이 발생했을 때 교사가 “하면 안 돼!”라고 단호히 말해준다. • 병원놀이 실시 전에는 이런 상황을 미리 이야기 나누어 상황을 예방한다.
활동 평가	• 다른 사람이 원치 않는 행동이 있음을 알고 자신의 행동을 조절할 수 있는지 평가한다. • 역할놀이 시, 다른 사람의 요구에 거절할 수 있는 말과 행동을 할 수 있는지 평가한다.
확장 활동	• 친구를 속상하게 했던 때를 떠올려보고, 친구에게 사과편지를 써본다.

자료 : 한국생활안전연합(2015). 영유아를 위한 안전교육프로그램-성폭력예방교육 교사용지도서. p.24

10 화장실에서 지켜요

목표	• 화장실에서 지켜야 할 예절이 있음을 안다. • 다른 사람이 원치 않는 행동이 있음을 알고 자신의 행동을 조절한다. • 어려움에 처한 친구를 도울 수 있다.
활동 자료	화장실에서 일어날 수 있는 상황 그림 자료
활동 방법	• 화장실에서 친구 때문에 난처하거나 속상했던 경험에 대해 이야기 나눈다. • 화장실에서 지켜야 할 약속을 함께 정해본다. **지도 TIP** • 화장실은 소중한 곳을 다른 사람이 볼 수 없도록 혼자서 들어가야 해요. • 화장실에서 친구가 소변보는 모습을 보지 않아요. • 고개를 숙여서, 화장실 문 아래로 친구의 신발을 보지 않아요. • 변기에 올라가서 다른 화장실 칸을 엿보지 않아요. • 옷은 화장실에 들어가서 벗고, 남에게 소중한 부분을 보여주지 않아요. • 화장실에서 친구에게 이런 행동을 하는 것을 발견했을 때는 어떻게 해야 하는지 이야기 나눈다. – 친구에게 하지 말라고 말해요. 선생님께 빨리 알려요.
활동의 유의점	• 자신의 소중한 곳을 장난으로 친구에게 보여주지 않도록 지도한다. • 화장실에서 생길 수 있는 장난스러운 성 관련 행동에 대해서 교사가 단호하게 하지 말아야 함을 알려준다. • 남자 소변기 사이에도 칸막이를 해주어 서로의 성기가 보이지 않도록 조치한다.
활동 평가	• 화장실에서 지켜야 할 규칙을 알고 지키는지 평가한다.
확장 활동	• 화장실에서 지켜야 할 약속을 안전그림판을 이용해 그려보고 화장실에 게시한다.

지도 TIP

- 성적인 문제 상황은 화장실에서 일어나기 쉬우므로 학기 초에 화장실에서 하지 말아야 하는 행동을 명확히 이야기해준다.
- 화장실 1칸에는 1명씩만 들어가는 것을 명확히 지도한다.
- 친구가 불편해하는 모습을 보면, 지나치지 말고 도와주거나, 교사에게 알리도록 지도한다.

04 유아를 위한 학교폭력 예방교육 지도안: 따돌림

1 마음 아픈 말은 사용금지

구분	내용
목표	• 말로 다른 사람의 마음을 아프게 할 수 있음을 안다. • 놀이상황에서 속상했던 경험을 노래와 말로 표현할 수 있다. • 다른 사람을 배려하며 함께 즐거운 마음으로 지내는 태도를 기른다.
활동 자료	노래 가사판, 피아노, 반주 음원, 악보
활동 방법	• 노래 가사를 이야기처럼 들려준 후, 놀이상황에서 친구들이 자신과 같이 놀지 않겠다는 말과 행동을 하여 마음이 아팠던 경험이 있는지 함께 이야기를 나눈다. – 너희들도 친구들과 같이 놀이하고 싶었는데 친구들이 싫다고 대답하고 안 된다고 이야기해서 속상했던 적이 있니? • '마음 아픈 말은 사용금지' 노래를 들어보고 가사를 살펴본다. • 다양한 방법으로 노래를 함께 불러본다. • 활동을 회상해본다. – 노래 가사처럼 놀이를 함께 하지 못하게 하는 말과 행동이 다른 친구의 마음을 다치게 하거나 외롭게 할 수 있다는 것을 꼭 기억하고, 모두 함께 놀이할 수 있는 말과 행동을 하도록 하자!
활동의 유의점	• 노랫말에서 마음 아픈 말로 표현된 부분을 정확하고 신나게 표현하지 않도록 지도하며, 친구의 속상하고 외로운 마음을 생각하면서 노래를 불러 볼 수 있도록 한다.
활동 평가	• 놀이 상황에서 함께 놀이하고 싶은 친구를 참여할 수 없게 하는 말은 다른 사람의 마음을 아프게 할 수 있음을 인식하는지 평가한다. • 자신의 경험을 말로 적절하게 표현할 수 있는지 평가한다. • 다른 사람을 배려하며 함께 즐거운 마음으로 지내는 방법을 생각하고자 노력하는지 평가한다.
확장 활동	• 모두가 함께 놀이할 수 있는 말로 부분 개사를 하여 부를 수 있다. • 놀이에 끼워달라는 친구와 시켜주지 않겠다는 친구들로 나누어 노래극활동을 운영할 수 있다.

지도 TIP

• 놀이 상황에 함께 참여하고 싶은 유아를 참여할 수 없게 하는 말과 행동은 유아 또래 간의 따돌림이라는 문제 상황을 유발할 수 있는 것임을 알고 지도해야 한다.

마음 아픈 말은 사용금지

곽현주 작사·작곡

자료 : 곽현주(2013). 바른 인성함양을 돕는 동요. 정민사. p.49.

2 친구의 마음을 아프게 하는 말(따돌리는 말)과 행복하게 하는 말

목표	• 친구의 마음을 아프게 하는 말(따돌리는 말)에 대해 안다. • 생활 속에서 사용하는 친구의 마음을 아프게 하는 말(따돌리는 말)과 친구를 행복하게 하는 말을 찾아본다. • 친구들 간에 서로 행복하게 해주는 말을 사용하는 습관을 기른다.
활동 자료	따돌리는 말을 표현한 말풍선 자료, 행복하게 하는 말을 표현한 말풍선 자료, 속상한 유아 그림막대, 매직펜
활동 방법	• 놀이에 참여하지 못해 속상해하는 유아의 그림 자료를 활용하여 유아들과 친구의 마음에 대해 알아본다. – 이 친구의 표정을 보니 어떤 것 같니? – 친구가 왜 속상해하는지 이야기를 들어볼까? **지도 TIP** "안..녕.. 나는 오늘 우리 반에서 친구들과 같이 역할놀이를 하고 싶었어. 그래서 내가 같이 놀자고 말했는데, 내 이야기를 듣자마자 '넌 못 놀아! 우리끼리 놀 거야'라고 말하는 거야. 나는 정말 같이 놀고 싶었는데..." • 친구의 마음을 아프게 하는 말(따돌리는 말)에 대해 알아본다. – 너희들도 만약에 이 말들을 듣는다면 어떨까? (너는 우리 팀이 아니잖아 / 너는 저번에 우리 말 안 들어줘서 못 놀아 / 안 돼 등) – 또 어떤 말들을 친구들에게 들었을 때, 마음이 아프고 속상했니? – 여러 명의 친구들이 놀이에 참여하고 싶은 한 명의 친구에게 하는 이 말들은 그 친구를 외롭고 속상하게 하는 말이라서 이 말들을 계속 듣다 보면 그 친구는 너무 힘들고 속상한 마음이 가득 쌓이게 돼! • 친구의 마음을 행복하게 하는 말을 찾아본다. – 그렇다면 친구의 마음을 아프게 하거나 따돌리지 않고 모두가 함께 행복하게 놀이할 수 있도록 말하는 방법은 없을까? – 너희들이 친구들에게 들었던 말 중에서 나를 행복하게 했던 말은 어떤 것들이 있었니? • 친구 간에 행복하게 해주는 말을 서로에게 직접 전해보며 마무리한다.
활동의 유의점	• 교사가 미리 준비한 말풍선과 함께 유아들이 이야기하는 내용의 말을 빈 말풍선에 적으며 이야기 나누기 자료로 활용한다. • 모두 함께 놀이하려면 어떤 말이 필요한지 구체적으로 알아본다.
활동 평가	• 생활 속에서 사용하던 말이 다른 친구에게 따돌리는 말로 전해질 수 있다는 사실을 알고 구분할 수 있는지 평가한다.

	• 자신의 경험에 비추어 친구의 마음을 아프게 하는 말과 행복하게 해주는 말을 찾아서 말로 표현할 수 있는지 평가한다. • 친구들 간에 서로 행복하게 해주는 말을 사용하려고 노력하는지 평가한다.
확장 활동	• 친구의 마음을 아프게 하는 말과 친구의 마음을 행복하게 하는 말을 찾아서 비교하여 보는 언어 활동을 해 본다. • '친구가 외롭지 않게! 모두가 함께!' 캠페인 활동을 해본다.

지도 TIP

• 유아들이 생활 속에서 무의식적으로 사용하는 말들 중에서 '따돌리는 말'이 나타남을 안내하고, 이 말들의 위험성에 대해서도 명확하게 지도한다.

3 만약에 나에게 일어난다면?

목표	• 다른 사람이 소외당했을 때의 감정에 대해 안다. • 다른 사람의 입장을 직접 경험해본다. • 다른 사람의 입장에서 생각해보며 말하고 행동하는 태도를 기른다.
활동 자료	별모양 스티커, 검정 동그라미 스티커, 「너는 특별하단다」 그림책
활동 방법	「너는 특별하단다」 동화를 감상한다. • 동화책의 한 장면(펀치넬로에게 동그란 점표를 붙이는 장면)을 보며 함께 이야기 나눈다. – 동화에서 나무사람(웸믹)들이 펀치넬로에게 동그란 점표를 붙이는 이유는 무엇이었니? – 그런데 점표가 많이 붙어 있다고 덤으로 점표를 하나 더 붙이는 친구들 때문에 펀치넬로의 마음은 어땠을까? • 동화 속 주인공이 직접 되어보는 '내가 만약 펀치넬로라면 어땠을까?' 역할극을 해본다. – 직접 동화 속 주인공 펀치넬로처럼 별표가 아니라 점표를 받아보면서 직접 그 마음을 생각해 보도록 하자! • 역할극을 하고난 후, 펀치넬로 혹은 소외당하는 친구가 직접 되어보고 느낀 점들을 함께 이야기 나눈다. – 직접 펀치넬로가 되어서 점표를 친구들에게 받아보니 어떤 생각(마음)이 들었니? – 만약에 친구들에게 놀림을 받거나 따돌림을 당하여서 혼자가 된다면 어떨 것 같니?
활동의 유의점	• 실제 교실 상황에서 이루어진 일을 이야기로 들려주어 역할 바꾸어 보기 활동으로 운영할 수도 있다.
활동 평가	• 다른 사람이 소외당했을 때의 감정을 인식하고 공감할 수 있는가에 대해 평가한다. • 다른 사람의 입장에서 생각하여 말하고 행동하려는 태도를 갖추려고 노력하는지 평가한다.
확장 활동	• 매일 다른 짝친구를 정하여 함께 생활하며 좋았던 점을 서로에게 말하고 별표를 붙이며 칭찬하기 활동을 운영할 수 있다.

지도 TIP

• 소외당하는 입장의 역할을 모든 유아들이 경험해보고 느낀 점을 나누어보아야 하되, 실제 소외당하는 유아가 있다면 그 유아들에게는 또다시 그 상황을 경험해보게 하는 역할극은 피하도록 한다.

4 친구의 마음을 위로하는 말

<table>
<tr><td>목표</td><td>• 친구의 어려움과 감정에 관심을 가진다.
• 친구의 마음을 위로할 수 있는 말을 적어본다.
• 친구의 어려움에 먼저 다가가 힘을 전해주는 태도를 기른다.</td></tr>
<tr><td>활동 자료</td><td>위로 메시지 카드, 쓰기도구, 마음의 힘이 세지는 동네 이야기(유치원 누리과정 내실화를 위한 공감적 의사소통 유아 언어교육 프로그램 3-10 자료)</td></tr>
<tr><td>활동 방법</td><td>• '마음의 힘이 세지는 동네 이야기'에 대한 짧은 이야기를 듣는다.

사례
이 동네에는 마음이 따뜻해지는 특별한 곳이 있어요. 힘들거나 어려움이 있는 사람들에게 힘을 주기 위해 특별한 다리가 있대요. 그곳을 지나가면 마음의 힘이 세지는 비밀이 있었지요. 그건 바로 '위로의 말' 이었어요! "사랑해요", "힘을 내요", "속상해하지 마..." 힘을 얻게 된 사람들은 그곳을 '위로의 다리'라고 불렀대요.

자료 : 서울특별시유아교육진흥원(2015). 유치원 누리과정 내실화를 위한 공감적 의사소통 유아언어교육 프로그램.

• 위로의 말이 필요한 상황에 대해 이야기 나눈다.
– 너희들은 언제 힘이 들었니?
– 힘들 때, 어떤 말들을 듣고 싶었어?
– 위로의 말을 들으면 어떤 기분이 들까?
• 따돌림을 당하는 친구를 발견하였다면 어떤 위로의 말이 필요할지 말해본다.
– 만약에 친구들에게 따돌림을 당하는 친구를 발견한다면 어떤 말을 전하며 위로해야 힘이 날까?
• 우리 유치원에 '위로의 방'을 만들어 본다.
– 우리 유치원에 위로의 방을 만든다면 어디에 만들면 좋을까?
– 위로의 방 안에 위로의 말은 어디에 모아서 붙여보면 좋겠니?
• 활동을 평가한다.</td></tr>
<tr><td>활동의 유의점</td><td>• 유치원 누리과정 내실화를 위한 공감적 의사소통 유아언어교육 프로그램 활동 3-10 「'위로의 다리'가 있대요.」와 연계하되 '따돌림 당한 유아'의 입장에서 필요한 위로의 말을 알아보는 활동으로 운영한다.</td></tr>
<tr><td>활동 평가</td><td>• 친구의 어려움과 감정에 관심을 가지고 다가가 위로의 말을 전해야 함을 아는지 평가한다.</td></tr>
<tr><td>확장 활동</td><td>• 친구의 따돌림 상황을 발견했을 때에 우리가 할 수 있는 일에 대해 이야기를 나누어 볼 수 있다.</td></tr>
</table>

지도 TIP

- 따돌림을 당하는 유아를 보고도 그냥 지나치는 방관자가 아닌 친구의 어려움에 먼저 다가가 위로하여 힘이 되어 줄 수 있는 태도를 형성할 수 있도록 돕는 것에 초점을 두어 지도한다.

5 그냥 지나치지 않아요

목표	• 친구의 어려움에 관심을 가진다. • 따돌림 상황을 발견했을 때 방관하지 않고 용기 내는 태도를 노래로 익힌다. • 친구의 어려움에 먼저 다가가 힘을 전해주는 태도를 기른다.
활동 자료	'먼저 사과할 수 있어요(26회 MBC 창작동요제)' 음원, 가사판, 보드판, 보드마카펜
활동 방법	• 따돌림을 당하는 상황에 대해 경험해본 것을 이야기 나눈다. – 너희들 주변에서 혹시 여러 명의 친구들이 한 친구의 이야기를 들어주지 않거나 같이 놀지 않겠다고 하는 따돌리는 행동들을 본 적이 있니? – 그 모습을 보고 어떻게 행동했었니? • 친구가 따돌림 당하는 상황을 보고 그냥 지나치는 행동에 대해 생각해본다. – 친구가 혼자서 어려워하거나 속상해할 때 혹시 보기만 하고 그냥 지나친 적이 있었니? – 만약에 내가 친구들과 함께할 수 없어서 속상해하는 모습을 내 친구가 보기만 하고 그냥 가버린다면 나는 어떤 마음이 들까? – 친구의 어려움을 알고 먼저 다가가면 그 친구의 마음은 어떻게 변할까? – 친구의 마음을 아프게 하는 말과 행동을 한 친구들은 또 어떤 생각을 하게 도울 수 있을까? • '먼저 사과할 수 있어요' 노래를 불러본다. • '먼저 사과할 수 있어요' 노래 가사를 바꾸어 본다. – 친구의 어려움을 보고 그냥 지나치지 않고 먼저 다가가 용기 내어 힘을 주는 행동으로 가사를 함께 바꾸어 보자. • 제목과 가사를 수정한 '그냥 지나치지 않아요' 노래를 함께 부른다. **그냥 지나치지 않아요** 한 발 두 발 다가가요 조금 더 용기 내 봐요 그냥 가지 말고 먼저 다가갈 수 있죠 어려워하는 친구에게 손을 내밀어 보아요 나의 손을 보면 친구 마음 위로 돼요 진심으로 다가가 봐요 용기 내어 먼저 말해요 친구야 넌 혼자가 아냐 나와 함께 즐겁게 놀자 용기 내어 내가 힘주면 사랑으로 가득 채워져 즐거운 마음으로 하하 호호 웃지요 한 발 두 발 다가가요 조금 더 용기 내 봐요 그냥 가지 말고 먼저 다가갈 수 있죠 외로워하는 친구에게 손을 내밀어 보아요 나의 손을 잡고 친구는 힘을 내요 • 활동을 평가한다.

활동의 유의점	• 사전에 '먼저 사과할 수 있어요' 노래를 배우고 익힌 다음에 활동을 운영한다.
활동 평가	• 옳지 않은 상황에서 그냥 지나치지 않고 용기 내어보는 태도의 중요성을 인식하는가에 대해 평가한다. • 따돌림 상황을 발견했을 때 방관하지 않고 용기 내는 태도를 가사로 표현한 노래를 익히고 부를 수 있는가를 평가한다.
확장 활동	• '먼저 사과할 수 있어요' 가사를 따돌리는 행동을 하는 유아들에게 잘못된 행동을 말해주는 용기와 관련된 내용으로 개사하는 활동을 운영해볼 수 있다.

지도 TIP

• 유아들이 따돌림 상황을 보고도 그냥 지나치는 방관의 태도는 따돌리는 잘못된 행동을 하는 친구들이 사과할 수 있는 기회를 놓치게 하는 것이여, 따돌림을 당하는 친구의 마음을 위로하여 힘이 되어주는 기회를 놓치게 되는 것임을 알 수 있도록 지도해야 한다.

6 친구를 따돌리면?

목표	• 여럿이 한 사람을 따돌리는 행동이 잘못된 것임을 안다. • 다른 사람의 감정을 알고 공감한다. • 사람을 배려하며 말하고 행동하는 습관을 기른다.
활동 방법	• 교사가 소외된 유아에게 다가가 새로운 놀이를 제시하며 공간을 이동할 수 있도록 안내한다. • 소외된 유아가 없는 상황에서 친구를 의도적으로 무시하거나 배제하며 따돌리는 행동을 한 유아들과 함께 상황에 대해 이야기를 나눈다. – 방금 이곳에서 함께 놀이하고 싶다고 이야기했던 ○○를 본 친구 있니? – ○○가 ◇◇에게 무엇이라고 말을 했었니? – ◇◇는 ○○의 말을 듣고 어떻게 대답(행동)했니? – ■■는 ◇◇와 함께 있으면서 ○○가 함께 놀자고 하는 말에 어떻게 대답했었니? • '만약 내가 그 친구였다면?'에 대해 함께 이야기를 나눈다. – 만약에 ◇◇가 ○○에게 말하고 행동했던 것처럼 다른 친구 여러 명의 친구가 ◇◇에게 똑같이 했다면 어땠을 것 같니? • 두 명 이상의 친구가 함께 한 명의 친구를 의도적으로 무시하거나 배제시키는 행동은 다른 사람의 마음을 다치게 하는 행동이며 절대로 해서는 안 되는 행동임을 명확하게 안내한다. • 소외당한 유아에게 진심으로 사과하며 다친 마음을 보듬어줄 수 있도록 안내하며 마무리한다.
활동의 유의점	• 소외된 유아뿐만 아니라, 다른 영역에서 놀이하던 유아들이 따돌리는 행동을 한 유아들과 교사가 상호작용하는 모습을 보지 않도록 주의하며 활동해야 한다. • 따돌리는 행동을 한 유아들이 진심으로 사과하도록 안내하는 것에서 끝나지 말고 사과를 꼭 할 수 있도록 지도해야 한다.
활동 평가	• 여럿이 한 사람을 무시하거나 배제시키는 행동의 위험성을 인식하는지 평가한다. • 다른 사람의 감정을 인식하고, 그 감정에 공감하며 이야기할 수 있는지 평가한다. • 다른 사람을 배려하며 말하고 행동하는 노력을 실천하였는지 평가한다.
확장 활동	• 따돌리는 상황에 대한 역할극 활동을 해볼 수 있다.

지도 TIP

- 놀이 상황을 주의 깊게 관찰하면서 소외당한 유아의 감정을 확인한 후, 따돌림 행동을 한 유아들과 다른 공간에 있을 수 있도록 안내해야 한다.
- 여러 명의 유아들이 한 유아를 소외시킨 이유가 있다고 하더라도 따돌리는 행동이 결코 정당한 행동이 될 수 없음을 지도해야 한다.

7 나만 빼고 하면 속상해

목표	• 나의 감정과 요구를 정확하게 표현하는 방법을 안다. • 부당한 상황에서 나의 감정과 요구를 말로 표현해 본다. • 나에 대해 긍정적으로 생각하고 나를 소중하게 여긴다.
활동 방법	• 교사가 소외된 유아가 겪었을 어려움과 힘든 마음을 위로한다. • 친구들과 놀이하지 못한 상황에 대해 이야기를 나눈다. – 방금 이곳에서 너는 친구들과 어떤 놀이를 하고 싶었니? – 친구들에게 다가가서 너의 마음을 어떻게 표현했었니? – 친구들이 너에게 어떻게 말했니? – 그렇게 말했을 때, 너의 마음은 어땠니? • 피해유아 스스로 자신을 소중한 존재라고 인식할 수 있도록 돕는다. • 부당한 상황에서 나의 감정과 요구를 친구들에게 정확하게 표현하는 말을 익힐 수 있도록 지도한다. – 속상하고 화가 나는 마음과 함께 놀이하고 싶은 마음을 친구들에게 '얘들아, 나는 너희랑 함께 역할놀이를 하고 싶어. 그런데 나의 말을 모두 들었어도 같이 놀자고 아무도 대답해주지 않아서 나는 솔직히 속상하고 화가 나기도 해. 그래도 나는 너희랑 같이 놀이하고 싶어서 용기 내어서 다시 말하려고 해! 나도 함께 놀이하고 싶어'라고 솔직하고 정확하게 표현해 보면 어떨까?
활동의 유의점	• 따돌림을 당하는 피해유아의 성향에 따라서 자신의 감정과 상황에 대한 의사 표현을 할 때에 교사의 개입 정도에 차이를 두어 운영해야 한다.
활동 평가	• 자신의 감정과 요구를 정확하게 표현하는 방법을 알고 부당한 상황에서도 정확하게 표현할 수 있는지를 평가한다.

지도 TIP

- 따돌림 행동을 한 유아들과 다른 공간에서 상호작용한다.
- 소외를 당하는 부당한 상황에서 나의 마음과 생각을 정확하게 전달할 수 있는 모습은 '내가 소중하고 사랑스러운 사람'이라는 것을 알고 행동하는 모습임을 알 수 있도록 지도한다.

8 함께 하는 기쁨

목표	• 모두가 함께 어울려 생활하기 위해 우리가 할 수 있는 일을 안다. • 따돌림 없이 모두가 함께 어울려 생활하는 방법을 다양한 방법으로 소개할 수 있다. • 모두가 함께 어울려 생활하는 것에 관심을 가지고 실천한다. • 캠페인 활동에 모두가 함께 협력하여 참여한다.
활동 자료	모둠별로 만든 따돌림 예방 관련 포스터, 개사한 가사판, 캠페인 어깨띠
활동 방법	• 친구를 따돌리지 않고 모두가 함께 어울려 생활하기 위해 우리가 실천해야 하는 것에 대해 이야기를 나눈다. – 한 명의 친구라도 외로워하거나 속상해하지 않고 모두가 함께 어울려서 지내기 위해서 우리는 어떤 것들을 꼭 기억하고 지켜야 했니? (마음 아픈 말 하지 않기, 다른 사람의 입장에서 생각해보기, 그냥 보고 지나치지 않기 등) • 미술 영역에서 만든 홍보 자료와 개사한 노래를 가지고 이야기 나눈다. – 우리가 알고 있는 것들을 모두가 지킬 수 있도록 만든 자료를 어떤 방법으로 알리면 좋을까? – 우리는 어떤 목소리와 태도로 '함께 하는 기쁨'을 알릴 때에 잘 전달할 수 있겠니? – 어떤 순서로 알리는 것이 좋을까? • 준비가 되면 캠페인을 펼칠 장소에 나가서 활동을 진행한다. • 활동 후에 모둠 혹은 개별적으로 나와서 활동에 대하여 이야기한다. – 함께 하는 기쁨을 알리는 캠페인 활동을 하면서 느낀 점은 무엇이니? – 우리가 직접 찾아가지 않아도 홍보할 수 있는 방법은 없을까?
활동의 유의점	• 사전에 따돌림 예방교육을 진행하면서 배운 노래를 충분히 익혀야 하며, 관련 자료를 활용하여 포스터(홍보 자료)를 만들어 이것들을 활용하여 활동을 운영해야 한다.
활동 평가	• 따돌림 없이 모두가 함께 어울려 생활하는 방법을 아는지 평가한다. • 함께 하는 기쁨을 다른 사람들에게 알리기 위해 모두 함께 협력하여 자신 있게 참여하였는가 평가한다.
확장 활동	홍보 자료를 책이나 홍보 책자로 만들어 배포하는 활동으로도 확장하여 운영할 수 있다.

지도 TIP

• 사전에 교육을 통하여 알게 된 따돌림 없이 모두 함께 하는 방법을 먼저 실천하고 난 후, 캠페인 활동을 진행해야 한다.

9 친구의 물건을 억지로 달라고 해도 될까?

<table>
<tr><td>목표</td><td>• 친구의 물건을 달라고 강요해서는 안 되는 것임을 안다.
• 친구의 강요에 명확한 말로 거절할 수 있다.
• 다른 사람과 동등한 입장에서 행동하는 자세를 가진 기른다.</td></tr>
<tr><td>활동 자료</td><td>손인형, 그림막대</td></tr>
<tr><td>활동 방법</td><td>• 친구의 물건이 가지고 싶어서 달라고 강요하는 상황에 대해 함께 이야기 나눈다.

★★ : 야~ 너 팔에 이거 뭐야?
◇◇ : 이거? 시계야 이거 누르면 불도 나온다~
★★ : 우와~ 나도 한번 해볼래.
◇◇ : 그래!
★★ : 봐봐! 나도 눌러볼 게~ 근데 나 이거 오늘 내가 가지고 있으면 안 돼? 너 집에 갈 때 다시 줄게.
◇◇ : 어........그......래! 대신 이따가 꼭 줘야해
(집에 갈 시간이 되었어요)
◇◇ : ★★야 내 시계 줘!
★★ : 야~ 나 이거 좋은데... 이거 오늘만 나 빌려주면 안 돼? 아니면 나 줘라. 내가 내 것 다른 시계 줄게.

– 너희들도 방금 들은 이야기처럼 내가 가지고 온 물건을 친구가 빌려달라거나 달라고 하는 이야기를 들었던 경험이 있니?
– 그 말을 들었을 때에 어떻게 말했니?
• 친구가 나의 물건을 달라고 강요하는 상황의 옳고 그름에 대해 토의해 본다.
– 내가 잘 아는 친구, 내가 좋아하는 친구가 내 물건을 무조건 달라고 하면 주어야 할까?
– 내 물건은 내 것이니까 내 마음대로 주거나 바꾸어도 되는 것일까?
– 친구 사이에서 물건을 달라고 강요하는 행동은 너희가 생각했을 때, 올바른 행동일 것 같니? 아니면 잘못된 행동일 것 같니?
– 왜 그렇게 생각했니?
– 친구 사이에서 결코 누군가가 무언가를 달라고 강요하거나 어떤 행동을 하라고 시키는 것은 해서는 안 돼!
• 친구가 나의 물건을 달라고 강요하는 상황에서 명확하게 거절하는 방법에 대해 알아본다.
– 만약 친구가 '이거 나 줘~'라고 계속 말하며 강요한다면 어떻게 말하며 거절할 수 있을까?
• 친구의 부당한 요구에 명확하게 거절하는 말을 직접 연습해보고, 친구 간에도 예절을 지키며 지내야 함을 안내하며 마무리한다.</td></tr>
</table>

활동의 유의점	• 친구의 강요 경험에 대해 이야기를 나누며 실제 상황에 있었던 유아가 부각되어 낙인찍히지 않도록 주의하며 상호작용해야 한다.
활동 평가	• 친구의 물건을 달라고 강요해서는 안 되는 이유를 아는지 평가한다. • 친구 간에는 서로 동등한 입장에서 말하고 행동해야 함을 알고 실천할 수 있는지 평가한다.
확장 활동	• 친구와 함께 나누어 사용할 수 있는 물건(친구에게 빌려줄 수 있는 물건)과 나누어 사용할 수 없는 물건을 구분해보는 활동을 해볼 수 있다.

지도 TIP

- 유아들이 가지고 있는 물건이 내 것임에는 틀림이 없으나, 유아 스스로 경제적인 활동하면서 구입하는 것이 아니므로 내 마음대로 주거나 바꿀 수 없는 것임을 지도한다.
- 나의 물건이 나에게 소중한 것처럼 친구의 물건도 친구에게는 소중한 것임을 알 수 있도록 지도한다.
- 친구와 나는 동등한 관계이며 무언가를 시키고 강요해서는 안 되는 것임을 분명하게 지도한다.

10 친구의 물건을 억지로 빼앗으면?

목표	• 친구의 물건을 억지로 빼앗아서는 안 되는 것임을 안다. • 내가 갖고 싶은 물건이 있어도 내 마음대로 주인을 바꾸지 않는다. • 친구에게 잘못된 행동을 한 것에 진심으로 사과하는 자세를 가진다.
활동 방법	• (친구가 나의 물건을 억지로 빼앗으려는 상황 발생 시) 물건을 빼앗겨 속상한 유아와 함께 이야기 나눈다. – ○○는 지금 어떤 것 때문에 속상해서 울고 있니? – 너는 친구가 계속 달라고 하고 그냥 가져갈 때, 어떻게 말하고 행동했었니? • 친구의 물건을 억지로 빼앗은 유아와 함께 이야기 나눈다. – ◇◇야 이 물건의 주인이 누구인지 알고 있니? – ◇◇는 이 물건이 ○○의 것이라고 하였는데, 정말로 ○○가 네가 가져가도 된다고 허락을 했었니? • '만약 내 물건을 친구가 억지로 빼앗아 간다면?'에 대해 친구의 물건을 빼앗은 유아와 함께 이야기를 나눈다. – 만약에 ○○가 ◇◇의 소중한 물건을 보고 갖고 싶은 마음에 '이거 좋다. 나 가지고 싶은데, 나 가질게. 나 줘라!'라고 말하고 허락하지도 않았는데 그냥 빼앗아 가면 어땠을 것 같니? • 친구가 가지고 있는 물건을 가지고 싶은 마음이 들어도 나의 마음대로 주인을 바꿀 수 없음을 명확하게 안내한다. • 물건을 빼앗겨 속상했던 유아가 친구의 물건을 억지로 빼앗은 유아에게 진심으로 사과하며 물건의 주인을 다시 찾아줄 수 있도록 지도하며 마무리한다.
활동의 유의점	• 물건을 빼앗겨서 속상한 피해유아의 이야기를 먼저 들었거나 문제 상황을 교사가 직접 발견하게 되었을 경우에 개별적으로 지도한다. • 물건을 억지로 빼앗은 유아가 진심으로 사과하고 친구에게 물건을 꼭 되돌려줄 수 있도록 지도한다.
활동 평가	• 친구의 물건을 억지로 빼앗아서는 안 되는 이유를 알고 잘못을 인정하고 사과할 수 있는지 평가한다. • 내가 갖고 싶은 물건이 있어도 각각의 물건에는 주인이 정해져 있으며, 나의 마음대로 주인을 바꾸지 않아야 함을 이해하는지에 대해 평가한다.

지도 TIP

- 문제 상황이 발생한 즉시, 물건을 빼앗긴 유아와 친구의 물건을 억지로 빼앗은 유아는 각각 개별적으로 분리된 공간에서 상호작용하며 지도한다.
- 물물교환, 친구가 허락하는 대답과 행동을 보였다고 해도 친구의 물건이 내 물건으로 쉽게 주인을 바꿀 수 없음을 지도한다(친구가 가질 수 있도록 허락하는 마음과 행동이 즉흥적으로 나타날 수도 있고, 친구와의 관계에 대한 걱정 때문에 허락하게 되는 경우 등도 있기 때문).

학교폭력 예방을 위한 가정연계 자료

유아 간 신체폭력 관련 학부모 상담

1. 부모가 발견할 수 있는 신체폭력 피해 징후

- 몸에서 다친 상처나 멍 자국을 자주 발견하게 되며 물어보면 대답을 하지 않으려고 한다.
- 장난감이나 소지품을 자주 잃어버리거나 망가뜨린다.
- 친구들과 어울리는 것을 싫어한다.
- 유치원에 가기 싫어한다,
- 두통, 복통 등 몸이 좋지 않다고 자주 호소한다.
- 풀이 죽고 맥이 없거나 입맛이 없다고 하면서 평소 좋아하던 음식에도 손을 대지 않는다.
- 작은 일에도 깜짝깜짝 놀란다.
- 잘 때 식은땀을 흘리면서 잠꼬대나 앓는 소리를 한다.
- 다른 아이들의 괴롭힘에 대한 피해를 자주 말한다.
- 짜증과 울음이 많아지고 엄마나 동생처럼 만만한 상대에게 폭력을 쓰기도 한다.

2. 피해유아 부모와의 상담

- 가장 중요한 것은 담임교사가 진심으로 유아를 걱정하고 있음을 학부모에게 전하고, 담임교사가 학부모와 함께 피해유아 보호를 위해 최선의 노력을 다할 것이라는 신뢰감을 전하는 것이 중요하다.
- 담임교사의 학교폭력 피해부모 상담 방법
  - 상황을 간략히 이야기한 후 부모에게 유치원으로 와줄 것을 요청한다.
  - 부모의 아픔에 공감한다.
  - 피해아이의 상태에 대해 질문한다.
  - 부모에게 정서적 지지를 보낸다.
  - 진심 어린 사과와 유감을 표현한다.
  - 부모의 요구사항을 파악한다.

- 피해아이의 보호를 위해 노력할 것을 약속한다.
- 진실과 사실에 근거하여 문제를 해결할 것을 분명히 한다.
- 유치원의 계획을 밝힌다.
- 부모와 협력 방안을 논의한다.

자료 : 학교폭력 멈춰!, 평화샘프로젝트2.

3. 가해유아 부모와의 상담

- 가해유아 부모와의 상담은 쉽지 않다. 특히 자기 자녀에 대한 칭찬이 아닌, 잘못된 행동에 대한 의견을 나누는 일은 부모에게 곤란한 경험이기 때문이다. 따라서 교사는 매우 진중하게 그 상황에 대한 의견을 나누되, 원칙과 매뉴얼에 대해 명확히 이해를 하고, 정중하게 부모와 대화를 진행해야 한다.
- 가해유아 부모의 유형은 여러 가지일 수 있다. 특히 자신의 아이가 학교폭력의 가해자가 되었다는 사실을 인정하지 않는 부모의 경우, 담임교사의 사안에 대한 명확한 인식과 학부모와의 관계에 있어 주의가 필요하다.

담임교사의 부적절한 가해학부모와의 상담

학부모 : 우리 애가 그랬을 리가 없어요. 집에서도 얼마나 얌전한 아이인데 다른 아이를 때렸다는 것은 사실이 아닐 거예요. 아니면, 피해유아가 뭔가 빌미를 제공했을 텐데요.

교사 : 아니, 그럼 담임교사인 제가 사실이 아닌 부분에 대해 말씀드린다는 건가요?

학부모 : 우리 애만 그랬나요? 다른 애들도 그랬잖아요! 그런데 왜 우리 애만 가지고 난리예요!

교사 : 제가 교실에서 봤을 때 ○○가 가장 많이 피해를 주었습니다.

학부모 : 아무튼 저는 이 상황을 인정할 수 없어요. 다시 한번 알아보고 말씀하시죠, 선생님!

담임교사의 바람직한 가해학부모와의 상담

교사 : 많이 놀라고 당황하셨지요? 이렇게 오시라고 한 것은 애를 나무라거나 비난하려는 것이 아닙니다. 이 상황에서 어떻게 하면 ○○에게 폭력적인 행동이 타인에게 피해를 주는지 그 의미를 이해시킬 수 있는지 그리고 책임 있는 행동을 할 수 있도록 어떻게 도와야 할지 의견을 나누기 위해서입니다.

학부모 : 네 많이 놀랐어요. 우리 애가 그런 좋지 않은 행동을 했다는 것이 부모로서 당황스럽네요. 하지만 선생님 말씀처럼 우리 애가 그런 행동을 멈추고 반성할 수 있도록 도와주신다니 정말 고맙습니다.

담임교사의 학교폭력 가해부모 상담 원칙

- 상황을 간략히 이야기한 후 부모에게 유치원으로 와줄 것을 요청한다.
- 부모의 감정을 수용하고 이해한다.
- 피해유아의 피해 정도를 정확히 알려준다.
- 폭력은 절대 용납될 수 없음을 밝힌다.
- 가해유아 지도방안에 대해 협의한다.
- 가해유아에 대한 기대감을 전한다.
- 진심 어린 사과의 중요성을 인지시킨다.
- 앞으로의 계획과 매뉴얼에 대하여 안내한다.

4. 학교폭력 예방을 위한 부모의 노력

- 소통을 위한 노력
  - 부모와의 교감, 대화를 통해 서로의 마음을 알고 받아들인다.
  - 자녀와의 원활한 소통은 건강한 사회 형성의 밑바탕이 된다.
  - 핵가족화, 매스미디어 발달, 통신기기의 발달, 대화단절로 인한 소통 부족으로 의도적인 노력이 필요하다.
- 대화를 위한 노력
  - 포옹 : 마음을 열어가는 첫 번째 문
  - 시선주기, 손짓 하나, 표정의 변화를 통한 감정의 전달
  - 자녀를 사랑하는 진정한 마음을 통해서 행동으로 옮김
  - 가정에서부터 올바른 태도와 언어의 사용

자료 : 상담으로 풀어가는 교실이야기. 티처빌원격교육연수원.

우리 아이가 언어폭력을 당했다면?

종종 유아들이 욕하는 것을 듣게 되는 경우들이 있습니다. 어른들이 상상하기 어려운 욕을 사용하기도 하지요. 아이들이 욕을 할 때 당황하기 보다는 어떤 상황인지 먼저 파악하는 것이 필요합니다.

1. 아이들이 욕을 하는 경우

- 욕의 개념을 모르고 들었던 것을 단순하게 반복하는 경우
- 욕을 들었던 상황을 기억하여 같은 상황에 욕을 사용하는 경우
  (예 : 화가 났을 때 욕하는 것을 보고 유아 자신이 화가 났을 때 욕하는 것)
- 상대의 기분을 나쁘게 하거나 당황하는 모습을 즐기며 욕을 하는 경우

2. 아이가 친구에게 욕이나 부정적인 말을 들었을 때

- 공격성이 있다고 보기보다는 언어 학습 측면에서 지도하는 것이 바람직하며 친구에게 "그 말은 나쁜 말이야"하고 알려주도록 해 줍니다.
- 공격성을 포함하고 있는 경우 이러한 경우는 좀 더 적극적으로 대처해야 합니다. 피해와 가해의 개념으로 접근하는 것이 필요합니다.

3. 아이가 언어폭력에 노출되었을 때 보이는 모습

- 신체폭력 유아와 비슷한 징후
  언어폭력을 당한 유아도 우울한 모습, 혼자놀기, 등원 거부, 성인 주위 맴돌기 등 신체폭력을 당한 유아와 비슷한 징후를 나타냅니다.
- 갑자기 욕을 하는 횟수가 늘었다.
  유아는 언어를 빠르게 모방합니다. 유아가 욕을 자주 한다면 어딘가에서 들었을 가능성이 높으니 주의 깊게 살펴보아야 합니다.
- 형제 등 가족에게 폭력적 언어를 사용한다.
  화가 나거나 짜증스러운 상황에 욕이나 비어 등 폭력적 언어를 사용할 가능성이 있습니다.
  위와 같은 징후는 언어폭력을 당했을 때 나타나는 일반적인 모습이며 단

순한 모방에 의해 나타나기도 합니다. 주변에서 자주 욕을 들었다면 파악하기가 더 어렵습니다. 따라서 평소 주변에서 건전한 언어 환경을 제공하는 것이 언어폭력으로부터 아이들을 보호하는 것에도 도움이 됩니다.

자료 : http://healthnoriter.co.kr/221020001914

20○○년 월 일

○○유치원장 ○○○

아이의 언어폭력 어떻게 예방할까요?

유아의 언어폭력은 어떤 모습으로 나타나고 어떤 특징이 있을까요? 어른들처럼 유아들도 갑자기 폭력적인 언어를 사용하기보다는 점차적으로 부정적 표현이 쌓여 사용하게 됩니다.

1. 언어폭력을 사용하는 아이 어떻게 도와줄까요

- 욕의 개념을 모르고 들었던 것을 단순하게 반복하는 경우
- 욕을 들었던 상황을 기억하여 같은 상황에 욕을 사용하는 경우
  (예 : 화가 났을 때 욕하는 것을 보고 유아 자신이 화가 났을 때 욕하는 것)
- 상대의 기분을 나쁘게 하거나 당황하는 모습을 즐기며 욕을 하는 경우

2. 아이가 친구에게 욕이나 부정적인 말을 들었을 때

- 친구들에게 짜증 나는 투로 말한다.
  특별한 이유 없이 작은 일에도 퉁명스럽게 말하거나 격앙된 태도로 이야기하는 경우가 많습니다. 유아가 이런 모습을 보이면 바람직한 말투로 고쳐 들려주시고 따라 말해볼 수 있도록 지도해 주세요.
- 친구를 무시하는 말을 한다.
  어떠한 상황에서 무시하는 말을 사용하는지 살펴보시고 무시하면 안 되는 이유를 설명해주세요.
- 친구가 싫어하는 별명을 지속적으로 부른다.
  별명을 불렀을 때 친구의 표정을 살펴보도록 해주시고 친구의 마음을 느껴볼 수 있도록 해 주세요. 그리고 친구가 어떻게 불러야 좋아할지 알려주세요.
- 친구의 외모를 놀린다.
  외모를 놀리는 것이 좋지 못한 행동임을 단호하게 이야기하고 놀림당한 친구의 외모를 긍정적으로 이야기해 주세요. 이때 모두의 외모가 개성 있음을 강조해 주셔서 외모에 대한 편견을 없애도록 도와주세요.
- 친구를 협박하는 말을 해 내가 원하는 대로 하려고 한다.
  협박을 했을 때 친구들과 사이가 멀어질 수 있음을 이야기해 주세요. "이

렇게 하면 외톨이가 돼"보다 "친구들이 어떻게 하면 함께 놀고 싶을까?"로 질문해 주세요. 협박성 지도는 부정적인 모델이 됩니다.

- 친구들을 자주 이른다.

  유아가 이를 때 스스로 해결하도록 기회를 주세요. 이르는 것에 민감하게 반응하는 것은 이르는 태도를 강화시킬 수 있어요.

- 의미를 알지 못하더라도 욕을 자주 한다.

  욕의 의미를 구체적으로 설명할 필요는 없어요. 단, 사용해서는 안 되는 말이라고 단호하게 알려주세요. 어떠한 경우에도 욕을 사용하는 것은 유아에게 이롭지 않으니까요.

학교폭력의 피해자와 가해자는 정해져 있는 것이 아닙니다. 반복되고 충격적인 어떤 일들로 누구나에게 일어날 수 있는 일이지요. 우리 아이들이 위험한 상황에 피해자, 가해자 어떤 모습으로도 빠져들지 않도록 미리 예방하고 돕는 것은 매우 중요합니다.

자료 : http://healthnoriter.co.kr/221020001914

20○○년 월 일

○○유치원장 ○○○

아이의 언어폭력 어떻게 대처할까요?

우리 아이가 언어폭력에 노출되었다면 어떻게 할까요? 먼저 유아에게 편안한 분위기를 만들어 주세요. 속상한 마음과 놀란 마음을 풀어낼 수 있도록 기다리고 다독거려 주세요. 그다음에는 아래와 같이 도와주세요.

1. 우리 아이가 언어폭력을 당했어요.

- 폭력적 언어를 들었을 때 잘못되었다고 말할 수 있도록 한다.
  유아가 당황하거나 울거나 하면 더 놀리거나 피해유아가 이르는 것이 두려워 가해유아가 협박을 할 수도 있습니다. 가장 좋은 방법은 직접 "그 말은 나빠", "네 말은 틀려! 난 그런 아이가 아니야!"라고 직접 당당히 이야기하는 것입니다.
- 친구가 지속적으로 폭력적 언어를 사용하면 교사나 부모에게 도움을 청하도록 한다.
  유아가 혼자서 어려워하지 않도록 도움을 청하는 방법을 알려주세요. "친구가 욕을 해서 힘이 들어요." 유아가 말했을 때 상황에 따라 스스로 말할 수 있게 해줄지 성인이 나설지 결정해야 합니다.
- 폭력이 일어난 곳의 담당자에게 알리고 도움을 청한다.
  부모가 있는 곳에서 벌어진 상황이 아니라면 반드시 담당자에게 알리고 도움을 청해야 합니다. 우리 아이에게도 도움이 되지만 다른 아이의 피해도 막아야 합니다.
- 평소 유아와 자주 토의를 통해 의사소통능력을 길러준다.
  유아가 평소 자신의 생각을 분명하게 표현할 수 있도록 지도해 주는 것은 큰 도움이 됩니다. 친구와 갈등이 생겼을 때 분명한 의사표현이 공격적 행동을 방어하는 데 효과적이기 때문입니다. 의사소통능력의 향상에는 평소에 가정에서 이루어지는 의견교환이 매우 중요한 역할을 합니다.

2. 우리 아이가 폭력적인 언어를 사용해요.

부모님의 침착한 대응이 필요합니다. 욕을 듣게 되면 아무래도 아이를 먼저 야단치기 쉽습니다. 그러나 기억해 주세요. 항상 필요한 것은 야단보다는

'지도'입니다. 단호하지만 침착하게 방법을 알려주고 잘못된 행동을 반복하지 않도록 예방하는 것이 목적입니다.

- 폭력적 언어를 대처할 수 있는 방법을 지도한다.

  반복적으로 대체할 수 있는 말을 가르쳐 주세요. 욕을 사용했다면 욕 대신 "싫어!", "힘들어!", "화난다고!" 등으로 이야기해야 함을 일상생활 속에서 반복해 주세요.

- 공감능력을 기를 수 있도록 한다.

  비꼬거나 놀리는 말, 욕을 들었을 때 친구의 기분이 어땠을지 이야기해 주세요. 이때 가해유아에게 욕을 들려주고 "네 기분은 어때?"라고 묻는 방법은 적절하지 않습니다. 상황을 설명하고 유아에게 직접 부정적 언어는 말하지 않도록 합니다.

- 바른 말을 사용하는 모델링을 적극적으로 실행한다.

  언어는 특히 평소습관에 많은 영향을 받습니다. 가정에서 더 자주 건전한 모델링을 제공해주고 부정적인 표현을 수정해 주도록 해야 효과적입니다. 기관에서 보이는 행동이라면 교사를 통해 전달하는 것도 도움이 됩니다. 말에 대한 그림책을 사용하여 간접적으로 친구의 기분을 경험하게 하고 모델을 보여주는 방법도 좋은 방법입니다.

  유아의 공격성은 조금의 관심과 노력으로도 크게 개선됩니다. 아이들은 유연하기 때문입니다. 어른들의 관심과 도움으로 우리 아이들을 행복하게 지킬 수 있습니다.

자료 : http://healthnoriter.co.kr/221020001914

20○○년 월 일

○○유치원장 ○○○

언어폭력, 부모님이 먼저 모범이 되어주세요

1. 언어폭력이란?

위협적이고도 저속한 말이나 욕설 따위를 함부로 하여 상대방에게 두려움이나 불쾌감을 주는 일. 특히 신체적인 약점을 지적하며 상대방에게 수치심을 주는 일, 성적수치심을 자극하는 일로 상대방이 상처를 받도록 하는 말장난 등이 모두 언어폭력에 해당한다.

- 언어의 폭력적 내용
  욕설하기, 위협하기, 협박하기, 저주·험담하기, 비웃기(희롱, 조롱), 이상한 소문 내기, 약점 건드리며 놀리기, 싫어하는 별명 부르기, 흉내 내서 놀리기, 신체 외모 놀리기, 옷차림 비웃기, 빈정거리기, 면박이나 핀잔주기, 욕이나 비난의 문자 보내기 등

자료 : 정종진(2012). 학교폭력상담 : 이론과 실제편, 서울 : 학지사.

- 언어폭력의 영향
  - 대인관계가 나빠집니다.
  - 타인에게 정신적, 신체적 피해를 줍니다.
  - 학교폭력으로 피해를 키워 갑니다.
  - 생활에 습관화되면 자신의 인격을 훼손하고 정서장애를 유발합니다.
- 언어폭력의 징후 점검사항
  <친구나 가족(형제·자매)과 대화(전화)할 때>
  - 욕설을 자주 한다.
  - 별명을 사용한다.
  - 빈정거리거나 면박을 준다.
  - 욕설이나 비난의 문자를 보낸다.

2. 유소년기에 욕설을 하는 이유

- 강하게 보이기 위해서입니다.
- 심리적으로 불안한 상태를 나타냅니다.
- 또래끼리의 친근감을 표시하기도 합니다.
- 습관화되면 기분이 좋아도 욕을 하게 됩니다.

- 화가 난 상황에서 당장 분을 삭이기 위해 내뱉는 분풀이로 욕을 합니다.

3. 언어폭력 대처 방법

- 고운 언어 사용, 부모님이 모범을 보여주세요.
- 부모님의 언어, 자녀 언어생활의 거울입니다.
- 자녀 마음에 상처 주는 말을 삼가주세요!
- 더 많이 경청하고 더 적게 말하세요!
- 따뜻한 말도 많이 해 주세요!

지도 TIP

부모님이 무조건 야단을 친다고 해서 욕하는 습관이 하루아침에 변하지 않습니다. 일단은 가정에서의 대화도 조심을 하셔야 합니다. 욕을 자주 듣고 하다 보면 도를 넘어서 습관이 되어버립니다. 따라서 부모님과의 대화에서 좋은 언어를 모방할 수 있도록, 고운 언어로 대화를 많이 나누고 자꾸 고쳐주는 것이 필요합니다.

자료 : 서울대 심리학과 곽금주 교수.

또래 간 성폭력 예방

학부모님 안녕하십니까? '영혼의 살인'이라 불리는 성폭력은 남녀 및 나이를 불문하고 신체적, 정신적으로 커다란 후유증을 남길 수 있기에 예방의 중요성이 더욱 강조되고 있습니다. 또한 친구 간의 가벼운 장난이 성폭력이 될 수 있다는, 작지만 중요한 사실을 간과하는 경우가 많습니다. 또래 성희롱·성폭력 예방에 대한 내용을 안내하오니 참고하셔서 자녀들이 밝고 안전한 유치원 생활을 할 수 있도록 가정에서도 지도하여 주시기 바랍니다.

1. 성폭력의 정의

성폭력이란 상대방이 싫다고 하는데도 강제로 몸을 만지거나 말로 하는 것, 보여주는 것을 모두 성폭력(성폭행, 성추행, 성희롱)**이라고 합니다.** 신체적인 접촉을 얼마나 했는가의 문제가 아니며 가벼운 추행이더라도 **상대방의 동의가 없었고** 당하는 사람의 심정이 용서할 수 없을 정도의 모욕감을 느낀다면 성폭력으로 봅니다. **성폭력은 상대방의 인권을 침해하는 범죄행위입니다.**

2. 또래 성폭력이란?

또래 친구들 사이에서 일어나는 성폭력으로 친구들끼리 친밀감의 표현이나 장난으로 인해 상대방이 성적으로 불쾌한 감정을 가지게 되는 모든 행동을 말합니다.

3. 또래 성폭력 예방수칙

- 과도한 몸놀이와 신체접촉은 하지 않기
- 평소 의사표현을 분명히 하기
- 놀다가 친구가 싫은 표정을 지으면 그만두기
- 친구 생각이 내 생각과 다를 수 있다는 걸 알고 내 맘대로 하지 않기
- 성적으로 불쾌감을 조성할 수 있는 언어 사용하지 않기(신체적 특징 놀리기 등)

20○○년 월 일

○○ 유치원장 ○○○

따돌림 관련 부모교육 자료

□□ 부모교육

제 201○-○호

긍정적인 친구 관계

우리 자녀들은 유치원 입학과 동시에 낯선 친구들과 새로운 관계를 맺습니다. 새로운 친구 사귀기는 설레고 즐거운 일이지만 어렵고 부담스럽게 다가오기도 합니다. 건강한 친구 관계는 유치원 생활을 즐겁게 만들고 유아의 정서와 사회성의 발달에 큰 영향을 미칩니다. 자녀가 친구와의 관계를 긍정적으로 맺을 수 있는 방법과 친구 사이에 문제가 생겼을 때 도울 수 있는 방법에 대해 알려드리고자 합니다.

1. 친구들과 함께 보내는 시간을 존중하고 인정해주세요.

자녀가 유치원 일과 후 친구들과 충분한 시간을 보내기 어려운 경우가 많습니다. 자녀가 친한 친구들과 자유롭게 약속을 잡을 수 있도록 주중 일부 시간을 비워두는 방법은 어떨까요? 또래와 즐겁게 노는 시간은 자녀의 마음 건강을 지키는데 반드시 필요하며 그 시간 동안 누구와 무엇을 하며 시간을 보낼 것인지 자녀 스스로 생각해 볼 기회가 되므로 계획 세우기 습관에도 도움이 됩니다.

2. 자녀가 좋아하는 친한 친구들의 이름과 그들의 장점을 물어봐 주세요.

자녀의 친구들에게도 관심을 보여주세요. 우리 자녀가 누구와 친한지, 어떤 친구를 좋아하는지, 평소에 무엇을 함께하고 즐기는지 물어봐주세요. 자녀의 친구 관계를 함께 아는 것은 부모자녀 사이도 더욱 가까워지게 합니다. 자녀가 친구의 좋은 부분을 물어보고 이를 표현할 수 있다면 자녀는 한 층 더 친구와 가까워질 수 있답니다.

3. 친구에게 고마운 마음을 잘 표현할 수 있도록 도와주세요.

작은 일에도 감사한 마음을 가지고 그것을 표현할 수 있도록 도와주세요. 특히 모둠 활동 중에는 서로의 역할 분담으로 인해 친구관계의 어려움을 경험할 수도 있습니다. 결과가 좋은 경우나 그렇지 않은 경우에도 모두에게 고마움을 가지고 누군가를 탓하지 않는 마음이 필요합니다.

4. 친구에게 미안한 마음을 잘 표현할 수 있도록 도와주세요.

아무리 친한 사이더라도 말이나 행동으로 실수를 하는 경우도 있습니다. 자신이 실수했다고 생각되면 상대방에게 분명하고 솔직한 사과를 통해 오해를 풀 수 있도록 격려해주세요.

자녀 : 내가 그냥 재미있으라고 장난을 친건데 ○○가 화를 냈어요.
부모 : 일부러 기분 나쁘게 하려고 한건 아닌데 그렇게 되어서 너도 속상했겠다.
○○에게 '재미있으라고 장난 친건데 기분 나빴다면 미안해'하고 말하면 어떨까?

5. 자녀가 따돌림(왕따)을 경험하고 힘들어하는지 주의를 기울여주세요.

또래 사이에서 따돌림이나 괴롭힘을 경험하지는 않는지 항상 주의를 기울여 주세요. 친구관계의 어려움을 자녀가 먼저 표현하면 잘 들어주세요. 해결방법을 제시해주지 않더라도 들어주고 함께 고민하는 것이 중요합니다. 괜찮다고 이야기 하더라도 언제든지 이야기를 들어 줄 준비가 되어있다고 말해 주세요. 만약 자녀가 아래의 모습을 보인다면 학교폭력이나 따돌림을 경험하는지 자녀에게 물어보고 선생님과 상의해주세요.

지도 TIP 주의 깊은 관심이 필요한 증상

- 액세서리, 장난감 등 물건을 자주 잃어버리거나 망가뜨린다.
- 몸에서 다친 상처나 멍 자국을 자주 발견한다.
- 장난감을 사고 싶다고 돈이 필요하다고 자주 말한다.
- 풀이 죽고 의욕이 없어 보인다.
- 두통, 복통 등 몸이 좋지 않다고 호소하며 유치원 가기를 싫어한다.
- 갑자기 유치원을 안 간다고 한다.

6. 내 자녀도 다른 친구들을 배려하도록 도와주세요.

내 자녀도 다른 친구들에게 상처 주는 행동이나 말을 하고 있을 수도 있습니다. 때리고 욕하는 행동뿐만 아니라 무시하거나 놀리는 말 등은 모두 폭력과 같은 행동임을 알려주세요.

다른 사람을 공감하고 배려하는 경험이야말로 우리 자녀의 건강한 성장에 매우 중요한 부분입니다.

자료 : 대한소아청소년정신의학회 '자녀 사랑하기'에서 발췌

20○○년 ○월 ○일

○○유치원장

유아 간 따돌림 예방 학부모 교육 자료

1. 주제

따돌림도 폭력, 행복한 유치원 생활을 위한 학부모 연수

2. 목표

- 학교폭력의 정의를 안다.
- 따돌림 예방을 위한 부모의 역할을 알고 적절히 대처할 수 있는 능력을 기른다.
- 마음도 건강한 아이를 위해서는 가정과 유치원의 공동 협조가 필요함을 인식한다.

3. 준비물

PPT, 연수자료 인쇄물, 필기도구, 간단한 다과 등

4. 내용

- 별도의 학부모 연수 시간을 마련하여 진행해도 좋으나 유치원 행사와 연계하여 진행하는 것도 가능

– 학교폭력의 정의

- 일반폭력은 모르는 사람 사이에서 주로 발생하며, 특정한 장소가 정해져 있지 않으나 학교폭력은 같은 유치원(학교), 교실이라는 같은 공간 내에 있는 학생들 사이에서 발생
- 학교폭력은 신체폭력, 언어폭력, 성폭력, 따돌림, 금품 갈취 및 강요의 유형이 있음

– 학교폭력의 저연령화 동영상 시청

- 유아 간 따돌림, 금품갈취 및 강요 등의 폭력 사안 발생 현황
- 채널 it, 매일TV <학교폭력의 경향-집단화 저연령화 사이버화> 동영상

(아래 링크 주소 활용)

https://www.youtube.com/watch?feature=player_detailpage&v=mwijue5uDaI

https://www.youtube.com/watch?feature=player_detailpage&v=8zQvTHC0exw

– **학교폭력, 괴롭힘 이유 PPT**
- 괴롭힘이나 따돌림이 유아에게 마음의 큰 상처가 될 수 있지만 가장 큰 위로이자 버팀목이 될 수 있는 건 역시 부모
- 관련 동영상 시청: KBS <따돌림 해결사> 동영상

– **따돌림 예방을 위한 부모의 노력**
- 자녀의 가정 외 생활에 대하여 관심을 보이며 대화를 자주 나눈다.
- 자녀가 친구와의 관계를 잘 맺을 수 있도록 친교의 자리를 자주 만든다.
- 자녀의 신체변화, 행동변화, 심리적 변화에 대해 주의 깊게 관찰한다.
- 자녀가 따돌림 상황과 관련되어 있다고 생각되면 즉시 담임교사에게 알린다.

– **따돌림 대처를 위한 부모의 노력**
- 자녀에게 믿음과 용기를 준다.
- 다른 누군가에게 도움을 청하도록 격려한다.
- 이성적으로 대응하며 유치원이나 상담기관, 지역사회의 도움을 받는다.
- 전문적인 치료가 필요한지 신속히 판단한다.
- 부모도 전문가와의 상담을 계획한다.

– **마무리**
- 궁금한 내용에 대한 질의응답
- 유치원에서의 생활지도 내용 안내

PART 03

아동학대의 예방

Chapter 09

아동학대의 개념, 유형 및 원인

학습내용

요즘 TV만 틀면 등장하는 아동학대 관련 뉴스가 국민들의 공분을 사고 있다. 여기서는 아동의 개념과 권리를 살펴본 후 아동학대의 개념, 아동학대 유형으로 신체학대, 정서학대, 성학대, 방임의 내용 및 사례, 원인 그리고 아동학대 예방에 대하여 자세히 살펴보고자 한다.

01 아동의 개념 및 권리

1 아동의 개념

아동은 일반적으로 유아기와 청소년기의 중간, 즉 6~12세 정도의 어린이를 말한다. 「교육법」에서는 만 6세~만 12세까지를 초등학교 의무교육을 받아야 할 학령아동으로 규정하고 있다. 또 아동기는 신체적·사회적·정서적·지적 발달의 속도가 매우 현저하므로 이를 다시 아동전기와 아동후기로 나누기도 한다. 즉, 6~8세까지를 아동전기, 9~12세까지를 아동후기로 하여 발달단계를 구분한다. 아동기의 앞을 유아기(3~5세), 아동기 이후를 청소년기(12~14세)라고 한다(Naver 지식백과). 이를 구분해서 살펴보면 다음과 같다.

- 아동 : 6세부터 13세까지, 초등학교 재학 중 및 그 전후의 연령에 해당하는 자
- 「아동복지법」 : 18세 미만의 자
- 「민법」 : 만 20세 미만의 자를 미성년이라 규정
- 「소년법」 : 20세 미만의 자를 소년이라 규정

2 아동의 권리

1) 국제연합아동권리선언

1959년 11월 10일 국제연합 제14차 총회에서 만장일치로 채택한 '아동의 권리선언'은 전문(前文) 및 10개 조(條)로 되어 있다. 이는 국제연맹이 1924년 제네바에서 채택한 5개 조로 된 '제네바 어린이 권리선언'을 1948년 7개 조문으로 개정하였다가, 1959년 완벽한 권리선언문으로 채택하여 세계에 선포하게 된 것이다.

이 선언의 밑바탕에 흐르는 취지를 살펴보면, 인류의 생명과 문화를 파괴해 버린 제2차 세계대전에 대한 반성기인 1950년대에 더욱 철저한 아동의 권리보장을 각 나라별로 실행하기 위한 기본선언 이었다. 국제연합에서 선포한 아동권리선언은 "아동은 신체적으로나 정신적으로 미숙하기 때문에 그 출생 전후부터 법적 보호는 물론, 이를 여러모로 잘 보살펴야 할 필요가 있다"는 권리보장의 국제적 승인인 것이다.

이는 아동의 기본적 인권, 무차별 평등, 기회균등, 사회보장, 우선적 보호, 학대 방지, 모든 착취에서의 보호, 위난에서의 우선구조, 고아 및 기아의 수용 구호, 혹사 금지, 세계평화에 기여하게 함을 골자로 하고 있다. 한국은 1957년 대한민국 어린이헌장을 기초하여 국제연합아동권리선언이 채택된 해인 1959년 5월 5일 어린이날에 선포한 바 있다(Naver 지식백과).

2) 아동의 권리유형

유엔아동권리협약에 의하면 아동의 기본 권리를 세 가지 기본원칙 하에 4가지로 규정하고 있다.

첫째, 어린이의 연령기준이다. 이 원칙에서는 협약의 대상인 어린이를 18세 이하의 자로 규정하고 있다.

둘째, 무차별의 원칙이다. 이에 의하면 아동의 권리는 인종, 국적, 종교를 초월하여 모든 어린이들에게 해당된다.

셋째, 아동의 이익이 최우선 원칙이다. 이는 모든 조치, 정책들은 어린이들에게 가장 유익한 방향으로 결정되어야 함을 의미한다.

이러한 기본원칙 하에 어린이는 생존할 권리, 보호받을 권리, 발달할 권리, 참여할 권리의 4가지 기본권리를 누려야하며 각자의 권리를 좀 더 구체적으로 살펴보면 다음과 같다(국가건강정보포털 의학정보, 아동학대; 양미경, 2016:7-18).

(1) 생존할 권리

생존할 권리란 아동이 스스로의 생명을 유지하기 위하여 영양가 있는 음식, 깨끗한 공기와 물을 섭취하며 안락한 주거지에서 적절한 생활수준을 누리고 최상의 건강을 지키기 위하여 의료혜택을 받을 권리를 말한다. 이러한 생존할 권리를 위협하는 요인들로는 굶주림과 영양실조, 신체적 학대를 포함한 성인에 의한 공격, 빈곤, 위험한 노동환경, 범죄(갱, 구걸, 마약, 절도 등)에 개입되는 것, 다양한 종류의 질병이 있다. 이러한 위험요인에 의한 피해아동은 15세 미만의 노동자 아동(「근로기준법」), 학대당하는 아동, 성적으로 착취당하는 아동, 부모에게 버려지는 아동(미혼모 자녀 포함), 장애아동, 소수민족 아동, 난민아동, 인체면역바이러스 양성반응 아동, 보호시설의 아동, 거리의 아이들(비행, 가출아동)이 있다.

(2) 보호받을 권리

보호받을 권리란 아동이 각종 차별대우와 착취, 학대와 방임, 가족과의 인위적인 분리, 「형법」 등의 폐습으로부터 보호받을 권리를 의미한다. 이러한 보호받을 권리를 위협하는 요인으로는 경제적 착취, 신체, 정서, 성학대, 방임과 유기, 전쟁, 혹사, 차별 대우 등이 있으며, 위험요인에 의한 피해아동으로는 위법행위를 한 아동, 돌봐주는 사람이 없는 아동(유기아), 학대를 당하는 아동, 성적 상품이 된 아동, 거리의 아이들, 재난을 당한 아동(전쟁, 자연재해로 인한 난민 아동)이 있다.

(3) 발달할 권리

발달할 권리란 아동이 신체적, 정서적, 도덕적, 사회적 성장에 필요한 정규교육, 비정규교육을 포함한 모든 종류의 교육을 받고 놀이, 여가, 정보, 문화활동, 사상, 양심, 종교의 자유를 누릴 권리, 국적과 이름을 가질 권리를 의미한다. 이러한 발달을 위한 필요한 조건으로는 정보와 자료, 교육, 놀이와 오락활동, 문화활동의 참여, 사상, 양심 및 종교의 자유, 정체성(국적, 성명 등), 건강과 신체적 발달, 표현의 권리 등이 있다.

(4) 참여할 권리

참여할 권리란 아동이 자신의 의사를 표현할 자유와 자기생활에 영향을 주는 일에 대하여 말할 수 있는 권리, 책임감 있는 어른이 되기 위해 어린이 자신의 능력에 부응하여 적절한 사회활동에 참여할 기회를 가질 권리(문화행사, 지역사회 활동에 참여할 권리, 사상, 양심, 종교의 자유를 누릴 권리, 아동의 의견을 신중하게 받아들여질 권리)를 의미한다. 이러한 참여를 위한 필요조건으로는 아동에 대한 성인들의 의식전환이 요구된다. 이러한 의식 전환에는 아동이 자신의 감정과 의견을 가진, 성장하는 존재임을 인정하는 것과 아동이 자신의 요구를 분명히 말하고 적절한 지원과 존중을 받을 수 있는 충분한 자격이 있으며, 그것을 통해서 사려 깊고 책임 있는 결정을 내릴 수 있는 존재임을 인정하는 것, 아동이 정직함, 신중함, 질문하기를 좋아하는 행동양식, 그리고 무한한 상상력을 가진 귀중한 존재임을 인정하고 받아들이는 것이 포함된다.

02 아동학대의 개념

1 아동학대의 정의

"아동"이란 18세 미만인 사람을 말한다(「아동복지법」 제3조 제1호). 「아동복지법」은 아동이 건강하게 출생하여 행복하고 안전하게 자랄 수 있도록 아동의 복지를 보장하는 것을 목적으로 한다(동법 제1조). 아동은 자신 또는 부모의 성별, 연령, 종교, 사회적 신분, 재산, 장애유무, 출생지역, 인종 등에 따른 어떠한 종류의 차별도 받지 아니하고 자라야 한다(동법 제2조 제1호).

"아동학대란 보호자를 포함한 성인이 아동의 건강 또는 복지를 해치거나 정상적 발달을 저해할 수 있는 신체적·정신적·성적 폭력이나 가혹행위를 하는 것과 아동의 보호자가 아동을 유기하거나 방임하는 것을 말한다(동법 제3조 제7호)"라고 규정하여 적극적인 가해행위뿐만 아니라 소극적 의미의 방임행위까지 아동학대의 정의에 명확히 포함하고 있다.

여기에서 학대 행위란 "아동에게 가해진 행위로 인하여 (우연한 것은 제외) 아동의 건강 혹은 복지를 해치거나 혹은 정상적인 발달을 저해할 수 있는 모든 신체적·정신적 상해, 성적 행위 및 방임을 포함한다." 이는 "아동의 복지나 아동의 잠정적 발달을 위협하는 보다 넓은 범위의 행동"으로 확대하여, 신체적 학대 뿐만 아니라 정서적 학대나 방임, 아동의 발달을 저해하는 행위나 환경, 더 나아가 아동의 권리보호에 이르는 매우 포괄적인 경우를 규정하고 있다.

아동학대의 정의는 「아동복지법」에서 규정하고 있으며, '아동학대'는 아동의 복지 등을 훼손하는 복지적 차원의 광의의 개념이다. 이러한 광의적 개념의 아동학대는 사법기관의 처벌결정 과정에서의 학대개념과 상이할 수 있다.

아동학대에 대한 개념은 1961년 '피해아동 증후군'이라는 용어를 빌어 미국에서 최초로 사용되었고, 피학대 증후군(battered-baby syndrome)이라는 용어를 사용함으로써 아동학대 대상을 영아로 한정하고 학대의 유형도 신체적 구타로 한정하였다(Kempe, 1962; 김영은, 2015:8 재인용)

또 미국의 NCCAN(National Center on Child Abuse and Neglect)은 "아동의 기본적인 욕구에 대한 두드러진 무관심, 혹은 의조적인 행동 또는 예견할 수 있으며 충분히 피할 수 있는 상처나 상해의 원인이 되는 부모나 다른 양육자의 행위 혹은 물리적인 지원을 불합리하게 연기하거나, 존재하는 상처를 악화시키는 것" 등을 아동학대로 규정하였다(김동춘, 홍강의, 1995). 1993년 3월 제네바에서 개최한 아동학대예방 회의에서 세계보건기구(WHO)는 "아동학대 또는 냉대는 아동의 양육에 책임을 가지고 있거나 권위를 가진 사람들에 의한 모든 형태의 신체적·정서적으로 가혹한 처사, 성학대, 방임 또는 보호의 태만 및 상업적이거나 다른 형태의 착취로서 그 결과 아동의 건강, 생존, 발달 및 존엄성에 실제적인 해를 끼치거나 그러한 가능성을 초래한 것" 등을 아동학대에 포함시켰다(한국이웃사랑회 아동학대문제연구소, 2000). 이 밖에 아동학대를 부적절한 아동 취급 증후군이라는 용어를 사용하면서 정서적 박탈, 방임, 영양부족 등을 아동학대의 범주에 내용을 추가하였고(김숙연, 2008; Fontana, 1970) 또 "아동들의 동등한 권리나 자유를 박탈하거나 학대 또는 방임 행위나 이유에 의해 아동들의 성장 발달을 저해하는 개인, 시설 및 사회일반에 의한 모든 작위 또는 부작위 행위"(Gill, 1975)와 신체학대, 불량한 양육, 기본적인 의료적 보호의 거부, 정기적으로 등교시키지 않음, 노동의 착취 또는 과도한 노동, 유해하거나 불건전한 환경에의 노출, 성학대, 정서학대나 방임 등으로 구체화하였다(주선희, 2002; 김숙연, 2008; Kadushin, 1982). 이처럼 아동학대는 아동에게 직·간접으로 영향을 미치는 모든 유해환경을 총칭한다.

03 아동학대의 유형

여기서는 아동학대의 유형을 신체학대, 정서학대, 성학대, 방임(유기)으로 나누어 살펴보기로 한다.

1 신체학대

1) 신체학대(Physical Abuse)

보호자를 포함한 성인이 아동의 건강 또는 복지를 해치거나 정상적 발달을 저해할 수 있는 신체적 폭력이나 가혹행위를 하는 것(「아동복지법」 제3조 제 7호)이며, 신체학대의 내용 및 행위 예는 표 9-1과 같다.

표 9-1 신체학대의 내용 및 행위 예

내용	보호자를 포함한 성인이 아동에게 우발적인 사고가 아닌 상황에서 신체적 손상을 입히거나 또는 신체손상을 입도록 허용한 모든 행위를 말한다.
구체적인 신체학대 행위 예	• 직접적으로 신체에 가해지는 행위(손, 발 등으로 때림, 꼬집고 물어뜯는 행위, 조르고 비트는 행위, 할퀴는 행위 등) • 도구를 사용하여 신체를 가해하는 행위(도구로 때림, 흉기 및 뾰족한 도구로 찌름 등) • 완력을 사용하여 신체를 위협하는 행위(강하게 흔듦, 신체부위 묶음, 벽에 밀어붙임, 떠밀고 잡음, 아동 던짐, 거꾸로 매담, 물에 빠트림 등) * 신체에 유해한 물질로 신체에 가해지는 행위(화학물질 혹은 약물 등으로 신체에 상해를 입히는 행위, 화상을 입힘 등)

자료 : 중앙아동보호전문기관 홈페이지(2017).

2) 신체학대의 징후

신체학대의 징후는 표 9-2와 같다.

표 9-2 신체학대의 징후

신체적 징후	• 설명하기 어려운 신체적 상흔 • 발생 및 회복에 시간차가 있는 상처 • 비슷한 크기의 반복적으로 긁힌 상처 • 사용된 도구의 모양이 그대로 나타나는 상처 • 담배 불 자국, 뜨거운 물에 잠겨 생긴 화상자국, 회음부에 있는 화상자국, 알고 있는 물체모양(다리미 등)의 화상자국, 회복속도가 다양한 화상자국 • 입, 입술, 치은, 눈, 외음부 상처 • 긁히거나 물린 자국에 의한 상처 • 손목이나 발목에 긁힌 상처, 영유아에게 발견된 붉게 긁힌 상처 • 성인에 의해 물린 상처 • 겨드랑이, 팔뚝 안쪽, 허벅지 안쪽 등 다치기 어려운 부위의 상처 • 대뇌 출혈, 망막출혈, 양쪽 안구 손상, 머리카락이 뜯겨나간 두피 혈종 등을 동반한 복잡한 두부 손상 • 고막 천공이나 귓불이 찢겨진 상처와 같은 귀 손상 • 골격계 손상, 시간차가 있는 골절, 치유 단계가 다른 여러 부위의 골절, 복합 및 나선형 골절, 척추 손상(특히 여러 군데의 골절), 영·유아의 긴 뼈에서 나타나는 간단 골절, 회전상 골절, 걷지 못하는 아이에게서 나타나는 대퇴골절, 골막하 출혈의 방사선 사진, 골단 분리, 골막 변형, 골막 석회화 • 간혈종, 간열상, 십이지장 천공, 궤양 등과 같은 복부손상 • 폐 좌상, 기흉, 흉막삼출과 같은 흉부손상
행동적 징후	• 어른과의 접촉회피 • 다른 아동이 울 때 공포를 나타냄 • 공격적이거나 위축된 극단적 행동 • 부모에 대한 두려움 • 집에 가는 것을 두려워함 • 위험에 대한 지속적인 경계

자료 : 중앙아동보호전문기관 홈페이지(2017).

3) 학대 사례(중앙아동보호전문기관 홈페이지)

(1) 친모에 의한 신체학대

사례 피해아동(여 만 5세) 가해자(35세 친모)

아동모의 우울증과 분노조절능력 부족, 높은 학습기대로 인해 기대에 미치지 못하는 아동에게 폭력을 행사하여 아동의 얼굴에 심하게 멍이 듬. 평상시에는 아동의 이야기를 잘 들어주고 의사소통하는 것처럼 보이나, 학습과 교육적인 면에 무의식적 혹은 의식적으로 강조하는 모습이 보이고, 아동모의 이루지 못한 학습욕구가 아동을 통해 강요되고, 행동과 말이 느린 아동이 그것을 알아듣기가 어렵자 아동에게 분노를 표출하고 학대함. 학대를 하고나서는 미안한 감정에 아동을 달래지만 악순환이 계속됨.

(2) 친부에 의한 신체학대

사례 피해자(남 생후 6개월, 여 2세), 가해자(30대 친부)

생후 6개월 아들 벽에 던지고 두 살 딸 무자비 폭행 30대 감형

입력 2017.09.30. 15:32 [연합뉴스TV 제공] 이재현 기자

친부 A씨는 지난 2월 12일 오전 2시께 강원 원주시 자신의 집에서 두 살 된 딸이 칭얼거리자 손으로 밀쳤다. 이어 잠을 자던 생후 6개월 된 아들에게로 간 A씨는 아들이 울자 손바닥으로 뺨과 배를 때리고, 멱살을 잡아 거실벽으로 던졌다. 바닥에 떨어진 아들의 멱살을 다시 잡은 A씨는 이번에는 현관 쪽과 안방 침대 쪽으로 집어 던지기를 여러 차례 했다. 이를 본 딸이 울자 A씨는 딸을 발로 차는 등 어린 자녀들을 무자비하게 폭행했다. 이 일로 A씨의 두 살배기 딸과 생후 6개월 된 아들은 장기 손상 등 전치 3주의 상해를 입었다. 항소심 재판부는 "어린 자녀들을 상대로 무자비한 폭력을 행사해 상해를 입힌 것으로 죄질이 극히 불량하다"며 "아내가 보는 앞에서 범행을 저지른 점, 자녀들에게 정신적 후유증이 남은 점 등으로 볼 때 엄한 처벌이 불가피하다"고 밝혔다. 이어 "다만 항소심에서 피해 보상을 위해 600만원을 송금한 점, 처벌을 받은 적이 없는 초범인 점 등을 고려해 1심 형량보다 낮은 형을 선택했다"고 덧붙였다.

(3) 양부모에 의한 신체학대 및 방임

사례 양부모에 의한 신체학대 및 방임(중앙일보, 2021.1.6)

피해자 (여, 생후 16개월), 가해자(30대 양모)

'정인이 사건'과 관련 입양기관이 충분한 자격조사 없이 양부모와 정인양이 처음 만난 당일 입양 결정을 내렸던 것으로 밝혀졌다. 입양 이전 양부모 가정조사 단계 때 해야 하는 객관적 자격 검증 없이 양부모의 진술에만 의존해 상담사가 주관적으로 판단을 내린 것이다. 사후관리 과정에서도 문제가 많았다. 입양기관인 홀트아동복지회 측은 어린이집에서 아동학대 의심신고를 한 다음날인 지난해 5월 26일 가정방문을 했고 "(양부모가) 아동의 배, 허벅지 안쪽 등에 생긴 멍 자국에 대해 명확히 설명하지 못했다"는 내용의 의심정황을 기록하기도 했다. 하지만 "아동 양육에 보다 민감하게 대처하고 반응할 수 있도록 해달라"는 권고만 했을 뿐 별다른 조치를 취하지 않았다. 6월 26일에도 아동보호전문기관을 통해 정인양이 쇄골 주변에 생긴 실금 때문에 2주간 깁스를 했다는 사실을 확인 했지만 "어린이집에서 생활하다가 생긴 것으로 경미한 실금"이라는 양부의 해명만 듣고 넘어갔다. 7월 2일 가정방문 때도 "양모가 정인양을 30분가량 차 안에 혼자 방치했다"는 아동학대 의심신고가 들어간 상태였지만 조처를 하지 않았다. 이후 정인양 사망때 까지 입양 기관은 양부모와 전화통화만 하다가 지난 해 9월

23일 동네 소아청소년과 의사 A씨가 세 번째 아동학대 의심신고를 한 뒤에야 가정방문을 요청했다. 하지만 양모의 거부로 가정방문날짜를 10월 15일 (추석 이후)로 연기했고 정인양은 가정방문 이틀 전 세상을 떠났다. 공혜정 아동학대방지협의회 대표는 "입양 절차도 개선돼야 하지만 경찰의 무능력이나 관련 기관의 대응 미비 등에 대한 논의가 우선 돼야 한다"고 말했다.

(4) 보육교사에 의한 신체학대

사례 **"영아 질식사" 보육교사, 다른 7명도 반복학대 (동아일보, 2018.8.16.)**

생후 11개월 된 아이를 짓눌러 사망케 한 혐의로 구속된 서울 강서구의 어린이집 보육교사가 8명의 원생을 반복적으로 학대한 것으로 드러났다. 서울남부지검 여성아동범죄조사부 부장검사는 「아동학대 처벌에 관한 특례법」 위반(아동학대치사) 혐의로 어린이집 보육교사 김모씨(59, 여)를 구속 기소했다고 밝혔다. 김씨의 쌍둥이 언니인 원장 김모씨와 피해아동 A군의 담임보육교사 B씨(여, 46)는 학대를 방조한 혐의로 불구속 기소했다. 검찰에 따르면 보육교사 김씨는 K군을 엎드리게 한 뒤 이불을 덮어씌우고 6분간 꽉 껴안았다. 이후 K군의 몸위에 올라가 8초 동안 짓눌렀고, K군은 질식사했다. CCTV확인 결과 김씨는 다른 7명의 원생도 비슷한 방식으로 7월에만 24차례 학대한 것으로 나타났다. 강서구는 이 어린이집을 폐원하고 기소된 3명의 보육교사 자격을 2년간 정지할 예정이다. 아동학대 혐의로 금고 이상의 형이 확정되면 보육교사 자격은 취소된다.

(5) 외국의 아동학대

사례 **미국도 어린이집 아동학대 (중앙일보, 2015.1.23.)**

미국 플로리다주 파스코 카운티의 한 데이케어 센터에서 40대 여직원이 아이들에게 발길질을 하는 사건이 발생해 지역사회가 발칵 뒤집혔다. CNN 등에 올라온 동영상에 따르면 데이케어 센터의 린다 클렘(49)은 바닥에 누워자고 있는 15개월 된 여자 아이의 머리 부위를 걷어찼다. 울면서 깨어난 아이가 다시 잠에 빠지자 이번엔 엉덩이를 차고 강제로 잡아당겨 앉혀 놓는다. 이 장면은 센터에 설치된 CCTV에 고스란히 담겼다. 사건은 아이의 얼굴에 멍이 든 것을 발견한 엄마의 항의로 드러났다. 클렘은 아동학대 혐의로 경찰에 체포되었다. 문제가 된 데이케어 센터는 평판이 좋은 곳이어서 주민들은 충격에 빠졌다. 그러나 한 이웃 주민은 CNN에 "클렘이 아이들에게 욕설을 퍼붓는 것을 목격했다"면서 "보다 못해 그렇게 아이를 좋아하지 않으면 왜 이일을 하느냐고 말해주기도 했다"고 증언했다. 이에 따라 평소에도 아동학대 행위가 있었을 가능성이 제기되고 있다.

2 정서학대

1) 정서학대(Emotional Abuse)

보호자를 포함한 성인이 아동의 건강 또는 복지를 해치거나 정상적 발달을 저해할 수 있는 정신적 폭력이나 가혹행위를 하는 것(「아동복지법」 제 3조 제 7호)이며, 정서학대의 내용 및 행위 예는 표 9-3과 같다.

표 9-3 정서학대의 내용 및 행위 예

내용	보호자를 포함한 성인이 아동에게 행하는 언어적 모욕, 정서적 위협, 감금이나 억제, 기타 가학적인 행위를 말하며 언어적, 정신적, 심리적 학대라고도 한다.
구체적인 정서학대 행위 예	• 원망적·거부적·적대적 또는 경멸적인 언어폭력 등 • 잠을 재우지 않는 것 • 벌거벗겨 내쫓는 행위 • 형제나 친구 등과 비교, 차별, 편애하는 행위 • 가족 내에서 왕따 시키는 행위 • 아동이 가정폭력을 목격하도록 하는 행위 • 아동을 시설 등에 버리겠다고 위협하거나 짐을 싸서 쫓아내는 행위 • 미성년자 출입금지 업소에 아동을 데리고 다니는 행위 • 아동의 정서 발달 및 연령상 감당하기 어려운 것을 강요하는 행위(감금, 약취 및 유인, 아동 노동 착취) • 다른 아동을 학대하도록 강요하는 행위

자료 : 중앙아동보호전문기관 홈페이지(2017).

2) 정서학대의 징후

정서학대의 징후는 표 9-4와 같다.

표 9-4 정서학대의 징후

학대 유형	신체적 징후	행동적 징후
정서학대	• 발달지연 및 성장장애 • 신체발달 저하 • 우울, 공포, 위축, 주위산만 • 충동성, 인내심, 집중력 결여 • 낯선 상황에 대한 두려움	• 특정 물건을 빨고 있거나 물어뜯음 • 행동장애(반사회적, 파괴적 행동장애) • 신경성 기절장애(놀이장애) • 정신신경성 반응(히스테리, 강박, 공포) • 언어장애 • 극단행동, 과잉행동, 자살시도 • 실수에 대한 과잉 반응 • 부모와의 접촉에 대한 두려움 • 또래, 개인 기피

자료 : 문영희(2004); 박동연(2011); 김영은(2015) 13-14 재인용.

3) 정서학대의 사례(중앙아동보호전문기관 홈페이지)

(1) 친모에 의한 5형제 정서학대·방임

사례 **피해아동(12세, 10세, 8세, 3세, 1세 남아 5형제) 가해자(34세 친모)**

천막제작을 하는 40세 친부는 유년시절 친모를 여의고 부가 재혼하여 7남매 중 막내로 이복형들에게 미움받으며 성장. 친모는 유년시절 모가 재혼하여 6남매 중 막내로 성장하며 이복언니들에게 눈치받으며 성장. 신고된 내용을 보면 2개월 된 영아는 집안에 방치되고 있으며, 보호자가 돌보지 않는 다고 함. 10세된 둘째가 3세, 1세 동생을 돌보고 있다고 함. 12세 장남은 8세인 동생이 pc방, 동네를 배회한다고 함. 부는 아침 7시경에 일하러 나가서 밤12~새벽 1시에 들어온다고 함. 보호자 없이 아이들이 집안에 방치되고 있어 친부모에 의한 방임으로 신고됨.

(2) 친부에 의한 아들 정서학대

사례

A씨는 아내가 가정불화로 집을 나간 후 친아들을 양육해 오고 있었다. 학교를 다녀온 아들이 집안 일을 제대로 하지 않는 것에 화가 나서 싱크대에 있던 흉기를 아들에게 보여주며 위협한 것으로 나타났다. 이에 정서적 학대행위를 한 혐의로 재판에 넘겨졌다.

재판부는 아동학대의 엄벌 필요성 등이 고려돼야 하며 설사 피고인 행위에 훈계의 목적이 포함돼 있다고 하더라도 칼을 든 행위 자체가 사회상규를 벗어난 행동으로 보아 정서적 학대 죄책이 가볍다 볼 수 없다고 지적했다.

법원은 이 아동학대 사례에 대해 「아동복지법」 위반인 아동학대 혐의 등으로 기소된 A씨에게 징역 6개월에 집행유예 2년을 선고한 것으로 확인됐다. 다만 피해아동이나 피해아동의 모친이 피고인의 선처를 탄원하고 있는 점 등 여러 정상을 참작해 집행유예를 선고한다고 판시했다.
자료 : http://yssonlaw.tistory.com/545 [학교폭력소송 손영실변호사]

3 성학대

1) 성학대(Sexual Abuse)

보호자를 포함한 성인이 아동의 건강 또는 복지를 해치거나 정상적 발달을 저해할 수 있는 성적 폭력이나 가혹행위를 하는 것(「아동복지법」 제3조 제7호)이며, 성학대의 내용 및 행위 예는 표 9-5와 같다.

표 9-5 성학대의 내용 및 행위 예

내용	• 보호자를 포함한 성인이 자신의 성적 충족을 목적으로 18세 미만의 아동에게 행하는 모든 성적 행위를 말한다.
구체적인 성학대 행위 예	• 자신의 성적 만족을 위해 아동을 관찰하거나 아동에게 성적인 노출을 하는 행위 (옷을 벗기거나 벗겨서 관찰하는 등의 관음적 행위 • 성관계 장면을 노출, 나체 및 성기 노출, 자위행위 노출 및 강요, 음란물을 노출하는 행위 등) • 아동을 성적으로 추행하는 행위(구강추행, 성기추행, 항문추행, 기타 신체부위를 성적으로 추행하는 행위 등) • 아동에게 유사성행위를 하는 행위(드라이성교 등) • 성교를 하는 행위(성기삽입, 구강성교, 항문성교) • 성매매를 시키거나 성매매를 매개하는 행위

자료 : 중앙아동보호전문기관 홈페이지(2017).

2) 성학대의 징후

성학대의 징후는 표 9-6과 같다.

표 9-6 성학대의 징후

학대유형	신체적 징후	행동적 징후
성학대	• 신체적 지표 – 학령 전 아동의 성병 감염 – 임신 • 생식기의 증거 – 아동의 질에 있는 정액 – 찢기거나 손상된 처녀막 – 질에 생긴 상처나 긁힌 자국 – 질의 홍진 – 배뇨곤란 – 요도염 – 생식기의 대상포진 • 항문증후 – 항문 괄약근의 손상 – 항문주변의 멍이나 찰과상 – 항문 내장이 짧아지거나 뒤집힘 – 항문 입구에 생긴 열창 – 항문이 좁아짐 – 회음부의 통증과 가려움 – 변비 – 대변에 혈액이 나옴 • 구강증후 – 입천장의 손상 – 인두, 임질	• 성적(性的) 행동지표 – 나이에 맞지 않는 성적 행동 – 해박하고 조숙한 성지식 – 명백하게 성적인 묘사를 한 그림들 – 타인과의 성적인 상호관계 – 동물이나 장난감을 대상으로 하는 성적인 상호관계 • 비(非)성적인 행동지표 – 위축, 환상, 유아적 행동(퇴행 행동) – 자기 파괴적 또는 위험을 무릅쓴 모험적인 행동 – 충동성, 산만함 및 주의집중장애 – 혼자 남아있기를 거부 또는 외톨이 – 특정 유형의 사람들 또는 성에 대한 두려움 – 방화/동물에게 잔혹함(주로 남아의 특징) – 비행, 가출 – 약물 및 알콜 남용 – 자기파괴적 행동(자살시도) – 범죄행위 – 우울, 불안, 사회관계의 단절 – 수면장애 – 유노증/유분증 – 섭식장애(폭식증, 거식증) – 야뇨증 – 외상후 스트레스장애 – 저조한 학업수행

자료 : 교육부·보건복지부(2016). 유치원. 어린이집 아동학대 조기발견 및 관리. 대응 매뉴얼. p.9.

3) 성학대 사례

(1) 친부에 의한 딸 성폭행

사례

서울시는 아동학대 업무를 전문으로 하는 실무자들이 2000년부터 현장에서 겪은 사례를 생생하게 담은 '아동학대 사례 연구집'을 펴냈다. 연구집에 따르면 2010년 8월 서울시 아동학대예방센터에 친아버지의 딸 성폭행이 의심된다는 신고가 접수됐다. 당시 16살이던 A양은 정신분열증으로 입원 치료 중 이 같은 내용을 털어놨다. 이에 센터의 현장조사 결과 A양이 초등학교 1~2학년 무렵 때부터 친아버지에게 성적 학대를 받은 사실이 밝혀졌다. 센터는 A양의 아버지에 대한 수사와 법적 조치를 의뢰해 아버지는 지난해 12월 대법원에서 징역 4년, 성폭력치료 프로그램 40시간 참여, 정보공개 10년을 선고받았다. A양은 현재 시내 사회복지시설에 입소해 보호를 받으면서 정신과 치료를 병행하고 있다. A양은 아직도 "다시 아빠를 만나고 싶지 않다"고 말하고 있다.

자료 : 아주경제 김현철 기자.

4 방임

아동의 보호자가 아동을 유기하거나 방임하는 것(「아동복지법」 제3조 제7호)이며, 방임의 내용 및 행위 예는 표 9-7과 같다.

1) 방임(Neglect)

표 9-7 방임의 내용 및 행위의 예

내용	보호자가 아동에게 위험한 환경에 처하게 하거나 아동에게 필요한 의식주, 의무교육, 의료적 조치 등을 제공하지 않는 행위를 말하며, 유기란 보호자가 아동을 보호하지 않고 버리는 행위를 말한다.
방임의 유형 예	• 물리적 방임 – 기본적인 의식주를 제공하지 않는 행위 – 불결한 환경이나 위험한 상태에 아동을 방치하는 행위 – 아동의 출생신고를 하지 않는 행위, 보호자가 아동들을 가정 내 두고 가출한 경우 – 보호자가 아동을 시설 근처에 두고 사라진 경우 – 보호자가 친족에게 연락하지 않고 무작정 아동을 친족 집 근처에 두고 사라진 경우 등

- 교육적 방임

보호자가 아동을 특별한 사유 없이 학교(의무교육)에 보내지 않거나 아동의 무단결석을 방치하는 행위

※ 의무교육은 6년의 초등교육 및 3년의 중학교를 의미함(「교육기본법」 제8조 제1항)

※ 초등학교 및 중학교의 장은 해당 학교에 취학할 예정인 아동이나 취학 중인 학생이

① 입학·재취학·전학 또는 편입학 기일 이후 2일 이내에 입학·재취학·전학 또는 편입학하지 아니한 경우,

② 정당한 사유 없이 계속하여 2일 이상 결석하는 경우,

③ 학생의 고용자에 의하여 의무교육을 받는 것이 방해당하는 때 지체 없이 그 보호자 또는 고용자에게 해당 아동이나 학생의 취학 또는 출석을 독촉하거나 의무교육을 받는 것을 방해하지 아니하도록 경고하여야 함(「초·중등교육법」 시행령 제25조)

- 의료적 방임
  - 아동에게 필요한 의료적 처치 및 개입을 하지 않는 행위
- 유기
  - 아동을 보호하지 않고 버리는 행위
  - 아동을 병원에 입원시키고 사라진 경우
  - 시설 근처에 버리고 가는 행위

자료 : 중앙아동보호전문기관 홈페이지(2017).

2) 방임·유기의 징후

방임·유기의 징후는 표 9-8과 같다.

표 9-8 방임 ·유기의 징후

학대유형	신체적 징후	행동적 징후
방임·유기	• 발달지연 및 행동지연 • 비위생적인 신체상태 • 예방접종과 의학적 치료 불이행으로 인한 건강상태 불량 • 아동에게 지속적으로 냄새가 나는 경우 • 나른함 및 우울증 호소, 신체적 상처	• 계절에 맞지 않는 부적절한 옷차림 • 음식을 구걸하거나 훔침 • 비행 또는 도벽 • 학교에 일찍 등교하고 집에 늦게 귀가함 • 지속적인 피로 또는 불안정감 호소 • 잦은 결석

자료 : 문영희(2004); 박동연(2011); 김영은(2015) 13-14 재인용.

3) 방임 사례(중앙아동보호전문기관 홈페이지)

(1) 실직과 가정해체로 인한 방임 사례

사례 피해자(15세 중학교 중퇴자) 가해자(39세 무직 친부)

친부는 자동차 연구원으로 근무했으나 고부갈등으로 인해 부인과 이혼하게 되자, 직장도 그만두고 모친도 사망하게 되면서 생활이 곤궁해졌다. 친부는 생계를 위한 일일노동자로 일을 하게 되면서 아동양육을 소홀히 하고, 2002년부터는 돈을 번다는 이유로 아들을 정기적으로 방치하게 되었고, 아동은 점점 보호받지 못하고 무너져가는 집에서 혼자 살게 되었음. 아동은 동사무소 사회복지담당공무원과 학교교사의 개입으로 아동생활시설에 잠시 입소했으나 친부가 부산에서 올라와 아동을 데리고 나와 여관이나 pc방 등에서 생활하게 되었고 나중에 아동을 pc방에 맡기고 나갔으나 그후 찾으러 오지 않고 경찰에서 수배중이다.

(2) 보호자의 우울증으로 인한 방임 사례

사례 보호자의 우울증으로 인한 방임 사례(동아일보, 2020.6.13)

아파트에서 한 이웃 주민이 112에 다급히 신고했다. "갓난아기가 자꾸 울어요. 아무래도 아기랑 개만 있는 듯해요." 긴급 출동한 경찰과 소방관이 사다리를 타고 창문으로 들어가 보니 두 살 난 영아인 김모 양이 커다란 개 옆에서 울고 있었다. 몸도 제대로 못 가누는 아기 옆엔 우울증 약 봉투가 널브러져 있었다. 조사 결과 자리를 비운 아기 엄마는 오랫동안 우울증을 앓아왔다. 경찰 등은 응급보호조치 결정을 내리고 김 양을 아동보호센터로 보냈다. 입건된 친모는 '아동복지법상 방임 혐의'가 적용됐다.

5 아동학대의 결과

아동학대의 결과는 심리적 결과와 신체적 결과로 나누어 살펴보기로 한다(한국심리학회, 심리학사전, 2014. 4.).

1) 심리적 결과

성적 학대로 인해 피해 아동에게 나타나는 정신장애 증상은 우울장애, 외상후스트레스장애, 불안장애 등이며, 후유증이 성인기까지 이어지는 경향이 있다. 또한 가족구성원에게서 받은 성적 학대는 주로 근친상간의 형태를 띠며, 보통의 성적 학대 보다 더 심각하고 정기적인 정신적 외상을 남긴다.

심리적 학대를 받은 아동은 크게 소리를 지른다거나 거칠고 무례한 태도를 보인다거나, 냉소주의적 성격을 가지는 등 아동발달 측면에서 많은 영향을 받는다. 또한 스스로를 비난하는 경향이 나타나고, 애착발달이 부적절하거나 이루어지지 않을 수 있으며, 학습된 무기력, 매우 수동적인 행동 등을 보인다.

1996년에 이루어진 한 연구는 아동학대를 당한 사람들의 80% 이상이 21세 때 우울장애, 불안장애, 섭식장애, 자살시도 등을 포함해 최소 한 가지 이상의 정신적 장애를 가지고 있었다고 보고했다.

2) 신체적 결과

학대당하는 아동들은 골절 등의 신체적 부상을 빈번하게 입으며, 장기적으로는 암에 걸릴 위험이 더 높아진다는 보고도 있다.

미국 아동학대 통계에 의하면 아동학대를 경험한 사람은 청소년기에 범죄를 저질러 체포된 비율이 그렇지 않은 사람보다 58% 높으며, 성인기에 범죄를 저질러 체포된 비율은 28% 더 높고, 폭력 범죄를 저지른 비율은 30% 이상 높았다.

04 아동학대의 원인

여기서는 아동학대의 원인을 부모요인, 아동요인, 가정적·사회적 요인으로 나누어 살펴보기로 한다.

1 부모요인

아동학대의 원인 중 부모요인은 표 9-9와 같다.

표 9-9 아동학대 부모요인

부모의 미성숙	나이가 어리고 안정되지 못한 부모들은 아동의 행동이나 욕구를 이해하지 못하여 아동학대를 쉽게 행하고 건전한 가족관계의 형성에도 어려움을 겪게 된다.
아동양육에 대한 지식부족	다양한 아동발달에 대한 지식의 부족은 어떻게 아동을 키울 것인가를 잘 모르거나 건전한 가족관계가 어떤 것인지 잘 알지 못하는 경우이다.
지나친 기대	부모들은 종종 자신의 자녀가 가진 능력 이상으로 부모의 기대수준에 맞게 행동해 주기를 원하는데, 이처럼 높은 기대는 아동학대의 가능성을 높이는 원인이 된다.
잦은 가정의 위기	경제적 어려움, 실직, 잦은 병치레, 가정불화 등 가정 내 위기요인으로 인해 부모들이 자녀를 학대하는 경우가 있다.
정서적 욕구 불만	부모들은 자신의 욕구가 충족되지 못하거나 스트레스를 받을 때 아동에게 그 불만을 터뜨리게 된다.
사회적 고립	아동양육의 부담을 도와줄 수 있는 친척이나 친구, 이웃이 주위에 아무도 없는 경우에 아동을 학대하기도 한다.
어릴 적 학대받은 경험	아동을 학대하는 부모들 중 30~ 60% 정도는 자신들이 어릴 때 부모로부터 학대받은 경험이 있다.
알코올 중독·약물 중독	알코올중독 약물중독에 빠진 부모들은 자신을 잘 통제하지 못하고 아동을 학대하기도 한다.
부모의 그릇된 아동관 및 양육관	아동을 소유물로 생각하며, 아동에 대한 권리의식에 대한 이해가 부족하다. 또한 체벌과 훈육을 혼동한다.
부모의 낮은 자아존중감, 낮은 감성, 의기소침	
부모의 분노, 좌절 혹은 성적욕구와 같은 충동과 감정조절의 무능력	
원치 않는 아동	
부모의 불안, 우울증, 기타 정신질환	

자료 : 중앙아동보호전문기관 홈페이지(2017).

2 아동요인

아동요인이 학대의 유발요인인지, 학대로 인한 결과인지는 확실하지 않다. 그러나 아래의 특성을 보이는 아동들은 부모나 양육자의 신체적, 심리적 부담감을 가중시키고 부모들이 쉽게 지치게 된다. 또한 부모와의 애착형성이 어려운 경우가 많아 신체적, 심리적으로 지친 상태에서 아동에게 지속적인 관심과 애정을 주는 것이 어려울 뿐만 아니라 장애아나 기형아에 대한 사회적 편견은 부모에게 큰 스트레스로 작용하여 아동을 학대할 가능성이 높아지게 된다.

아동학대의 원인 중 아동요인은 표 9-10과 같다.

표 9-10 아동학대 아동요인

특성	• 미숙아, 기형아 • 만성 혹은 급성질환아 • 신체적·정신적·기질적으로 특이하거나 장애를 가진 아동 • 운동 및 언어 등 발달이 늦은 아동 • 심하게 보채거나 밤에 잘 자지 않는 아동 • 문제행동을 보이는 아동 • 음식을 먹거나 잠을 자는데 어려움을 나타내는 아동 • 사회적 반응의 결핍, 고집스런 울음과 외모 • 수유의 어려움
	• 분리불안의 결함 • 자신감 결여, 지나친 경계, 무반응, 겁이 많음 • 적대적 행위, 충동적 특성, 폭력적 행동, 고집이 셈 • 대인 관계에 둔감하고 매력이 없음, 운동 조절 결함

자료 : 중앙아동보호전문기관 홈페이지(2017).

3 가정적·사회적 요인

아동학대 원인 중 가정적·사회적 요인은 표 9-11과 같다. 가족관계 및 구조의 문제, 사회 전반의 분위기 등이 포함되며, 이 요인은 복합적으로 상호 작용하여 발생하게 된다.

표 9-11 아동학대 가정적·사회적 요인

가족관계의 문제	가족구성원 간에 갈등이 존재하거나 가족상호작용이 약하여 아동학대가 발생한다.
가족구조의 문제	미성년가족, 한부모가족, 이혼가족, 재혼가족 등 가족구조의 특성이 아동학대의 원인이 될 수 있다. 이는 양육에 대한 지식의 부족, 높은 스트레스, 가족 간의 긴밀한 상호작용의 결여 등에 기인하는 것으로 보인다.
사회적 고립 및 사회적 지지체계가 결여	
신체적인 체벌에 대해 허용적인 문화	
아동을 존중하지 않는 문화 / 자녀에 대한 소유 의식	
폭력에 대한 가치와 규범	체벌이나 훈육의 의미가 포함된 폭력은 필요하고 정당하다는 관념이 존재한다.

자료 : 중앙아동보호전문기관 홈페이지(2017).

Chapter 10 아동학대의 신고 및 예방

학습내용 이 장에서는 아동학대 범죄의 처벌 등에 관한 특례법을 중심으로 아동학대의 신고제도(신고의무제, 신고의무자, 신고의무자인 교사의 역할)를 먼저 살펴본 후 아동학대의 현황을 분석하고, 아동학대 예방교육의 필요성과 유형을 제시하고자 한다.

01 아동학대의 신고제도

1 아동학대 범죄의 처벌 등에 관한 특례법(2016.5.29. 개정)

제3장 아동학대범죄의 처리절차에 관한 특례

제10조 (아동학대범죄 신고의무와 절차)

① 누구든지 아동학대범죄를 알게 된 경우나 그 의심이 있는 경우에는 아동보호전문기관 또는 수사기관에 신고할 수 있다.

② 다음 각(1~25) 호의 어느 하나에 해당하는 사람이 직무를 수행하면서 아동학대범죄를 알게 된 경우나 그 의심이 있는 경우에는 아동보호전문기관 또는 수사기관에 즉시 신고하여야 한다. [개정 2016.5.29, 2016.5.29 제14224호 「정신건강증진 및 정신질환자 복지서비스 지원에 관한 법률」] [[시행일 2017.5.30.]]

2 아동학대 신고

아동학대 신고요령은 표 10-1과 같다.

표 10-1 아동학대 신고요령

언제?	• 아동의 울음소리, 비명, 신음소리가 계속되는 경우 • 아동의 상처에 대한 보호자의 설명이 모순되는 경우 • 계절에 맞지 않거나 깨끗하지 않은 옷을 계속 입고 다니는 경우 • 뚜렷한 이유 없이 지각이나 결석이 잦은 경우 • 나이에 맞지 않는 성적 행동을 보이는 경우
무엇을?	• 신고자의 이름, 연락처 • 아동의 이름, 성별, 나이, 주소 • 학대행위자로 의심되는 사람의 이름, 성별, 나이, 주소 • 아동이 위험에 처해있거나 학대를 받고 있다고 믿는 이유 ※ 아동이나 학대행위자의 정보를 파악하지 못해도 신고는 가능하며, 가능한 많은 정보를 제공하도록 한다.
어떻게?	• 전화 : 국번없이 112 • 방문 : 관할 지역아동보호전문기관 • 신고자의 신분은 「아동학대범죄의 처벌 등에 관한 특례법」 제10조, 제 62조에 의해 보장된다.

자료 : 중앙아동보호전문기관 홈페이지(2017).

3 아동학대의 신고의무제와 신고의무자

현행 「아동복지법」에서는 아동학대에 관하여 직무상 아동과 관련이 있는 자들로 신고의무자들을 규정하여 아동학대를 발견하였거나 의심되는 경우 신고의무를 두어 아동학대에 대한 사회적 책임감을 일깨우기 위하여 강조하고 있다. 개정된 「아동복지법」 제26조에 의하면 "누구든지 아동학대를 알게 된 때에는 아동보호 전문기관 또는 수사기관에 신고할 수 있다"라고 규정하고 있으며, 아동의 일상생활과 밀접한 관련이 있는 일정한 자가 그 직무상 아동학대를 알게 된 때에는 즉시 아동보호 전문기관 또는 수사기관에 신고하도록 의무조항을 두고 있다. 그리고 신고를 받은 기관에서는 경찰과 아동학대예방센터, 기타 관련된 기관과 공조하여 피해아동과 부모에게 서비스를 제공해주고 또한 재발 가능성을 막기 위해 조사와 사회적 개입을 적극적으로 수행할 수 있도록 법적 보호조치를 설치해 놓고 있다(임정민, 2015).

4 아동학대 신고의무자 규정

아동학대 의무자들은 직무의 특성상 아동학대를 발견하기 쉬운 입장에 있어서 아동학대의 조기 발견 및 예방에 좋은 위치에 있다. 이 규정은 학대 행위자 처벌보다는 아동보호에 목적이 있고, 무력하고 미성숙한 아동의 특성으로 스스로 기관에 학대당한 사실을 신고하지 못하므로 사회의 다른 구성원들이 책임감을 가지고 신고하여야 한다. 그러기 위해서는 「아동복지법」 상에 신고의무자를 규정하고 있는데, 의료인, 교사, 사회복지종사자 등 세 종류로 나누어 볼 수 있다(중앙아동보호전문기관, 2017).

첫째, 의료인으로 의료기관에서 의료업을 행하는 의료인, 즉 의사, 간호사 등을 들 수 있다.

둘째, 초·중·고등학교 교사, 유치원교사, 보육시설 종사자, 즉 어린이집이나 놀이방, 가정보육시설에서 근무하는 교사 등을 들 수 있다.

셋째, 사회복지 종사자들로 아동복지시설의 종사자 및 그 장, 장애인복지시설에서 장애아동에 대한 상담, 치료, 훈련 또는 요양을 행하는 자 그리고 성매매방지 및 피해자 보호 지원시설 및 성매매피해상담소의 장이나 그 종사자, 모·부자복지상담소의 상담원 및 모·부자복지시설의 종사자, 가정폭력 관련 상담소의 상담원 및 가정폭력 피해자보호시설의 종사자, 사회복지 전담 공무원 등으로 규정되어 있다(양미례, 2016:31).

1) 아동학대 범죄의 처벌 등에 관한 특례법 제10조(아동학대범죄 신고의무와 절차)

① 누구든지 아동학대범죄를 알게 된 경우나 그 의심이 있는 경우에는 아동보호전문기관 또는 수사기관에 신고할 수 있다.

② 다음 각 호(1. 가정위탁지원센터의 장과 그 종사자 ~ 25. 「입양특례법」 제20조에 따른 입양기관의 장과 그 종사자)의 어느 하나에 해당하는 사람이 직무를 수행하면서 아동학대범죄를 알게 된 경우나 그 의심이 있는 경우에는 아동보호전문기관 또는 수사기관에 즉시 신고하여야 한다(부록 참조).

2) 영유아학대 신고의무

학대피해영유아 발견시 아동보호전문기관 또는 수사기관에 신고

영유아학대 신고 및 상담전화 : 112, 129(복지부 콜센터)

어린이집 보육교직원은 「아동복지법」 제25조의 규정에 의한 신고의무자로서 직무상 아동학대를 알게 된 경우 즉시 아동보호전문기관 등에 신고하여야 함.

- 신고를 이행하지 않을 경우 과태료 300만 원 이하를 부과함.
- 신고인의 신분은 보호되며 그 의사에 반하여 신원이 노출되지 않음.

3) 아동학대금지행위 위반 시 어린이집의 장 또는 보육교사의 자격취소

법 제48조 규정에 따라 보건복지부장관은 어린이집의 장 또는 보육교사가 「아동복지법」 제17조에 따른 아동학대 금지행위를 위반하여 같은 법 제71조 제1항에 따른 처벌을 받은 경우에는 그 자격을 취소할 수 있다.

4) 아동학대 등 금지행위가 발생한 시설에 대한 조치사항

어린이집 설치·운영자(보육교직원 등 설치운영자의 관리·감독하에 있는 자 포함)가 「아동복지법」 제 17조에 따른 금지행위를 한 경우에는 법 제45조에 따라 1년 이내의 어린이집 운영정지 또는 어린이집의 폐쇄를 명할 수 있음.

- 다만 설치·운영자가 그 행위를 방지하기 위하여 상당한 주의와 감독을 게을리 하지 아니한 경우 제외

평가인증시설이나 인증참여시설에서 아동학대 사실을 발견한 경우 평가인증(참여)취소

아동학대 사례 인지시 관할 아동보호전문기관에 통보하여 합동 조사하거나 피해아동에 대한 필요한 조치를 취한 후, 학대 사실을 확인(확인서 징구, 아동보호전문기관 판정 등) 하면 반드시 수사기관에 고발하고, 관련 내용을 시도 및 보건복지부에 즉시 보고

아동학대 신고자에 대해서는 별도의 규정에 따른 포상금 지급 가능

5) 아동학대 신고의무자용 점검표

- 아동학대 체크리스트는 아동학대 신고자가 직무 중에 학대로 의심되는 아동을 조기에 발견하기 위해 활용한다.
- 1개 문항 이상 "예"라고 체크된 경우 아동학대를 의심해 볼 수 있는 상황, 아동학대가 "의심"되면 아동학대 신고전화 112로 반드시 신고해야 한다.

※ 아동학대를 의심할 수 있는지 여부에 대해서는 아동보호전문기관과 상담

표 10-2 **아동학대 체크리스트**

연번	평 가 항 목	평 가	
1	사고로 보기에는 미심쩍은 상흔이나 폭행으로 보이는 멍이나 상처가 발생한다	예	아니오
2	상처 및 상흔에 대한 아동 및 보호자의 설명이 불명확하다	예	아니오
3	보호자가 아동이 매를 맞고 자라야 한다는 생각을 갖고 있거나 체벌을 사용한다	예	아니오
4	아동이 보호자에게 언어적, 정서적 위협을 당한다	예	아니오
5	아동이 보호자에게 강금, 억제, 기타 가학적인 행위를 당한다	예	아니오
6	기아, 영양실조, 적절하지 못한 영양섭취를 보인다	예	아니오
7	계절에 맞지 않는 옷, 청결하지 못한 외모를 보인다	예	아니오
8	불결한 환경이나 위험한 상태로부터 아동을 보호하지 않고 방치한다	예	아니오
9	성학대로 의심될 성질환이 있거나 임신 등의 신체적 흔적이 있다	예	아니오
10	나이에 맞지않는 성적 행동 및 해박하고 조숙한 성지식을 보인다	예	아니오
11	자주 결석하거나 결석에 대한 사유가 불명확하다	예	아니오
12	필요한 의료적 처치를 하지 않거나 예방접종이 필요한 아동에게 예방접종을 실시하지 않는다	예	아니오
13	보호자에 대한 거부감과 두려움을 표현하거나 집(보호기관)으로 들어가는 것에 대해 두려워한다	예	아니오
14	아동이 히스테리, 강박, 공포 등 정신신경성 반응을 보이거나 공격적이거나 위축된 모습 등의 극단적인 행동을 한다	예	아니오
15	"아동학대 점검표" 1-14에 해당되지는 않지만 그 외의 학대로 의심되는 경우 (학대 의심사항 :)	예	아니오

6) 아동학대 신고의무자에 대한 교육

아동학대 신고의무자에 대한 교육은 「아동복지법」 제26조에 제시되어 있으며 다음과 같다.

① 관계 중앙행정기관의 장은 「아동학대 범죄의 처벌 등에 관한 특례법」 제10조 2항 각 호의 어느 하나에 해당하는 사람(이하 '아동학대 신고의무자'라 한다)의 자격 취득 과정이나 보수교육 과정에 아동학대 예방 및 신고의무와 관련된 내용을 포함하도록 하여야 한다.

② 관계 중앙행정기관의 장 및 시·도지사는 아동학대 신고의무자에게 본인이 아동학대 신고의무자라는 사실을 고지할 수 있고, 아동학대 예방 및 신고의무자와 관련한 교육(이하 이조에서 '신고의무 교육'이라 한다)을 실시할 수 있다.

③ 아동학대 신고의무자가 소속된 다음 각호의 기관의 장은 소속 아동학대 신고의무자에게 신고 의무교육을 실시하고, 그 결과를 관계 중앙행정기관의 장에게 제출하여야 한다.

가. 「영유아보육법」에 따른 어린이집

나. 「유아교육법」에 따른 유치원

다. 「초·중등교육법」에 따른 학교

라. 그 밖에 대통령령으로 정하는 기관

④ 제1항부터 제3항까지에 따른 교육내용·시간 및 방법 등 그 밖에 필요한 사항은 대통령령으로 정한다,

5 아동학대 신고자인 교사의 역할

교사는 아동학대가 의심되는 경우 아동에 대한 지속적인 관찰로 치료효과의 진전 여부를 잘 알 수 있는 위치에 있다. 이런 면에서 교사의 보고는 치료의 방향과 지속 여부를 판단하는 데 큰 도움이 된다.

우선 교사는 아동학대의 문제를 충분히 인식하여야 하며, 의심되는 징후에 주의를 기울여, 아동학대의 징후를 보이는 아동이 있는지를 관심 있게 지켜보며 관찰자로서의 역할을 수행해야 한다. 관찰은 유아가 유아교육기관에 등원할 때부터 시작되어 등원 시, 유아의 신체적, 정서적 상태를 점검하며 활동 시 관심을 갖고 유아를 관찰해야 한다. 그리하여 아동학대라고 의심되는 경우를 발견하였을 때는

가능한 많은 정보를 기록하여 빨리 아동학대예방센터에 신고하여야 한다. 신고 후에는 아동을 지속적으로 지지해주고, 아동의 욕구에 민감하게 반응하며, 아동을 존중과 이해로 대해 주어야 하고, 아동이 학대받은 것이 아동의 잘못이 아님을 인식시켜주어야 한다. 또한 아동이 신뢰감을 배울 수 있도록 해주며, 고립감을 줄이고 인간관계를 형성할 수 있도록 사회적 기술을 가르쳐 주어야 한다. 또한 학대받은 아동에게 긍정적인 경험을 해 볼 수 있는 기회를 제공해 주며 칭찬과 격려를 아낌없이 해주어야 한다. 교사는 아동을 교육시키고 보호하는 역할을 하므로 아동학대 발견, 보호와 치료 그리고 예방에 있어서 중요한 위치에 있는 사람들이다. 교사들은 학대받은 아동을 발견하였을 경우 아동을 보호해야 하는 중요한 역할을 하고 있다. 그러므로 아동발달과 아동학대에 대한 이론과 지식을 토대로 한 현장 경험을 통하여 교사의 역할을 수행해 나가야 할 것이다(중앙아동보호전문기관, 2014; 양미례, 2016: 32-34 재인용).

02 아동학대의 현황과 예방교육

「아동복지법」 제22조(아동학대의 예방과 방지 의무)를 살펴보면 다음과 같다.

① 국가와 지방자치단체는 아동학대의 예방과 방지를 위하여 다음 각호의 조치를 취하여야 한다.
  - 아동학대의 예방과 방지를 위한 각종 정책의 수립 및 시행
  - 아동학대의 예방과 방지를 위한 연구·교육·홍보 및 아동학대 실태조사
  - 아동학대에 관한 신고체제의 구축·운영
  - 피해아동의 보호와 치료 및 피해아동의 가정에 대한 지원
  - 그 밖에 대통령령으로 정하는 아동학대의 예방과 방지를 위한 사항

② 지방자치단체는 아동학대를 예방하고 수시로 신고를 받을 수 있도록 긴급전화를 설치하여야 한다. 이 경우 그 설치·운영 등에 필요한 사항은 대통령령으로 정한다.

1 아동학대에 대한 오해와 진실

우리가 아동학대에 대해 잘못 알고 있는 불편한 진실 8가지를 살펴보면 다음과 같다(Naver블로그, 국제통합안전협회, 아동학대 예방교육자료).

첫째, 설마 부모가 자녀를 학대하겠어?

매년 아동학대 행위자의 80% 이상이 부모이며 특히 방임은 90% 이상이 부모에 의해 발생하는 것으로 나타나고 있다(2014년 기준). 부모라는 이유로 누구나 무조건적인 사랑과 헌신으로 아동을 양육할 것이라는 생각은 편견이다.

둘째, 학대하는 부모는 친부모가 아닐 것이다.

부모에 의한 학대의 경우 행위자가 계부모나 양부모라고 생각할 수 있으나 통계에 의하면 친부모가 아동학대한 경우가 79.9%이다(2014년 기준).

셋째, 부모가 체벌하는 것은 사랑의 매

부모 중 자녀를 자신의 소유물로 여기고 잘못하면 때려서라도 고쳐야 한다는 잘못된 통념 속에 신체폭력을 자행하기도 하는데, 아동의 잘못된 행동이 매맞음으로 고쳐지지도 않으며, 아동을 대상으로 한 폭력은 어떤 상황에서도 정당화될 수 없다.

넷째, 아이가 부모한테 한두 번 맞을 수도 있지

아동학대의 85% 이상이 가정 내에서 발생하였으며, 피해아동의 70% 이상이 최소 일주일에 한 번 이상 혹은 그 보다 자주 학대받았다고 보고되고 있다(2014 기준). 아동학대는 지속적이고 음행적으로 이뤄지고 있다.

다섯째, 아이가 맞을만한 행동을 했으니까 맞겠지

아동학대를 발견했을 때 아동의 문제행동을 "나 같아도 때리겠다. 이런 애는 어떻게 키우나"라는 편견으로 바라보지 않도록 주의해야 한다.

여섯째, 부모 자식 사이에 있을 수도 있는 일 아닐까?

아동학대에는 고질적으로 반복되는 경향이 있어 초기에 적절히 대응하지 않으면 만성화될 우려가 있으며, 아동 사망이라는 치명적 결과를 초래할 수 있다. 아동학대 문제는 남의 가정사라는 관점 대신에 '인권 중심'의 인식을 가지는 것이 필요하다.

일곱째, 저 정도가 설마 아동학대일까?

연쇄살인범 유○○, 김○○ 등 강력범죄자들의 어린 시절을 조사한 결과

66.7%가 어린 시절 부모의 이혼과 불화 등 부모문제로 고통을 받았다고 한다. 성장과정에서의 가정폭력 목격 및 아동학대 피해 경험은 아동 개인은 물론이고 가족과 사회의 불행을 초래할 수 있고, 모든 범죄의 근원이 된다는 것을 명심해야 한다.

여덟째, 학대가 아니라 단순 체벌 아닐까?

아동은 만성화된 학대피해로 무력감과 좌절, 행위자에 대한 공포에 사로잡혀 있을 수 있어서 학대를 인정하기 어렵고, 거짓말을 할 수도 있다. 아동이 사건처리 과정에서 안전에 대한 확신 없이 가족에 의해 가정 내에서 발생한 피해사실을 말하기가 쉽지 않음을 기억하고, 아동심신 상태에 대한 세심한 관찰과 시간적 배려가 필요하다. 결론적으로 "아동학대는 범죄다"라는 사실을 인식해야 한다.

2 아동학대의 현황

2019년 아동학대 주요통계를 살펴보면, 아동학대 실제 사례는 46,058건으로 2015년 19,203건에서 크게 증가하였으며, 피해아동 성별은 남아가 50.9%, 여아가 49.1%로 남아가 약간 많은 것으로 나타났다. 피해아동 연령은 13~15세가 24.4%로 가장 많고, 10~12세가 21.9%, 7~9세가 18.2%, 16~17세가 12.0%, 4~6세가 11.7%, 1~3세가 10.1%, 1세 미만이 1.7%의 순서로 나타났다. 아동학대 사례유형은 정서학대가 47.2%로 가장 높았으며, 신체학대가 37.9%, 방임이 11.5%, 성학대가 3.3%로 나타났다. 다음으로 학대행위자와 피해아동의 관계를 살펴보면, 친부가 12,371명으로 가장 많았고, 친모가 9,342명, 계부가 557명, 계모가 336명, 양부가 58명, 양모가 36건으로 나타났다. 따라서 부모가 75.6%로 가장 높게 나타났고, 대리양육자가 16.6%, 친인척 4.4%, 타인 2.2%, 기타 1.2%로 나타났다. 아동학대 발생장소의 경우, 전체 아동학대사례 중 가정 내에서 발생한 사례가 23,883건(79.5%)으로 가장 높게 나타났고, 이 중 아동의 가정 내에서 발생한 사례는 23,279건(77.5%)이었다. 신고자 유형을 살펴보면 신고의무자로서는 초·중·고교직원이 5,901명으로 가장 많았고, 보육교직원이 448명, 아동복지시설 종사자 337명, 의료인·의료기사 293명, 청소년시설 및 단체 종사자 286명, 사회복지시설 종사자 266명, 취약계층 아동 통합 서비스 지원인력 225명, 아동복지전담공무원 200명, 유치원교직원 140명, 기타로 나타났다. 비신고의무자로서 아동보호전문기관장과 종사자가 12,389명으로 가장 많았다. 그리고 부모가 6,506명, 아동 본인이 4,752명, 이웃·친구가 1,728명, 사회복지관련종사자 959명, 친인척 647명, 낯선 사람 597명, 형제자매 307명, 경찰 291명, 익명 275명, 법원 68명, 의료사회복지사 25명, 종교인 24명, 기타 986명으로 나타났다.

최근 아동학대사례 유형을 살펴보면 표 10-3과 같다. 2019년의 경우 중복학대가 14,476건으로 가장 많고, 정서학대, 신체학대, 방임, 성학대의 순서로 나타났다. 정서학대는 2015년부터 2019년까지 지속적으로 증가하고 있으며, 2019년 중복학대에 이어 두 번째로 높은 비율을 차지했다.

표 10-3 연도별 아동학대사례 유형

연도	계	신체학대	정서학대	성학대	방임	중복학대
2015	11,715	1,884	2,046	428	2,010	5,347
2016	18,700	2,715	3,588	493	2,924	8,980
2017	22,367	3,285	4,728	692	2,787	10,875
2018	24,604	3,436	5,862	910	2,604	11,792
2019	30,045	4,179	7,622	883	2,885	14,476

자료 : 보건복지부, 2019년 아동학대 주요통계, p.63.

또한 아동학대 신고접수 건수를 살펴보면 표 10-4와 같이 2019년 41,389건으로 전년 대비 약 13.7% 증가한 것으로 나타났다.

표 10-4 아동학대 신고접수 건수

연 도	계	응급 아동학대 의심 사례	아동학대 의심 사례	일반상담	중복신고	해외 사례
2015	19,214	2,252	14,399	2,465	87	11
2016	29,669	2,787	23,086	3,604	189	3
2017	34,169	2,094	28,829	2,951	292	3
2018	36,417	1,187	32,345	2,464	420	1
2019	41,389	1,460	36,920	2,560	449	0

자료 : 보건복지부, 2019년 아동학대 주요통계, p.57.

그밖에 아동학대 검거 및 조치 현황은 표 10-5와 같으며, 2019년 검거건수는 4,645건이며, 검거인원은 5,179명이고 이 중 132명이 구속되었다.

표 10-5 아동학대 검거 및 조치 현황

구 분	검거건수	검거인원	조 치	
			구 속	불 구 속
2015	1,719	1,915	78	1,837
2016	2,992	3,364	117	3,247
2017	3,320	3,769	121	3,648
2018	3,696	4,143	92	4,051
2019	4,645	5,179	132	5,047

자료 : 경찰청(2019). 경찰통계연보 2019 (제63호). p.86.

3 아동학대 예방교육의 필요성

아동학대는 단순한 가정 내의 문제가 아닌 사회적인 문제로 학대받은 아동들은 장·단기적으로 심각한 신체적·정신적 후유증을 겪을 가능성이 높다. 심지어 사망에 이르게 하는 결과를 가져올 수 있다(김숙연, 2009). 이와 같은 관점에서 사후대책이라기보다는 사전 예방이 무엇보다 중요하다.

그러므로 아동학대의 대상인 아동에 대한 예방교육과 부모에게 실시되는 예방교육 그리고 아동과 부모에게 교육하는 교사의 아동학대 예방교육이 이루어짐으로 아동학대를 예방할 수 있다. 이러한 예방교육을 실시함으로 얻어지는 효과는 일반적인 아동학대 발생 감소뿐만 아니라 국가 인력보호 또는 사회문제 발생 예방이라는 측면에서 나타날 수 있다. 그러므로 아동학대 예방에 대한 교육이 반드시 필요하다(보건복지부, 2014).

4 아동학대 예방교육의 유형

아동학대 예방교육은 여러 가지 다양한 유형으로 교육이 이루어진다. 아동을 대상으로, 부모를 대상으로 또한 개인과 개인의 교육으로, 대집단으로 이루어진다. 그러므로 아동학대 예방교육의 유형은 다양하고 복잡하다. 그러나 어느 하나에만 편중되면 놓칠 수 있는 부분이 발생하기 때문에 다양한 방법이 병행되어야 한다. 아동을 학대로부터 보호하기 위해 아동–부모–교사에게 실시하는 통합교육 프로그램으로서 아동과 그 지원체계인 가정과 교육현장을 동시에 교육하여 아동 권리를 정확히 알고, 아동학대를 예방하며, 아동을 건전하게 양육하도록 돕는 것을 목적으로 하고 있다(심효현, 2007).

1) 아동교육

유엔권리협약의 아동의 4대 권리인 생존할 권리와 보호받을 권리, 발달할 권리, 참여할 권리에 따라 아동학대는 반드시 없어져야 하고, 발생해서는 안 되는 것이다. 그러므로 아동학대의 발생을 없애기 위하여 아동학대에 대한 예방이 필요하다. 아동학대의 대상이 되는 아동을 중심으로 하는 아동학대 예방교육은 아동의 교육수준에 맞는 내용과 주의 집중시간에 맞게 지도되어야 하고, 아동의 흥미유발을 위한 시청각자료를 통해 지도되어야 한다. 아동학대 예방을 위한 아동교육의 목적 및 목표는 첫째, 유아가 생명의 소중함을 알고 자신의 몸에 대한 소중함과 자신에게 위험한 일이 생길 때 대처하는 자세를 기른다. 둘째, 유아에게 아동학대 예방을 위한 지식과 태도를 증진시킨다. 셋째, 아동학대 예방교육을 통해서 다른 사람도 유아 자신과 같이 소중하고 존중받아야 하는 존재임을 안다. 넷째, 안전하고 건강한 생활을 영위할 수 있는 습관을 기른다. 위의 목적과 목표를 바탕으로 아동에게 아동의 권리와 학대에 대해 바르게 이해할 수 있도록 교육하고, 학대 상황에 처했을 때 대처하는 방법과 신고하는 방법 등과 같이 전체유아교육과정 속에 아동학대 예방교육을 포함시킴으로써(심효현, 2007), 아동이 자신의 권리를 알고 이를 심각하게 침해당했을 때 정확하게 자신의 감정을 표현하고 대처할 수 있는 훈련을 통해 자기보호역량을 높여 아동학대를 예방하고 나아가 아동권리 증진에 기여하고 건강한 생활을 영위할 수 있는 습관을 기를 수가 있게 되는 것이다(양미례, 2016: 35-36).

2) 부모교육

아동학대는 가정과 학교를 비롯한 여러 집단에서 발생할 수 있지만 가장 근본적이며 지속적으로 발생하고, 원인을 제공하는 대부분의 장소가 가정이다. 중앙아동보호전문기관의 전국아동학대 현황보고서에 의하면 아동학대 가해자가 대부분이 아동의 부모인 것으로 밝혀졌다. 따라서 아동학대 예방 부분 중 부모교육의 중요성이 더욱 커졌다. 또한 부모는 자녀를 사랑하고 양육하고 보호하는 중요한 역할을 가지고 있기에, 부모의 아동권리 및 학대에 대한 이해를 높이는 한편 효과적인 자녀양육기술 및 양육스트레스 대처법 훈련을 통해 올바른 부모-자녀관계를 맺도록 도와 아동학대를 예방하고 아동이 지지적인 가정환경 안에서 성장할 수 있도록 돕는다. 아동학대 예방을 위한 부모교육의 목표는 첫째, 부모에게 아동학대 예방을 위한 지식과 태도를 증진시켜 아동학대 예방의 효율성을 증대시킨다. 둘째, 안전하고 건강한 생활을 영위할 수 있는 습관을 기른다(중앙아동보호전문기관, 2013).

3) 교사교육

아동학대 예방교육에서 교사교육은 「아동복지법」에 명시되어 있는 것처럼 의무적 신고자 대상인 유아교육기관과 보육기관 교사에 대한 교육이 반드시 이루어져야 한다. 아동학대에서 교사는 아동학대를 발견하며 아동을 보호하고 아동학대에 대한 예방에 있어서 중요한 역할을 수행하는 위치에 있으며, 아동과 많은 상호작용을 하고 있어 아동학대의 발견, 보호 그리고 예방을 위한 다양한 역할을 수행할 수 있는 중요한 위치이다. 또한 부모에게 아동에 대한 교육적인 정보를 제공하는 역할도 가지고 있다. 이러한 중요한 위치에서 아동학대 예방에 대한 교사교육은 반드시 이루어져야 한다. 일반적으로 교사교육은 아동학대 관련 기관이나 국가 관련 산하기관에서 이루어진다. 아동학대 예방을 위한 교사교육의 목표는 첫째, 아동학대의 심각성에 대해 인식하고, 아동학대의 정의, 유형 등에 대한 지식을 습득한다. 둘째, 학대 구별과 신고의무자에 대해 인식하고 이에 대한 지식을 키운다. 셋째, 교사에게 아동학대 예방을 위한 지식과 태도를 증진시켜, 아동학대 예방의 효율성을 증대시킨다. 넷째, 안전하고 건강한 생활을 영위할 수 있는 습관을 기른다.

교사를 위한 아동학대 예방교육의 내용은 다음과 같이 구성할 수 있다. 아동학대 이해는 아동학대 인식 및 현황과 아동학대의 정의와 유형과 학대가 아동에게 미치는 영향에 대해 알아보고, 바람직한 교육과정에서는 체벌의 의미와 교육과정에서 발생하는 문제점과 적절한 해결방법에 대해 안다. 학대 구별 및 신고법에서는 아동학대 상황과 아닌 상황을 구별하고, 아동학대 신고의무자를 인식하며 아동학대 신고방법에 대해 안다. 아동학대 예방과 예방사업에서는 아동학대 예방의 중요성을 인식하고 아동학대 예방사업에 대해 안다. 아동학대 예방교육에서는 아동학대 예방교육 프로그램에 대해 배운다(한국이웃사랑회, 2001).

PART 04

인성교육

Chapter 11 교원의 인성자질

학습내용

교총에서는 근본적인 학교폭력 예방을 위해 인성교육의 실천운동화가 가장 중요하며, 이를 위해 가정, 학교, 지역사회 간 상호협력과 책무를 규정하는 교육기본법 개정을 요구했다. 그러므로 이 장에서는 요즘 강조되고 있는 교원의 인성자질을 살펴보기로 한다. 먼저 인성의 개념에 대한 여러 학자들의 정의를 종합하고, 인성의 구성요소에 대한 선행연구를 검토한 후 교원에게 요구되는 인성자질은 어떤 요소가 있는지 살펴보기로 한다.

01 인성의 개념과 구성요소

1 인성과 인성교육

인성은 매우 포괄적이고 추상적이므로 한마디로 개념을 정의하기는 어렵다. 인성이란 단어는 사용 빈도와 이해도에 비해 용어의 해석이 쉽지 않다. 일반적으로 사람이 가지고 있는 인간적 특성 가운데서 전인적 반응 양식 내지 행동 양식을 가리키는 개념이다. 인성의 뜻이 무엇인지 학자들은 제각기 다른 주장을 하고 있다. 그래서 인성에 대한 정의는 인성이론가의 숫자만큼이나 많다. 또한 성격(personality)과 인성 또는 인격(character)을 구별할 필요가 있다. 성격(personality)이란 persona란 말에서 유래했으며, persona란 '진정한 자기'라든가 구체적인 개별 인간이 아니라 어떤 사람이 자기 생애에서 수행하는 역할 내지 모든 사람이 갖는 독특성의 이면에 어느 정도 숨겨져 있는 바로 그런 전형적인 것을 말한다. 그러나 인성 또는 인격(character)의 의미는 학자마다 다양하게 제시되고 있어 획일적으로 정의하기가 어렵다. 여러 가지 인성이론을 종합해 보면 인성이란 사람이 여러 가지 환경에 대하여 제각기 나름으로 반응하는 일괄적인 행동의 구조와 역동의 특성을 가리킨다. 지금까지의 인성에 대한 학자들의 정의를 종합하면 표 11-1과 같다.

인성교육 역시 매우 포괄적이고 추상적이므로 한마디로 개념을 정의하기는 어렵다. 인성교육이라 함은 현대적인 휴머니즘의 핵심적인 요인들을 기초로 하여 인격을 깨우쳐 주는 교육이거나 또는 현대 사회의 비인간화 현상을 극복하고자

하는 교육의 목표, 내용, 방법의 총칭이라고 정의하기도 한다.

이러한 입장에서 볼 때 인성교육의 방향은 인간중시와 개성 존중, 적극적 함양, 긍정적 사고방식의 고취, 미래 지향 등이 될 것이다.

인성교육은 인간교육이나 인격교육, 덕성교육과 거의 차이가 없다. 단지 인간교육은 덕성과 능력을 신장시키는 교육임에 비해 인성교육은 주로 덕성함양에 중점을 두는 교육으로 정의되어 있어 인성교육이 덕성 위주의 교육임을 암시하고 있다. 그러나 인간교육 역시 지와 덕과 체가 겸비된 조화로운 인간 양성이라는 점에서 인성교육과 큰 차이가 없다(권동택 외, 2012).

표 11-1 인성에 대한 학자들의 정의 종합

접근	학자	인성의 정의
인간 특성 접근	조연순 (2008)	자신의 내면적 요구와 사회 환경적 필요를 지혜롭게 잘 조화시킴으로써 세상에 유익함을 미치는 인간의 특성
	남궁달화 (1999)	사람의 성품이며, 성품은 성질과 품격이다. 그리고 성질은 마음의 바탕이고 사람됨의 바탕을 가리키는 말
	이근철 (1996)	좁게는 도덕성, 사회성 및 정서(감정) 등을 의미하지만 넓게는 지·덕·체 또는 지·정·의를 모두 골고루 갖춘 전인성을 의미
	현주 (2009)	보다 긍정적이고 건전한 개인의 삶과 사회적 삶을 위한 심리적, 행동적 특성
가치 접근	이윤옥 (1998)	다른 사람에게 주는 그 사람의 전체적인 인상으로 성품, 기질, 개성, 인격 등 가치 개념의 의미를 내포
행동 접근	미 교육부 (2008)	개인 또는 집단의 정서적·지적·도덕적 자질은 물론 이러한 자질들이 친사회적 행동으로 발현되는 것
종합 접근	한국교육학회 (1998)	사람 마음의 바탕이 어떠하며, 사람된 모습이 어떠하다는 것을 말하는 개념으로 사람의 마음과 사람됨이라는 두 가지 요소로 이루어짐
	황응연 (1992)	환경에 대응함으로써 나타나게 되는 행동 및 태도, 동기, 경향성, 인생 과정들의 총합을 뜻하며, 사람들에게 있어 시간과 상황에 걸쳐 지속되는 독특한 구조이며, 인성은 어떠한 경험을 하느냐에 따라 크게 변화될 수 있다는 의미를 포함
	미 교육부 (2007)	존중, 공정성, 보살핌 등의 도덕적·윤리적 가치와 책임감, 신뢰, 시민성 등을 망라하는 개념이며, 이러한 가치들을 행동하고 추론하며, 정서 속에서 증명하는 것을 의미

2 인성의 구성요소

인성의 구성요소에 대해서는 학자에 따라 다양한 견해가 있으며, 범주화의 수준이 다름을 알 수 있다.

표 11-2 인성의 구성요소에 대한 선행연구 종합

학자	구성요소
조난심(2004)	• 개인적 요소 : 생명존중, 성실, 정직, 자주, 절제, 경애, 효도, 자기주도성, 관용, 사고의 유연성 • 사회적 요소 : 예절, 협동, 준법, 책임, 타인배려, 정의, 공동체의식, 민족애, 인류애, 타문화 이해
Kariuki(2006)	• 도덕적 행동, 책임감, 정직, 윤리
강선보(2008)	• 관계성, 도덕성, 전일성, 영성, 생명성, 창의성, 민주시민성
Nucci L.(2008)	• 덕목, 도덕적 원리, 보살핌의 윤리, 사회적 관습, 개인적 목표와 자기충만
Licona(1991)	• 도덕적 지식 : 도덕적 각성, 도덕적 가치를 아는 일, 관점 찾기, 도덕적 추론, 의사결정, 자기 인식 • 도덕적 느낌 : 양심, 자기 존중, 감정이입, 선한 일에 대한 사랑, 자기 통제 • 도덕적 행위 : 능력, 의지, 습관
Likona & Davidson(2005)	• 도덕적 인성 : 정직, 정의 • 행동적 인성 : 인내심, 용기
Josephson(2002)	• 신용, 존중, 책임감, 공정, 배려, 시민정신
Live Wire Media	• 신용, 타인존중, 책임감, 공정/정의, 배려, 시민정신, 정직, 용기, 성실, 통합성
교육인적자원부(2001)	• 개인생활 : 생명존중, 성실, 정직, 자주, 절제 • 가정·이웃·학교생활 : 경애, 효도, 예절, 협동, 애교·애향 • 사회생활 : 준법, 타인배려, 환경 보호, 정의, 공동체의식 • 국가·민족생활 : 국가애, 민족애, 안보의식, 평화통일, 인류애
종합	• 인지적 요소 : 각성, 인식, 추론 • 정의적 요소 : 정직, 책임감, 배려 • 행위적 요소 : 인내, 용기, 협동

특히 Licona(리코나, 1991)는 바람직한 인성의 구성요소로 다음과 같이 제시하고 있다. 인성은 도덕적 각성, 도덕적 가치를 아는 일, 관점 갖기, 도덕적 추론, 의사결정, 자기 인식 등의 도덕적 지식과 양심, 자기 존중, 감정이입, 선한 일에 대한 사랑, 자기 통제 등의 도덕적 느낌 그리고 능력, 의지, 습관 등의 도덕적 행위로 구성된다고 한다(권동택 외, 2012: 6-11).

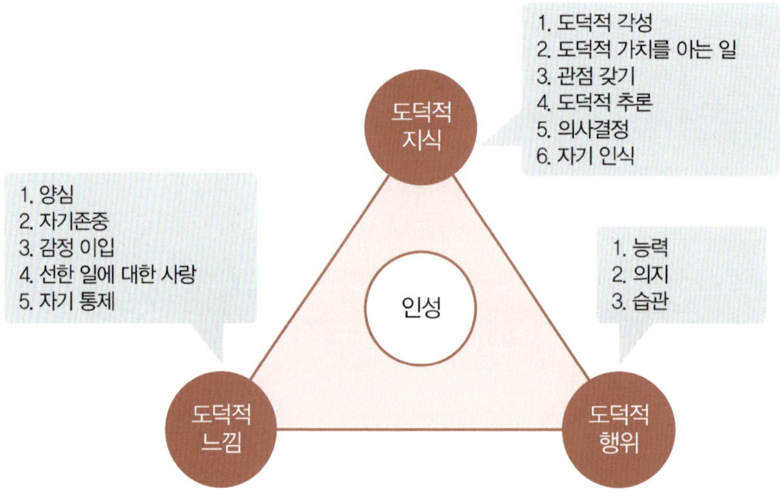

자료 : Licona(1991).

그림 11-1 바람직한 인성의 요소

02 교원에게 요구되는 인성자질

2009년부터 2011년까지 한국교원대학교에서 수행된 교실친화적 교사 양성 프로그램에서는 교실친화적인 교사가 갖추어야 할 능력을 도출하였다. 여기에서 교실친화적인 우수한 교사가 갖추어야할 능력은 크게 교실활동능력, 자기개발능력 그리고 교직품성이라는 세 가지 범주로 구분하였는데, 이 중 교직품성을 중심으로 교원양성 과정에서 요구되는 인성교육에 대해 논의해 보고자 한다.

교직품성의 범주는 학생들의 온전한 성장을 지원하는 가치로운 교육적 경험이 제공될 수 있도록 하고 나아가 교육자적 자기관리와 자기개발을 책임지고자 하는 태도와 도덕감과 관련된 사항들을 포함하는 개념이다.

교직품성의 범주에 해당하는 능력요소는 학생들의 온전한 성장을 지원하는 가치로운 교육적 경험이 제공될 수 있도록 하는 교사의 태도와 열정 그리고 교육자로서 자신을 관리하고 발전시켜가는 마음가짐과 관계되는 것들이다.

따라서 교직품성의 범주에서 다루어지는 능력요소는 기능 중심의 능력요소와는 차별적인 성격을 갖는다. 다시 말하면, 구체적인 수행 능력이 아닌 가치나 정의적인 측면이 부각되는 요소들이다. 교직품성에 포함되는 주요 능력요소는 표 11-3과 같이 제시할 수 있다.

표 11-3 교직품성 범주의 능력요소

범주	주요 능력요소	
교직품성	• 인간애 • 교육공동체의식 • 학습자 정신	• 교직에 대한 헌신 • 학생인권의식 • 교육적 감수성

교직이란 단순한 노동활동이 아니라 인간의 전인적인 성장을 돕는 활동으로서 그 의미를 갖는다. 인간을 대상으로 인간의 성장을 돕는 활동으로서 교직을 감안할 때 교직 종사자에게 요구되는 직업의식은 여느 직종의 전문가들의 그것과 구분되는 특징을 가져야 할 것이다. 여기에서 제시하는 교직 품성에 포함되는 하위 범주는 바로 이러한 내용을 반영한 것이다.

교사로서 가르치는 일은 좋은 이론과 논리에 근거하고 있다고 하여 긍정적인 의미를 갖는 것이 아니다. 교사의 가르침은 바로 구체적으로 드러나는 실천현상이기 때문에 교사의 실천행위 기저에서 작동하고 있는 가치관과 윤리의식이 어떤 속성의 것인가가 교사의 교육행위를 판단하는 중요한 준거가 된다.

교직품성의 범주에 포함되는 인간에 대한 애정, 학습자 정신, 교육공동체의식, 교직에 대한 헌신, 학생에 대한 존중과 신뢰 그리고 교육행위에 대한 감수성 등은 다른 직종의 전문가와 구분하여 교사가 갖추어야 할 가치관과 윤리의식의 속성을 반영하는 것이다. 하위 능력요소들을 보다 구체적으로 정의하면, 우선 인간애란 인간에 대한 보편적 차원의 사랑을 말한다. 교육은 본질적으로 순수하고 강한 인간지향성을 갖는 것으로서, 인간 자체에 대한 보편적 사랑의 정신은 교육자로서 지녀야 할 기본적 덕목의 하나이다. 학생 사랑도 그러한 보편적인 인간애에 기초할 때 더욱 건실하고 균형감 있는 것이 될 수 있다. 학생인권의식은 그러한 인간애가 교육 현장의 맥락에서 작용한 구체적인 경우라고 말할 수 있다. 학생인권의식은 학습자로서 학생들이 가질 수 있는 권리를 분명히 인식하고, 이들의 권리와 인간으로서의 존엄성을 존중하는 마음이다.

한편 교육공동체의식이란 자신의 권리와 이익만을 앞세우지 않고 함께 이해하고 협동하면서 모두의 안녕과 성취를 위해 참여하는 정신을 말한다. 또한 교육적 감수성이란 진정한 교육적 가치와 실천을 분별해 내고 이에 민감하게 반응할 수 있는 감각을 말하는 것이며, 학습자 정신은 교사는 가르치는 사람이기도 하지만 끊임없이 배우는 사람이기도 하다는 의식을 가리킨다. 교직품성으로서 기대되는 이러한 요소들과 아울러서 강조되어야 하는 것은 교직에 대한 헌신의 태도이다. 교직에 대한 헌신이란 교사로서 자신의 역할에 대한 깊은 애정과 책임을 가지고 교사의 다양한 역할에 최선을 다하려는 태도를 말한다(권동택 외, 2012: 12-14).

Chapter 12

학교폭력 예방을 위한 인성교육

학습내용 여기서는 학교폭력 예방을 위한 인성교육으로서 인성교육의 개념 및 핵심덕목, 인성교육 강화 추진방향을 살펴본 후 인성교육의 실패원인으로 학교요인, 가정요인, 사회요인을 알아보고, 교육 전반에 걸친 인성교육 실천방안, 교원양성단계에서의 인성교육 방안을 살펴보기로 한다.

01 인성교육의 개념과 핵심덕목

1 인성교육의 개념

① **인성** : 개인과 사회에 영향을 주는 '성품, 기질, 개성, 인격' 등 추상적으로 사용
- 사전적 : 사람의 성품 또는 각 개인이 가지는 사고와 태도 및 행동 특성
- 일반적 : 사회적으로 인정되는 바람직한 인간적 특성 또는 인격, 사람됨

② **인성교육** : 친 사회적인 덕목을 갖추도록 하는 교육(김재춘 외, 2012)
인성교육에서 고려해야 할 주요 덕목

③ 홍익인간으로서의 '배려와 나눔'(교육기본법 제2조)

④ 2012 고시 초·중등 교육과정
- 추구하는 인간상 : '문화적 소양과 다원적 가치에 대한 이해'를 바탕으로 '세계와 소통하는 시민으로서 배려와 나눔의 정신으로 공동체 발전에 참여'하는 사람

교육과정에 제시된 학교급별 인성함양 요소

- 초 : 자신의 경험과 생각을 다양하게 표현하며 타인과 공감하고 협동하는 태도, 배려하는 마음을 기른다.
- 중 : 타인과 공감하고 소통하는 능력, 배려하는 마음, 민주 시민으로서의 자질과 태도를 기른다.
- 고 : 국가 공동체의 발전을 위해 노력하고, 더불어 살아가며 협동하는 세계시민으로서의 자질과 태도를 기른다.

- 교육과정 총론에 제시된 주요 덕목 : 공감, 협동, 배려, 소통
- 도덕과 교육과정에 제시된 인성관련 주요 영역 : 존중, 책임, 정의, 배려
  - 영역별 제시 덕목 : 도덕적 주체로서의 나(자율, 성실, 절제), 우리, 타인과의 관계(효도, 예절, 협동), 사회·국가·지구공동체와의 관계(준법·공익, 애국심, 통일의지, 인류애), 자연·초월적 존재와의 관계(자연애, 생명존중, 평화)

2 인성교육의 핵심덕목

- 교육기본법, 교육과정 등에서 제시된 주요 인성을 바탕으로 미래 인재에게 요구되는 친사회적 인성을 7대 핵심덕목으로 선정하고,
- 학생들이 7대 덕목을 학교급별 학년 수준에 맞게 체계적으로 갖출 수 있도록 종합적인 인성교육 추진

1) 나 : 정직, 책임

① 정직은 동서고금을 막론하고 개인생활영역에서 대표적인 도덕적 덕목이며, 친밀하고 깊이 있는 인간관계의 기반

② 정직은 인성교육을 통해 강조되어야 할 덕목들의 우선순위(1위 : 정직, 2위 : 배려).
정직이 가장 중요한 덕목으로 선정(한국교육과정평가원, 연구보고 RRC 2011. 7.1.)

③ 책임은 존중과 더불어 도덕적인 학교와 사회를 만들기 위한 기본 핵심 가치(토마스리코나, 미국 인성교육의 선구적인 이론가이자 실천가)

2) 우리 : 존중, 배려, 공감

① 타인존중, 배려 및 공감은 전통적으로 한국인이 중시해온 핵심덕목(홍익인간, 충성, 인 등과 연결)

② 배려와 나눔은 2009개정 교육과정에서 추구하는 교육적 인간의 핵심덕목

③ 공감은 서로를 연결해주는 감정적 연결고리로서 건전한 인격의(또는 바람직한 대인관계 형성) 중요한 '정서적 토대'

3) 사회 : 소통, 협동

① '사회적 자본'(공동의 문제를 해결하는 데 적극적으로 참여하는 사회적 역량)의 주요 지표(신뢰, 협동, 소통)

② 소통과 협동은 학교를 '민주적인 배움의 공동체'로 만들기 위한 핵심 가치 덕목(교육부, 2013: 4-6).

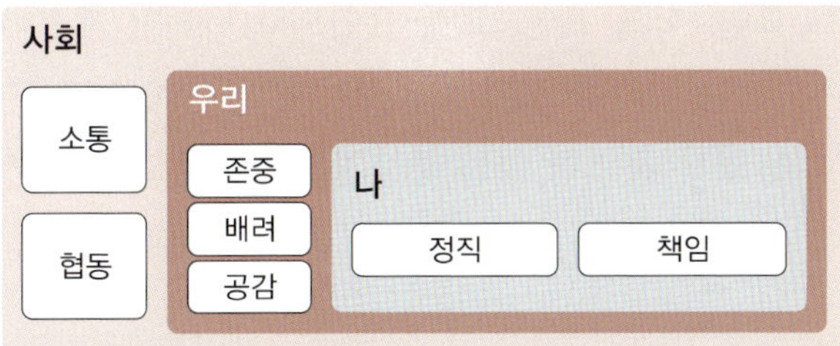

그림 12-1 인성교육 7대 핵심덕목

3 인성교육 강화 추진방향

비 전	배려와 나눔을 실천하는 행복한 개인, 행복한 사회	
목 표	소통과 존중으로 꿈과 끼를 키우는 행복한 학교	
추진 과제	**분 야**	**세 부 추 진 과 제**
	실천적 인성교육 중심의 학교문화로 개선	① 학교 특색에 맞는 인성교육 확대 ② 인성교육 중심 수업 강화 ③ 교원의 인성교육 역량 강화 ④ 인성함양에 적합한 학교문화 기반 조성 ⑤ 체육 · 예술교육 활성화
	가정에서 시작하는 인성교육 체제 구축	① 학부모가 참여하는 인성교육 확산 ② 가정과 학교의 소통 강화
	인성을 중시하는 범사회 분위기 조성	① 모두가 함께하는 인성교육 실천운동 ② 지역사회 협력체제 구축 ③ 인성교육 활성화를 위한 기반 조성 ④ 미디어 환경 조성을 통한 인성교육 분위기 확산

자료 : 교육부(2013.8). 배려와 나눔으로 모두가 행복한 인성교육 강화 기본계획(안). p.5.

그림 12-2 인성교육 강화 추진방향

02 인성교육의 실패원인

인성교육 실패의 원인은 학교 요인, 가정 요인, 사회 요인 등으로 나누어 볼 수 있다(김재춘 외, 2012: 27-40). 이찬승은 한국학교교육연구원 등이 주최한 '인성교육, 답은 무엇인가?' 심포지엄에서 발표를 통해 인성교육 실패의 원인을 사회 요인, 가정 요인, 교육제도 요인, 학교 요인, 교사 요인으로 나누어 제시하였다. 이러한 분석도 현상을 나누어 보는 시각을 보여주는 것이다. 한편 인성교육이 교육의 문제인 만큼 교육제도, 학교, 교사 등 5개 항목 중 3개를 차지하고 있는 것이 이목을 끈다.

이 연구에서 실시한 델파이 조사에서는 인성교육 실패의 원인으로 다음을 들었다.

① 성적/지식/결과/경쟁/시험 중심 입시교육
② 인성교육에 대한 인식 및 의식 부족
③ 인성교육에 대한 교수학습 전략 및 방법 부족
④ 교육과정체제의 문제
- 교육내용 과다, 학급당 학생 수 과다 등으로 인성교육 시간 및 기회 부족

여기서는 이외에도 문제점으로 언급되는 것을 모았다.

1 학교 요인

1) 학교에서는 인성교육은 말뿐이고 입시 교육에만 치중한다.
2) 학교의 규칙을 지키지 않아도 졸업하는데 지장이 없다.
3) 출석하지 않아도 졸업을 할 수 있다.
4) 학교 내신 시험은 잘 못 보더라도 수능만 잘 보면 대학 간다.
5) 수업 내용이 무엇인지 몰라 지루하기만 하다.
6) 학급당 학생 수가 많다.
7) 35명 내외의 학급에서 남녀를 구분하고 보니 친구 없는 학생이 생긴다.
8) 교사가 학생의 인성교육을 등한시한다.
9) 예방보다는 처벌에 중점을 두고 있다.
10) 학생의 심리를 교사들이 잘 모른다.

11) 학교가 행정 중심으로 운영된다.
12) 문제 행동을 치료해주기 어렵다.
13) 국·영·수만 중시한다.
14) 학교 교육과정 내에서 인성교육을 시키는 것이 어렵다.
15) 교과 간 장벽이 높아 역량을 길러줄 수 없다.
16) 인성교육을 도덕 수업과 동일시한다.
17) 인성교육을 문제 학생 지도와 동일시한다.
18) 인성교육에 대한 장기적인 계획이 없다.
19) 인성교육 프로그램이 부족하다.
20) 프로그램을 진행한 뒤 평가할 수 있는 방안이 없다.
21) 인성교육 측면에서 학교와 사회, 가정이 연결되어 있지 않다.

2 가정 요인

1) 원자가족이 되어 보고 배울 롤모델이 없다.
2) 이혼 가정 등 결손 가정 비율이 높다.
3) 형제자매가 적어 집안에서 어울릴 사람이 없다.
4) 자녀 수가 적어 부모가 아이를 오냐오냐 기른다.
5) 부모가 학교와 교사를 비하한다.
6) 경어를 쓰는 가정이 적다.
7) 가정교육이 잘 안 된다.
8) 혼자 방을 쓰는 학생이 늘고 있다.
9) 가정폭력이 학생을 폭력으로 내몬다.
10) 부모는 자녀의 성적에만 관심이 있다.

3 사회 요인

1) 인터넷, 게임 등이 학생을 유혹한다.
2) 영화, 드라마의 폭력성을 따라간다.
3) 비이성적인 태도가 만연해 있다.

4) 다원화된 문화와 전통 문화가 충돌하고 있다.
5) 사회의 부정적 측면을 학생이 보고 배운다.
6) 학벌 중시 풍조가 아직도 심하다.
7) 빈부격차가 심화되고 있다.
8) 기성세대의 권위가 무너지고 있다.
9) 소비 문화가 심화되고 유행이 빠르게 변한다.
10) 경쟁이 심하고 취업이 잘 안 되는 사회

03 교육전반에 걸친 인성교육 실천방안

2012년의 '학교폭력근절 종합대책'은 사회적으로 학교폭력이 이슈가 되었을 때 제시되었다. 당국에서는 인성교육을 강화하는 정책을 제시하였으나 오히려 학교폭력으로 인한 피해학생이 자살하는 일이 발생하게 되어 문제를 전방위로 예방하고 대책을 마련하는 방향으로 제시된 방안이 학교폭력근절 종합대책이다. 이 방안 중 '교육 전반에 걸친 인성교육 실천'에서 인성교육의 요소와 실천 방안을 찾아볼 수 있다. 방안의 내용은 표 12-1과 같다(김재춘 외, 2012: 9-15).

표 12-1 교육 전반에 걸친 인성교육 실천

정책	세부 내용
바른 인성의 기초를 형성하는 3~5세 누리과정 운영	• 누리과정을 통한 바른 습관 체득 • 바른 인성 우수 유치원·어린이집 인증
배움이 실천으로 연결되는 프로젝트형 인성교육 실시	• 프로젝트형 인성교육이 가능하도록 국어, 도덕, 사회 교육과의 '인성 핵심 역량' 요소를 강화 • 바른 언어습관 및 소통중심의 국어교육 • 인성 핵심역량을 실천으로 체득하는 도덕·사회교육 • 융합형 인성수업 실시 • 예술교육을 통한 인성교육 확대 • 자신을 표현하고, 타인을 이해하며 공감하는 능력을 기를 수 있도록 프로젝트 수업시 다양한 독서활동 적극 활용 • 학교문화를 바꾸는 창의적 체험활동 • 방과후학교 활동을 통한 인성 함양

정책	세부 내용
중학교체육활동 대폭 확대	• 체육수업시수 확대 • 교내 스포츠 활동 확대 • 교육지원청 단위 스포츠 리그 확대 • 전국학교스포츠클럽대회를 학생축제로 발전
학생–학부모–교사가 함께 학생 생활규칙을 통해 인성교육 실천	• 학생생활규칙 운영 내실화 • 학생생활규칙 현장 착근 지원
인성관련 학생부 기재 강화 및 입학전형에 반영	• 학교생활기록부 인성영역 기재 내실화 • 입학사정관 전형 개선 : 타인과 공감하고 배려하는 인성을 갖춘 인재 선발 적극 유도 • 자기주도학습전형 개선 : 학생의 자기개발계획서(舊학습계획서)와 교사의 추천서에 배려, 나눔, 협력, 타인 존중 등 인성분야를 반영하도록 개선하고, 면접에서도 인성요소 평가 강화
생활지도 등 인성교육을 잘하는 교원과 학교우대	• 생활지도 등 인성교육 우수교원에 대한 지원 • 수석교사 역할 확대 • 우수학교 지원
시·도교육청 평가를 통해 책무성 확보	• 시·도교육청 평가에 '인성교육 실천 및 학교폭력 근절 노력 정도'의 비중 확대 • 평가지표안 : 시·도 및 단위학교의 인성교육, 학교폭력 예방·근절 노력에 대한 적정성 평가

누리 과정에서 제시하는 인성덕목은 '질서, 나눔, 배려, 협력 등 유아기에 반드시 습관화해야 할 바른 인성'과 관계지향성, 사회적 협력, 갈등 관리 등 사회적 상호작용 역량이다. 이 덕목의 예는 표 12-2와 같다(김재춘 외, 2012: 16-17).

표 12-2 누리과정의 바른생활 습관 체득을 위한 실천행동 예시

덕목	실천 행동(예시)
질서	• 물건을 사용한 후 제자리에 놓기 • 순서를 기다려야 하는 장소에서 차례 지키기
나눔	• 친구와 물건 나누어 사용하기 • 도움이 필요한 이웃을 알고, 나눔을 실천하기 등
배려	• 몸이 불편하거나 도움이 필요한 친구 보살펴 주기 • 친구에게 양보하기 등
협력	• 친구와 도움을 주고 받기 • 친구와 역할을 나누어 실행하기 등

덕목	실천 행동(예시)
존중	• 나와 친구의 차이점을 알고 존중하기 • 친구의 예술표현(그림, 동극, 율동 등)을 소중히 여기기 등
경로효친	• 등·하원 시 부모님과 선생님께 바르게 인사하기 • 어른들께 존댓말 사용하기 등
갈등해결	• 친구와 싸우지 않고 사이좋게 지내기 • 친구와 갈등(다툼)이 생겼을 때 함께 해결하거나 도움 받기 등

초·중등학교에서는 프로젝트형 인성교육이 가능하도록 국어, 도덕, 사회 교과의 '인성핵심 역량' 요소를 강화하는 것이 골자인데, 인성 핵심 역량은 공감능력, 소통 능력, 갈등 해결능력, 관용, 정의 등으로 제시하고 있으며, 교과 학습 내용을 '지식' 중심에서 '사례·실천' 중심으로 개편할 것을 제시했다. 이와 함께 바른 언어 생활도 강조했다. 프로젝트 학습은 학교생활을 하며 발생하는 문제 해결 과정을 프로젝트 방식의 교육과정으로 구성해서 실천 중심의 수업을 한다는 것이다.

이상에서 제시한 인성덕목을 종합해 보면, 교육부가 제시하는 인성교육은 인성에 대한 덕목과 그 덕목을 교육하기 위한 단계 그리고 정책 지원의 순서로 되어 있다. 인성덕목은 개인, 사회, 세계에 대한 덕목이고 교육 단계는 유아, 초중등, 대학 교육까지 망라되었다.

04 교원양성단계에서의 인성교육 방안

교원양성단계에서의 인성교육 방안은 다음과 같다(권동택 외, 2012: 36-41).

1 교원양성대학의 본래적 기능 강화

교원양성대학에서의 인성교육은 교원양성대학의 본래적 기능의 강화에서부터 시작되어야 한다. 교사양성대학의 교육과정은 교사로서 필요한 인성뿐 아니라 전문적인 능력과 자질을 배양시키기 위한 나름의 가치로운 목적을 가지고 있다. 교원양성대학에서의 일차적인 목적은 우수한 신입생을 선발하여 소정의 교육과정을 이수한 자에게 교원자격증을 교육부장관의 위임 하에 부여하는 것이다. 따라서 교원임용의 과정으로 인해 교원양성대학의 본래적 기능의 교육이 위축되어서는 안 되며, 본래적 기능을 이행하는 과정에서 예비교사에 대한 인성교육의 효과를 얻을 수 있게 해야 한다. 따라서 예비교원양성 단계에서의 인성교육은 일차적으로 교원양성대학의 본래적 기능의 강화하에서 이루어져야 한다.

2 언어 순화를 통한 인성지도 역량 강화

인성지도를 위한 교원의 역량과 관련하여 볼 때 교사들은 대학에서 학생들의 인성지도를 하기 위해 요구되는 역량들을 충분히 학습할 필요가 있다.

특히 학생의 발달 전반에 대한 이해, 학생 상담을 위한 이론과 실제, 효율적 교수법과 의사소통능력, 학교 현장에서 관련법에 대한 이해 등의 충분한 지식과 방법을 알 수 있도록 인성지도 관련 역량을 강화해야 한다. 또한 학생 현장에서 속어·욕설을 사용하지 않도록 교사가 갖추어야 할 바른 언어사용능력을 제고하고, 교직 윤리적 측면에서의 행동 규범을 체득할 수 있도록 교직 윤리 의식을 고양하고 자율적 정화운동을 하도록 유도한다.

- 교원윤리강령(教員倫理綱領) : 교원의 지위를 향상시키기 위하여 대한교육연합회(현 한국교원단체총연합회)가 1958년 11월 1일에 공포한 강령(綱領). 이 윤리강령은 학생·가정·사회·교직(教職) 및 교양의 5장(章)에 걸쳐 26항(項)으로 되어 있음.
- 사도강령(師道綱領) : 대한교육연합회가 1982년 스승의 날을 맞아 제정한 것으로, 제1장 스승과 제자, 제2장 스승의 자질, 제3장 스승의 책임, 제4장 교육자와 단체, 제5장 스승과 사회로 구성되어 있음.

※ 한국교원단체총연합회는 1982년 '스승의 날'을 부활시키면서 〈사도헌장〉을 제정·선포하는 동시에 종전의 〈교원윤리강령〉을 〈사도강령〉으로 개정하여 선포하였으며, 전국교직원노동조합의 경우 참교육실천강령을 선포하였음.

3 예비교원들의 인성 함양을 위한 미래형 교육과정 개발

교원양성기관에 창의·인성교육 추구를 위한 미래형 교육과정을 개발 보급하여 이를 공동 활용하고, 교육대학용 맞춤형 학교폭력 관련 교재를 개발하여 교원양성대학에서 활용할 수 있도록 하며, 예비교사로서 교직 인성 강화를 위한 경험의 기회를 제공하는 잠재적 교육기회를 제공하도록 한다. 특히 교과외 교육과정을 강화하여 교직 인·적성 교육의 장을 확보할 수 있도록 다양한 동아리활동이나 자치활동과의 연계 방안을 모색하고 교직 인·적성 인증제 도입을 검토한다.

또한 '교원자격검정령 시행규칙' 교직과목 세부 이수기준 가운데 교직소양 분야에 '학교폭력 예방 및 대책' 과목 신설을 검토하고, 교직소양 이수기준인 '4학점 이상'을 '6학점 이상' 이수로 변경하고 '학교폭력 예방 및 대책' 과목이수를 의무화한다. 또한 교직소양 분야의 교직실무를 교직 인·적성 함양을 위한 교직 소양 강좌로 편성 운영케 한다.

4 교직 전담 및 교양 강좌

교원양성대학을 포함하여 대학의 교양강좌는 일반적으로 고등교육을 받은 자의 일반 교양을 갖추게 하는 것을 목적으로 하고 있으며, 각 대학이 추구하는 인재상을 반영한 강좌로 운영되고 있다. 그러나 교사를 양성하는 교원양성 대학의 교양 강좌는 고등교육의 교양인 양성과 함께 바람직한 교사상을 실현할 수 있는 교직 소양에 중점을 둘 필요가 있다.

따라서 교대 및 사대에 교직과 교양 강좌를 전담 운영케 하여, 교직소양 관련 강좌를 담당하고 강의 지원 및 다양한 교육봉사 활동을 주관하도록 하여 예비교사들의 교직 인·적성을 강화해야 한다. 이를 위해 3주기 교원양성기관 평가 시 일반 대학과는 달리 교원양성대학에서는 일반 교양을 포함하여 교직소양을 전담하는 가칭 교직교양부의 설치 운영을 검토하여 평가지표에 반영할 수 있도록 하고, 교직 인·적성 관련 강좌도 범주화하여 보다 체계화할 필요가 있다.

5 교육봉사활동 및 교육기부 활성화

예비교원들에게 창의·인성교육역량을 함양하기 위한 비교과영역에서의 교육과정 비율을 확대하여 교육실습 4학점 중 교육봉사활동 2학점 이상 포함토록 하며 교육봉사 및 교육기부의 포인트화를 통해 종합 관리한다. 예비교원의 인성 함양을 위해 사례·체험 중심의 다양한 프로그램을 개발 운영한다.

또한 3주기 교원양성기관 평가시 인성교육 및 교육봉사활동 프로그램 이수자 등 특성화프로그램 운영정도를 평가지표에 반영토록 한다.

특히 '교원자격검정령 시행규칙' 교직과목 세부 이수기준 가운데 교직소양 분야에 '학교폭력 예방 및 대책' 과목 신설을 검토하고, 교직소양 이수기준인 '4학점 이상'을 '6학점 이상' 이수로 변경하고 '학교폭력 예방 및 대책' 과목 이수를 의무화한다. 또한 교직소양 분야의 교직실무를 교직 인·적성 함양을 위한 교직소양 강좌로 편성 운영케 한다.

현행 교육실습의 경우 수업시연능력과 교직실무능력 향상에 중점을 두고 있다. 그러나 교육실습을 통한 실질적인 교직 인·적성 체험의 기회는 미흡한 실정이다. 따라서 교육실습을 교육봉사, 교육체험, 교육기부 영역으로 나누어 실시하고 이를 종합 관리할 필요가 있다.

6 교직 인·적성 관련 강좌의 경우 상대평가 대신 절대평가 실시

인성은 타인과의 관계 속에서 형성되며, 상호 경쟁 구조가 아닌 상호 협력구조 속에서 긍정적인 다양한 경험을 통해 형성된다. 따라서 교직 인·적성 강좌의 경우 동료 및 교수자와의 관계 형성이 무엇보다도 우선적으로 전제되어야 하며, 토론과 협동적인 수업 분위기에서 형성될 필요가 있다. 따라서 교직 인·적성 강좌의 절대평가제 실시를 통해 상호 협력적인 관계 속에서 교직 인·적성 역량을 높일 수 있는 수업 분위기와 수업 방법의 개선이 촉구된다. 이주희 등(2009)의 연구에서 효과적인 것으로 분석된 대학생의 인성교육 프로그램의 수업 방식은 1/3 이론강의, 2/3 집단협력활동 프로그램으로 구성되어 있으며, 관계를 존중하는 협력수업 구조를 지향하고 있어 교직 인·적성 관련 강좌의 평가 개선과 수업 구조 개선이 절실하다.

7 학생전담지도 강화

학생 입학에서부터 졸업 시까지 학생 1인에게 지도 교수 1인이 밀착 집중상담 지도하고 학생과의 긴밀한 상호 관계를 통하여 예비교사로 갖추어야 할 학생의 인·적성 발달을 모니터링은 물론 교사로서의 자질을 발굴하여 교직 인·적성 향상에 도움을 주도록 한다. 특히 교직에 부적합한 학생의 경우, 진로·취업 지도를 통해 교직 이외의 적성을 탐색하도록 지도, 조언하는 역할을 수행한다.

이는 다양한 상담 활동을 통해 학생들의 문제상황 대처능력과 인성 함양에 기여함은 물론 다양한 상담 활동 강화와 우수 교사 임용취업시스템 활성화를 통해 우수한 자질을 갖춘 인재를 발굴하고 성장시킨다는 측면에서 유리한 전략이다. 또한 특정 문제행동의 전문적 지도 방법이 아닌 일반 학생지도 및 상담, 학급경영 등 교사에게 필요한 전문성을 신장시킬 수 있는 계기가 된다.

8 교직 인·적성 검사 강화

교직에 대한 높은 적성을 갖춘 바람직한 인재를 선발하는데 효과적이기 위해서는 교사교육을 받고 있는 대학(교·사대) 재학생(2학년 말)과 대학을 졸업하고 현장교육에 교사로 임용되기 전에 교직 인성·적성 검사를 치르도록 하는 것이 바람직하다(김신호, 1998). 즉, 대학 재학 중에 교직 인성·적성 검사를 대학별로 실시하여 교사 교육 과정을 통해 인성이나 적성이 개선 또는 향상될 기회를 제공할 필요가 있다. 또한 재학생들이 입학 당시에 갖추고 있는 교직 인성·적성이 제대로 유지 또는 발전되고 있는 상태나 정도에 대한 중간 점검 및 처치가 계획적으로 이루어져야 한다.

따라서 교원의 양성 및 자격부여 단계에서는 재학기간 동안 2회 이상 '교직 인·적성검사' 실시를 의무화하여 재학생에 대한 인·적성 관리 및 개선 기회로 활용하고, 그 결과를 교사자격증 부여를 위한 무시험검정에 반영한다.

교육대학원의 경우, 입학생의 학력과 재학기간 등을 고려하여 1회 실시하는 방안도 함께 검토된다. 이를 위해 대학 재학과정에서 학교 교육과정 운영의 한 영역으로 교직 인성·적성 검사를 할 수 있도록 프로그램 및 도구를 개발할 필요가 있다. 또한 학생생활상담센터를 강화하여 전문 상담사뿐만 아니라 교직 관련 상담 요원을 전진 배치하여 학생들의 교직 인·적성의 문제를 진단하고 향상시킨다.

9 다양한 사제동행의 경험을 통한 소통 문화 강화

학교 현장에서 학생들과의 의사소통 활성화와 학교문화의 조성능력을 제고하기 위하여, 대학에서의 사제 간 상호 신뢰의 기초를 마련하여 사제 간 상호 존중의 교육을 강화한다. 한국교원대학교의 경우 사도교육 교과과정을 통해 인성 및 리더십 함양은 물론 인성교육을 통해 문화생활에 대한 이해와 특기적성교육 프로그램을 통한 특기를 함양하는 전인적 교사로서 능력을 함양하는 전문 비교과 교육과정의 체계를 확립하고 보다 체계화하고 있다. 따라서 사제동행의 다양한 활동을 실시하고, 특기 및 적성교육을 통해 일선 학교 현장에서 학생들과 함께 가르치고 체험할 수 있는 능력을 갖추게 한다.

10 인성교육 실천 중심의 교육실습 강화와 우수 사례 제공

교육실습은 기본적으로 실습생으로 하여금 구체적이며 현실적인 수업상황과 직면할 수 있는 기회를 갖게 하며, 실습생이 실제 수업상황과 똑같은 여건에서 수업을 실연해 볼 수 있는 기회를 제공한다. 그러나 지금까지의 교원양성대학에서의 교육실습은 주로 수업능력을 높이고 교직 실무능력을 갖추게 하는 데 중점을 두었다. 따라서 수업 및 실무능력의 제고와 함께 인성교육 실천의 기회를 부여할 수 있는 교육실습의 강화가 필요하다. 또한 인성교육 실천 우수 사례에 대한 다양한 자료를 통하여 예비 교사들이 보다 효과적인 인성교육의 방법을 체득할 수 있도록 각 시·도교육청과 연계하여 우수사례의 자료를 함께 공유하고 교원양성대학에서 수업 및 연구 자료로 활용할 수 있도록 해야 한다. 현재 전국 300개 초중고를 대상으로 실시하고 있는 인성교육실천 우수학교의 교육실천 사례를 함께 공유하는 방안도 접근 가능하다(권동택 외, 2012: 36-41).

APPENDIX

부 록

1. 학교폭력 예방 및 대책에 관한 법률
2. 학교폭력 예방 및 대책에 관한 법률 시행령
3. 아동학대범죄의 처벌 등에 관한 특례법

Appendix 01

학교폭력 예방 및 대책에 관한 법률

약칭: 학교폭력 예방법

법률 제15044호, 2017.11.28., 일부 개정

제1조(목적) 이 법은 학교폭력의 예방과 대책에 필요한 사항을 규정함으로써 피해학생의 보호, 가해학생의 선도·교육 및 피해학생과 가해학생 간의 분쟁조정을 통하여 학생의 인권을 보호하고 학생을 건전한 사회구성원으로 육성함을 목적으로 한다.

제2조(정의) 이 법에서 사용하는 용어의 정의는 다음 각 호와 같다. <개정 2009. 5. 8., 2012. 1. 26., 2012. 3. 21.>

1. "학교폭력"이란 학교 내외에서 학생을 대상으로 발생한 상해, 폭행, 감금, 협박, 약취·유인, 명예훼손·모욕, 공갈, 강요·강제적인 심부름 및 성폭력, 따돌림, 사이버 따돌림, 정보통신망을 이용한 음란·폭력 정보 등에 의하여 신체·정신 또는 재산상의 피해를 수반하는 행위를 말한다.

1의2. "따돌림"이란 학교 내외에서 2명 이상의 학생들이 특정인이나 특정집단의 학생들을 대상으로 지속적이거나 반복적으로 신체적 또는 심리적 공격을 가하여 상대방이 고통을 느끼도록 하는 일체의 행위를 말한다.

1의3. "사이버 따돌림"이란 인터넷, 휴대전화 등 정보통신기기를 이용하여 학생들이 특정 학생들을 대상으로 지속적, 반복적으로 심리적 공격을 가하거나, 특정 학생과 관련된 개인정보 또는 허위사실을 유포하여 상대방이 고통을 느끼도록 하는 일체의 행위를 말한다.

2. "학교"란 「초·중등교육법」 제2조에 따른 초등학교·중학교·고등학교·특수학교 및 각종학교와 같은 법 제61조에 따라 운영하는 학교를 말한다.

3. "가해학생"이란 가해자 중에서 학교폭력을 행사하거나 그 행위에 가담한 학생을 말한다.

4. "피해학생"이란 학교폭력으로 인하여 피해를 입은 학생을 말한다.

5. "장애학생"이란 신체적·정신적·지적 장애 등으로 「장애인 등에 대한 특수교육법」 제15조에서 규정하는 특수교육을 필요로 하는 학생을 말한다.

제3조(해석·적용의 주의의무) 이 법을 해석·적용함에 있어서 국민의 권리가 부당하게 침해되지 아니하도록 주의하여야 한다.

제4조(국가 및 지방자치단체의 책무) ① 국가 및 지방자치단체는 학교폭력을 예방하고 근절하기 위하여 조사·연구·교육·계도 등 필요한 법적·제도적 장치를 마련하여야 한다.
② 국가 및 지방자치단체는 청소년 관련 단체 등 민간의 자율적인 학교폭력 예방활동과 피해학생의 보호 및 가해학생의 선도·교육활동을 장려하여야 한다.
③ 국가 및 지방자치단체는 제2항에 따른 청소년 관련 단체 등 민간이 건의한 사항에 대하여는 관련 시책에 반영하도록 노력하여야 한다.
④ 국가 및 지방자치단체는 제1항부터 제3항까지의 규정에 따른 책무를 다하기 위하여 필요한 행정적·재정적 지원을 하여야 한다. <개정 2012. 3. 21.>

제5조(다른 법률과의 관계) ① 학교폭력의 규제, 피해학생의 보호 및 가해학생에 대한 조치에 있어서 다른 법률에 특별한 규정이 있는 경우를 제외하고는 이 법을 적용한다.
② 제2조 제1호 중 성폭력은 다른 법률에 규정이 있는 경우에는 이 법을 적용하지 아니한다.

제6조(기본계획의 수립 등) ① 교육부장관은 이 법의 목적을 효율적으로 달성하기 위하여 학교폭력의 예방 및 대책에 관한 정책 목표·방향을 설정하고, 이에 따른 학교폭력의 예방 및 대책에 관한 기본계획(이하 "기본계획"이라 한다)을 제7조에 따른 학교폭력대책위원회의 심의를 거쳐 수립·시행하여야 한다.
② 기본계획은 다음 각 호의 사항을 포함하여 5년마다 수립하여야 한다. 이 경우 교육부장관은 관계 중앙행정기관 등의 의견을 수렴하여야 한다.
1. 학교폭력의 근절을 위한 조사·연구·교육 및 계도
2. 피해학생에 대한 치료·재활 등의 지원
3. 학교폭력 관련 행정기관 및 교육기관 상호 간의 협조·지원
4. 제14조 제1항에 따른 전문상담교사의 배치 및 이에 대한 행정적·재정적 지원

5. 학교폭력의 예방과 피해학생 및 가해학생의 치료·교육을 수행하는 청소년 관련 단체(이하 "전문단체"라 한다) 또는 전문가에 대한 행정적·재정적 지원

6. 그 밖에 학교폭력의 예방 및 대책을 위하여 필요한 사항

③ 교육부장관은 대통령령으로 정하는 바에 따라 특별시·광역시·특별자치시·도 및 특별자치도(이하 "시·도"라 한다) 교육청의 학교폭력 예방 및 대책과 그에 대한 성과를 평가하고, 이를 공표하여야 한다. <신설 2012. 1. 26., 2013. 3. 23.>

제7조(학교폭력대책위원회의 설치·기능) 학교폭력의 예방 및 대책에 관한 다음 각 호의 사항을 심의하기 위하여 국무총리 소속으로 학교폭력대책위원회(이하 "대책위원회"라 한다)를 둔다. <개정 2012. 3. 21.>

1. 학교폭력의 예방 및 대책에 관한 기본계획의 수립 및 시행에 대한 평가
2. 학교폭력과 관련하여 관계 중앙행정기관 및 지방자치단체의 장이 요청하는 사항
3. 학교폭력과 관련하여 교육청, 제9조에 따른 학교폭력대책지역위원회, 제10조의2에 따른 학교폭력대책지역협의회, 제12조에 따른 학교폭력대책자치위원회, 전문단체 및 전문가가 요청하는 사항

제9조(학교폭력대책지역위원회의 설치) ① 지역의 학교폭력 문제를 해결하기 위하여 시·도에 학교폭력대책지역위원회(이하 "지역위원회"라 한다)를 둔다.

② 특별시장·광역시장·특별자치시장·도지사 및 특별자치도지사는 지역위원회의 운영 및 활동에 관하여 시·도의 교육감(이하 "교육감"이라 한다)과 협의하여야 하며, 그 효율적인 운영을 위하여 실무위원회를 둘 수 있다.

③ 지역위원회는 위원장 1인을 포함한 11인 이내의 위원으로 구성한다.

④ 지역위원회 및 제2항에 따른 실무위원회의 구성·운영에 필요한 사항은 대통령령으로 정한다.

제12조(학교폭력대책자치위원회의 설치·기능) ① 학교폭력의 예방 및 대책에 관련된 사항을 심의하기 위하여 학교에 학교폭력대책자치위원회(이하 "자치위원회"라 한다)를 둔다. 다만, 자치위원회 구성에 있어 대통령령으로 정하는 사유가 있는 경우에는 교육감의 보고를 거쳐 둘 이상의 학교가 공동으로 자치위원회를 구성할 수 있다. <개정 2012. 1. 26.>

② 자치위원회는 학교폭력의 예방 및 대책 등을 위하여 다음 각 호의 사항을 심의한다. <개정 2012. 1. 26.>

1. 학교폭력의 예방 및 대책수립을 위한 학교 체제 구축
2. 피해학생의 보호
3. 가해학생에 대한 선도 및 징계
4. 피해학생과 가해학생 간의 분쟁조정
5. 그 밖에 대통령령으로 정하는 사항

③ 자치위원회는 해당 지역에서 발생한 학교폭력에 대하여 학교장 및 관할 경찰서장에게 관련 자료를 요청할 수 있다. <신설 2012. 3. 21.>

④ 자치위원회의 설치·운영 등에 필요한 사항은 지역 및 학교의 규모 등을 고려하여 대통령령으로 정한다.

제13조(자치위원회의 구성·운영) ① 자치위원회는 위원장 1인을 포함하여 5인 이상 10인 이하의 위원으로 구성하되, 대통령령으로 정하는 바에 따라 전체위원의 과반수를 학부모전체회의에서 직접 선출된 학부모대표로 위촉하여야 한다. 다만, 학부모전체회의에서 학부모대표를 선출하기 곤란한 사유가 있는 경우에는 학급별 대표로 구성된 학부모대표회의에서 선출된 학부모대표로 위촉할 수 있다. <개정 2011. 5. 19.>

② 자치위원회는 분기별 1회 이상 회의를 개최하고, 자치위원회의 위원장은 다음 각 호의 어느 하나에 해당하는 경우에 회의를 소집하여야 한다.

1. 자치위원회 재적위원 4분의 1 이상이 요청하는 경우
2. 학교의 장이 요청하는 경우
3. 피해학생 또는 그 보호자가 요청하는 경우
4. 학교폭력이 발생한 사실을 신고받거나 보고받은 경우
5. 가해학생이 협박 또는 보복한 사실을 신고받거나 보고받은 경우
6. 그 밖에 위원장이 필요하다고 인정하는 경우

③ 자치위원회는 회의의 일시, 장소, 출석위원, 토의내용 및 의결사항 등이 기록된 회의록을 작성·보존하여야 한다. <신설 2011. 5. 19.>

④ 그 밖에 자치위원회의 구성·운영에 필요한 사항은 대통령령으로 정한다.

제14조(전문상담교사 배치 및 전담기구 구성) ① 학교의 장은 학교에 대통령령으로 정하는 바에 따라 상담실을 설치하고, 「초·중등교육법」 제19조의2에 따라 전문상담교사를 둔다.

② 전문상담교사는 학교의 장 및 자치위원회의 요구가 있는 때에는 학교폭력에 관

련된 피해학생 및 가해학생과의 상담결과를 보고하여야 한다.

③ 학교의 장은 교감, 전문상담교사, 보건교사 및 책임교사(학교폭력문제를 담당하는 교사를 말한다) 등으로 학교폭력문제를 담당하는 전담기구(이하 "전담기구"라 한다)를 구성하며, 학교폭력 사태를 인지한 경우 지체 없이 전담기구 또는 소속 교원으로 하여금 가해 및 피해 사실 여부를 확인하도록 한다. <개정 2012. 3. 21.>

④ 전담기구는 학교폭력에 대한 실태조사(이하 "실태조사"라 한다)와 학교폭력 예방 프로그램을 구성·실시하며, 학교의 장 및 자치위원회의 요구가 있는 때에는 학교폭력에 관련된 조사결과 등 활동결과를 보고하여야 한다. <개정 2012. 3. 21.>

⑤ 피해학생 또는 피해학생의 보호자는 피해사실 확인을 위하여 전담기구에 실태조사를 요구할 수 있다.

⑥ 국가 및 지방자치단체는 실태조사에 관한 예산을 지원하고, 관계 행정기관은 실태조사에 협조하여야 하며, 학교의 장은 전담기구에 행정적·재정적 지원을 할 수 있다. ⑦ 전담기구는 성폭력 등 특수한 학교폭력사건에 대한 실태조사의 전문성을 확보하기 위하여 필요한 경우 전문기관에 그 실태조사를 의뢰할 수 있다. 이 경우 그 의뢰는 자치위원회 위원장의 심의를 거쳐 학교의 장 명의로 하여야 한다.

⑧ 그 밖에 전담기구 운영 등에 필요한 사항은 대통령령으로 정한다.

제15조(학교폭력 예방교육 등) ① 학교의 장은 학생의 육체적·정신적 보호와 학교폭력의 예방을 위한 학생들에 대한 교육(학교폭력의 개념·실태 및 대처방안 등을 포함하여야 한다)을 학기별로 1회 이상 실시하여야 한다. <개정 2012. 1. 26.>

② 학교의 장은 학교폭력의 예방 및 대책 등을 위한 교직원 및 학부모에 대한 교육을 학기별로 1회 이상 실시하여야 한다.

③ 학교의 장은 제1항에 따른 학교폭력 예방교육 프로그램의 구성 및 그 운용 등을 전담기구와 협의하여 전문단체 또는 전문가에게 위탁할 수 있다.

④ 교육장은 제1항부터 제3항까지의 규정에 따른 학교폭력 예방교육 프로그램의 구성과 운용계획을 학부모가 쉽게 확인할 수 있도록 인터넷 홈페이지에 게시하고, 그 밖에 다양한 방법으로 학부모에게 알릴 수 있도록 노력하여야 한다. <개정 2012. 1. 26.>

⑤ 그 밖에 학교폭력 예방교육의 실시와 관련한 사항은 대통령령으로 정한다.

제16조(피해학생의 보호) ① 자치위원회는 피해학생의 보호를 위하여 필요하다고 인정하는 때에는 피해학생에 대하여 다음 각 호의 어느 하나에 해당하는 조치(수

개의 조치를 병과하는 경우를 포함한다)를 할 것을 학교의 장에게 요청할 수 있다. 다만, 학교의 장은 피해학생의 보호를 위하여 긴급하다고 인정하거나 피해학생이 긴급보호의 요청을 하는 경우에는 자치위원회의 요청 전에 제1호, 제2호 및 제6호의 조치를 할 수 있다. 이 경우 자치위원회에 즉시 보고하여야 한다.

1. 학내외 전문가에 의한 심리상담 및 조언
2. 일시보호
3. 치료 및 치료를 위한 요양
4. 학급교체
5. 삭제 <2012. 3. 21.>
6. 그 밖에 피해학생의 보호를 위하여 필요한 조치

제16조의2(장애학생의 보호) ① 누구든지 장애 등을 이유로 장애학생에게 학교폭력을 행사하여서는 아니 된다.

② 자치위원회는 학교폭력으로 피해를 입은 장애학생의 보호를 위하여 장애인전문 상담가의 상담 또는 장애인전문 치료기관의 요양 조치를 학교의 장에게 요청할 수 있다.

③ 제2항에 따른 요청이 있는 때에는 학교의 장은 해당 조치를 하여야 한다. 이 경우 제16조 제6항을 준용한다. <개정 2012. 3. 21.>

제17조(가해학생에 대한 조치) ① 자치위원회는 피해학생의 보호와 가해학생의 선도·교육을 위하여 가해학생에 대하여 다음 각 호의 어느 하나에 해당하는 조치(수개의 조치를 병과하는 경우를 포함한다)를 할 것을 학교의 장에게 요청하여야 하며, 각 조치별 적용 기준은 대통령령으로 정한다. 다만, 퇴학처분은 의무교육과정에 있는 가해학생에 대하여는 적용하지 아니한다. <개정 2009. 5. 8., 2012. 1. 26., 2012. 3. 21.>

1. 피해학생에 대한 서면사과
2. 피해학생 및 신고·고발 학생에 대한 접촉, 협박 및 보복행위의 금지
3. 학교에서의 봉사
4. 사회봉사
5. 학내외 전문가에 의한 특별 교육이수 또는 심리치료
6. 출석정지
7. 학급교체
8. 전학

9. 퇴학처분

제18조(분쟁조정) ① 자치위원회는 학교폭력과 관련하여 분쟁이 있는 경우에는 그 분쟁을 조정할 수 있다.
② 제1항에 따른 분쟁의 조정기간은 1개월을 넘지 못한다.
③ 학교폭력과 관련한 분쟁조정에는 다음 각 호의 사항을 포함한다.
1. 피해학생과 가해학생간 또는 그 보호자 간의 손해배상에 관련된 합의조정
2. 그 밖에 자치위원회가 필요하다고 인정하는 사항
④ 자치위원회는 분쟁조정을 위하여 필요하다고 인정하는 때에는 관계 기관의 협조를 얻어 학교폭력과 관련한 사항을 조사할 수 있다.
⑤ 자치위원회가 분쟁조정을 하고자 할 때에는 이를 피해학생·가해학생 및 그 보호자에게 통보하여야 한다.
⑥ 시·도교육청 관할 구역 안의 소속 학교가 다른 학생 간에 분쟁이 있는 경우에는 교육감이 해당 학교의 자치위원회위원장과의 협의를 거쳐 직접 분쟁을 조정한다. 이 경우 제2항부터 제5항까지의 규정을 준용한다.
⑦ 관할 구역을 달리하는 시·도교육청 소속 학교의 학생 간에 분쟁이 있는 경우에는 피해학생을 감독하는 교육감이 가해학생을 감독하는 교육감 및 관련 해당 학교의 자치위원회위원장과의 협의를 거쳐 직접 분쟁을 조정한다. 이 경우 제2항부터 제5항까지의 규정을 준용한다.

제19조(학교의 장의 의무) 학교의 장은 교육감에게 학교폭력이 발생한 사실 및 제16조, 제16조의2, 제17조, 제17조의2 및 제18조에 따른 조치 및 그 결과를 보고하고, 관계 기관과 협력하여 교내 학교폭력 단체의 결성예방 및 해체에 노력하여야 한다.

제20조(학교폭력의 신고의무) ① 학교폭력 현장을 보거나 그 사실을 알게 된 자는 학교 등 관계 기관에 이를 즉시 신고하여야 한다.
② 제1항에 따라 신고를 받은 기관은 이를 가해학생 및 피해학생의 보호자와 소속 학교의 장에게 통보하여야 한다.
③ 제2항에 따라 통보받은 소속 학교의 장은 이를 자치위원회에 지체 없이 통보하여야 한다.
④ 누구라도 학교폭력의 예비·음모 등을 알게 된 자는 이를 학교의 장 또는 자치

위원회에 고발할 수 있다. 다만, 교원이 이를 알게 되었을 경우에는 학교의 장에게 보고하고 해당 학부모에게 알려야 한다.
⑤ 누구든지 제1항부터 제4항까지에 따라 학교폭력을 신고한 사람에게 그 신고행위를 이유로 불이익을 주어서는 아니 된다.

제20조의5(학생보호인력의 배치 등) ① 국가·지방자치단체 또는 학교의 장은 학교폭력을 예방하기 위하여 학교 내에 학생보호인력을 배치하여 활용할 수 있다.
② 다음 각 호의 어느 하나에 해당하는 사람은 학생보호인력이 될 수 없다.
1. 「국가공무원법」 제33조 각 호의 어느 하나에 해당하는 사람
2. 「아동·청소년의 성보호에 관한 법률」에 따른 아동·청소년대상 성범죄 또는 「성폭력범죄의 처벌 등에 관한 특례법」에 따른 성폭력범죄를 범하여 벌금형을 선고받고 그 형이 확정된 날부터 10년이 지나지 아니하였거나, 금고 이상의 형이나 치료감호를 선고받고 그 집행이 끝나거나 집행이 유예·면제된 날부터 10년이 지나지 아니한 사람
3. 「청소년 보호법」 제2조 제5호 가목3) 및 같은 목 7)부터 9)까지의 청소년 출입·고용금지업소의 업주나 종사자
③ 국가·지방자치단체 또는 학교의 장은 제1항에 따른 학생보호인력의 배치 및 활용 업무를 관련 전문기관 또는 단체에 위탁할 수 있다.

제20조의6(학교전담경찰관) ① 국가는 학교폭력 예방 및 근절을 위하여 학교폭력 업무 등을 전담하는 경찰관을 둘 수 있다.
② 제1항에 따른 학교전담경찰관의 운영에 필요한 사항은 대통령령으로 정한다.

제20조의7(영상정보처리기기의 통합 관제) ① 국가 및 지방자치단체는 학교폭력 예방 업무를 효과적으로 수행하기 위하여 교육감과 협의하여 학교 내외에 설치된 영상정보처리기기(「개인정보 보호법」 제2조제7호에 따른 영상정보처리기기를 말한다. 이하 이 조에서 같다)를 통합하여 관제할 수 있다. 이 경우 국가 및 지방자치단체는 통합 관제 목적에 필요한 범위에서 최소한의 개인정보만을 처리하여야 하며, 그 목적 외의 용도로 활용하여서는 아니 된다.

제21조(비밀누설금지 등) ① 이 법에 따라 학교폭력의 예방 및 대책과 관련된 업무를 수행하거나 수행하였던 자는 그 직무로 인하여 알게 된 비밀 또는 가해학생

·피해학생 및 제20조에 따른 신고자·고발자와 관련된 자료를 누설하여서는 아니 된다.
② 제1항에 따른 비밀의 구체적인 범위는 대통령령으로 정한다.
③ 제16조, 제16조의2, 제17조, 제17조의2, 제18조에 따른 자치위원회의 회의는 공개하지 아니한다. 다만, 피해학생·가해학생 또는 그 보호자가 회의록의 열람·복사 등 회의록 공개를 신청한 때에는 학생과 그 가족의 성명, 주민등록번호 및 주소, 위원의 성명 등 개인정보에 관한 사항을 제외하고 공개하여야 한다.

제22조(벌칙) 제21조 제1항을 위반한 자는 1년 이하의 징역 또는 1천만원 이하의 벌금에 처한다.

제23조(과태료) ① 제17조 제9항에 따른 자치위원회의 교육 이수 조치를 따르지 아니한 보호자에게는 300만원 이하의 과태료를 부과한다.
② 제1항에 따른 과태료는 대통령령으로 정하는 바에 따라 교육감이 부과·징수한다.
[본조신설 2017. 11. 28.]

Appendix 02

학교폭력 예방 및 대책에 관한 법률 시행령

약칭: 학교폭력 예방법 시행령

대통령령 제29435호, 2018.12.31.. 일부 개정

제1조(목적) 이 영은 「학교폭력 예방 및 대책에 관한 법률」에서 위임된 사항과 그 시행에 필요한 사항을 규정함을 목적으로 한다.

제2조(성과 평가 및 공표) 「학교폭력 예방 및 대책에 관한 법률」(이하 "법"이라 한다) 제6조 제3항에 따른 학교폭력 예방 및 대책에 대한 성과는 「초·중등교육법」 제9조 제2항에 따른 지방교육행정기관에 대한 평가에 포함하여 평가하고, 이를 공표하여야 한다.

제3조(학교폭력대책위원회의 운영) ① 법 제7조에 따른 학교폭력대책위원회(이하 "대책위원회"라 한다)의 위원장은 회의를 소집하고, 그 의장이 된다.

② 대책위원회의 회의는 반기별로 1회 소집한다. 다만, 재적위원 3분의 1 이상이 요구하거나 위원장이 필요하다고 인정하는 경우에는 수시로 소집할 수 있다.

③ 대책위원회의 위원장이 회의를 소집할 때에는 회의 개최 5일 전까지 회의 일시·장소 및 안건을 각 위원에게 알려야 한다. 다만, 긴급히 소집하여야 할 때에는 그러하지 아니하다.

④ 대책위원회의 회의는 재적위원 과반수의 출석으로 개의(開議)하고, 출석위원 과반수의 찬성으로 의결한다.

⑤ 대책위원회의 위원장은 필요하다고 인정할 때에는 학교폭력 예방 및 대책과 관련하여 전문가 등을 회의에 출석하여 발언하게 할 수 있다.

⑥ 회의에 출석한 위원과 전문가 등에게는 예산의 범위에서 수당과 여비를 지급할 수 있다. 다만, 공무원인 위원이 그 소관 업무와 직접적으로 관련하여 회의에 출석하는 경우에는 그러하지 아니하다.

제3조의2(대책위원회 위원의 해촉) 대통령은 법 제8조 제3항 제2호부터 제8호까지의 규정에 따른 대책위원회의 위원이 다음 각 호의 어느 하나에 해당하는 경우에는 해당 위원을 해촉(解囑)할 수 있다.

1. 심신장애로 인하여 직무를 수행할 수 없게 된 경우
2. 직무와 관련된 비위사실이 있는 경우
3. 직무태만, 품위손상이나 그 밖의 사유로 인하여 위원으로 적합하지 아니하다고 인정되는 경우
4. 위원 스스로 직무를 수행하는 것이 곤란하다고 의사를 밝히는 경우

제4조(학교폭력대책실무위원회의 구성·운영) ① 법 제8조 제6항에 따른 학교폭력대책실무위원회(이하 "실무위원회"라 한다)는 위원장(이하 "실무위원장"이라 한다) 1명을 포함한 12명 이내의 위원으로 구성한다. <개정 2013. 3. 23.>

② 실무위원장은 교육부차관이 되고, 위원은 기획재정부, 교육부, 과학기술정보통신부, 법무부, 행정안전부, 문화체육관광부, 보건복지부, 여성가족부, 국무조정실 및 방송통신위원회의 고위공무원단에 속하는 공무원과 경찰청의 치안감 또는 경무관 중에서 소속 기관의 장이 지명하는 사람 각 1명이 된다. <개정 2013. 3. 23., 2014. 11. 19., 2017. 7. 26.>

③ 제2항에 따라 실무위원회의 위원을 지명한 자는 해당 위원이 제3조의2 각 호의 어느 하나에 해당하는 경우에는 그 지명을 철회할 수 있다. <신설 2016. 5. 10.>

④ 실무위원회의 사무를 처리하기 위하여 간사 1명을 두며, 간사는 교육부 소속 공무원 중에서 실무위원장이 지명하는 사람으로 한다. <개정 2013. 3. 23., 2016. 5. 10.>

⑤ 실무위원장이 부득이한 사유로 직무를 수행할 수 없을 때에는 실무위원장이 미리 지명하는 위원이 그 직무를 대행한다. <개정 2016. 5. 10.>

⑥ 회의는 대책위원회 개최 전 또는 실무위원장이 필요하다고 인정할 때 소집한다.

⑦ 실무위원회는 대책위원회의 회의에 부칠 안건 검토와 심의 지원 및 그 밖의 업무수행을 위하여 필요한 경우에는 이해관계인 또는 관련 전문가를 출석하게 하여 의견을 듣거나 의견 제출을 요청할 수 있다.

⑧ 실무위원장은 회의를 소집할 때에는 회의 개최 7일 전까지 회의 일시·장소 및 안건을 각 위원에게 알려야 한다. 다만, 긴급히 소집하여야 할 때에는 그러하지 아니하다.

제6조(학교폭력대책지역실무위원회의 구성·운영) 법 제9조 제2항에 따른 실무위원회는 7명 이내의 학교폭력 예방 및 대책에 관한 실무자 및 민간 전문가로 구성한다.

제8조(전담부서의 구성 등) 법 제11조 제1항에 따라 다음 각 호의 업무를 수행하기 위하여 시·도교육청 및 교육지원청에 과·담당관 또는 팀을 둔다. <개정 2014. 6. 11.>

1. 학교폭력 예방과 근절을 위한 대책의 수립과 추진에 관한 사항
2. 학교폭력 피해학생의 치료 및 가해학생에 대한 조치에 관한 사항
3. 그 밖에 학교폭력의 예방 및 대책과 관련하여 교육감이 정하는 사항

제9조(실태조사) ① 법 제11조 제8항에 따라 교육감이 실시하는 학교폭력 실태조사는 교육부장관과 협의하여 다른 교육감과 공동으로 실시할 수 있다. <개정 2013. 3. 23.>

② 교육감은 학교폭력 실태조사를 교육 관련 연구·조사기관에 위탁할 수 있다.

제15조(상담실 설치) 법 제14조 제1항에 따른 상담실은 다음 각 호의 시설·장비를 갖추어 상담활동이 편리한 장소에 설치하여야 한다.

1. 인터넷 이용시설, 전화 등 상담에 필요한 시설 및 장비
2. 상담을 받는 사람의 사생활 노출 방지를 위한 칸막이 및 방음시설

제16조(전담기구 운영 등) 법 제14조 제3항에 따른 전담기구는 가해 및 피해 사실 여부에 관하여 확인한 사항을 학교의 장 및 자치위원회(자치위원회의 요청이 있는 경우만을 말한다)에 보고하여야 한다.

제17조(학교폭력 예방교육) 학교의 장은 법 제15조 제5항에 따라 학생과 교직원 및 학부모에 대한 학교폭력 예방교육을 다음 각 호의 기준에 따라 실시한다.

1. 학기별로 1회 이상 실시하고, 교육 횟수·시간 및 강사 등 세부적인 사항은 학교 여건에 따라 학교의 장이 정한다.
2. 학생에 대한 학교폭력 예방교육은 학급 단위로 실시함을 원칙으로 하되, 학교 여건에 따라 전체 학생을 대상으로 한 장소에서 동시에 실시할 수 있다.
3. 학생과 교직원, 학부모를 따로 교육하는 것을 원칙으로 하되, 내용에 따라 함께

교육할 수 있다.

4. 강의, 토론 및 역할연기 등 다양한 방법으로 하고, 다양한 자료나 프로그램 등을 활용하여야 한다.

5. 교직원에 대한 학교폭력 예방교육은 학교폭력 관련 법령에 대한 내용, 학교폭력 발생 시 대응요령, 학생 대상 학교폭력 예방 프로그램 운영 방법 등을 포함하여야 한다.

6. 학부모에 대한 학교폭력 예방교육은 학교폭력 징후 판별, 학교폭력 발생 시 대응요령, 가정에서의 인성교육에 관한 사항을 포함하여야 한다.

제18조(피해학생의 지원범위 등) ① 법 제16조 제6항 단서에 따른 학교안전공제회 또는 시·도교육청이 부담하는 피해학생의 지원범위는 다음 각 호와 같다.

1. 교육감이 정한 전문심리상담기관에서 심리상담 및 조언을 받는 데 드는 비용
2. 교육감이 정한 기관에서 일시보호를 받는 데 드는 비용
3. 「의료법」에 따라 개설된 의료기관, 「지역보건법」에 따라 설치된 보건소·보건의료원 및 보건지소, 「농어촌 등 보건의료를 위한 특별조치법」에 따라 설치된 보건진료소, 「약사법」에 따라 등록된 약국 및 같은 법 제91조에 따라 설립된 한국희귀의약품센터에서 치료 및 치료를 위한 요양을 받거나 의약품을 공급받는데 드는 비용

② 제1항의 비용을 지원 받으려는 피해학생 및 보호자가 학교안전공제회 또는 시·도교육청에 비용을 청구하는 절차와 학교안전공제회 또는 시·도교육청이 비용을 지급하는 절차는 「학교안전사고 예방 및 보상에 관한 법률」 제41조를 준용한다.

③ 학교안전공제회 또는 시·도교육청이 법 제16조 제6항에 따라 가해학생의 보호자에게 구상(求償)하는 범위는 제2항에 따라 피해학생에게 지급하는 모든 비용으로 한다.

제19조(가해학생에 대한 조치별 적용 기준) 법 제17조 제1항의 조치별 적용 기준은 다음 각 호의 사항을 고려하여 결정하고, 그 세부적인 기준은 교육부장관이 정하여 고시한다.

1. 가해학생이 행사한 학교폭력의 심각성·지속성·고의성
2. 가해학생의 반성 정도
3. 해당 조치로 인한 가해학생의 선도 가능성
4. 가해학생 및 보호자와 피해학생 및 보호자 간의 화해의 정도

5. 피해학생이 장애학생인지 여부

제20조(가해학생에 대한 전학 조치) ① 초등학교·중학교·고등학교의 장은 자치위원회가 법 제17조 제1항에 따라 가해학생에 대한 전학 조치를 요청하는 경우에는 초등학교·중학교의 장은 교육장에게, 고등학교의 장은 교육감에게 해당 학생이 전학할 학교의 배정을 지체 없이 요청하여야 한다.
② 교육감 또는 교육장은 가해학생이 전학할 학교를 배정할 때 피해학생의 보호에 충분한 거리 등을 고려하여야 하며, 관할구역 외의 학교를 배정하려는 경우에는 해당 교육감 또는 교육장에게 이를 통보하여야 한다.
③ 제2항에 따른 통보를 받은 교육감 또는 교육장은 해당 가해학생이 전학할 학교를 배정하여야 한다.
④ 교육감 또는 교육장은 제2항과 제3항에 따라 전학 조치된 가해학생과 피해학생이 상급학교에 진학할 때에는 각각 다른 학교를 배정하여야 한다. 이 경우 피해학생이 입학할 학교를 우선적으로 배정한다.

제21조(가해학생에 대한 우선 출석정지 등) ① 법 제17조 제4항에 따라 학교의 장이 출석정지 조치를 할 수 있는 경우는 다음 각 호와 같다.
1. 2명 이상의 학생이 고의적·지속적으로 폭력을 행사한 경우
2. 학교폭력을 행사하여 전치 2주 이상의 상해를 입힌 경우
3. 학교폭력에 대한 신고, 진술, 자료제공 등에 대한 보복을 목적으로 폭력을 행사한 경우
4. 학교의 장이 피해학생을 가해학생으로부터 긴급하게 보호할 필요가 있다고 판단하는 경우
② 학교의 장은 제1항에 따라 출석정지 조치를 하려는 경우에는 해당 학생 또는 보호자의 의견을 들어야 한다. 다만, 학교의 장이 해당 학생 또는 보호자의 의견을 들으려 하였으나 이에 따르지 아니한 경우에는 그러하지 아니하다.

제22조(가해학생의 조치 거부·기피에 대한 추가 조치) 자치위원회는 법 제17조 제1항 제2호부터 제9호까지의 조치를 받은 학생이 해당 조치를 거부하거나 기피하는 경우에는 법 제17조 제11항에 따라 학교의 장으로부터 그 사실을 통보받은 날부터 7일 이내에 추가로 다른 조치를 할 것을 학교의 장에게 요청할 수 있다.

제23조(퇴학학생의 재입학 등) ① 교육감은 법 제17조 제1항 제9호에 따라 퇴학처분을 받은 학생에 대하여 법 제17조 제12항에 따라 해당 학생의 선도의 정도, 교육 가능성 등을 종합적으로 고려하여 「초·중등교육법」 제60조의3에 따른 대안학교로의 입학 등 해당 학생의 건전한 성장에 적합한 대책을 마련하여야 한다.
② 제1항에서 규정한 사항 외에 가해학생에 대한 조치 및 재입학 등에 필요한 세부사항은 교육감이 정한다.

제24조(피해학생 재심청구 및 심사 절차 및 결정 통보 등) ① 법 제17조의2 제5항에 따라 피해학생 또는 보호자가 지역위원회에 재심을 청구할 때에는 다음 각 호의 사항을 적어 서면으로 하여야 한다.

제25조(분쟁조정의 신청) 피해학생, 가해학생 또는 그 보호자(이하 "분쟁당사자"라 한다) 중 어느 한 쪽은 법 제18조에 따라 해당 분쟁사건에 대한 조정권한이 있는 자치위원회 또는 교육감에게 다음 각 호의 사항을 적은 문서로 분쟁조정을 신청할 수 있다.
1. 분쟁조정 신청인의 성명 및 주소
2. 보호자의 성명 및 주소
3. 분쟁조정 신청의 사유

제27조(분쟁조정의 개시) ① 자치위원회 또는 교육감은 제25조에 따라 분쟁조정의 신청을 받으면 그 신청을 받은 날부터 5일 이내에 분쟁조정을 시작하여야 한다.
② 자치위원회 또는 교육감은 분쟁당사자에게 분쟁조정의 일시 및 장소를 통보하여야 한다.
③ 제2항에 따라 통지를 받은 분쟁당사자 중 어느 한 쪽이 불가피한 사유로 출석할 수 없는 경우에는 자치위원회 또는 교육감에게 분쟁조정의 연기를 요청할 수 있다. 이 경우 자치위원회 또는 교육감은 분쟁조정의 기일을 다시 정하여야 한다.
④ 자치위원회 또는 교육감은 자치위원회 위원 또는 지역위원회 위원 중에서 분쟁조정 담당자를 지정하거나, 외부 전문기관에 분쟁과 관련한 사항에 대한 자문 등을 할 수 있다.

제30조(긴급전화의 설치·운영) 법 제20조의2에 따른 긴급전화는 경찰청장과 지방경찰청장이 운영하는 학교폭력 관련 기구에 설치한다.

제31조(정보통신망의 이용 등) 법 제20조의4 제3항에 따라 국가·지방자치단체 또는 교육감은 정보통신망을 이용한 학교폭력 예방 업무를 다음 각 호의 기관 및 단체에 위탁할 수 있다.
1. 「한국교육학술정보원법」에 따라 설립된 한국교육학술정보원
2. 공공기관의 위탁을 받아 정보통신망을 이용하여 교육사업을 수행한 실적이 있는 기업
3. 학교폭력 예방에 관한 사업을 3년 이상 수행한 기관 또는 단체

제33조(비밀의 범위) 법 제21조 제1항에 따른 비밀의 범위는 다음 각 호와 같다.
1. 학교폭력 피해학생과 가해학생 개인 및 가족의 성명, 주민등록번호 및 주소 등 개인정보에 관한 사항
2. 학교폭력 피해학생과 가해학생에 대한 심의·의결과 관련된 개인별 발언 내용
3. 그 밖에 외부로 누설될 경우 분쟁당사자 간에 논란을 일으킬 우려가 있음이 명백한 사항

제33조의2(고유식별정보의 처리) ① 국가·지방자치단체 또는 학교의 장은 다음 각 호의 사무를 수행하기 위하여 불가피한 경우 「개인정보 보호법 시행령」 제19조에 따른 주민등록번호 또는 외국인등록번호가 포함된 자료를 처리할 수 있다.
1. 법 제20조의5 제2항에 따른 학생보호인력의 결격사유 유무 확인에 관한 사무
2. 법 제20조의5 제5항에 따른 학생보호인력의 범죄경력조회에 관한 사무
② 법 제20조의5 제3항에 따라 학생보호인력의 배치 및 활용 업무를 위탁받은 전문기관 또는 단체는 다음 각 호의 사무를 수행하기 위하여 불가피한 경우 「개인정보 보호법 시행령」 제19조에 따른 주민등록번호 또는 외국인등록번호가 포함된 자료를 처리할 수 있다.
1. 법 제20조의5 제2항에 따른 학생보호인력의 결격사유 유무 확인에 관한 사무
2. 법 제20조의5 제6항에 따른 학생보호인력의 범죄경력조회 신청에 관한 사무

제34조(규제의 재검토) 교육부장관은 제15조에 따른 상담실 설치기준에 대하여 2015년 1월 1일을 기준으로 2년마다(매 2년이 되는 해의 1월 1일 전까지를 말한다) 그 타당성을 검토하여 개선 등의 조치를 하여야 한다.

부　칙 〈대통령령 제23689호, 2012. 3. 30.〉

이 영은 2012년 5월 1일부터 시행한다. 다만, 제2조, 제13조제1항, 제17조부터 제23조까지의 개정규정은 2012년 4월 1일부터 시행한다.

Appendix 03

아동학대범죄의 처벌 등에 관한 특례법

법률 제15255호, 2017.12.19., 일부 개정

제3장 아동학대범죄의 처리절차에 관한 특례

제10조 (아동학대범죄 신고의무와 절차)

① 누구든지 아동학대범죄를 알게 된 경우나 그 의심이 있는 경우에는 아동보호전문기관 또는 수사기관에 신고할 수 있다.

② 다음 각 호의 어느 하나에 해당하는 사람이 직무를 수행하면서 아동학대범죄를 알게 된 경우나 그 의심이 있는 경우에는 아동보호전문기관 또는 수사기관에 즉시 신고하여야 한다<개정 2016.5.29>.

1. 가정위탁지원센터의 장과 그 종사자
2. 아동복지시설의 장과 그 종사자(아동보호전문기관의 장과 그 종사자는 제외한다)
3. 「아동복지법」 제13조에 따른 아동복지전담공무원
4. 「가정폭력방지 및 피해자보호 등에 관한 법률」 제5조에 따른 가정폭력 관련 상담소 및 같은 법 제7조의2에 따른 가정폭력피해자 보호시설의 장과 그 종사자
5. 「건강가정기본법」 제35조에 따른 건강가정지원센터의 장과 그 종사자
6. 「다문화가족지원법」 제12조에 따른 다문화가족지원센터의 장과 그 종사자
7. 「사회복지사업법」 제14조에 따른 사회복지 전담공무원 및 같은 법 제34조에 따른 사회복지시설의 장과 그 종사자
8. 「성매매방지 및 피해자보호 등에 관한 법률」 제5조에 따른 지원시설 및 같은 법 제10조에 따른 성매매피해상담소의 장과 그 종사자
9. 「성폭력방지 및 피해자보호 등에 관한 법률」 제10조에 따른 성폭력피해상담소, 같은 법 제12조에 따른 성폭력피해자보호시설의 장과 그 종사자 및 같은 법 제18조에 따른 성폭력피해자통합지원센터의 장과 그 종사자
10. 「소방기본법」 제34조에 따른 구급대의 대원
11. 「응급의료에 관한 법률」 제2조제7호에 따른 응급의료기관등에 종사하는 응급구조사

12. 「영유아보육법」 제7조에 따른 육아종합지원센터의 장과 그 종사자 및 제10조에 따른 어린이집의 원장 등 보육교직원
13. 「유아교육법」 제20조에 따른 교직원 및 같은 법 제23조에 따른 강사 등
14. 삭제 <2016.5.29.>
15. 「의료법」 제3조제1항에 따른 의료기관의 장과 그 의료기관에 종사하는 의료인 및 의료기사
16. 「장애인복지법」 제58조에 따른 장애인복지시설의 장과 그 종사자로서 시설에서 장애아동에 대한 상담·치료·훈련 또는 요양 업무를 수행하는 사람
17. 「정신건강증진 및 정신질환자 복지서비스 지원에 관한 법률」 제3조제3호에 따른 정신건강복지센터, 같은 조 제5호에 따른 정신의료기관, 같은 조 제6호에 따른 정신요양시설 및 같은 조 제7호에 따른 정신재활시설의 장과 그 종사자
18. 「청소년기본법」 제3조제6호에 따른 청소년시설 및 같은 조 제8호에 따른 청소년단체의 장과 그 종사자
19. 「청소년 보호법」 제35조에 따른 청소년 보호·재활센터의 장과 그 종사자
20. 「초·중등교육법」 제19조에 따른 교직원, 같은 법 제19조의2에 따른 전문상담교사 및 같은 법 제22조에 따른 산학겸임교사 등
21. 「한부모가족지원법」 제19조에 따른 한부모가족복지시설의 장과 그 종사자
22. 「학원의 설립·운영 및 과외교습에 관한 법률」 제6조에 따른 학원의 운영자·강사·직원 및 같은 법 제14조에 따른 교습소의 교습자·직원
23. 「아이돌봄 지원법」 제2조제4호에 따른 아이돌보미
24. 「아동복지법」 제37조에 따른 취약계층 아동에 대한 통합서비스지원 수행인력
25. 「입양특례법」 제20조에 따른 입양기관의 장과 그 종사자

③ 누구든지 제1항 및 제2항에 따른 신고인의 인적 사항 또는 신고인임을 미루어 알 수 있는 사실을 다른 사람에게 알려주거나 공개 또는 보도하여서는 아니 된다.

제10조의2 (불이익조치의 금지)

누구든지 아동학대범죄신고자등에게 아동학대범죄신고등을 이유로 불이익조치를 하여서는 아니 된다.

제10조의3 (아동학대범죄신고자등에 대한 보호조치)

아동학대범죄신고자등에 대하여는 「특정범죄신고자 등 보호법」 제7조 부터 제13조까지의 규정을 준용한다.

참고문헌

강동욱(1999). 학교폭력의 원인에 관한 고찰-일본에서의 연구결과를 기초로 하여. 한국형사정책학회.

강문성(2001). 새로운 환경의 등장과 적응. 단국대학교 대학원 석사학위논문.

강복순(2005). 학교폭력에 관한 연구. 한세대학교 대학원 석사학위논문.

강선보 · 박의수 · 김구성 · 송순재 · 정윤경 · 김영래 · 고미숙(2008). 21C 인성교육의 방향 설정을 위한 이론적 기초 연구. 교육문제연구 30. pp.1-38.

강승규(2012). "학교폭력, 정부대책의 문제점과 장단기 대책" 학교폭력, 그 교육학적 진단과처방. 2012 여름 안암교육학회 학술대회 발표논문.

강은영 · 박미랑 · 박현호 · 강석진(2010). 범죄예방을 위한 환경설계의 제도화 방안(Ⅲ) : 학교 및 학교주변 범죄예방을 중심으로. 한국형사정책연구원.

강정권(2000). 학교폭력의 실태와 대처방안에 관한 연구. 부산대학교 대학원 석사학위논문.

경상북도 교육청 생활지도과(2013). 제1회 경상북도 학교폭력 예방 및 근절 우수사례 선정작.

경찰청(2005). 경찰백서.

경찰청(2013.8.30). 2013 경찰백서. 한국시각장애인연합회.

경찰청(2017). 2017 경찰백서.

경찰청(2020). 2020 경찰백서.

경찰청(2018). 2017경찰통계연보.

경찰청(2020). 2019경찰통계연보.

고영복(1997). **사회심리학개론**. 서울: 사회문화연구소.

곽금주(2006). 학교폭력과 왕따의 구조적 특징. 문용린 외. **학교폭력 예방과 상담**. 학지사. pp.67-90.

곽금주(2008). 한국의 왕따와 예방 프로그램. 한국심리학회지 : 사회문제 14(1), pp.255-272.

곽현주(2013). 바른 인성함양을 돕는 동요. 경기: 정민사.

교육과학기술부 · 법무부(2009). 굿바이! 학교폭력-학교폭력 · 성폭력 예방 및 대처 가이드북.

교육과학기술부 외(2012). 학교폭력 사안처리 가이드북.

교육과학기술부(2010). 2차 학교폭력예방 및 대책 5개년 기본계획(2010~2014).

교육과학기술부(2012). 학교폭력 사안처리 Q&A.

교육부(2012). 배려와 나눔으로 모두가 행복한 인성교육 강화 기본계획.

교육부(2013). 2013년 2차 학교폭력 실태조사 및 정보공시 분석결과 발표.

교육부. 학교안전교육 7대표준안(유치원). 4. 친구를 때리지 말아요. 5. 친구를 아프게 하지 말아요.

교육부(2020). 제4차 학교폭력예방 및 대책 기본계획. 2020.1.15.

교육부, 서울특별시 교육청(2016). 유치원성교육 프로그램.

교육부 학교안전정보센터, 학교안전정책-유초중등-유치원/현장맞춤형 안전교육콘텐츠 개발/유-폭력예방.

교육부(2014). 학교폭력 예방 종합포털사이트(StopBullying).

교육부(2015). 초등학생 맞춤형 학교폭력 대책.

교육인적자원부(2005). 1차 학교폭력 예방 및 대책 5개년 기본계획(2005~2009).

구본용(1999). 청소년 또래관계. 서울: 한국청소년상담원.

구본용 외(2005). 위기(가능)청소년 지원모델 개발연구. 국가청소년위원회.

구본용 외(2008). 학교폭력 피해학생 치유프로그램. 지도자용 지침서.

구본용(2012). 청소년들과 소통확대가 학교폭력해결의 근본. 한국교육개발원 교육정책포럼 제225호. pp.4-7.

권동택 외(2012). 교원양성, 임용, 연수에서의 인성교육 강화방안 연구. 교육과학기술부. 충청북도교육청.

권오명(2005). 학교폭력의 원인과 대책에 관한 소고. 법학연구 제18집.

권이종 외(1998). 청소년교육론. 경기: 양서원.

금명자 · 오혜영 · 조은정 · 백현주 · 신주연(2005). 학교폭력예방 및 대처를 위한 연계체제 구축방안. 한국청소년상담원. 청소년상담연구총서.

금명자 외(2005). 학교폭력 예방 및 대처를 위한 연계체제 구축방안. 한국청소년상담원 청소년상담연구총서.

김경안(1996). 한국 학교폭력의 실태분석과 대책에 관한 연구. 동국대학교 대학원 석사학위논문.

김경욱(2009). 이선생의 학교폭력 평정기. 서울: 양철북.

김광수(2009). 학교폭력의 실태분석 및 예방대책에 관한 연구, 동국대학교 행정대학원 석사학위논문.

김광영(2010). 배움터 지킴이제도의 운영실태 및 개선방안에 관한 연구. 동국대학교 대학원 석사학위논문.

김규태 · 방경곤 · 이병환 · 윤혜영 · 우원재 · 김태연 · 이용진(2013). 학교폭력의 예방 및 대책. 경기: 양서원.

김다현 · 임성숙 · 정석환(2013). 학교폭력의 예방과 대책. 서울 : 동문사.

김대영(2007). 학교폭력의 실태와 경찰의 대응방안. 경기대학교 행정대학원 석사학위논문.

김동춘 · 홍강의(1995). 유아학대 및 반영 실태에 대한 교사의 인식. 제13회 한국아동학대 예방협회 세미나, pp.18-19.

김미란(2005). 일본의 학교폭력 현황과 대응시책. 교육정책포럼. 제99호.

김범수(2009). 학교폭력의 실태와 예방대책에 관한 연구. 한남대학교 대학원 박사학위논문.

김범수(2013). 학교폭력 예방 및 대책에 관한 법률의 실제. 지역사회교육자료. 안전행정부.

한국지역사회교육협의회. pp.61-89.

김성곤 · 황인호 · 차주환 · 정성화 · 김순자 · 윤향숙(2014). 학교폭력예방의 이론과 실제. 서울: 동문사.

김성완(2002). 폭력없는 학교 창출. 옥산중학교. 실천중심의 예절·질서지도를 통한 기본 생활습관 정착. 학교폭력근절 및 예방 우수사례.

김숙연(2009). 유치원 교사의 아동학대에 관한 예방교육 인식 조사. 경희대학교 대학원 석사학위논문.

김영은(2016). 아동학대 예방을 위한 예비유아교사 인성교육 프로그램 개발 및 효과. 가천대학교 대학원 박사학위논문.

김영현(2007). 학대경험아동의 학교 적응에 관한 연구: 보호요인의 매개효과를 중심으로. 전북대학교 대학원 석사학위논문.

김은설 · 최은영 · 조아라(2013) 한국폭력예방을 위한 영유아기 인성교육 강화방안. 육아정책연구소.

김재춘 외(2012). 실천적 인성교육이 반영된 교육과정 개발방향 연구. 교육과학기술부.

김종기(2012). 학교폭력 예방교육사 1,2,3급. 서울: 청예단.

김종기(2013). 아버지의 이름으로. 서울: 은행나무.

김종양 외(2012). 학교폭력 이젠 OUT. 경남: 경남경찰청.

김종운(2013). 학교현장에 맞춘 학교폭력의 예방과 대책. 서울: 학지사.

김창군 · 임계령(2010). 학교폭력의 발생원인과 대처방안. 제주대학교 행정대학원.

김충기 · 장선철(2002). 유아생활지도. 서울: 동문사.

김학일(2005). 학교폭력 예방 및 대책 5개년 기본계획(2005~2009). 취지설명자료.

김혜원(2013). 청소년 학교폭력-이해 · 예방 · 개입을 위한 지침서. 서울: 학지사.

남궁달화(1999). 인성교육론. 서울: 문음사.

남부원(2012), 학교폭력 예방 및 대책에 관한 문제점과 개선방안, 오늘의 청소년, 제 28권 2호, pp12-19.

남숙경(2012). "학교폭력 : 위기상담 및 예방" 학교폭력, 그 교육학적 진단과 처방. 2012 여름 안암교육학회 학술대회 발표논문.

도기봉(2007). 학교폭력의 가해행동에 영향을 미치는 요인에 관한 연구. 대구대학교 대학원 박사학위논문.

따뜻한 학교만들기 프로젝트. 유치원부터 시작하는 학교폭력예방도움자료. 서울특별시 중부교육지원청.

리하드 권더 저 이유미·임재연 역. 독일의 학교폭력 예방 및 지원대책 : 독일의 학교폭력.

실태와 대처. 학교폭력연구, 제1권 제1호(2011.1). pp.179-189.

문용린 외(2006). 학교폭력 예방과 상담. 서울: 학지사.

문용린 외(2008). 학교폭력 위기개입의 이론과 실제. 서울: 학지사.

문화체육관광부 국민소통실(2012). "일진경보·복수담임—학교폭력 뿌리 뽑는다." 학교폭력근절 종합대책.

미교육부(2008). Partnerships in character education, state pilot projects, 1995~2001, lesson learned.

박동호(2011). 창원지역 중학교 학생들의 학교폭력 실태와 예방대책에 관한 연구. 경남대학교 교육대학원 석사학위논문.

박상도(2001). 청소년 학교폭력의 원인과 대처방안에 관한 연구. 대전대학교 대학원 박사학위논문.

박상주(2005). 아동학대의 실태와 개선방안에 관한 연구. 중앙대학교 대학원 석사학위논문.

박상천(2009). 학교폭력의 실태 및 대처방안에 관한 연구. 조선대학교 대학원 석사학위논문.

박성기(2007). 학교폭력 예방과 근절을 위한 대처방안에 관한 연구. 성결대학교 대학원 석사학위논문.

박신영(2012). 초등학교 학교폭력과 학교폭력 예방대책에 대한 초등교사의 인식. 경남대학교 교육대학원 석사학위논문.

박옥식(2013). 학교폭력 추방, 가정·학교·사회가 할 일. 현장중심 맞춤형 해법 마련을. 문화체육관광부 국민소통실.

박은미·박호선·권정숙·이자희(2002) 영유아를 위한 성폭력예방교육프로그램. 서울: 동문사.

박일수(2006). 피해–가해 유형별 학교폭력 실태 및 예방대책, 충북대 법무대학원 석사학위논문.

박정희(2006). 학교폭력 예방 및 대책에 관한 정책의제 설정과정 탐색. 한국교원대학교 석사학위논문.

박철원(2012a). 중등학생 지도를 위한 학교폭력 예방의 이해 및 실제. 서울: (재)청예단.

박철원(2012b). 초등학생 지도를 위한 학교폭력 예방의 이해 및 실제. 서울: (재)청예단.

박효정·정미경·박종효(2007). 학교폭력대처를 위한 지원체제 모형 타당화 연구. 서울: 한국교육개발원.

박효정·정미경·박종효(2007). 학교폭력예방 프로그램 개발연구. 한국교육개발원 연구 보고 RR2007-9-2.

박효정·정미경·박종효·한세리(2006). 학교폭력 예방 및 대처를 위한 지원체제구축 연구. 서울: 한국교육개발원.

박효정(2005). 학교폭력 실태의 이해와 진단. 서울: 한국교육개발원.

박효정(2013). 새 정부 주요 교육공약 실천방안 모색 III. 학교폭력 및 학생위험 제로 환경조성추진. 교육개발 Vol.40. No.1. pp.26-31.

박효정(2013). 한국폭력예방 연구·지원사업 성과와 과제. 2013 한국교육학회 연차 학술대회. 한국교육학 60년, 그 성과와 과제.

백광술(2013). 학교폭력의 실태분석과 대처방안 연구. 가야대학교 행정대학원 석사학위논문.

법무부·교육과학기술부(2012). “우리 아이들에게 무슨 일이?” 학교폭력예방 학부모용 핵심메뉴얼.

법무부·교육과학기술부(2013). “학교폭력은 범죄입니다.” 학교폭력 예방교육 핵심메뉴얼(중고등학생용 지도자료).

보건복지부(2012). 국가건강정보백서.

보건복지부(2012). 보육통계.

보건복지부(2013). 2013 보육사업 안내.

보건복지부(2011). 유아성교육 매뉴얼.

4세 누리과정교사용 지도서. 유치원과 친구. 4. 꼬마버스타요 ‘사이좋게 지내요’ (http://www.youtube.com/watch?v=nJTccyo5_JI)

보건복지부. 2019년 아동학대 주요통계.

삼성사회정신건강연구소(2012). 한번 더 생각해봐! 서울: 교육과학사.

서미옥(2007). 유아교사와 예비교사의 공감적 이해 및 도덕 판단력. 충남대학교 교육연구소, 28(2), 79-98.

서울지방경찰청(2002). 여성·청소년 업무 교양집.

서울특별시 아동학대예방센터(2002). 아동학대 사례연구집.

선미숙·최훈원(2013). 중학생의 비행행동에 미치는 영향요인 분석. 2013 한국교육학회 연차 학술대회. 한국교육학 60년, 그 성과와 과제. pp.49-51.

소년법(2021).

송재홍·김광수·박성희·안이환·오익수·은혁기·정종진·조봉환·홍종관·황매향(2013). 학교폭력의 예방 및 대책. 서울: 학지사.

송태호(2005). 학교폭력의 원인과 대책에 관한 연구. 청소년 정책연구 제5호.

송형호(2012). 학교폭력 예방대책, 학교운영위원회, 통권144호(2012.3), pp.94-100.

스쿨로(http://schoolaw.lawinfo.or.kr)

신옥주(2012). 학교폭력예방 및 대책, 청소년지도학연구, 제12권 제1호(2012.3) pp.95-117.

신재흡(2017). 학교폭력의 예방과 학생의 이해. 서울 : 동문사.

심효현(2006). 아동학대 예방을 위한 교육모형 연구. 동국대학교 대학원 석사학위논문.

안동현(2000). 한국에서의 아동학대 현황. 정신건강연구.

안양교육지원청(2012). 학교폭력 예방의 원칙. 학교폭력 예방 심포지엄 자료.

양명희·김희정·임유경(2018). 유아교사를 위한 학교폭력 예방과 학생의 이해. 서울 : 학지사.

양미례(2016). 유아교육기관에서의 아동권리 및 아동학대에 대한 유아교사의 인식. 덕성여자대학교 교육대학원 석사학위논문.

양수영(2012). 학교폭력 방지를 위한 경호 보안적 대응방안 모색. 경기대학교 교육대학원 석사학위논문.

양정열(2011). 학교폭력과 배움터 지킴이 재도에 관한 연구. 대진대학교 교육대학원 석사학위논문.

여주제일고등학교 학생생활인권부(2013). 학교폭력 예방교육자료.

연진영(1992). 아동학대 실태 및 영양, 한국형사정책연구원, 1992, 64.

오영재(2013). 한국중등학교 문화형성과정의 신제도주의적 해석. 서울: 원미사.

오영종(2008). 학교폭력 실태분석 및 예방대책에 관한 연구. 초당대학교 산업대학원 석사학위논문.

오인수 외(2013). 사이버 괴롭힘에 영향을 미치는 개인적, 심리적 변인탐색. 2013 한국교육학회 연차학술대회 발표논문. 한국교육학회. pp.17~20.

오진석(2011). 우리나라 아동학대의 실태와 개선방안에 관한 연구. 한성대학교 대학원 석사학위논문.

오현주(2007). 유아교사의 아동학대와 신고제도에 대한 인식연구. 연세대학교 교육대학원 석사학위논문.

원명희(2002). 학교폭력의 실태와 대책에 관한 연구: 학생폭력을 중심으로. 명지대학교 교육대학원 석사학위논문.

유성연(2015). 유아교사의 직무환경 만족도와 자아개념의 아동학대 경향에 대한 관계. 군산대학교 대학원 석사학위논문.

육홍렬(2005). 중학교 학생들의 학교폭력에 대한 인식 분석. 숭실대학교 교육대학원 석사학위논문.

윤덕중(1982). 범죄사회학. 서울: 박영사.

윤석진(2007). 학교폭력 대책에 관한 교사의 역할 연구. 경기대학교 교육대학원 석사학위논문.

윤철경·조홍식·김향초·이규미·우정자·윤진선(2006). 위기청소년 지역사회 안전망 실태와 발전방안. 한국청소년개발원 연구보고서, pp.9.

윤철경(2005). 위기청소년 지원과 지원정책 현황 및 사회안전망 구축을 위한 정책방안 연구. 청소년위원회.

이경희·고재홍(2006). 유형별 초등학생집단 발생원인의 비교: 사회관계모형분석. 서울: 한국심리학회지.

이규숙(1998). 아동방임·학대의 실태와 대책에 관한 연구. 청주대학교 대학원 석사학위논문.

이근철(1986). 청소년 음주가 비행에 미치는 영향분석. 중앙대학교 대학원 석사학위논문.

이민희 외(2006). 학교폭력 대책을 위한 지역사회네트워크의 실천적 운영에 관한 연구. 한국교육개발원 연구보고서.

이배근(2004). 아동학대의 이론과 실제. 서울: 신흥메드싸인언스.

이배근(2005). 급변하는 사회에서의 소외청소년을 위한 환경과 공간. 한국청소년시설환경학회. 국제심포지엄. Vol. 2005 No.1.

이상안(1999). 범죄심리학. 서울: 박영사.

이윤호(2004). 현대사회와 범죄의 이해. 서울: 삼경문화사.

이윤호(2007). 현대사회와 범죄. 서울: 다해.

이은화 외(1990). 서울시내 일부 저소득층 비급식 초등학교 아동의 영양실태조사. 한국영양학회, 23(7), 513-520.

이재욱(2012). 학교폭력의 원인과 해결방안. 고려대학교 교육대학원 석사학위논문.

이재훈(2012). 학교폭력 실태와 대책분석을 통한 예방수업 프로그램 개발. 대구교육대학교 교육대학원 석사학위논문.

이지영(2013). 정서조절 코칭북. 서울: 시그마프레스.

이창호·황봉환(2012). 청소년들의 폭력과 자살, 우리들의 아픔(어떻게 극복할 것인가?). 서울: 하람.

이춘제·곽금주(2000). 학교에서의 따돌림 : 실태와 특징. 서울: 집문당.

이혜영·손홍숙(2012). 청소년 자살 예방을 위한 학교의 역할. 한국교육개발원 정책제안서 2012. 현안보고 OR2012-15.

이혜영 외(2012). 학생의 학교부적응 진단과 대책. 한국교육개발원 정책제안서 2012. 현안보고 OR2012-15.

이화여자대학교 학교폭력예방연구소(2013). 2013 한국교육학회 연차학술대회. 한국교육학 60년, 그 성과와 과제. 기관발표자료.

이화여자대학교 학교폭력예방연구소(2013). 괴롭힘예방. Pamela Orpinas, Arthur M. Horne, 서울 : 아카데미프레스.

인성교육범국민실천연합. 교육과학기술부(2012). 인성이 진정한 실력이다. 대한민국 인성교육비전.

임영식(1998). 학교폭력에 영향을 미치는 요인에 관한 연구. 청소년학연구 제5권3호.

전권배(2007). 학교폭력 예방 및 대책에 관한 법률의 검토. 한국교원대학교 대학원 석사학위논문.

전영주(2012). 인권적 관점에서의 학교폭력 예방대책, 학교운영위원회, 통권150호, pp. 24-40.

전영학(2004). 학교폭력의 예방대책에 관한 연구. 중앙대학교 행정대학원 석사학위논문.

정경남·이가원(2013). "고등학생들의 학교규칙 인식이 학교폭력에 미치는 영향" 2013 한국교육학회 연차학술대회 한국교육학 60년, 그 성과와 과제 발표논문. 한국교육학회. pp.21-24.

정시영(2018). 학교폭력 예방정책 문제 정의의 변화와 정책수단의 선택. 고려대학교 대학원 박사학위논문.

정승현(2008). 학교폭력에 관한 연구. 연세대학교 정경대학원 석사학위논문.

정옥분·정순화·김경은·박연정(2008). 국내 집단 따돌림 관련 연구의 경향분석. 인간발달연구 15(1). pp.115-137.

정옥분(2005). 청년심리학. 서울: 학지사.

정재영(2012). 소도시 중학교 학생들의 학교폭력과 예방대책에 대한 인식. 관동대학교 교육대학원 석사학위논문.

정재준(2012). 미국의 학교폭력 방지대책. 서울대학교 법학연구소, 법학, 53(1).

pp.529-570.
정한호(2012). 학교현장에서 발생하는 사이버폭력에 대한 고찰. 학교폭력, 그 교육학적 진단과 처방. 2012 여름 안암교육학회 학술대회 발표논문.
정현미(2012). 학교폭력 어떻게 할 것인가? –경찰의 대응방안을 중심으로–. 2012년도 치안정책연구소 학술세미나 발표논문.
제1회 경상북도 학교폭력예방 및 근절 우수사례 선정작(영천중학교, 대가초등학교, 안동초등학교, 경산고등학교, 무학중학교, 하양초등학교).
정현주· 김하나· 최보영(2012) 학교폭력부모지침서. 서울: 한국청소년상담원.
조규복 외(2013). 정보통신망을 이용한 학교폭력 예방 현황과 과제. 2013 한국교육학회 연차학술대회. 한국교육학 60년, 그 성과와 과제. 발표논문.
조남두(2014). 학교폭력 예방의 이론과 실제. 서울 : 동문사.
조명실· 차명호(2010). 폭력 없는 평화로운 학교 만들기. 서울 : 학지사.
조병철(1995). 폭력범죄에 관한 연구: 폭력범죄 가해자의 특성을 중심으로. 국민대학교 대학원 박사학위논문.
조연순(2007). 초등학교 아동의 특성변화와 인성교육의 요구, 초등학교 인성교육의현상과 과제. 한국초등교육학회 학술대회 발표자료집. pp.15-38.
조영달(1997). 현장교육의 개혁과 학원폭력 방지. 공보처.
조화정(2002). 학교폭력 실태와 대책에 관한 연구. 경성대학교 교육대학원 석사학위논문.
주선희(2002). 이동학대의 원인과 예방 대책에 관한 연구. 경희대학교 대학원 석사학위논문.
지순덕(2004). 청소년 학교폭력 현황과 대응방안에 관한 연구. 중앙대학교 정경대학원 석사학위논문.
차광은(2013). 학교 안전교육 강사 양성과정 안전한 학교! 지역사회가 함께해요. 한국지역사회교육협의회.
차정수(1991). “학교교육과 청소년 문제” 아산통권 제50호. 아산사회복지재단.
천세영 외(2012). 인성교육 비전수립 및 실천방안 연구. 교육과학기술부.
청소년보호법.
청소년보호위원회(2001). 학교청소년 유해환경 감시단 모델링 실천연구. 국무총리 청소년보호위원회.
청소년폭력예방재단(1996). 유해환경과 청소년비행-학교폭력 막을 수 있다.
청소년폭력예방재단(2012). 2012년 전국학교폭력 실태조사 보고서.
청소년폭력예방재단(2013). 2013년 전국학교폭력 실태조사 보고서.

청예단(2011). 제1차 학교폭력예방 및 대책 5개년 계획 성과분석, 학교폭력연구, 제1권 제1호, pp.85-98.

청예단(2021). 홈페이지.

최규영(2005). 학교폭력의 실태 및 예방대책에 관한 연구. 동국대학교 대학원 석사학위논문.

최민서(2016). 영·유아교사의 아동학대 예방교육에 관한 경험 및 효과인식 연구. 동아대학교 교육대학원 석사학위논문.

최수진(2005). 아동학대 신고의무자의 신고인식이 신고행동에 미치는 영향에 관한 연구. 동국대학교 대학원 석사학위논문.

최승원·이연주·배우빈·오다영(2017). **청소년 학교폭력 예방 프로그램의 실제**. 서울: 학지사.

최승혜(2007). 아동학대 예방교육에 관한 연구: 유아교육기관을 중심으로. 동국대학교 행정대학원 석사학위논문.

최윤진·최상진 역, 엘리어트 애런슨 저(1994). **사회심리학-사회적 동물**. 서울: 탐구당.

치안정책연구소(2013). 학교폭력 발생현황과 전망. 치안전망.

탁안희(2012). 학교폭력 예방 프로그램이 초등학교 4학년 아동의 공격성 감소에 미치는 영향, 한양대학교 교육대학원 석사학위논문.

필립핏치빈센트·이영숙(2013). **인성을 가르치는 학교 만들기**. 서울: 좋은 나무 성품학교.

학교안전공제중앙회(2013). "안전한 학교" 학생의 안전은 우리가 책임집니다!

학교폭력 예방 및 대책에 관한 법률 시행령(시행 2012.5.1.) (대통령령 제23689호, 2012.3.30. 전부개정)

학교폭력 예방 및 대책에 관한 법률 해설

학교폭력 예방 및 대책에 관한 법률(시행 2012.5.1.) (대통령령 제23689호, 2012.3.30. 전면개정)

학교폭력 예방연구 지원특임센터(2013). 학교폭력 예방법의 이해와 적용. 강의자료. 학생스스로 잘못 깨닫고 뉘우치는 학생자치법정.

한국교육학회(1998). **인성교육**. 서울: 문음사.

한국생활안전연합(2015). 영유아를 위한 안전교육프로그램-성폭력예방교육 교사용 지도서.

한국여성정책연구원(2013) 성폭력실태조사. 여성가족부.

한국어린이보호재단(2001). MYF LoveProgram 교사지침서.

한국이웃사랑회(2000). 가정 내 위기와 아동학대. 한국이웃사랑회 아동학대문제연구소.

한국청소년 상담복지개발원(2021). 홈페이지.

한국청소년 상담복지개발원(2021). 청소년 폭력예방지원사업.

한국청소년상담원(2009). 한국청소년 위기상황 실태조사. 한국청소년상담원.

한국청소년개발원(1998). 청소년 폭력대책 모델개발-청소년폭력예방 지역사회네트워크 개발을 중심으로.

한미현(2005). 가정해체의 실태 및 해체가정 아동을 위한 정책방안에 관한 연구. 대한아동복지학회, 3(1), 87-102.

한유경 외 13인 공저(2014). 학교폭력과 괴롭힘예방: 원인, 진단과 대응. 서울: 학지사.

허남순(1993). 아동학대의 실태 및 대책. 한국아동복지학 창간호, 23-42.

허혜경·박인숙(2010). 보육교사의 자질과 직무태도가 보육의 질에 미치는 영향. 한국영유아보육학, 64, 21-41.

현주·최상근·차성현·류덕엽·이혜경(2009). 학교 인성교육실태 분석연구. 중학교를 중심으로. 한국교육개발원 연구보고 RR2009-09.

형사정책연구원(2000). 비행청소년의 학교적응에 관한 연구. 형사정책연구원.

홍명희(2012). 유아인성교육. 서울: 형설출판사.

홍진희(2005). 아동학대의 실태와 대처방안. 명지대학교 대학원 석사학위논문.

홍후조·백혜조(2012). 학교교육에서 강조하는 자기주도적 학습과 인성교육에 관한 비판적 고찰. 학교폭력, 그 교육학적 진단과 처방. 2012 여름 안암교육학회 학술대회 발표논문.

황성준(2012). "스웨덴에서의 왕따, 차별, 폭력방지에 대한 노력과 대책" 학교폭력, 그 교육학적 진단과 처방. 2012 여름 안암교육학회 학술대회 발표논문.

황응연(1992). 심리학과 생활. 서울: 배양사.

황혜경·윤희경·김지영·박호정·김성화(2014). 유아교사를 위한 학교폭력 예방 및 대책. 경기: 양서원.

황혜경·윤희경·김지영·박호정·김성화(2017). 학교폭력 예방 및 학생의 이해. 경기 : 양서원.

황혜자·김종운 공역(2008). Gayle L. Macklem 저. 학교 따돌림의 지도와 상담- 여러나라의 연구사례-. 서울: 동문사.

Amsterlaw, J., & Wellman, H. M.(2006) Thoeries of mind transition: A microgrntic study of the development of false belief understanding. *Journal of Cognition and Development*, 7, 139-172.

Bartsch, K., & Wellman, H. M.(1995). *Children talk about the mind*. New York: Oxford University Press.

Berger, K. S.(2007). Update on bullying at School : Science forgotten?. *Developmental Review*, 27(1), 90~126.

Bowlby, J.(1958). The nature of the child's tie to his mother. *International Journal of Psycho-Analysis*, 41, 251-269.

Buhs, E., & Ladd, G. W.(2001). Peer rejection in kindergarten: Relational processes mediating academic and emotional outcomes. Developmental Psychology, 37, 550-560.

Colvin, G., Sugai, G., Good, R. H. III & Lee, Y.(1997). Using active supervision and precorrection to improve transition behaviors in an elementary school. *School. Psychology*, Quarterly, 12, 344-363.

Dodge, K. A.(1983) Behavioral antecedents of peer social status. *Child Developmen*t, 54, 1386-1399.

Ekman, P., & Davidson, R. J.(1994). Affective science: A Research Agenda. In Ekman, P. & Davidson, R.(Eds), *The Nature of Emotion: Fundamental Questions*(pp. 411-430), New York: Oxford University Press.

Evertson, C., Anderson, C., Anderson, L., & Brophy, J.(1980). Relationships between classroom behaviors and student outcomes in junior high mathematics and English classes. *American Educational Research Journal*, 17, 43-60.

Feldman, N. A., & Ruble, D. N.(1988). The effect of personal relevance on psychological inference: A development analysis. *Child Development*, 59, 1339-1352.

Flynn, J. R(1999). searching for justice: The discovery of IQ gains aver time, *American Psychologist,* 54, 5-20.

Gayle L. Macklem.(2004). 학교 따돌림의 지도와 상담. 서울 : 동문사.

Gnepp, J., & Chilamkurti, C.(1988). Children' use of personality attributions to predict other pepole' emotional and behavioral reactions. Child Development, 59, 743-754.

Gopnik, A., & Wellman, H. M.(1994). The 'heory' theory. In L. Hirschfeld & S. Gelman (Eds.), *Domain specificity in cognition and culture*(pp. 257-293). New York: Cambridge University Press.

Harlow, H. F., & Zimmerman, R.R.(1959). Affectional responses in the infant monkey. science, 130, 421-432.

Kauffman, J. M.(2001). *Characteristics of behavior disorders of children and youth*(7th ed.). Upper Saddle River, NJ: Merrill/ Prentice Hall.

Kurdek, L, A., & Krile, D.(1982). A development analysis of the relation between peer acceptance and both interpersonal understanding and perceived social selfcompetence. *Child Development*, 53, 1485-1491.

Kwak et. al.(2006). *Psychological Characteristics of Students with Different Participant Roles in Korean Bullying(Wang-da)*. Accepted Paper for presenting in 11th Biennial Meeting Society for Research on Adolescence. San Francisco, Calfornia.

Ladd, G. W.(1990). Having friends, keeping friends, making friends, and being liked by peers in the classroom: Predictors of children's early school adjustment? *Child Development*, 61, 1081, 1100.

Ladd, G. W., Birch, S. H., & Buhs, E. S.(1999). Children's social and scholastic lives in kindergarten: Related spheres of influence? *Child Development*, 70, 1373-140.

Lewis, M.(2000). The emergence of human emotion. In M. Lewis & J. Haviland-Jones(Eds.), *Handbook of emtions*(2nd ed.), (pp 265-280). New York: Guilford.

Lisa A. Rapp-Paglicci · Catherine N. Dulmus John S. Wodarski.(2013). 아동 · 청소년을 위한 예방적 개입. 서울 : 학지사.

Lisa A. Rapp-Paglicci · Catherine N. Dulmus John S. Wodarski-2013). Mize, J., & Ladd, G. W.(1990). A cognitive-social learning approach to social skill training with low-status preschool children. *Developmantal Psychology*, 26, 388-397

OECD(2011). Encouraging quality in early childhood education and care.
http://www.oecd.org/edu/school/49322268.pdf

Olweus, D.(1993). *Bullying at School: What We know and What We can do?* Oxford, UK: Blackwell Publisher.

Olweus, D(1994). Annotation: Bullying at school: Basic facts and effects of a school based intervention program.

Selman, R,(1980). *The growth of interpersonal understanding*. New York: Academic Press.

Steinberg, L., & Meyer, R.(1995). *Childhood*. N.Y.: McGraw Hill.

Thomas, A., & Chess, S.(1977). *Temperament and development*. New York: runner/

Mazel.

Witherington, D. C., Campos, J.J., & Hertenstein, M.J.(2001). Principles of emotion and its development in infancy. G. Bremner & A. Fogel(Eds.), Blackwell Handbook of infant Development(pp. 427-464). Madden, MA : Blackwell.

Ziv, M., & Frye, D.(2003). The relation between desire and false delief in children' theory of mind : No satisfaction? *Developmental Psychology*, 39(5), 899-876.

인터넷

경찰청홈페이지(http://www.safe182.go.kr)

굿네이버스 아동학대문제연구소
(http://www.goodneighbors.kr/child_abuse/main.asp)

법제처(http://www.moleg.go.kr)

보건복지부(http://www.mohw.go.kr)

성남교육지원청 홈페이지.

죽음부르는 학교폭력. Daum 2013.8.25.

중앙아동보호전문기관(http://www.korea1391.go.kr)

청소년보호위원회(http://www.mogef.go.kr)

청소년폭력예방재단(http://www.jikim.net)

학교폭력 피해자 프로그램 <나Do! 너Do! 모두 괜찮아!>. 충남부여교육지원청.

학교폭력예방재단(http://blog.naver.com/bakbht)

학교폭력종합법령정보사이트(http://schoolaw.lawinfo.or.kr)

서울특별시 교육청(http://blog.daum.net/seouledu2012/420).

해바라기 아동센터(www.child1375.or.kr)

http://blog.daum.net/kdy820/658

http://daum(2021)

http://www.mest.go.kr

https://www.youtube.com/watch?feature=player_detailpage&v=mwijue5uDaI

https://www.youtube.com/watch?feature=player_detailpage&v=8zQvTHC0exw

신문기사

"니가 뭔데---" 학폭 '불복'에 상처받는 교권. 한국교육신문 2013.10.14.

"생활지도부장 기피 이대로는–" 강한 유인책·인센티브 필요. 한국교육신문 2013.9.2. 일자.

"청소년 얼마나 힘들기에" 중앙일보 2013.9.11.

"폭대위 학부모위원 절반이하로" 한국교육신문 2013.9.9.

"한·미 학교폭력 전문가 한 자리에" 교총–미대사관 학폭간담회. 한국교육신문 2013. 10.21.

강해윤. "학교 바깥 떠도는 분노의 아이들" 품어줘야조. 중앙일보. 2013.8.2.

경찰청(2013). 3월 학교폭력 집중관리—전담경찰관 167명 증원.

경찰청(2013.1). 2013년 경찰의 학교 대응은 이렇게 달라집니다.

관계부처합동(2012). 학교폭력 근절 종합대책(2012.2.6.).

관계부처합동(2013). 현장중심 학교폭력대책-학교폭력, 현장에서 해결한다.

교육과학기술부(2012). 보도자료. "외부의 위험으로부터 학생을 보호하고 학교안전을 강화한다"

국민일보. 2003.2.10.

김가녕(2013). 굿바이 학교폭력. 경향BP.

꼴찌가 일등으로 둔갑—학교폭력 '엉터리 평가' 미디어 다음 2013.10.4.

대전일보. 2008.11.17.

동아일보. 2002.5.22.

동아일보. 2005.3.12.

동아일보. 2012.9.20.

동아일보. 2020.6.13.

법무부(2006). 보도자료.

보건복지부. 보도자료 2013.5.4.(토)

세계일보 2014.2.15.

안양옥(2013). '학교폭력'→ '학생폭력'용어변경 제안. 한국교육신문 2013.7.29.

양선희(2013). "인성교육-부모가 손 놓으면 해결할 수 없다" 중앙일보 2013.4.3.

조선일보 2005.3.10.

조선일보 2005.3.12.

주먹질하는 나를 그가 안았다.. 그때 떠오른 단어, 선생님. 중앙일보 2013.10.4.

중앙일보 2000.12.8.

중앙일보 2014.5.26.
중앙일보 2021.1.6.
학교폭력 대책 지금부터다. 조선일보 2005.3.12. 시론.
학생신문, 2019.1.31.
한겨레 2005.6.6.
한국교육신문(2013). 신뢰·협력의 학교문화 어렵지 않아요. 서울 보인중. 패밀리 폴리스 운영해 인성교육. 학폭예방효과.

찾아보기

ㄱ

ㄴ

ㄷ

ㄹ

ㅁ

ㅂ

ㅅ

찾아보기

기타

저자소개

조남두

고려대학교 사범대학 교육학과 및 동 대학원 졸업(교육학 박사)
한국행동과학연구소 연구원
한국교육개발원 연구원
전 신구대학교 유아교육과 교수

저서 새로 쓴 교육학의 이해(공저)
교육조직론 탐구(공저)
교육행정의 이해(공저)
교육행정론(공저)
인간관계론
현대인의 직업윤리
창의적 글로벌인재 양성을 위한 다문화교육

논문 학교 조직건강과 직무만족 · 헌신도 · 성취동기
학교 조직환경 · 문화 · 효과성 간의 관계연구 외 다수

강경자

신구대학교 유아교육과 졸업
숙명여자대학교 석사(유아교육 전공)
숙명여자대학교 박사(아동청소년복지 전공)
한국영리더십센터 대표
매화어린이집 원장
현 신구대학교 유아교육과 교수

저서 보육학개론(공저)
보육과정(공저)
아동권리와 복지(공저)
유아교육기관에서의 컴퓨터활용(공저)

유아교사를 위한

학교폭력 예방과 학생의 이해 개정판

초　판 1쇄 발행 / 2019년 2월 15일
개정판 1쇄 발행 / 2022년 2월 25일

●

공저자 / 조남두 · 강경자
발행인 / 이　중　수
발행처 / **동　문　사**

●

서울특별시 서대문구 홍제원 1길 12
(홍제동 137-8)
Tel : 02)736-3718(대), 736-3710, 3720
Fax : 02)736-3719
등록번호 : 제9-17호
등록일자 : 1974년 4월 27일
가격 : 22,000원

●

ISBN : 979-11-6328-400-0(93370)
E-mail : dong736@naver.com
Homepage : www.dongmunsa.com